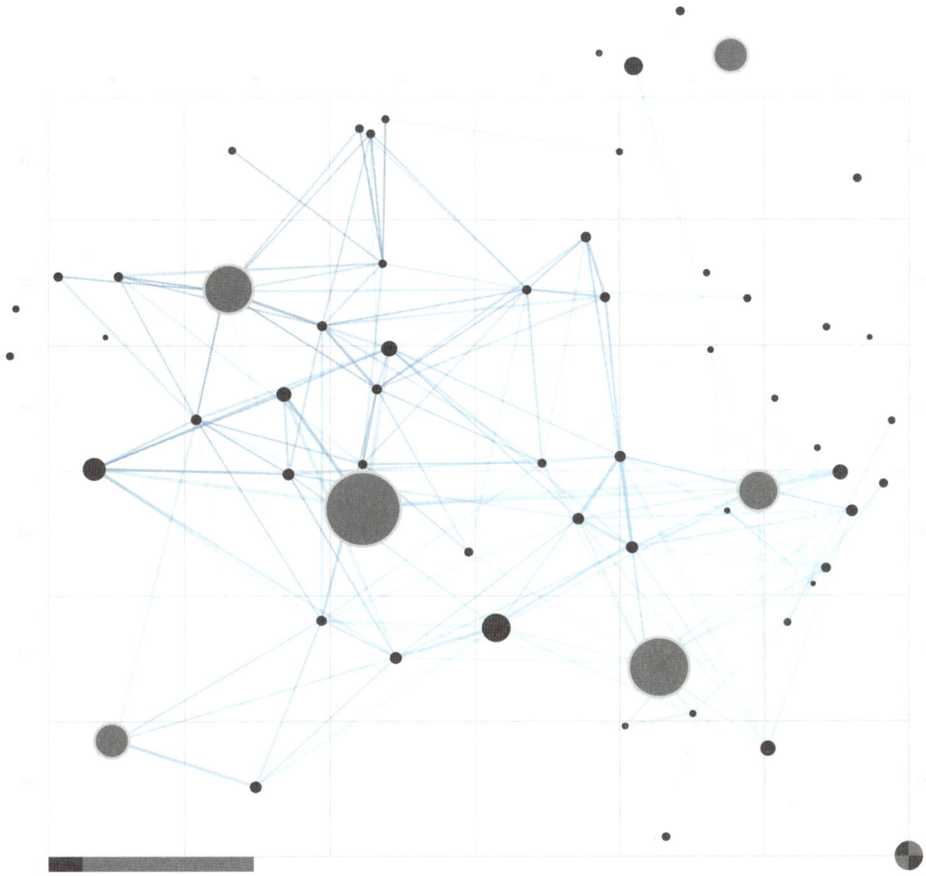

엑셀, R을 활용한 빅데이터 기초실습 에디션 2

고석주·류춘하·박보석·송무희·조현숙·하숙정 지음

도서출판 홍릉

엑셀, R을 활용한 빅데이터 기초실습 에디션 2

인　쇄: 2024년 2월 26일 초판 1쇄
발　행: 2024년 3월　6일 초판 1쇄

저　자: 고석주 · 류춘하 · 박보석 · 송무희 · 조현숙 · 하숙정
발행인: 송 준
발행처: 도서출판 홍릉
주　소: 01093 서울시 강북구 인수봉로 50길 10
등　록: 1976년 10월 21일 제5-66호

전　화: 02-999-2274~5, 903-7037
팩　스: 02-905-6729
e-mail: hongpub@hongpub.co.kr
http://www.hongpub.co.kr
ISBN: 979-11-5600-173-3(93000)

정　가: 23,000원

이 책의 학습을 위한 부록 파일(엑셀 사용법) 및 실습준비 파일은 도서출판 홍릉 홈페이지 (www.hongpub.co.kr)에서 내려받을 수 있습니다. 홈페이지에서 도서명 검색 후 보조 자료를 다운로드하시기 바랍니다. (Chrome 웹브라우저 사용 권장)

/ 머리말 /

본 교재는 빅데이터 기초 실습 에디션2판으로 소프트웨어 업그레이드에 발맞추어, 실습환경을 OFFICE 2021의 엑셀, 2024년 2월의 R−4.3.2 for Windows를 기준으로 설정하여 본문을 구성하였다.

현재사회는 IT 첨단 장비의 급속한 발달과 함께, 인공지능, 빅데이터 등 정보 기술의 융합으로 사람과 공간이 초연결성, 초지능화, 융합화에 기반하여 모든 것이 상호 연결되고 보다 지능화된 사회로 변화한다는 4차 산업혁명 시대이다. 1분 동안 인터넷에서 일어나고 있는 일들을 정리한 "2023년 Internet Minute 인포그래픽"에 의하면, 1분동안 22,831명이 ChatGPT를 방문하고, 평균 694,000시간의 동영상이 YouTube 사용자에 의해 스트리밍되며, Netflix는 분당 452,000시간 스트리밍된다. 구글에서 2,400,000번의 검색이 진행되는 시간이고, Twitter에서는 347,222번의 트윗이 일어난다. 매분 매초 엄청난 양의 데이터가 생성되는 현재, 대량의 데이터로부터 가치있는 정보를 추출하고 이를 현실세계에 활용할 수 있는 빅데이터의 중요성이 더욱 대두되고 있다.

빅데이터 분석이란 단순히 데이터를 분류하거나 처리하는 것 이상으로 데이터 속에 담긴 패턴이나 미래 예측에 도움이 되는 정보를 찾는 것이다. 빅데이터 처리는 데이터를 수집하고 전처리 과정을 거쳐 분석하고 시각화하는 과정을 거친다. 이를 위해 웹의 수많은 데이터를 가져와 분석해야 하는 경우 그 양이 엄청나게 많기 때문에 프로그래밍 능력이 요구된다. 데이터 분석 초보자가 프로그래밍 언어로 데이터 분석을 구현하는 것은 쉽지 않다.

이 책은 빅데이터를 처음 접하는 이들을 위해 OFFICE 2021의 엑셀을 사용하여 데이터를 수집, 저장, 탐색, 처리 등의 기본 과정 및 방법을 학습한다. 또한 엑셀의 다양한 분석

도구를 활용하여 데이터를 효과적으로 분석할 수 있는 방법을 배우고 필요한 데이터를 찾아 의미 있는 결과를 도출할 수 있도록 한다. 초보자도 쉽게 따라할 수 있는 R 프로그래밍 기반의 패키지를 활용하여 데이터 및 빅데이터 분석방법의 기초를 익힐 수 있다.

책의 도입부에서 빅데이터 개념 및 처리과정에 대해서 소개하고, 2장부터 7장에서 엑셀을 사용한 데이터 처리 및 활용 방법을 소개한다. 8장부터 12장에서 R 프로그래밍을 위한 기초 문법부터 실전 프로젝트까지 소개한다.

급변하는 환경속에서 기업의 가장 중요한 자산은 데이터이며 이를 수집, 가공, 분석, 활용하는 데이터 전문가를 필요로 한다. 본 교재를 통해 빅데이터의 기본 개념 이해 및 데이터 분석 능력을 배양하여 빅데이터 전문가가 되기 위한 기본 역량을 키우는 데 도움이 되기를 기대한다.

2024년 2월

저자

/ 차례 /

01

빅데이터 개요

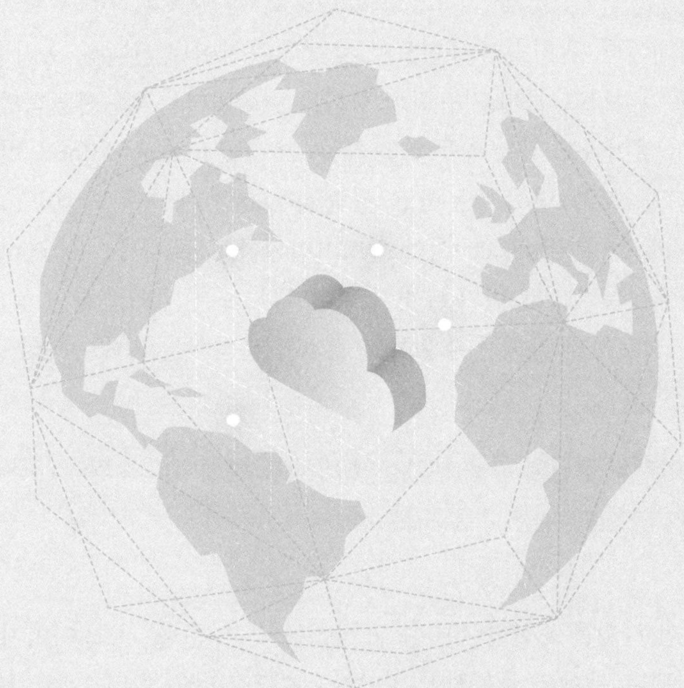

1.1

빅데이터 개념

우리는 인공지능, 빅데이터 등 기술의 융합으로 사람과 공간이 초연결성, 초지능화, 융합화에 기반하여 모든 것이 상호 연결되고, 보다 지능화된 사회로 변화한다는 4차 산업혁명 시대에 살고 있다. 1분 동안 인터넷에서 일어나고 있는 일들을 정리한 "2023년 Internet Minute 인포그래픽[1)]"에 의하면, 1분동안 ChatGPT를 22,831명이 방문하고, 평균 694,000시간의 동영상이 YouTube 사용자에 의해 스트리밍되며, Netflix는 분당 452,000시간 스트리밍된다. 구글에서 2,400,000번의 검색이 진행되는 시간이고, Twitter에서는 347,222번의 트윗이 일어난다. 매분 매초 엄청난 양의 데이터가 생성되는 현재, 대량의 데이터로부터 가치를 추출하고 결과를 분석하는 빅데이터의 중요성이 더욱 대두되고 있다.

이번 장에서는 빅데이터의 정의와 활용 분야를 소개하고, 빅데이터의 처리과정 등을 알아본다.

(1) 데이터

데이터(data)란 어떠한 사실을 표현한 것이다. 표현에는 숫자, 문자, 기호, 이미지, 오디오, 동영상 등의 모든 형식이 포함된다. 데이터에 특정한 의미가 부여되거나 데이터를 처리하여 얻은 결과를 정보(information)라고 한다. 예를 들어 어떠한 상품의 매출(사실)을 숫자로 표현한 것을 매출 데이터라고 한다. 이러한 매출 데이터를 집계한 일별 매출액을 정보라고 한다.

개인용 컴퓨터가 대중적으로 보급되기 이전에는 데이터를 정보로 가공하기 위하여 대부분 사람이 직접 수작업으로 데이터를 처리하였다. 컴퓨터가 대중화되면서 데이터의 처리를 위해 수많은 소프트웨어가 사용되고 있다. 대표적인 스프레드시트(spreadsheet) 소프트웨어에는 마이크로소프트사

1) https://ediscoverytoday.com

오피스 제품군의 엑셀(Excel), 아파치 재단의 오픈오피스 제품군의 칼크(Calc), 한글과컴퓨터 한셀, 로터스 1-2-3 등이 있다. 스프레드시트 응용 프로그램은 경리와 회계 업무에 사용하던 계산용지를 표 형태로 구현한 워크시트에 데이터를 입력하고, 다양한 계산을 통해 정보를 얻으며, 데이터베이스와 그래픽 기능을 통해 데이터 검색과 관리, 차트 작성 등을 할 수 있는 사무 자동화 프로그램이다.

스프레드시트 소프트웨어의 기능만을 사용하여 데이터를 분석하는 것은 한계가 있다. 기성복을 구입했는데 개인의 다양한 취향과 체격에 완전히 일치하지 않는 것과 동일하다. 데이터 분석에서도 프로그래밍 언어를 사용하여 직접 분석 기능을 구현하는 방법이 있다. 빅데이터 분석 전용 언어로는 R, Python 등이 있다. 데이터 분석 초보자에게 프로그래밍 언어로 데이터 분석을 구현하는 것은 쉽지 않다. 따라서 본 교재에서는 엑셀을 이용하여 데이터 분석 메커니즘을 배우고 초보자도 쉽게 따라할 수 있는 R을 사용하여 데이터 및 빅데이터 분석 방법의 기초를 배운다.

그림 1-1 1분 동안 인터넷에서 일어나고 있는 일[2)]

2) https://ediscoverytoday.com/wp-content/uploads/2023/04/2023-Internet-Minute-Infographic-Source-Stats.pdf

(2) 빅데이터

사물인터넷 기기나 스마트폰 같은 장치의 활용으로 개인과 사회가 급속히 변하면서 데이터의 생성양이 폭발적으로 증가하고 있다. 특히 소셜미디어 혹은 소셜네트워크서비스(SNS, Social Network Service)에서 생성되는 문자 데이터는 물론, 사용자가 직접 제작하는 사진, 동영상 같은 콘텐츠는 데이터의 양을 증가시키고 형태와 질에서도 많은 변화를 보이고 있다. 금융, 유통 기업에서 이러한 소셜미디어에 생성된 데이터를 분석하여 마케팅에 활용하고 있다. 뿐만 아니라 정부에서도 공공 데이터를 분석하여 효과적인 정책 결정에 활용하고 대국민 서비스의 질을 높이기 위해 빅데이터를 사용한다.

빅데이터는 지금까지 처리하던 데이터와 크기, 형태, 생산 속도가 다른 형태를 보이고 있다. 즉 기존 데이터보다 너무 방대하여 기존의 방법이나 도구로 수집, 저장, 분석 등이 어려운 정형 및 비정형 데이터이다. 정형 데이터는 문자 기반의 미리 정해 놓은 형식과 구조에 따라 저장되도록 구성된 데이터이고, 비정형 데이터는 동영상, 오디오, 사진, 메일 본문 등으로 정의된 구조가 없는 데이터이다.

따라서 빅데이터(BigData)란 데이터를 처리, 저장, 관리할 때 흔히 쓰이는 소프트웨어의 허용범위를 넘어서는 크기, 속도, 다양성, 가치가 매우 큰(Big) 데이터(Data)이다. 빅데이터 처리란 다양하고 복잡하고 방대한 데이터에서 새로운 가치가 있는 정보를 신속하게 찾아내는 것이다.

(3) 빅데이터 활용 분야

컴퓨팅 파워가 증가함에 따라 원래 존재했지만 관리되지 않고 버려지는 데이터에 관심을 갖게 되었고 그 데이터에서 경제적인 가치를 찾으려는 노력이 시도되었다. 이런 데이터에서 가치를 찾아서 활용한 사례가 등장하면서 대중의 관심을 가지게 되었다. Facebook, Twitter, Google, Amazon 등 여러 기업에서 빅데이터를 활용하여 경제적 가치를 찾아내고 실제 사업에 적용하고 있다.

많은 분야에서 빅데이터를 활용하고 있으나 대중들이 바로 체감하고 있는 분야는 마케팅 분야이다. 근래의 빅데이터 마케팅 시대가 현실화되면서 마케팅 전략이 심리학의 이론이나 방법론보다 시장과 소비자의 빅데이터 분석 결과에 더 의존하고 있다. 상세한 거래 정보, 위치 정보, 코멘트, 구매 패턴 등의 데이터를 추출하고 상호 분석을 거쳐 마케팅 전략을 설계하는데 활용하고 있다.

국내 활용 사례

서울특별시 야간 시내버스 '올빼미 버스'

일반 버스가 다니지 않는 새벽에 운영되는 버스로 많은 사람들이 이용하는 경로를 어떻게 선정할지 고민이였다. 해답은 심야시간 통화량 데이터 30억건과 택시 승하차 데이터 500만 건을 결합해서 사람들이 많이 이용할 수 있는 노선을 찾아냈다.

쿠팡의 개인화된 서비스 제공

광범위한 고객 데이터를 활용해 개인화된 서비스 제공, 상품 추천, 배송 최적화, 고객 서비스 향상 등 다양한 영역에서 빅데이터를 활용하고 있다. 고객들의 구매 이력, 검색 기록, 페이지 방문 기록 등을 분석하여 개인화된 서비스를 제공함으로써 고객들은 자신의 취향에 맞는 상품을 쉽게 찾을 수 있으며, 쿠팡은 고객만족도를 높이고 매출을 증대시킬 수 있었다.

S카드의 고객 라이프 스타일 맞춤형 상품

S카드는 자사의 월평균 승인 건수 2억 건과 2,200만 명에 달하는 고객의 빅데이터 분석을 바탕으로 소비패턴에 따라 남녀 각각 9개씩 18개의 생활방식을 도출해 새로운 상품체계인 '코드나인'을 선보였다.[3] 최단기간 300만 돌파와 함께 신규고객은 10.7%, 기존고객은 40.8% 늘어나는 효과를 거두었다.

국내 모 게임회사 고객 데이터 분석 시스템

불법적으로 다른 사람의 자산을 이용하거나 가져가는 행위를 잡기 위해 오랫동안 연구해 왔고 여기에 빅데이터 기술을 활용하고 있다. 즉 방대한 고객의 행동 및 사용 로그 데이터를 분석하여 사기 탐지 알고리즘을 고도화하여 적용하고 이를 이용하여 불법 행위를 모니터링하고 있다. 수많은 사람들이 게임을 하고 여기서 엄청난 양의 로그 데이터가 쏟아져 나온다. 많은 양의 비정형 데이터를 실시간으로 분석하고 알람을 표기하는데 빅데이터는 꼭 필요하다. 또한, 고도화된 사기탐지 알고리즘을 개발하기 위해 Data Mining 기법 및 기계학습 기술을 적극 활용하고 있다.

국내 조선회사의 선박 신수요 예측

선박 신수요 예측 플랫폼 및 MRO(선박 기자재 공급 · 유지 · 보수) 서비스 모델개발에 빅데이터

---

3) https://www.mk.co.kr/news/business/6961252

를 활용한다. 선박 빅데이터 분석을 통한 선박 신수요 예측으로 제품 · 기술 수요에 선제적 대응 및 MRO 서비스 사업모델을 개발하는 것이다. 조선해양 시황데이터, 세계 경제지표, 해상물동량 및 MRO관련 정보를 분석하여 선박 신수요 예측 결과를 신제품 기획 · 개발에 활용하고 있다.

국외 활용 사례

구글(Google)

구글의 데이터센터 성능 및 에너지 사용 최적화에 빅데이터 기술을 적용했다. 데이터센터 서버와 기타 장비들의 사용시간과 에너지 사용량에 대한 방대한 분량의 운영 데이터를 분석하여 데이터센터의 성능과 에너지 사용량이라는 상반된 관계에 있는 두 가지 지표를 최적의 상태로 운영하고 있다. 또한 '플루 트렌드'는 독감과 관련된 검색어 빈도를 분석해 독감 환자 수와 유행 지역을 예측하는 독감 동향 서비스를 개발했다.[4] 구글은 18개 국가를 대상으로 매일 업데이트하고 있다.

아마존(Amazon)

아마존은 고객의 도서 구매 데이터를 분석해 특정 책을 구매한 사람이 추가로 구매할 것으로 예상되는 도서 추천 시스템을 개발했다. 고객이 읽을 것으로 예상되는 책을 추천하면서 할인쿠폰을 지급한다. 모든 고객들의 구매 내역을 데이터베이스에 기록하고, 이 기록을 분석해 소비자의 소비 취향과 관심사를 파악한다.[5] 이런 빅데이터의 활용을 통해 고객별로 '추천 상품(레코멘데이션)'을 표시한다. 고객 개인의 취미나 독서 경향을 찾아 그와 일치한다고 생각되는 상품을 메일, 홈페이지 상에서 중점적으로 고객 한사람 한사람에게 자동적으로 제시한다.

자라(Zara)

자라는 현재 유행하는 패션 트렌드를 즉시에 반영해 단기간에 다품종 소량 생산하는 초스피드 전략을 채택하고 있다. 이러한 전략을 뒷받침하기 위해서 상품 수요를 예측하고 매장별 적정 재고를 산출하며 상품별 가격 결정과 운송 계획까지 실시간 데이터 분석에 의존하고 있다. 빅데이터 활용을 위해 MIT 연구팀과 최적 재고관리 시스템을 개발했다.

DHL

DHL은 일별 배송 정보를 분석하여 소비자의 물류 서비스 이용 흐름과 패턴 파악에 활용하고 있다.

---

4) google.org/flutrends

5) https://ko.wikipedia.org/wiki/%EB%B9%85_%EB%8D%B0%EC%9D%B4%ED%84%B0

이는 실시간 교통상황, 수신자 상황, 지리적/환경적 요소를 고려한 최적화된 배송 경로를 실시간으로 분석해 적기 배송 실패율을 제로 수준으로 만들며, 불필요한 연료 소모도 최소화하고 있다. 또한 이렇게 얻어진 데이터 분석 결과는 물류 서비스 수요 증가 추세를 예측하여 물류센터 확장과 배송 차량 추가 등에 대한 투자 결정에도 활용하고 있다.

넷플릭스(Netflix), 유튜브(Youtube)

넷플릭스는 이용자의 영화 대여 목록에 기초해서 새로운 영화를 추천해주는 시네매치 시스템을 개발했다. 유튜브도 이용자가 자신이 선호하는 동영상 채널을 구성할 수 있는 개별 홈페이지를 제공하고 있다. 개인별로 동영상 이용 데이터가 축적되면 이를 SNS 정보, 인적 네트워크 정보와 연계해 다양한 개인 맞춤형 서비스를 제공할 수 있다.[6)]

구글 및 페이스북

구글 및 페이스북은 아마존닷컴의 추천 상품 표시와 같은 방식으로 이용자의 검색 조건, 나아가 사진과 동영상 같은 비정형 데이터 사용을 즉각 처리하여 이용자에게 맞춤형 광고를 제공하는 등 빅데이터의 활용을 증대시키고 있다.

6) https://brunch.co.kr/@1171/373

1.2 빅데이터 처리과정

빅데이터 처리과정은 [표 1-1]과 같이 분석 설계, 데이터 수집, 데이터 처리, 데이터 분석, 결론 도출 과정을 거친다.

표 1-1 빅데이터 처리과정

분석 설계	데이터 수집	데이터 처리	데이터 분석	결론 도출
문제인식 가설설정	데이터 파악 데이터 수집 정제된 데이터 확보	데이터 전처리 데이터 후처리	통계분석 데이터 마이닝 시각화	결과 해석 결과 활용

(1) 분석 설계

문제인식을 통해 분석하고자 하는 주제를 설정하여 분석방향을 정하고, 주제와 연관된 가설을 다양하게 설계한다. 이때 가설에 사용될 변수들을 구성하는데, 이러한 변수들이 데이터에 포함되어 있어야 분석이 진행될 수 있다.

(2) 데이터 수집

데이터를 수집하기 전에 다양한 형태로 존재하고 있는 데이터를 파악한다. 일반 데이터는 기업이나 조직 내부에 있는 정보시스템에 저장된 정형화된 데이터로서 데이터 수집에 큰 노력을 기울이지 않아도 수집이 가능하다. 수집하고자 하는 데이터의 형식도 개발 단계에서부터 향후에 분석하기에 적합한 형식에 갖춘 정형화된 형식의 로그로 구현하기 때문에 수집 후에 데이터를 가공하는 데에 큰 노력이 들어가지 않는다.

그러나 빅데이터는 내부 조직에 있는 정형화된 데이터뿐만 아니라, 조직 외부에 존재하는 무한한 데이터 중에서 조직이 필요로 하는 데이터를 발견하여, 이를 수집하고 수집된 정보를 특정 데이터 형식으로 변환하는 과정을 거쳐야 한다. 따라서 빅데이터 수집이란 단순히 데이터를 확보하는 기술이 아니라 데이터를 검색하여 수집하고 변환 과정을 통해 정제된 데이터를 확보하는 과정이다. 데이터는 형태에 따라 정형 데이터, 반정형 데이터, 비정형 데이터로 분류한다.

표 1-2 데이터 형태에 따른 분류

데이터 유형	데이터 종류
정형 데이터	RDB, 스프레드 시트, ERP, CRM, SCM 등
반정형 데이터	XML, HTML, JSON, 웹 로그, 시스템 로그, 센서 데이터 등
비정형 데이터	동영상, 오디오, 사진, SNS, 메일 본문 등

정형 데이터(Structured Data)

정형 데이터는 미리 정해 놓은 형식과 구조에 따라 관계형 데이터베이스(RDB)의 테이블과 같이 고정된 칼럼에 저장된다. 지정된 행과 열에 데이터가 구별되어 입력되어 있으며 관계형 데이터베이스(RDMS)의 테이블 형태로 저장된다. 회사내의 데이터인 ERP(전사적 자원관리), CRM(고객관계관리 시스템), SCM(공급망 관리) 등의 데이터도 포함된다.

반정형 데이터(Semi-Structured Data)

반정형 데이터는 메타데이터(데이터의 구조정보)를 가지고 있으며 일반적으로 파일 형태로 저장된다. 반정형 데이터의 경우 데이터 내부에 데이터 구조에 대한 메타데이터를 갖고 있기 때문에 어떤 형태를 가진 데이터인지를 파악하는 것이 필요하다. 주로 XML, HTML, JSON 등의 파일 형태로 저장된다.

비정형 데이터(Unstructured Data)

비정형 데이터는 정의된 구조가 없는 동영상 파일, 오디오 파일, 사진, 보고서, 메일 본문 등과 같이 정형화되지 않은 데이터이다.[7] 정형 데이터와 반대로 형태가 없고 연산할 수 없는 데이터이다. 비정형 데이터는 데이터 구조가 없어 내용에 대한 질의 처리를 할 수 없으므로 데이터 특징을 추출하여 반정형, 또는 정형 데이터로 변환하는 전처리 과정이 필요하다.

7) 한국정보통신기술협회 정보통신 용어사전(https://terms.tta.or.kr)

(3) 데이터 처리

데이터 수집 과정을 통해 확보된 빅데이터로부터 유용한 정보를 추출하려면 데이터를 효과적으로 처리하여야 한다. 데이터 처리 과정은 데이터 전처리, 데이터 후처리로 구분된다.

데이터 전처리

- 전처리 단계는 수집한 데이터를 저장하기 위한 작업으로, 필터링, 데이터 유형 변환, 정제 작업으로 이루어진다.
- 필터링은 데이터에서 활용 목적에 맞지 않는 정보를 제거한다. 이런 불필요한 정보를 제거하여 분석 시간을 단축하고 효율적인 저장 공간을 확보한다.
- 데이터 유형 변환은 데이터 마이닝을 통해 에러나 중복을 제거함으로써 데이터의 품질을 개선한다. 이때 자연어 처리나 기계 학습과 같은 인공지능 기술을 적용하기도 한다. 데이터 유형 변환은 특정 데이터를 분석하기 쉬운 유형으로 변환한다.
- 정제 작업은 수집한 데이터의 불일치성을 교정한다. 즉, 데이터 수집 과정에서 손실된 값을 보정하거나 의미 없는 데이터를 제거한다.

데이터 후처리

- 후처리 단계에서는 저장된 데이터를 분석하기 쉽도록 가공하는 것이다. 변환, 통합, 축소 등의 기술을 활용한다[8].
- 데이터 변환은 데이터의 특정 변수를 정해진 규칙에 따라 바꿔주는 것이다.
- 통합은 여러 장소 혹은 장치에서 수집된 데이터를 관련성이 있는 데이터끼리 결합한다. 예를 들어, 같은 데이터가 입력될 경우 중복 데이터를 검출하기도 하고, 단위(g과 kg, cm와 mm 등)가 다른 것은 일치하도록 변환한다.
- 축소는 데이터의 고유 특성이 손상되지 않는 범위에서 축소한다. 이런 처리들은 분석의 효율성을 향상시키는 과정이다.

(4) 데이터 분석

수집하고 저장된 데이터에서 의미 있는 정보를 얻고 의사결정에 효율적으로 활용하려면 효과적으로 분석할 방법이 필요하다. 데이터 분석 과정은 통계분석, 데이터 마이닝, 시각화로 구분된다.

---

8) 빅데이터 플랫폼 전략, 황승구 외 7인, 2013, 전자신문사

통계분석

통계분석은 크게 기술통계 분석과 추론통계 분석으로 구분된다.

- 기술통계 분석은 모집단의 특성을 분석자가 한눈에 파악할 수 있도록 평균, 최대값, 최소값 등으로 데이터를 정리하고 표현하는 방법이다.
- 추론통계 분석은 조사된 표본을 이용하여 모집단에 대해 추측을 하는 것으로 추측통계라고도 한다. 예를 들어, 여론조사 할 때 전체가 아닌 일부를 조사한다. 7장 데이터 통계분석 및 예측에서 엑셀로 실습하고, 11장 R 데이터 통계분석에서 R프로그램을 활용하여 실습한다.

데이터 마이닝

데이터 마이닝은 대용량 데이터에서 의미있는 패턴을 파악하거나 예측하여 의사결정에 활용하는 방법으로 분류, 군집화, 예측 등이 있다.

분류

분류는 빅데이터에서 사전에 특별히 정한 기준에 따라 데이터를 그룹화한다. 예를 들어, 한 그룹에서 어떤 이유로 다른 그룹으로 이동한 구성원이 있는지를 분류할 수 있다. 또 매주 토요일에는 정해진 물건을 구입하는 사람, 혹은 금요일마다 정해진 식당으로 가서 외식하는 사람 등으로 분류할 수 있다. 즉, 토요일, 금요일, 식당, 외식이라는 정해진 기준이 있다.

군집화

군집화는 사전에 특별히 정한 기준이 없다는 점에서 분류와 구분된다. 단순히 유사한 특성을 공유하는 데이터끼리 그룹화한다. 예를 들어 신한카드는 고객정보와 카드 결제내역을 군집분석하여 고객을 18가지로 분류하여, 고객 특성별 특화된 카드혜택을 제공하고 있다. 군집화에는 데이터 사이의 유클리드 거리를 계산하고 유사도로 군집화 하는 계층적 군집화, 유클리드 거리를 구하고 그 평균에 있는 데이터와 각 데이터 사이의 거리를 구하여 군집화 하는 K-means 군집화 등 다양한 알고리즘이 있다.

예측

예측은 '조건-결과'식으로 관련이 있는 데이터이다. 즉, 데이터 안에 존재하는 항목 사이의 어떤 연관이 있는지 찾아낸다. 예를 들어 등산화를 팔면 배낭도 같이 팔리는지를 분석할 수 있다. A제품을 구입한 고객에게 어떤 제품을 함께 팔 수 있을지, 카드 구매 유형 간에는 어떤 관계가 있는지 등을 분석할 수 있다. 이와 같은 연관 관계를 분석하면 '항목 A는 항목 B이다' 혹은 '항목 A 그리고 항목 B는 곧 항목 C'라는 형식의 연관규칙을 만들 수 있다. 온라인 쇼핑 플랫폼에서 고객에게 상품을 추천하는 시스템에 사용된다.

시각화

빅데이터 시각화란 방대한 양의 자료를 분석하여 한 번에 볼 수 있도록 도표나 차트 등으로 보이는 작업이다. 시각화는 데이터에서 정보를 파악하는 시간이 절감되므로 직감적이고 즉각적인 상황판단이 가능하다. 이런 시각화 도구에는 엑셀 차트, Power BI, Tableau, 구글 차트, 파이썬, R, MATLAB 등이 있다. 6장 데이터 분석 및 시각화에서 엑셀 차트를 실습하고, 10장 R 시각화 및 ggplot2 패키지에서 시각화를 실습한다.

(5) 결론 도출

빅데이터 처리과정을 미국에 소재한 마트의 사례로 풀어보면, [표 1–3]과 같다.

표 1–3 빅데이터 처리과정 사례

과 정	내 용
분석 설계	마트(미국) : 어떤 물건들이 동시에 판매될까? 마케팅 전략을 고민함
데이터 수집	일정기간 마트 영수증
데이터 처리	남 = 남자 = 남성 => 모두 "남성"으로 통일시킴
데이터 분석	맥주 + 기저귀 : 맥주 + 기저귀를 시각화로 표현
결론 도출	맥주(본인을 위한), 기저귀(아내의 심부름) : 맥주랑 기저귀를 가까운 곳에 둘까? 멀리 떨어진 곳에 둘까?

미국에 있는 마트에서 동시에 판매되는 물건을 분석했더니, 분석결과 맥주랑 기저귀가 동시에 팔린다는 것을 알았다. 그렇다면, 결과 활용으로 우리 마트에는 어떻게 적용할까를 고민해야한다. 첫째, 맥주랑 기저귀를 가까운 곳에 둘까? 둘째, 멀리 떨어진 곳에 둘까? 결정은 우리 마트에 방문하는 고객들의 특징을 파악한다. 기존고객이 많다면 가까운 곳에 배치해서 고객의 불편함을 최소화 시키는 것이 좋고, 신규고객이 많다면 떨어진 곳에 두고 우리 마트의 구석구석을 구경하게 하는 것이 좋을 것이다.

본 교재에서는 데이터 처리를 위한 기초와 응용을 엑셀로 학습하고, 8장부터 R언어를 활용하여 빅데이터 처리 방법을 실습한다.

연습문제

01 다음 물음에 답하시오.

❶ 데이터와 정보의 의미를 비교설명하고, 예를 나열하시오.

❷ 기상에서 등교까지 발생한 데이터를 순서대로 모두 나열하시오.

❸ 빅데이터란 무엇인지 정의하시오.

02 다음 물음에 답하시오.

❶ 정형, 비정형, 반정형 데이터에 대해 설명하고, 데이터 종류를 나열하시오.

❷ 빅데이터 처리과정을 나열하시오.

❸ 빅데이터 처리과정 중 데이터분석의 분류, 군집화, 예측을 비교설명하시오.

❹ http://wordcloud.kr/를 이용하여 워드클라우드 작성하시오.

방법: 네이버에서 내가 좋아하는 노래 가사를 검색한다. ❶ 노래가사를 복사한 뒤 wordcloud.kr 사이트의 "텍스트"에 붙여넣기 한다. ❷ 오른쪽 "워드 클라우드 만들기"를 클릭해서 결과를 확인한다.

4.1 내가 좋아하는 노래 : 제목 ○○○○, 가수 ○○○

4.2 노래가사 :

4.3 워드클라우드결과 :

4.4 해석 : ex) 내가 좋아하는 노래 ○○는 ○○, ○○, ○○ 등의 단어가 많이 들어가 있어, ○○○○한 느낌이 든다.

02

데이터 수집과 저장

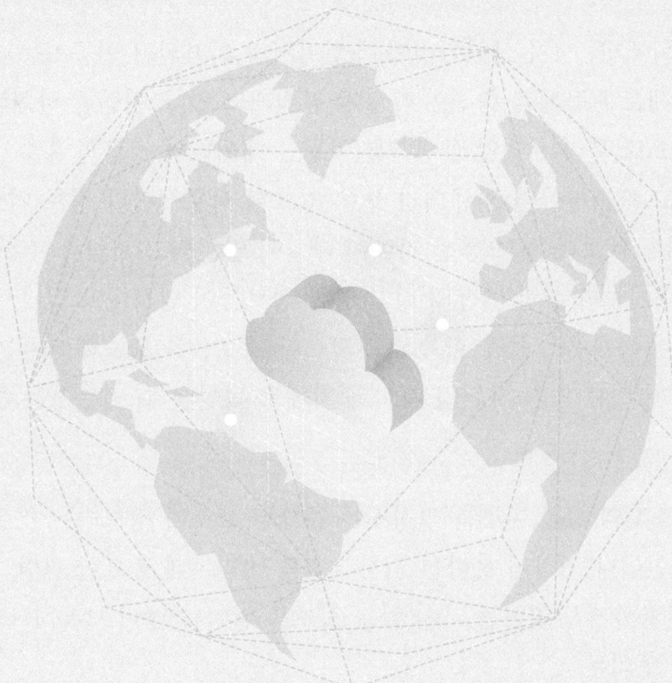

2.1

데이터베이스 정의 및 구축

최근의 지능정보 사회에서는 4차 산업혁명이 유행어처럼 회자되고 인공지능과 로봇, 사물인터넷, 빅데이터 등을 통한 새로운 융합과 혁신이 빠르게 진행되고 있다. 이러한 사회의 변화 속에서 정보는 매우 중요한 자원으로 우리는 매일 발생하는 엄청난 데이터와 정보의 홍수 속에 있다. 호주머니마다 휴대전화가 있고 책가방마다 컴퓨터가 들어 있으며 사무실마다 정보 기술 시스템을 갖추고 있다. 세상에는 그 어느 때보다 정보 통신 기술이 나날이 발전되고 사람들이 스마트폰을 일상적으로 사용하면서부터 과거보다 상상 이상의 더 다양한 정보들이 넘쳐나고 있다. 이러한 많은 데이터들 중에서 얼마나 유용하게 자료들을 활용하고 필요한 정보들을 도출해 내는가 그리고 이 정보를 통하여 의미 있고 가치 있는 지적 자원인 지식과 지혜로 녹여낼 수 있는가는 중요한 작업 중의 하나이다.

사회에서 개인이나 조직의 성공 여부를 결정짓는 중요한 요소가 정보라는 것은 누구나 알고 있는 사실이다. 정보가 개인이나 조직이 올바른 의사결정을 내리는데 중요한 판단 기준이 되기 때문이다. 현재의 상황을 정확하게 반영하는 가치 있는 정보를 얼마나 많이 보유하느냐가 성공의 열쇠라 할 수 있다. 그렇다면 우리는

- 중요한 데이터를 잘 수집하여 보관(저장) 하고 있는가?
- 당신의 오늘 하루 소중한 데이터는 어디에 저장하고 있나요?
- 데이터를 관리하는데 어려움을 겪은 적은 없는가?
- 효율적인 데이터 관리와 가치 있는 정보는 어떻게 확보할 수 있을까?

그 해답을 찾기 위해 본 단원에서는 데이터와 정보, 지식, 지혜, 그리고 서로 관련된 데이터들의 집합체인 데이터베이스의 의미를 알아보고 PC 환경에서 가장 많이 사용하는 엑셀을 이용하여 현상

에서 발생하는 데이터들을 효율적으로 수집하고, 데이터베이스의 설계와 구축 등을 단계별로 진행하면서 데이터의 홍수 속에서 유용하게 데이터베이스를 관리하는 방법을 알아보도록 한다.

(1) 데이터(Data)와 정보(Information), 지식(Knowledge), 지혜(Wisdom)

데이터베이스 정의에 앞서 먼저 데이터베이스의 기초가 되는 데이터와 정보에 대해서 알아보고, 나아가 정보에서 지식, 지혜로 승화되는 과정을 이해하도록 한다. 현상에서 발생한 데이터로부터 목적에 따라 데이터의 의미와 관계를 파악하여 무엇을 할 수 있을지 그리고 이를 어떻게 활용 할 수 있을지를 판단하는 것은 정말 중요하다. 이번 단원에서는 먼저 이러한 용어들의 개념에 대해 알아보고 정의를 내려 본다.

데이터는 가공하기 전의 순수한 상태의 수치들을 나타낸 것으로 그다지 유용하지 않고 특별한 의미를 가지지 않는다. 따라서 데이터로 무엇을 할 수 있을지 그리고 이를 어떻게 활용할 수 있을지를 판단하는 것이 정말 중요하다. 정보는 특정 목적에 따라 데이터를 가공해 낸 결과이다. 즉, 유의미하게 가공된 2차 데이터의 형태로서 원시 데이터에서 의미나 관계를 가지는 것이 정보가 된다.

지식은 정보들간의 관계를 통해 얻은 가치 있는 정보이며, 지식을 얻음에 따라 우리는 사물을 이해하기 시작하고 서로 다른 정보를 연결할 수 있다. 지식 다음 단계로 지혜를 언급하기도 하는데, 이는 지식을 활용하는 창의적 아이디어를 말한다. 종합된 지식, 패턴화된 지식을 바탕으로 올바른 의사결정을 수행하는 능력이다.

데이터와 정보가 과거에서 현재를 나타내는 것과 같다면 지식과 지혜는 우리가 하는 일과 미래에 달성하고자 하는 일과 관련이 있다고 할 수 있다.

예를 들어보면 다음과 같다.

- **데이터**: 홈페이지 이용률을 관찰하면서 얻어지는 이용자 수, 나이, 시간, 성별 등의 각각의 값들이 해당된다. 즉 구체적이고 표현 가능한 객관적인 의미 자료를 말한다. 이러한 객관적인 의미 자료는 인간 생활에서 판단의 핵심 근거가 될 수도 있다. 그러므로 데이터를 올바르게 수집하고, 저장하고, 관리하고, 정확히 분석하면 인간에게 많은 도움을 준다. 컴퓨터는 이러한 데이터 관리를 편리하고 효율적으로 하도록 해준다.
- **정보**: 이 데이터를 가지고 있는 패턴 또는 모델에 적용하고 분석하여 나온 새로운 결과이다. 예를 들면, 데이터를 살펴보니, 오늘의 방문 이용자 수는 3천 명, 어제는 2만 명, 평균 일일 이용자는 2천 명이라는 사실과 같이 우리에게 데이터를 통하여 새로운 결과를 제공해주는 것이다.

- **지식**: 여기에서 이용자 수를 가지고 왜 어제의 이용자 수와 한 달 전의 이용자가 어떻게 차이가 나는지 비교분석 한다. 알고 보니 3월 신학기에는 학교에서 홈페이지에서 서비스하는 콘텐츠를 이용하는 경우가 많아서 이용자 수가 급증하게 되어 다른 달에 비해 이용률이 증가하였다는 것을 알게 된다. 따라서 이런 결과를 활용하여 더 많이 학교에 홍보하여 이용률을 높인다면 이것이 바로 지식이라고 볼 수 있다.
- **지혜**: 이러한 지식을 바탕으로 월별 데이터를 분석해 보고, 패턴을 찾아내서 신규콘텐츠 도입 시기, 방학 시기 등의 이용자 수요의 변화를 찾아낸다. 이러한 지식에서 이용자 수는 신규콘텐츠 도입과 홍보가 중요한 요인임을 발견하고, 홍보의 새로운 방안이나, 타 분야와 응용해서 새로운 아이디어를 창출할 수 있다.

다음 [그림 2-1]은 정보 피라미드라고 불리는 DIKW 피라미드 모델로서 데이터, 정보, 지식, 지혜의 구조를 잘 표현하고 있다.

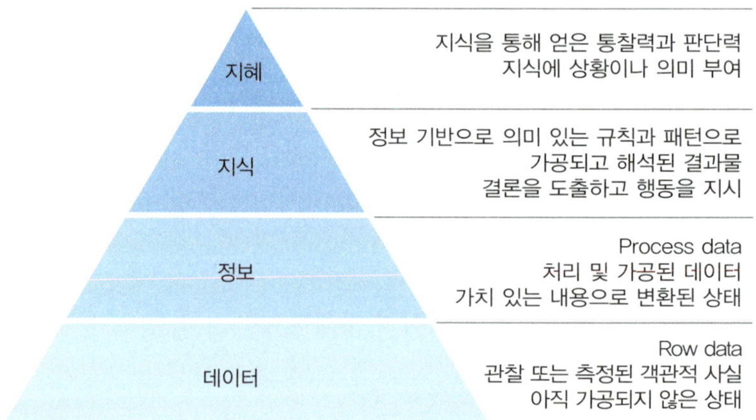

그림 2-1 정보피라미드: DIKW 피라미드 모델

그런데 여기서 중요한 것은 데이터가 많이 있다고, 정보를 많이 습득한다고 지식과 지혜가 쌓이지는 않는다. 지혜를 쌓기 위해서는 적정한 수준의 정보를 보고 이러한 정보가 나타내는 근본적인 이유를 숙고하고 앞으로 일어날 일들을 추론하는 것이 중요하다.

정보는 추상적이고 데이터는 구체화된 형식이다. 즉, 정보는 관념적이고 데이터는 컴퓨터 안에 저장 가능한 형태를 말한다. 예를 들면 일기 정보라 하면 막연히 '춥다', '덥다' 혹은 '비가 온다'와 같은 관념을 말하고, 데이터는 '섭씨 영하 10도', 혹은 '비가 10 mm온다'와 같은 구체적이고 표현 가능한 객관적인 자료를 말한다.

이러한 객관적인 자료는 인간 생활에서 판단의 핵심 근거가 될 수도 있다. 그러므로 데이터를 올바르게 수집하고, 저장하고, 관리하고, 정확히 분석하면 인간에게 많은 도움을 준다. 컴퓨터는 이러한 데이터 관리를 편리하고 효율적으로 하도록 한다.

데이터에는 여러 종류가 있는데, 어떤 카드회사에 가입한 회원이 작성한 카드나 작성한 설문지 결과를 입력한 자료는 원자료 또는 1차 자료라 한다. 이것은 설문지를 통해 자료를 수집하려는 사람의 목적에 따라 설문지가 개발되었기 때문에 원자료이다. 2차 자료는 다른 목적으로 수집한 자료를 의미하며 집계된 자료라는 의미의 매크로 데이터라고 한다.

수집한 자료는 좋은 품질의 자료로 관리되어야 데이터 혹은 정보의 가치를 가질 수 있다. 그러므로 많은 자료를 확보하는 것도 중요하지만, 수집한 자료를 효율적으로 저장하고, 필요할 때는 언제든지 활용할 수 있어야 한다. 즉, 정보를 정확히 추출하여 유용하게 활용하기 위해서는, 복잡한 데이터를 컴퓨터가 효율적으로 관리할 줄 수 있도록 [그림 2-2]와 같이 데이터베이스를 구축하는 것이 중요하다.

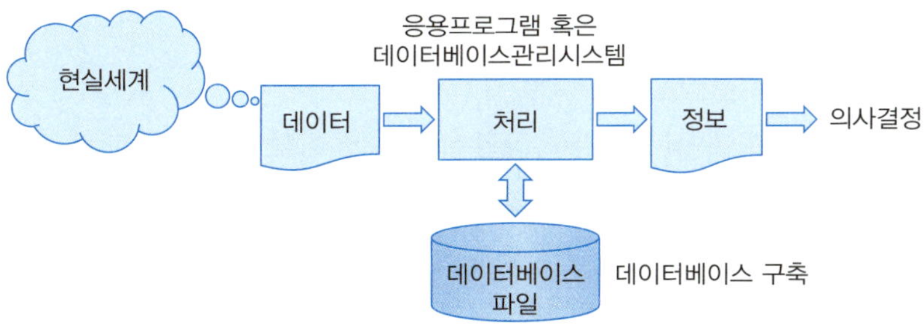

그림 2-2 데이터와 정보, 데이터베이스

(2) 데이터베이스 정의

관련 있는 물건은 모아서 정리해 두면 찾기가 수월하다. 책상을 정리할 때 책이나 공책끼리 모으거나, 옷장을 정리할 때 윗옷이나 속옷끼리 정리하는 것처럼 말이다. 이 원리가 확장되어 바로 데이터베이스에도 적용된다. 데이터베이스는 논리적으로 연관된 여러 개의 데이터를 체계적으로 모아 놓은 것으로 공통 목적을 지원하기 위한 서로 관련된 자료들의 집합체로서 단순한 자료들의 모임이라기보다는 어떠한 조직 내에서 여러 사람에 의해 공유되어 사용될 목적으로 통합적으로 조직되고 관리되는 운영 자료의 집합이다. 그러므로 운영상 필요한 데이터의 중복을 최소화하고 그 내용을 구조화 한다. 이렇게 하면 데이터의 검색과 갱신을 효율적으로 수행할 수 있다.

데이터베이스는 몇 가지 특성을 가진다. 질의를 실시간으로 처리하고 응답하는 실시간 접근성, 특정 데이터를 조회하거나 수정하기 위해서는 저장된 위치나 주소가 아닌 값으로 참조하는 내용에 의한 참조, 여러 사용자가 같은 데이터를 동시에 사용할 수 있어야 하는 동시 공유, 정확한 정보를 제공하기 위해서는 최신의 자료로 계속 갱신, 삽입, 삭제를 해야 하는 계속적인 변화이다.

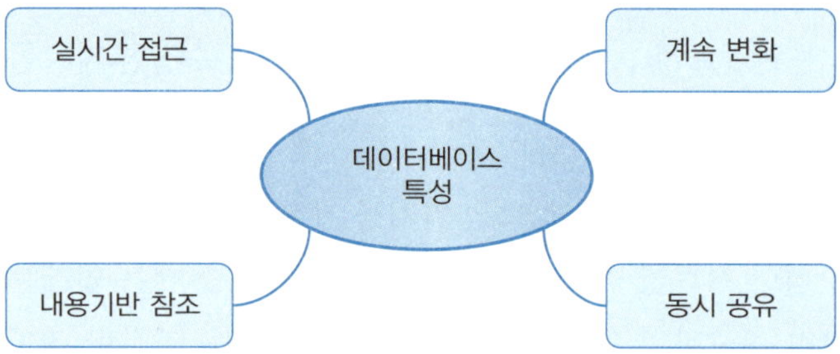

그림 2-3 데이터베이스 특성

데이터베이스에는 병원의 환자 기록 데이터베이스, 은행의 고객 데이터베이스, 학교에서 학생 관련 데이터베이스, 도서관에서 도서 데이터베이스, 자동차 판매 고객 데이터베이스, 기차나 항공기 예약 시스템 등 여러 분야에서 다양하게 적용되고 있다.

[그림 2-4]와 같이 데이터베이스에 저장된 데이터는 외부 상황에 따라 끊임없이 변화하기 때문에 현재성과 정확성을 보장하는 가치 있는 정보를 얻으려면 현재의 상황을 정확히 관찰하고 측정하여 의미 있는 데이터를 많이 수집해야 한다. 수집된 데이터를 효율적으로 저장하고 있다가 그림에서와 같이 필요할 때 언제든 유용하게 활용하여 정보를 검색할 수 있도록 저장된 데이터를 적절히 변

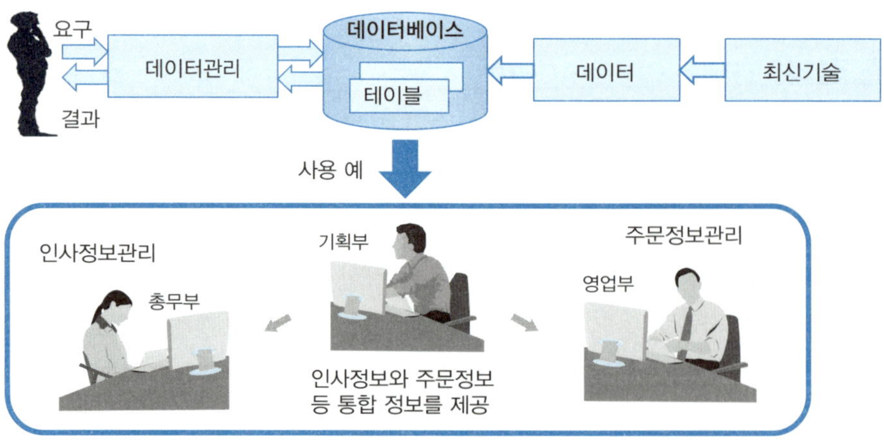

그림 2-4 데이터베이스의 보존과 검색 요구 실행

경해야 한다. 즉, 새로운 데이터 저장, 기존 데이터 삭제와 변경하는 작업을 수행해야 하는데, 이때 저장된 데이터가 일관성을 유지하도록 해야 한다. 일관성이란 한 번 변경한 데이터는 다음에 검색이나 사용할 때는 변경한 상태로 유지해야 한다. 이미 변경을 한 데이터임에도 불구하고 나중에 검색하면, 변경 전의 데이터를 사용자에게 출력하면 안 된다는 의미이다.

지금까지 언급한 데이터베이스에 대하여 총괄적으로 정리하면 아래처럼 설명할 수 있다.

- **통합 데이터로써의 데이터베이스**: 원칙적으로 데이터베이스는 같은 자료를 중복 저장하지 않는 통합된 자료로서 똑같은 데이터가 중복되지 않았음을 의미한다. 데이터의 중복은 일반적으로 여러 유형의 불편을 가져올 수 있다. 그러나 특수한 경우에 있어서는 효율성을 고려하여 일부 데이터는 중복을 허용하기도 한다.
- **공유 데이터로써의 데이터베이스**: 여러 응용 프로그램(사용자)이 공동으로 사용과 유지할 수 있는 데이터이다.
- **운영 데이터로써의 데이터베이스**: 고유 기능을 수행하는 어떤 조직이나 부서도 자신들만이 사용하고 유지해야 하는 데이터가 있는데 이를 운영 데이터라 한다. 한 조직의 모든 사람들이 이용하는 같은 데이터라 할지라도 각자의 응용 목적에 따라 다르게 사용하는 자료라 할 수 있다.
- **저장 데이터로써의 데이터베이스**: 책상 위의 종이에 적혀있는 자료가 아니라, 반드시 컴퓨터로 접근할 수 있는 저장장치에 수록된 자료이며, 저장매체(디스크, CD 등)에 저장된 데이터를 말한다.

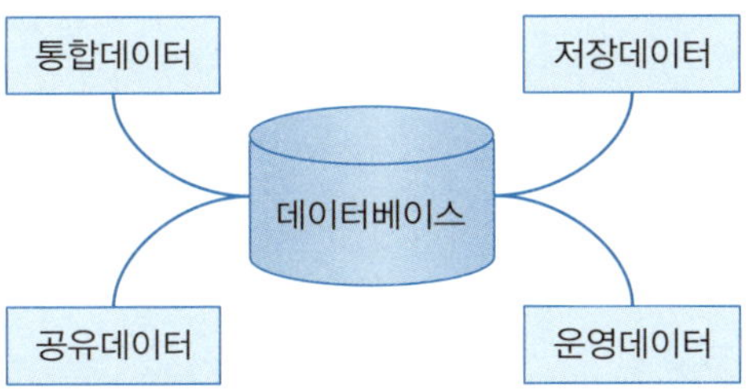

그림 2-5 데이터베이스의 정의

(3) 데이터베이스 구축

이렇게 활용에 따라 여러 분야의 사용자가 다양한 방법으로 사용하는 데이터베이스는 단순하게 파일 시스템으로 운영하는 것이 아니다. 하나의 시스템을 구축하여 조직적이고 체계적으로 운영되며 이것을 '데이터베이스 시스템'이라고 한다. 그리고 이 시스템 안에서 유기적인 역할을 담당하며 데이터를 전문적으로 취급하는 전문 프로그램으로 '데이터베이스 관리 시스템'이 등장하게 된다.

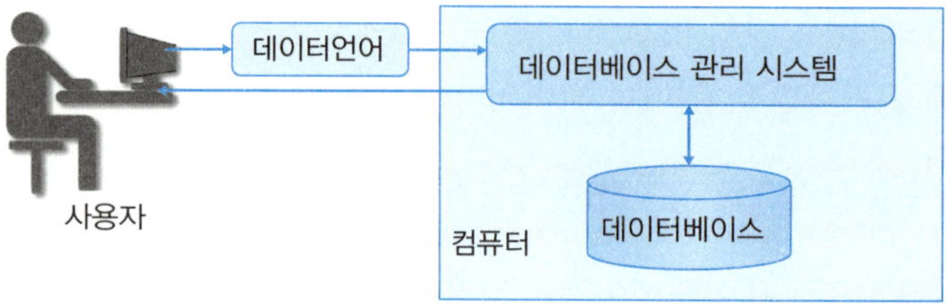

그림 2-6 데이터베이스 시스템

데이터베이스 관리 시스템은 데이터베이스를 생성하고 접근하며 관리하는 일 모두를 담당한다. 조직에 필요한 데이터를 데이터베이스에 통합하여 저장하고 이에 대한 관리를 집중적으로 하며, 데이터베이스에 존재하는 데이터의 검색 · 삽입 · 삭제 · 수정을 가능하게 하고, 모든 응용 프로그램이 데이터베이스를 공유할 수 있게 한다. 사용자는 직접 또는 응용 프로그램을 통해 원하는 데이터가 무엇이며, 어떤 처리를 원하는지만 데이터베이스 관리시스템에 요청하면 된다. 데이터베이스와 관련한 작업은 데이터베이스 관리시스템이 수행한 후 그 결과만 응용 프로그램을 통해 사용자에게 전달해 주는 것이다. 사용자나 응용 프로그램은 데이터베이스의 물리적 저장 구조나 데이터 접근 및 처리 방법 등을 자세히 알 필요가 없어 부담도 줄어든다.

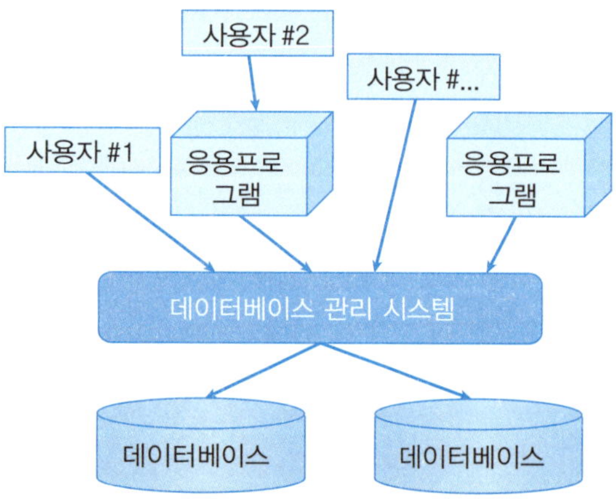

그림 2-7 데이터베이스 관리시스템

데이터베이스 설계는 사용자들의 요구 사항을 고려하여 데이터베이스를 생성하는 과정이다. 사용자가 데이터베이스를 실제로 사용하면 구조를 변경하기 어렵기 때문에 설계 과정에서부터 품질 좋은 데이터베이스를 생성해야 한다. 이를 위해서는 사용자들의 요구사항을 잘 분석하고 분석한 결과를 바탕으로 데이터베이스의 논리적, 물리적 구조를 제대로 설계해야한다. 한번 데이터베이스가 구축되면 데이터베이스를 구조를 변경하기 어려우므로 체계적인 데이터베이스 설계과정을 통해 올바르게 구축되도록 하여야 한다.

현재 가장 많이 사용되고 있는 데이터베이스 관리시스템(DBMS)은 관계형데이터베이스(RDBMS: Relational DataBase Management System)로 데이터를 테이블에 직관적으로 간단하게 나타내는 관계형 모델을 기반으로 한다. 관계형데이터베이스는 데이터를 테이블로 표현하고, 기본키 또는 외래키를 통해 서로 다른 테이블간의 관계(릴레이션)를 표현한다. 각 테이블은 고정된 수의 필드를 사용해 특정 형식으로 데이터를 기록하며 각 필드는 자체적인 데이터 형식(정수, 실수, 시간/날짜, 자유 텍스트 등)을 갖는다. 그림에서 표현한 테이블과 같이 이차원의 행과 열로 데이터를 표현하고, 여기서 행과 열은 단순히 데이터를 입력하기 위한 영역이 아니라 서로의 연관성을 가진 관계가 되는 것이다. 데이터를 조작하는 데는 집합론에 기초한 수학적인 연산을 테이블에 적용하여 실행한다.

그림과 같이 데이터베이스는 테이블, 필드, 레코드, 도메인, 키 등의 요소로 구성된다. 각 요소는 아래와 같다.

학생 테이블 ← 테이블(릴레이션, 엔티티)

필드(열, 속성)

필드명 →

레코드(행, 튜플)

학번	이름	학과명	성별	주소
20241201	김철수	컴퓨터	남	대구
20230315	이영희	수학	여	포항
20240527	홍길동	사회	남	구미
20231209	이영희	컴퓨터	여	경주
20237363	이강주	경영	여	강릉
20222223	박희동	수학	남	인천
20235037	스미스	수학	남	로스앤젤레스

그림 2-8 학생 테이블

- **테이블**: 데이터베이스 영역에서는 관계(릴레이션, 엔티티)라고 하며, 열과 행으로 구성된다. 엑셀에서는 테이블을 '목록'이라고 하며, 실제 시트상에서 표현되는 것은 '표'의 형태로 나타난다. 테이블을 구성할 때는 다음과 같은 조건을 갖춰야 한다. ❶ 테이블에 포함된 행들은 유일해야 하며 중복된 행이 없어야 한다. ❷ 테이블에 포함된 행들 간에는 순서가 없다. ❸ 테이블을 구성하

는 열들 간에는 순서가 없다

- **필드**: 열을 말하는 것으로 속성이라 하며, 데이터 값을 저장하는 단위이다. 학번, 이름, 학과, 성별, 주소를 필드명이라 한다.
- **레코드**: 행을 말하는 것으로 튜플이라 하며, 각 행의 데이터 내용이다.
- **도메인**: 필드가 가질 수 있는 값들의 집합으로 값의 범위를 나타낸다. 도메인은 무결성을 위해 필요하다. 무결성은 데이터베이스에 저장되는 자료의 오류를 방지하는 기능으로 데이터의 일관성을 유지시켜준다. 엑셀에서는 '데이터 유효성 검사'를 통하여 도메인을 지정할 수 있다.
- **키**: 주어진 관계에서 모든 필드 가운데 유일성을 갖는 속성 혹은 필드가 된다. 예를 든다면 학생 테이블에서 학번과 같은 필드가 키가 될 수 있다. 이때 학번과 같은 키를 기본키라고 하며, 이 기본키를 통하여 데이터의 중복성을 최소화하고 테이블들이 서로 관계를 이루며 형성된다.

데이터베이스에서는 테이블 내에서 행과 열이 서로 관련을 이루며 형성되어지듯이 테이블 간에도 키값을 통하여 서로 연결되어 정보를 참조할 수 있다. 예를 들어 학생들의 성적관리를 위하여 학생에 관한 신상정보(학번, 이름, 학번, 학과명, 성별, 주소 등), 수강과목에 관한 정보(과목명, 교과목코드, 학점수, 수강인원, 강의실, 시간표 등), 그리고 성적(중간고사, 기말고사, 출석율, 임시시험, 총점, 학점 등)을 데이터베이스로 관리하고자 할 때 다음과 같이 데이터베이스를 구성할 수 있다.

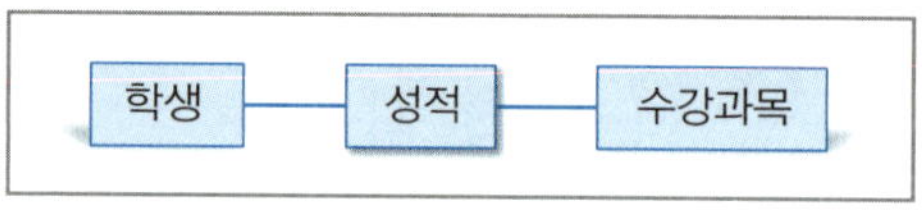

그림 2-9 학사관리 데이터베이스

그림에서 하나의 사각형은 하나의 테이블을 나타내며 [학생] 테이블에는 학생의 신상명세를, [수강과목] 테이블에는 수강과목에 대한 정보를, [성적] 테이블에는 성적정보와 학번, 교과목코드를 각각 저장한다. 각 테이블이 가지고 있는 데이터는 서로 연관성을 갖게 되며 테이블 단위로 저장된 연관된 정보를 검색할 수 있게 된다. 예를 들어 [수강과목] 테이블, [성적] 테이블은 다음과 같이 각각 구성 할 수 있다. [학생] 테이블은 앞의 [그림 2-8] 테이블을 사용하도록 한다.

[수강과목] 테이블

교과목코드	과목명	학점	수강인원	강의실	시간표
CLTR200-01	빅데이터기초실습	3	40	정보 304	월 5-8
CLTR300-01	C/C++프로그래밍기초	3	45	정보 302	화목 3,4
CLTR500-01	SW컨텐츠제작	3	42	정보 202	금 1-3
CLTR600-01	소셜네트워크	3	60	정보 201	화 1-3

[성적] 테이블

학번	교과목코드	중간고사	기말고사	실습	출결	총점	학점
20221201	CLTR200-01	18	22.8	22	9	71.8	B-
20230315	CLTR300-01	18	19.2	15	4	56.2	C0
20240527	CLTR500-01	28.8	25.2	30	10	94	A-
20231209	CLTR600-01	21	6	11	9	47	D+
20237363	CLTR500-01	25.2	32.4	28	10	95.6	A0

그림 2-10 관계형 데이터베이스

위 3개의 테이블을 살펴보면 아래 그림에서와같이 [학생] 테이블과 [성적] 테이블은 '학번' 필드를 통해 연결되어 있고, [수강과목] 테이블과 [성적] 테이블은 '교과목코드' 필드를 통해 연결되어 있음을 알 수 있다. 여기서 [학생] 테이블에서 '학번', [수강과목] 테이블에서 '교과목코드'와 같은 필드를 '기본키'라고 하며, [성적] 테이블에서 '학번', '교과목코드' 필드를 '외래키' 혹은 '참조키'라고 한다.

[학생] 테이블과 [성적] 테이블은 '학번' 필드를 통해 연결되고, [수강과목] 테이블과 [성적] 테이블은 '교과목코드' 필드를 통해 연결되어 새로운 테이블인 [성적표] 테이블를 얻을 수 있다.

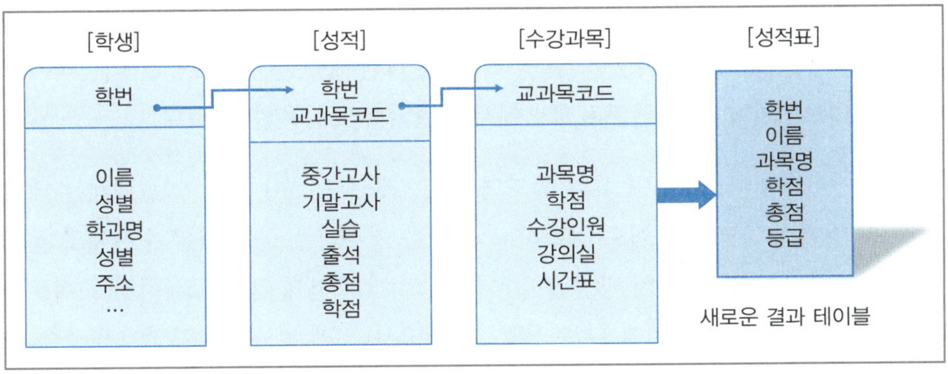

그림 2-11 학사관리 데이터베이스의 관계도

2.2

데이터베이스 관리

기하급수적으로 늘어나는 많은 양의 데이터를 효율적으로 관리하기는 결코 쉬운 작업이 아니다. 하지만 데이터 작업 시 반드시 전문적인 데이터베이스 관리시스템이 필요하거나 항상 대용량의 데이터가 필요한 것은 아니다. 백만이 넘는 데이터를 이용할 수도 있지만 다중회귀분석이나 의사결정나무 같은 알고리즘에서는 20,000개 데이터면 전체를 고려한 것만큼이나 정확한 결과를 얻을 수 있다. 여론조사에서는 적절히 샘플이 추출된다면 2,000개 정도의 샘플만으로도 1~2%의 오차 범위 안에서 전체 모집단을 반영할 수 있다. 따라서 대부분은 학습, 검증, 평가 데이터에서 필요한 관측치의 수는 엑셀에서 허용하는 행의 개수 정도면 충분할 경우가 많다.

무엇보다 엑셀에서는 외부 데이터베이스 혹은 다른 파일 형식으로부터 데이터를 가져올 수 있을 뿐만 아니라 데이터를 다루는 다양한 기능을 사용하여 데이터로부터 새로운 결과를 도출해 내고 분석결과를 저장하고 데이터베이스에 적용할 수 있는 기능이 있어서 충분히 데이터 관리도구로서 역할을 가진다. 전통적인 데이터베이스 관리 시스템 서비스를 제공하는 오라클, MS-SQL, IBM DB2, 액세스 같은 프로그램은 아니지만, 워크시트를 통하여 행과 열에 의한 데이터를 관리하기 때문에 데이터베이스 관련 기능을 폭넓게 사용할 수 있다. 또한, 엑셀에서 만든 자료들을 데이터베이스 관리 프로그램으로 '내보내기'하여 다른 프로그램에서도 편리하게 사용할 수 있다.

앞에서 설명한 것처럼 데이터베이스의 구조에는 필드명, 필드, 레코드 등이 있다. 엑셀에서는 데이터베이스를 만들 때 첫 행에 필드명을 차례로 입력하고, 그다음 행부터는 필드 이름 순서대로 실제 데이터값을 한 행씩 입력한다. 필드명은 열 방향을 말하는 것으로 그 열에 입력된 데이터를 대표하는 이름으로 데이터베이스의 구조적 참조를 할 수 있는 대상이 된다. 레코드는 필드명에 맞추어 행 방향으로 입력된 데이터로서 하나의 단위로 묶이는 데이터셋이다.

예를 든다면 인터넷에 접속하여 특정 사이트에서 서비스를 받으려면 회원가입을 하게 된다. 이때 회원가입을 하기 위해 표시되는 아이디, 이름, 연락처 등과 같은 항목들이 필드가 되고, 회원가입 페이지에서 정보를 입력하고 등록했을 때 한사람에 대한 데이터의 집합이 레코드, 그리고 이런 회원정보가 모여 테이블이 되고 데이터베이스가 된다.

엑셀에서는 데이터베이스를 '목록'이라고도 하며, 데이터베이스와 관계되는 다양한 기능들 '표'라고 하는 엑셀 고유의 기능을 통하여 제공된다.

Tip **데이터 입력 시 지켜야 할 주의사항**

- 첫 행에 반드시 필드 이름을 입력한다. 필드이름은 데이터를 대표할 수 있는 이름으로 명사형으로 정하도록 한다.
- 행과 행 사이, 열과 열 사이에는 빈 영역이 없이 각 셀에 연속적으로 입력되어야 한다.
- 데이터와 관계없는 제목이나 기타 내용들은 행을 구분하여 데이터와 분리되도록 한다. 셀 병합이 없어야 한다.
- 가능하면 한 셀에 중복된 값이 없도록 단일값으로 입력하며, 셀 내에서 강제 줄 바꿈을 하지 않는다.

다음의 주문목록 데이터를 가지고 엑셀에서의 데이터베이스를 관리하여 보도록 한다.

예제 2-1

주문목록 데이터베이스 만들기

각 제품에 대한 주문 상황을 데이터베이스로 만들어 주문내역에 대한 결과를 알아보도록 한다.

준비파일 'ch2.xlsx' '주문목록' 시트

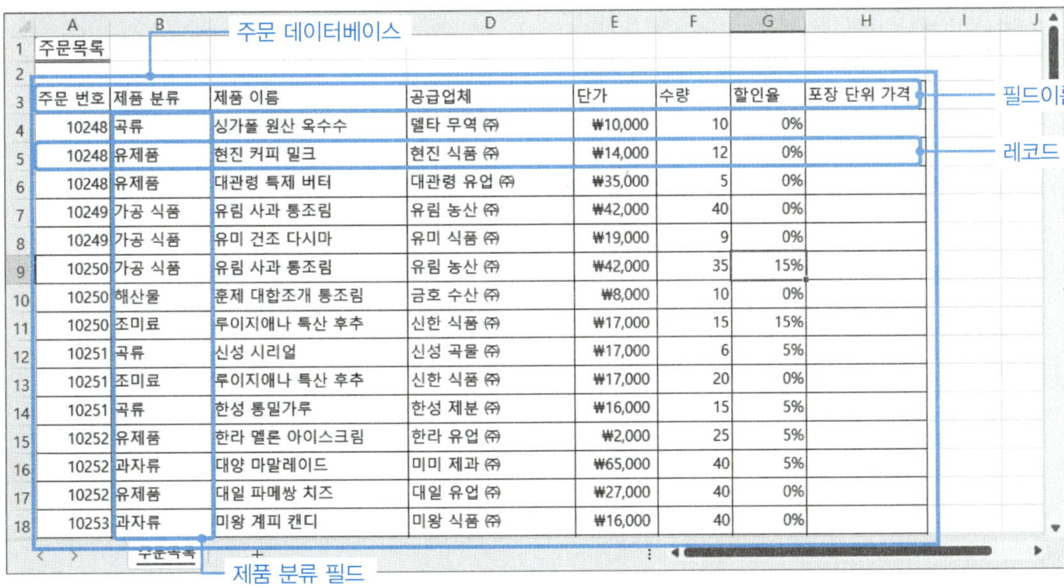

주문 번호	제품 분류	제품 이름	공급업체	단가	수량	할인율	포장 단위 가격
10248	곡류	싱가폴 원산 옥수수	델타 무역 ㈜	₩10,000	10	0%	
10248	유제품	현진 커피 밀크	현진 식품 ㈜	₩14,000	12	0%	
10248	유제품	대관령 특제 버터	대관령 유업 ㈜	₩35,000	5	0%	
10249	가공 식품	유림 사과 통조림	유림 농산 ㈜	₩42,000	40	0%	
10249	가공 식품	유미 건조 다시마	유미 식품 ㈜	₩19,000	9	0%	
10250	가공 식품	유림 사과 통조림	유림 농산 ㈜	₩42,000	35	15%	
10250	해산물	훈제 대합조개 통조림	금호 수산 ㈜	₩8,000	10	0%	
10250	조미료	루이지애나 특산 후추	신한 식품 ㈜	₩17,000	15	15%	
10251	곡류	신성 시리얼	신성 곡물 ㈜	₩17,000	6	5%	
10251	조미료	루이지애나 특산 후추	신한 식품 ㈜	₩17,000	20	0%	
10251	곡류	한성 통밀가루	한성 제분 ㈜	₩16,000	15	5%	
10252	유제품	한라 멜론 아이스크림	한라 유업 ㈜	₩2,000	25	5%	
10252	과자류	대양 마말레이드	미미 제과 ㈜	₩65,000	40	5%	
10252	유제품	대일 파메쌍 치즈	대일 유업 ㈜	₩27,000	40	0%	
10253	과자류	미왕 계피 캔디	미왕 식품 ㈜	₩16,000	40	0%	

01 필드 이름과 데이터 입력하여 주문 데이터베이스 만들기

첫 행에 주문목록 정보 종류에 해당하는 필드 이름을 [주문 번호], [제품 분류], [제품 이름], [공급업체], [단가], [수량], [할인율], [포장 단위 가격]과 같이 차례로 입력한다. 그 다음 행부터는 각 필드이름에 맞추어 데이터 값을 이름 순서대로 차례로 입력한다. [포장 단위 가격] 필드에서는 계산식으로 구할 수 있어서 비워둔다.

02 주문목록 데이터를 표로 변환 하기

표를 만들면 표 안에 있는 데이터를 표 밖에 있는 데이터와 별도로 관리하고 분석할 수 있다. 바로 이 표가 데이터베이스가 되어 데이터를 관리하고 분석하기 쉬울 뿐 아니라 표 열을 필터링하고, 정렬, 표 서식을 적용할 수 있으며 요약 행을 추가하고 각 열별로, 그룹별로 집계를 구할 수도 있다. 표 형식으로 데이터를 다루고 싶지 않은 경우에는 적용된 표 스타일 서식을 모두 그대로 유지하면서 표를 일반 범위로 변환하거나 삭제할 수 있다.

준비파일 'ch2.xlsx' '주문목록' 시트

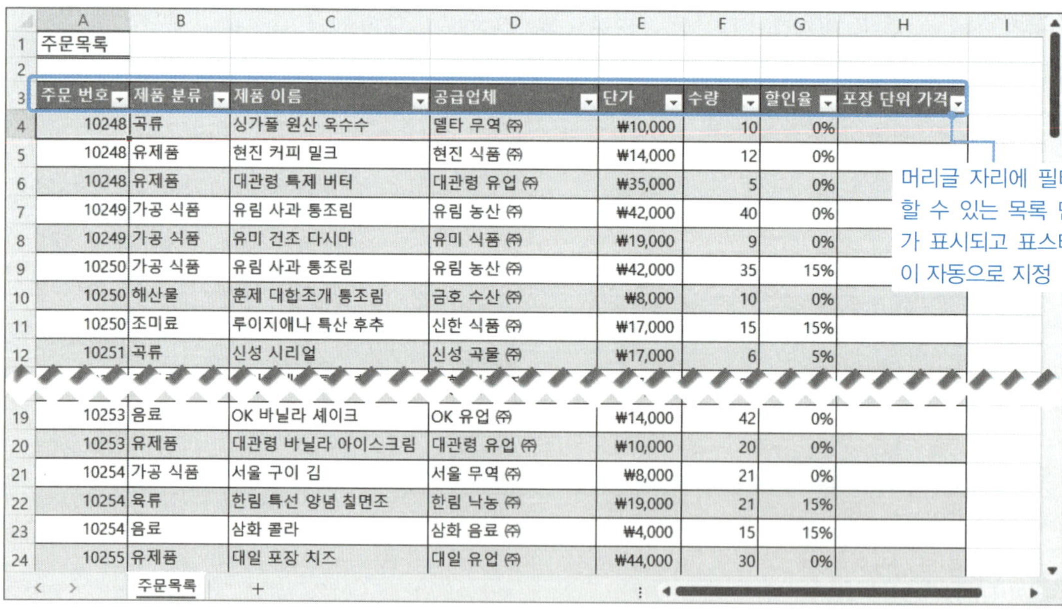

주문목록

주문 번호	제품 분류	제품 이름	공급업체	단가	수량	할인율	포장 단위 가격
10248	곡류	싱가폴 원산 옥수수	델타 무역 ㈜	₩10,000	10	0%	
10248	유제품	현진 커피 밀크	현진 식품 ㈜	₩14,000	12	0%	
10248	유제품	대관령 특제 버터	대관령 유업 ㈜	₩35,000	5	0%	
10249	가공 식품	유림 사과 통조림	유림 농산 ㈜	₩42,000	40	0%	
10249	가공 식품	유미 건조 다시마	유미 식품 ㈜	₩19,000	9	0%	
10250	가공 식품	유림 사과 통조림	유림 농산 ㈜	₩42,000	35	15%	
10250	해산물	훈제 대합조개 통조림	금호 수산 ㈜	₩8,000	10	0%	
10250	조미료	루이지애나 특산 후추	신한 식품 ㈜	₩17,000	15	15%	
10251	곡류	신성 시리얼	신성 곡물 ㈜	₩17,000	6	5%	
10253	음료	OK 바닐라 셰이크	OK 유업 ㈜	₩14,000	42	0%	
10253	유제품	대관령 바닐라 아이스크림	대관령 유업 ㈜	₩10,000	20	0%	
10254	가공 식품	서울 구이 김	서울 무역 ㈜	₩8,000	21	0%	
10254	육류	한림 특선 양념 칠면조	한림 낙농 ㈜	₩19,000	21	15%	
10254	음료	삼화 콜라	삼화 음료 ㈜	₩4,000	15	15%	
10255	유제품	대일 포장 치즈	대일 유업 ㈜	₩44,000	30	0%	

03 표 만들기, 표 스타일 지정하기

❶ '주문목록'에서 임의의 셀을 선택하고, ❷❸[삽입] 탭–[표] 그룹–[표]를 선택하거나, 바로 가기 키 〈Ctrl + T〉 또는 〈Ctrl + L〉을 입력한다. [홈] 탭–[스타일] 그룹–[표 서식]을 선택해도 된다. 목록 내에 셀이 선택되어 있으면 데이터들이 연속적으로 입력되어 있기 때문에 자동으로 범위를 인식하게 된다. '주문목록'에서 필드명이 [3] 행에 있으므로 [표 만들기] 대화상자에서 [$A$3:$H$145]범위가 자동으로 인식된다. [머리글 포함]을 선택하고 ❹ [확인] 버튼을 클릭한다.

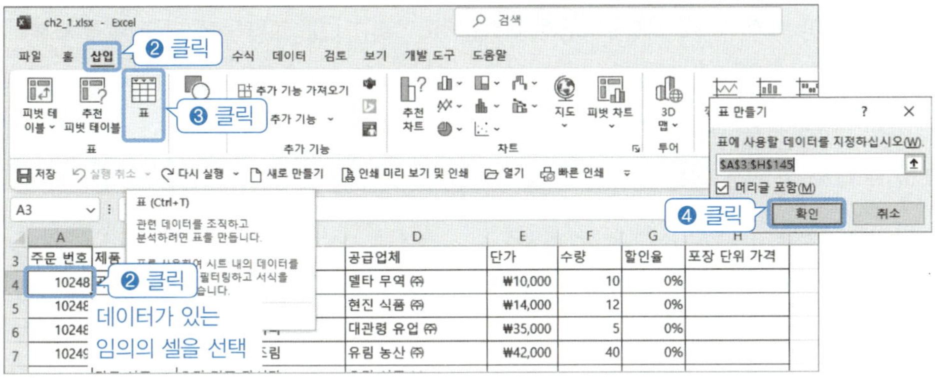

다음과 같이 표로 변환되어 리본메뉴에서는 [테이블 디자인]이름으로 표와 관련된 기능을 선택할 수 있는 도구 메뉴가 나타나고, 표 범위에서 필드이름이 있는 행에서는 필터 단추가 표시된다. 필터 단추를 클릭하여 데이터와 관련된 다양한 기능을 손쉽게 사용할 수 있다. 필터 단추에 대해서는 4장 4.3 단원에서 자세하게 설명하도록 한다. 본 단원에서는 표로 변환되면서 표의 구조를 잘 이해하도록 한다.

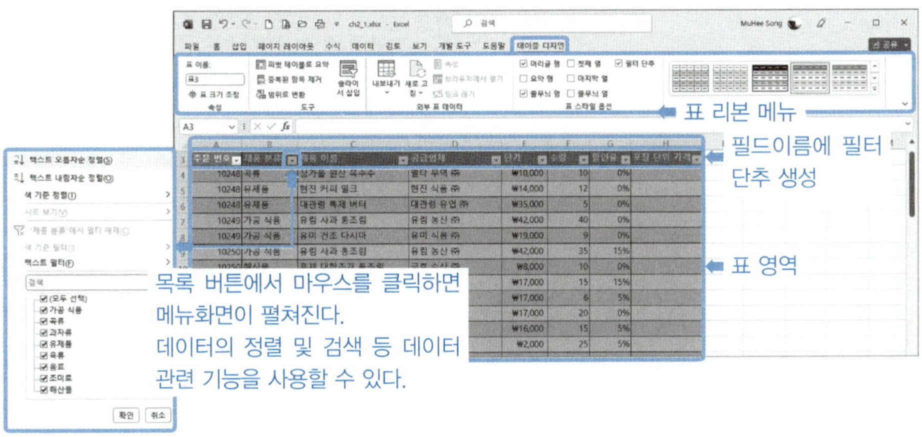

'주문목록' 표가 만들어 지면 리본 메뉴에서 ❶[테이블 디자인]탭–❷[속성]그룹에서 [표 이름]을 '주문목록'으로 입력한다. 표 이름은 이름 상자를 사용하여 데이터베이스를 빨리 참조할 수 있다.

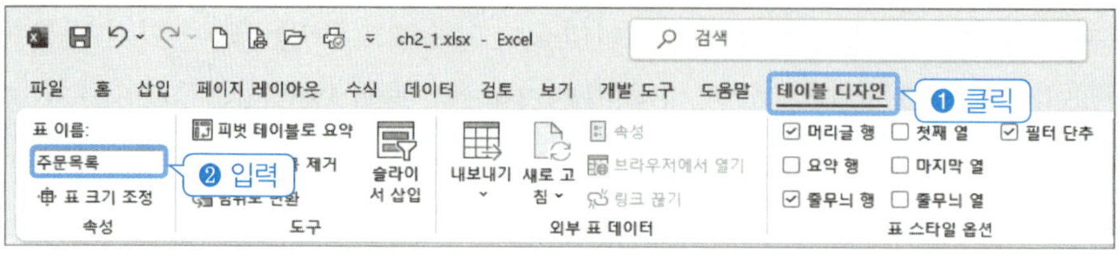

표로 변환이 되면 엑셀의 표 기능에서 제공하는 표 스타일을 적용하여 간편하게 표에 서식을 지정할 수 있다. ❶~❸ [테이블 디자인] 탭–[표 스타일] 그룹에서 선택한다. 표 스타일 종류에 마우스를 위치하면 워크시트에 있는 표에서 자동으로 서식이 적용된다. '주황, 표 스타일 보통 3'을 클릭하여 보자.

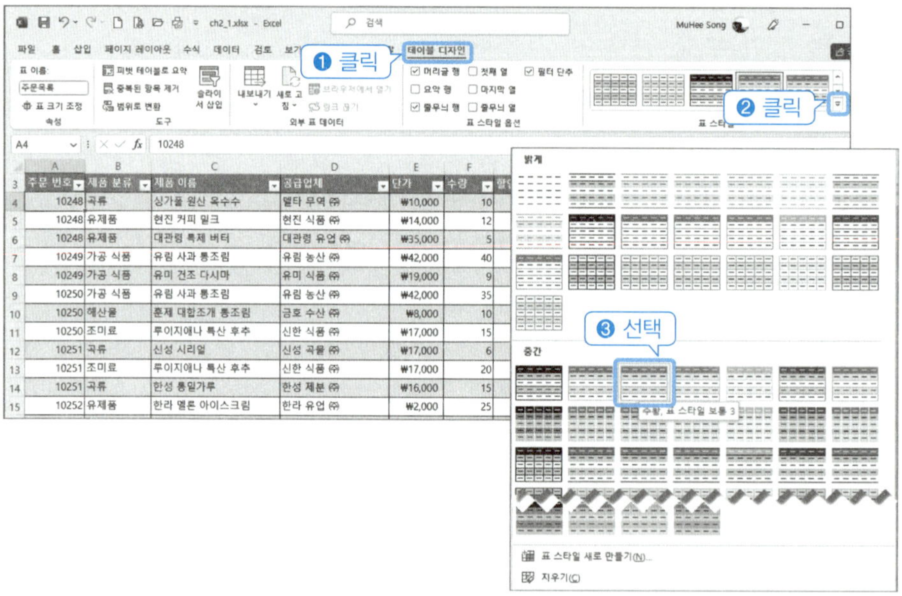

04 요약행 추가하기

❶~❷[테이블 디자인]탭–[표 스타일 옵션]그룹–[요약행]을 체크하면 데이터의 마지막에 자동으로 행이 추가되어 요약행이 나타난다. ❸요약행이 있는 각 셀을 클릭하면 오른쪽에 목록 단추가 표시되고 클릭하면 함수를 선택할 수 있다.

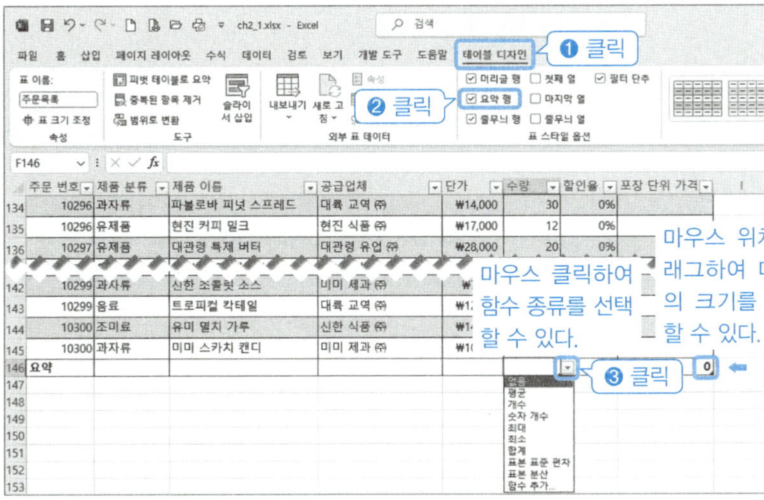

05 표에서 중복된 레코드 삭제하기

- 데이터베이스 필드 속성에서 중복된 레코드, 즉 동일한 행을 허용하지 않아야 하는 경우가 있다. 예를 들어 '주문목록' 데이터베이스에서 주문번호와 제품이름은 중복을 허용되지 않는 것이 일반적이므로 중복된 항목을 제거해 주어야 한다.

- 주문목록 데이터베이스를 선택하고 ❶[테이블 디자인]탭–[도구]그룹에서 ❷[중복된 항목 제거]를 선택하여 중복된 항목 제거 대화상자에서 ❸'모두 선택 취소'를 클릭한 후 중복을 제거할 열 영역에서 ❹~❺'주문번호', '제품이름' 을 선택한 후 ❻'확인' 버튼을 클릭한다.

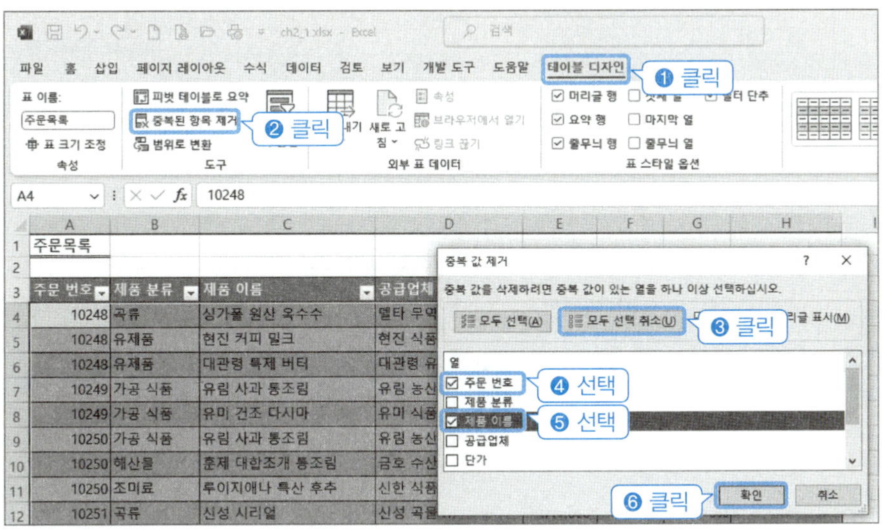

예제 2-2

표의 구조적 참조를 사용하여 포장 단위 가격과 상품 별로 판매수량 알아보기

표의 일부 또는 전체를 참조하는 수식을 만들 때 표의 구조적 참조를 사용하면 훨씬 더 쉽고 편리하게 표 데이터 작업을 할 수 있다. 구조적 참조란 이름 그대로 데이터베이스의 구조를 바탕으로 필드명과 영역을 구분하는 이름으로 '특수 항목 지정자'라고 하며, 특수 항목을 사용하여 요약 행과 같은 표의 다양한 부분을 참조하면 수식에서 보다 쉽게 참조할 수 있다.

준비파일 'ch2.xlsx' '주문목록' 시트

01 표의 구조적 참조 지정자

- 주문목록[#모두]는 열 머리글, 데이터 및 요약을 비롯한 전체 표를 나타내며 범위로는 [A3:H145]와 동일하다. 주문목록[#데이터]는 필드이름 행을 제외한 데이터만을 포함하며 범위로는 [A4:H145]과 동일하다. 그 외 필드이름 행을 의미하는 [#머리글], [#요약] 지정자가 있다.

- 다음의 그림은 표의 구조적 참조를 위해 정해진 데이터베이스에서의 영역에 따른 특수 항목 지정자들의 이름이다.

데이터베이스의 표 데이터 범위가 자주 변경되고 이에 따라 구조적 참조에 대한 셀 참조가 자동으로 조정된다는 점에서 구조적 참조는 특히 유용하다. 구조적 참조를 사용하면 표에서 행과 열을 추가하고 삭제할 때나 외부 데이터를 새로 고칠 때 수식을 다시 작성할 필요가 없어진다.

02 구조적 참조 지정자를 사용하여 [포장 단위 가격] 계산하기

❶ [H4] 셀을 선택한 후 ❷ 계산식으로 ' = [@단가]*[@수량]*(1−[@할인율])'를 입력한다. 필드이름을 작성 시 반드시 [ ]를 붙여야 하며, [(여는 대괄호)키를 입력하면 필드이름 목록이 나타나는데 목록에서 마우스로 더블 클릭하여 선택하여도 된다. 목록에서 선택할 때는 제일 위에 있는 '@ − 이 행'을 먼저 선택한 다음 필드이름을 선택하여야 한다. ❸ 〈Enter〉키를 누르면 자동으로 포장 단위 가격 열이 자동으로 계산이 완료된다.

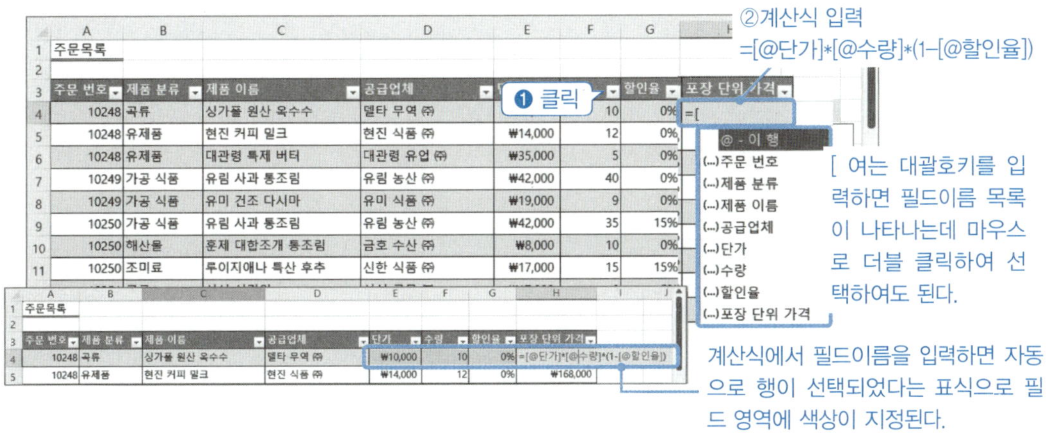

필드 이름이 열을 대표하는 것으로 간주되어 데이터 값이 자동으로 대체 되는 것을 알 수 있다.

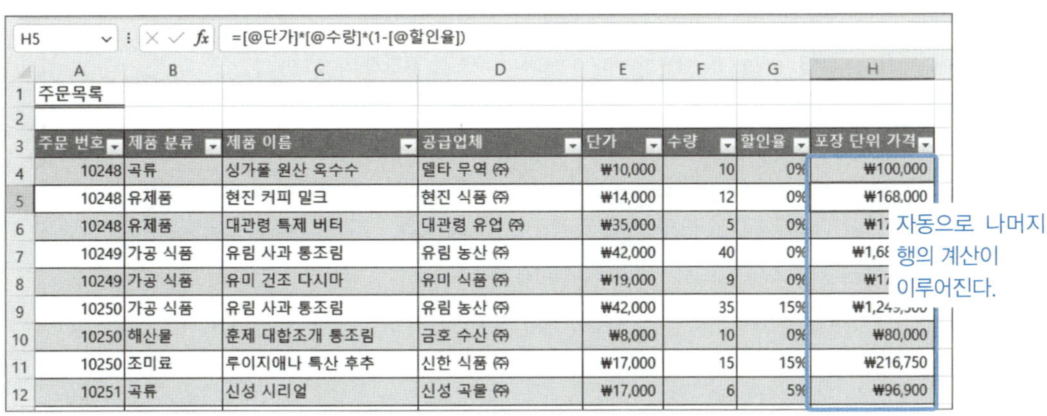

03 표의 구조를 해제하여 정상 범위로 변환하기

- 표로 구조를 해제하여 일반적인 데이터 범위로 사용하려면 선택 셀을 데이터의 임의의 위치로 지정한 후 ❶~❷[테이블 디자인]탭–[도구]그룹에서 [범위로 변환]을 선택한다.

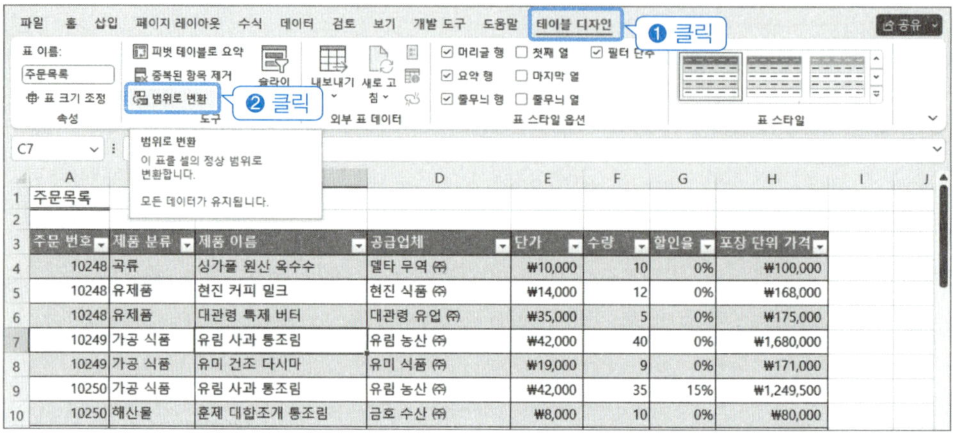

- 다음의 화면과 같이 표를 정상범위로 변환된다는 경고화면이 나타난다. [예] 버튼을 클릭한다.

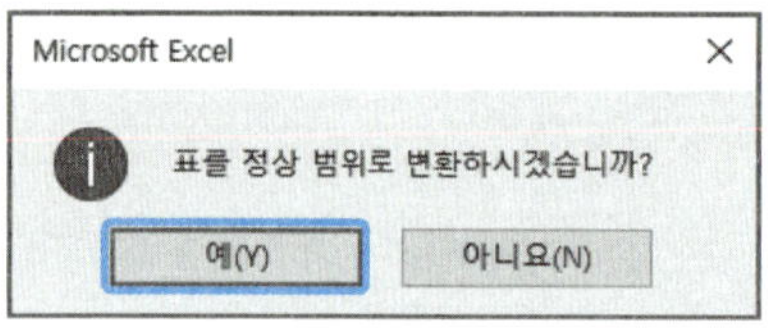

- 필드 이름에 있는 필터단추가 사라지고 엑셀의 기본 형식인 정상범위로 표시되며, 함수 계산식에 사용되었던 구조적 참조의 지정자 이름은 사라지고 셀의 주소로 표시된다.

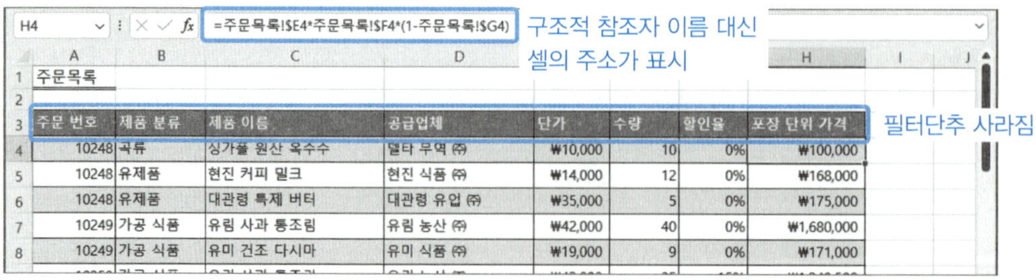

2.3

외부데이터 수집

인터넷에서 데이터들을 다운받거나 업무상 다른 부서에서 데이터를 받다 보면 엑셀이 아닌 다른 파일 형식인 경우가 생긴다. 특히 데이터가 대용량인 경우에는 용량을 줄이기 위해 텍스트파일로 저장하기도 한다.

엑셀에서는 외부 파일로 형식이 다른 데이터를 엑셀의 워크시트에 그대로 가져와서 사용할 수 있다. 외부 파일이 필드별로 구분 기호나 일정한 너비로 구분만 되어 있다면 엑셀의 워크시트에 각 열로 구분되어 자연스럽게 가져올 수 있다. 엑셀의 외부 데이터 가져오기 기능을 사용하여 한 단계 한 단계 진행하면서 손쉽게 데이터를 가져오기로 해보자.

(1) 텍스트 문서 엑셀로 가져오기

외부 파일 형식으로 가장 많은 유형을 차지하는 텍스트 파일 '*.txt'로 저장된 문서를 엑셀의 워크시트로 가져오기 하여 보자.

준비파일 주문목록(엑셀).txt

텍스트 파일에서 가져오기

파일의 확장자가 txt, csv, prn인 경우 텍스트 파일이라고 간주한다. 가져오기에는 2가지 방법이 있는데 각각 비교하며 살펴보도록 한다.

01 [데이터]탭–[데이터 가져오기 및 변환]그룹–[텍스트/CSV에서]를 선택하여 가져오기

- 리본메뉴에서 ❶[데이터]탭–[데이터 가져오기 및 변환]그룹–❷[텍스트/CSV에서]를 클릭한다.

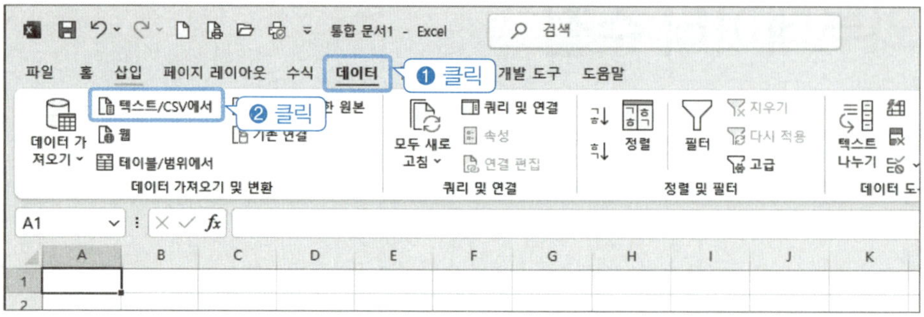

- 데이터 가져오기 대화상자가 나타나면 불러올 파일이 있는 위치로 이동한 후 ❶파일이름을 클릭한 후 ❷'가져오기' 버튼을 클릭한다.

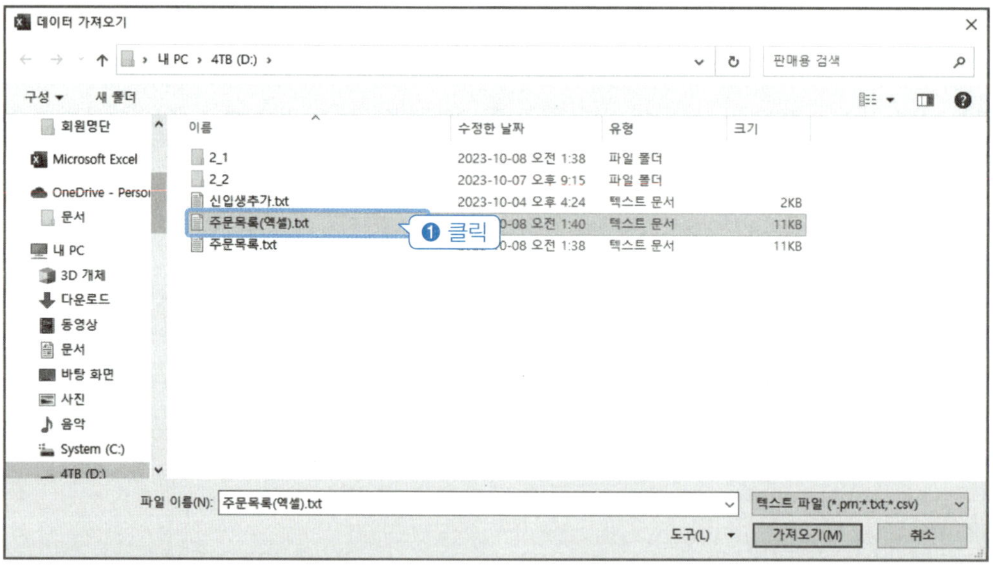

새화면이 나타나면서 불러올 파일의 내용이 표시된다. '로드' 버튼을 클릭하여 워크시트로 가져오기 한다.

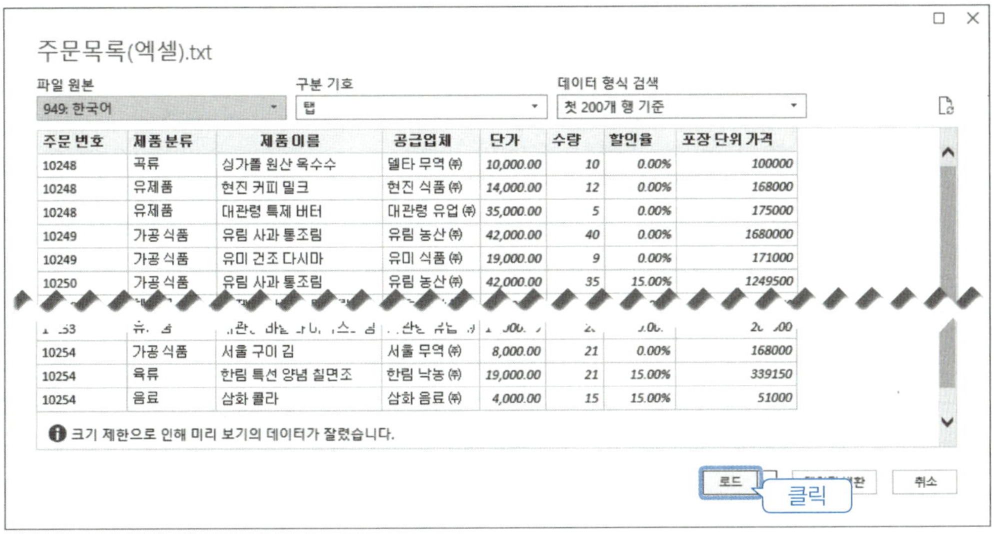

다음과 같이 워크시트에 표로 변환되어 가져오기가 완료된다. 파일이름과 동일한 이름의 워크시트가 추가되고 데이터 가져오기가 된다.

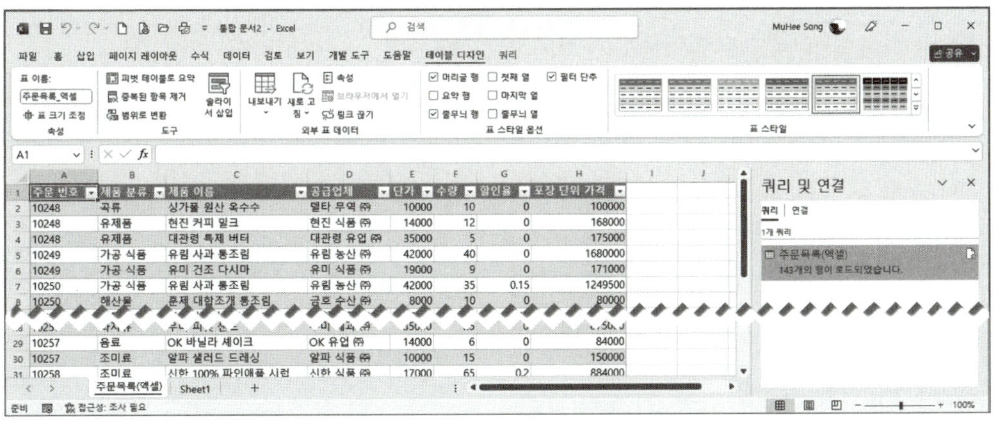

외부 파일을 워크시트로 데이터를 가져오면 엑셀에는 원본 파일과 연결이 되어 있어서 원본이 변경되면 '새로 고침'을 통하여 원본 파일의 내용과 같이 자동으로 변경이 이루어진다. 원본 파일과의 연결을 끊을려면 리본메뉴에서 [쿼리]탭–[편집]그룹에서 '삭제'를 선택하여 원본 파일과의 연결을 종료한다.

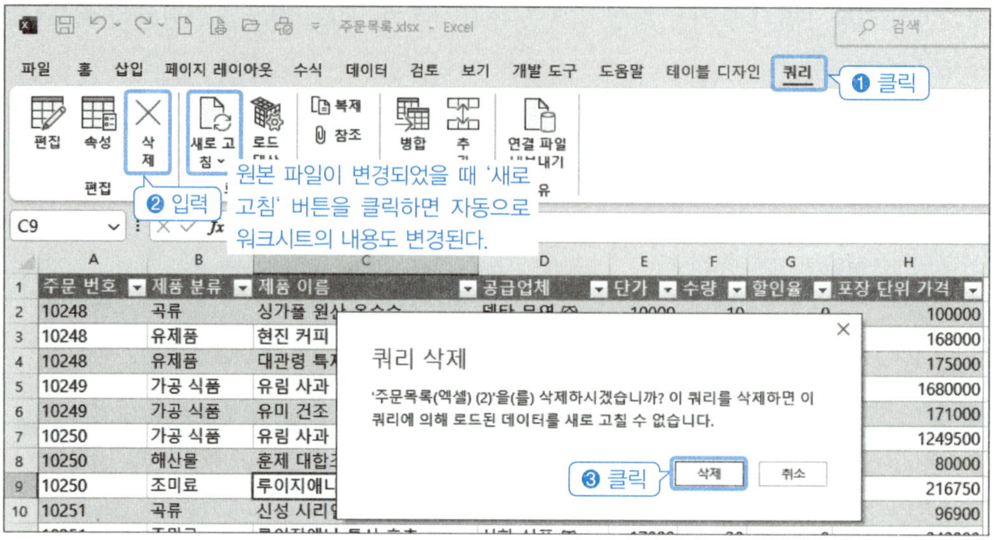

02 [파일–열기–찾아보기]를 선택하여 가져오기

- [파일–열기–찾아보기]를 선택한 후 파일 형식에서 '텍스트 파일(*.prn, *,txt, *.csv)'을 선택, 파일이 있는 위치로 이동한 후 파일 목록에서 불러올 파일이름을 클릭하고 '열기' 버튼을 클릭한다.

- 실습예제 파일인 '주문목록(엑셀).txt' 파일을 선택한다.

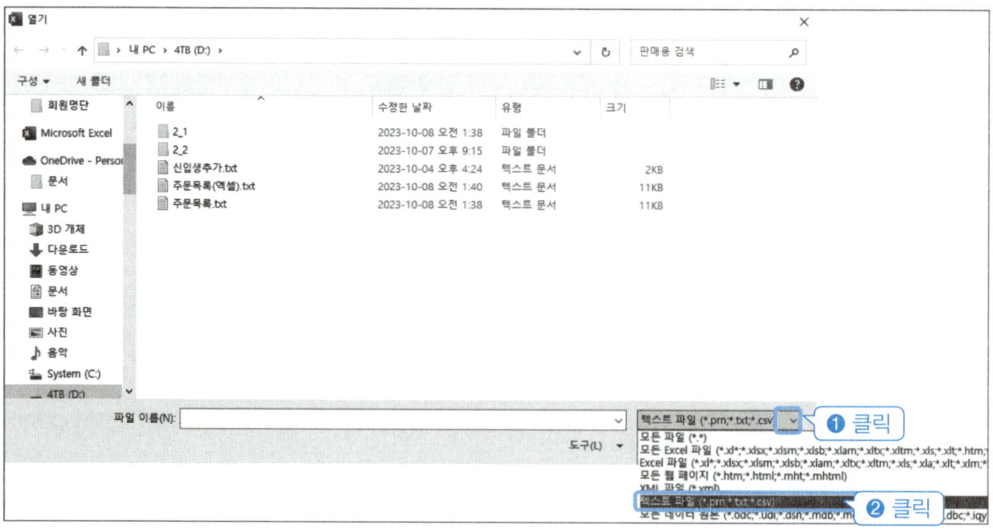

다음과 같이 텍스트 마법사 대화상자가 나타난다. 여기서 원본 데이터의 파일 유형에 따라 파일 미리보기 영역에서 필드들 간의 구분에 따라 다음 2가지 유형이 있다.

- **구분 기호로 분리됨** : 탭, 세미콜론, 쉼표, 공백, 기타 기호 등과 같은 유형으로 구분되어 있으면 여기서 '구분 기호로 분리됨'을 선택, 데이터 첫 줄에 머리글이 입력되어 있으면 '내 데이터에 머리글 표시'를 체크하고 '다음' 버튼을 클릭한다.
- **너비가 일정함** : 원본 데이터의 파일유형에서 필드 혹은 데이터들이 일정한 너비로 구분되어 있으면 '너비가 일정함'을 선택한다.

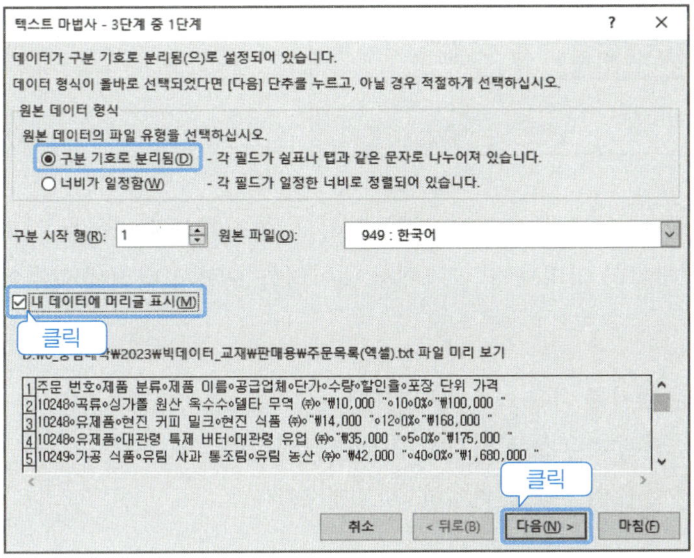

다음은 '구분 기호로 분리됨'을 선택한 경우 텍스트 마법사 2단계 대화상자이다. 데이터 사이의 구분기호를 선택한다. 여기서는 구분기호를 '탭' 으로 선택한다. 구분 기호가 2개 이상인 경우에는 중복하여 선택할 수 있다. 구분 기호가 목록에 없으면 '기타'를 클릭하여 체크표시하고 입력 영역에서 직접 입력한다.

데이터 미리보기 영역에서 각각 필드들을 구분하는 구분선이 자동으로 표시된다.

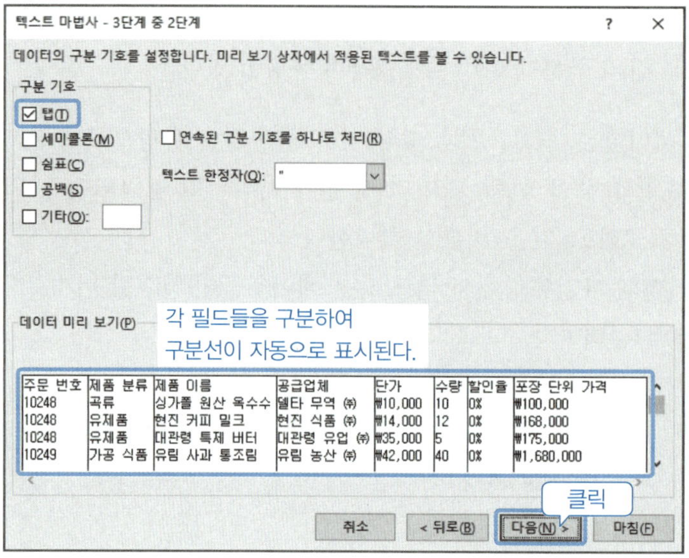

다음은 '너비가 일정 함'을 선택 한 후 진행된 2단계 화면이다. 화면에서 설명하는 것과 같이 필드들을 구분하기 위하여 '데이터 미리보기' 영역에서 데이터를 보면서 너비에 맞추어 구분선을 지정한다.

- 구분선을 넣으려면 원하는 위치를 마우스로 클릭한다.
- 구분선을 삭제하려면 구분선에 마우스를 위치한 후 더블클릭한다.
- 구분선을 이동하려면 구분선에 마우스를 위치한 후 드래그한다.

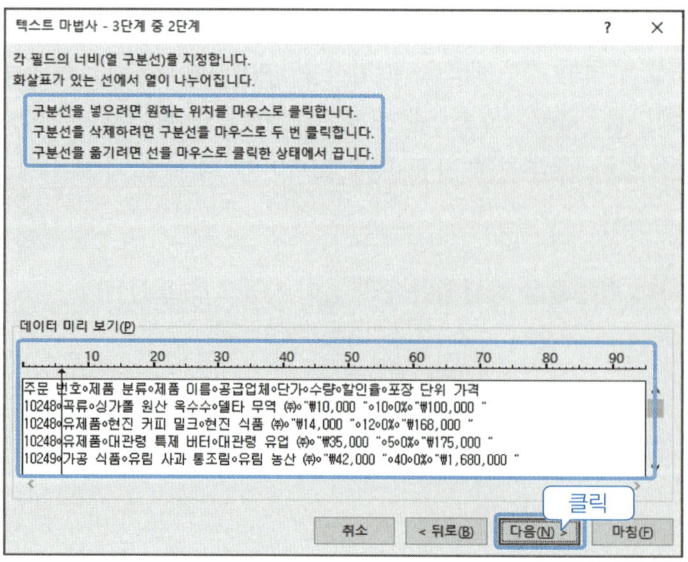

열 데이터 서식을 지정하는 화면인데 여기서는 [일반]으로 두고 '마침' 버튼을 클릭한다. [일반]을 선택하면 숫자 값은 숫자로, 날짜 값은 날짜로, 모든 나머지 값은 텍스트로 자동 변환된다.

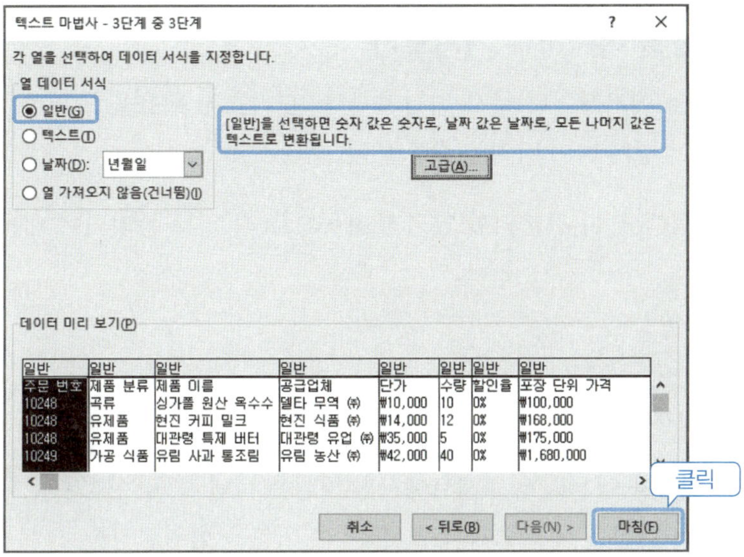

파일이름과 동일한 이름을 가진 새파일이 열리고, 또한 파일이름과 동일한 워크시트에 가져오기가 완료된다.

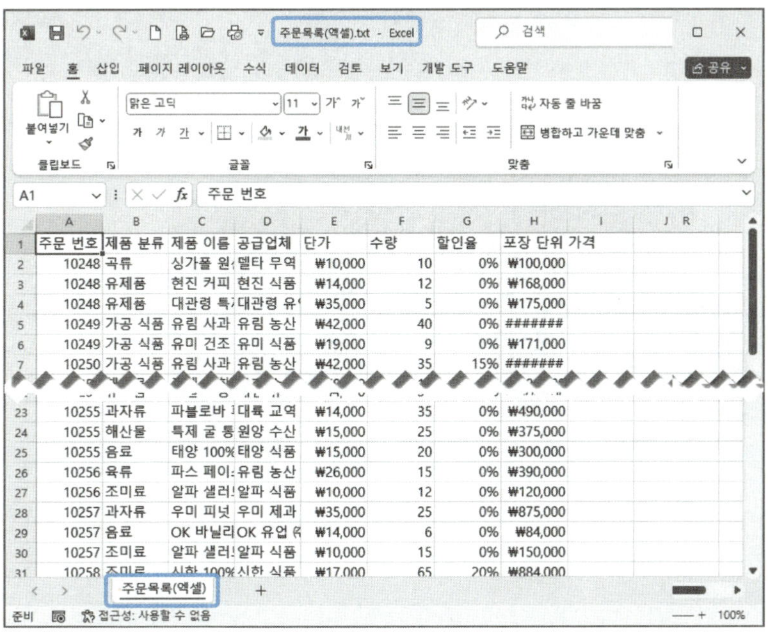

- 가져온 텍스트 파일은 텍스트파일 형식을 그대로 유지하고 있어서 엑셀 파일 형식으로 저장하여야 한다. [파일–다른 이름으로 저장]을 선택한 후 파일 형식에서 'Excel 통합 문서(*.xlsx);를 선택한 후 파일이름을 입력하고 '저장' 버튼을 클릭한다.

(2) 텍스트 파일을 열어 내용을 복사하여 가져오기

텍스트 파일이나 다른 외부 파일을 메모장이나 문서 편집기에서 열기 한 후 내용을 범위 설정하여 복사한 후 엑셀의 워크시트에 붙어 넣기 하여 가져올 수도 있다.

필드들의 구분이 탭, 공백, 콤마 등과 같이 구분되어 있으면 자동으로 각 열로 분리되어 내용이 복사된다.

준비파일 주문목록(엑셀).txt

- 메모장에서 '주문목록(엑셀).txt' 파일을 열기 한 후 범위 설정하기
- 주문목록.txt 에서 복사한 내용을 엑셀의 워크시트에서 [A3]셀을 선택 후 붙여넣기
  다음의 화면은 '주문목록.txt' 파일을 메모장에서 열기 한 후 내용을 범위설정한 후 복사하여 붙여넣기 한 결과이다. 필드 간에 공백으로 구분되어 있어서 엑셀에서는 각 열로 자동으로 구분되어 자연스럽게 붙여넣기가 되어 데이터 가져오기가 완료된다.

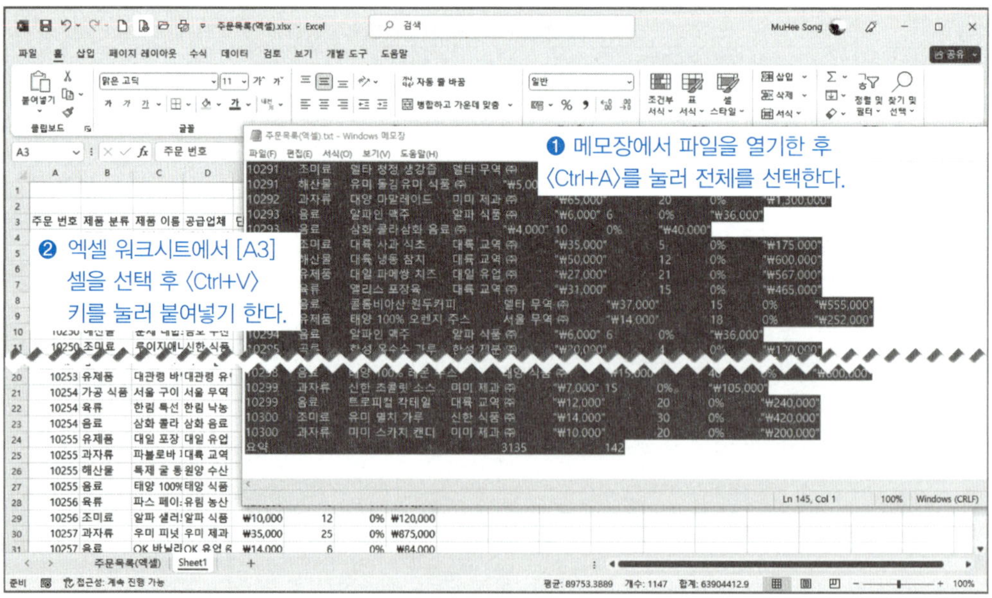

(3) 텍스트 나누기

내용을 복사하여 붙여넣기 하는 경우 필드들 간의 구분이 엑셀에서 인식되지 않으면 한 열로 모두 내용이 복사되어 나타난다. 이런 경우에는 '텍스트 나누기' 기능을 사용하여 각 필드들에 맞게 열을 구분하여 나누기 할 수 있다.

준비파일 신입생추가.txt

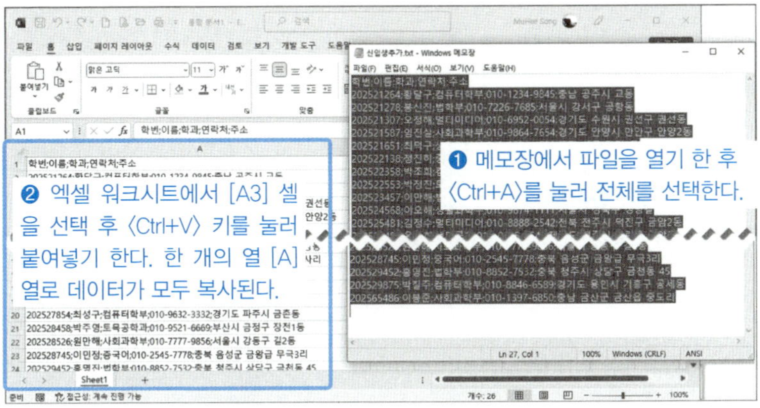

[데이터–텍스트 나누기]를 선택한다. 텍스트 마법사 3단계 중 1단계 대화상자가 나타난다.

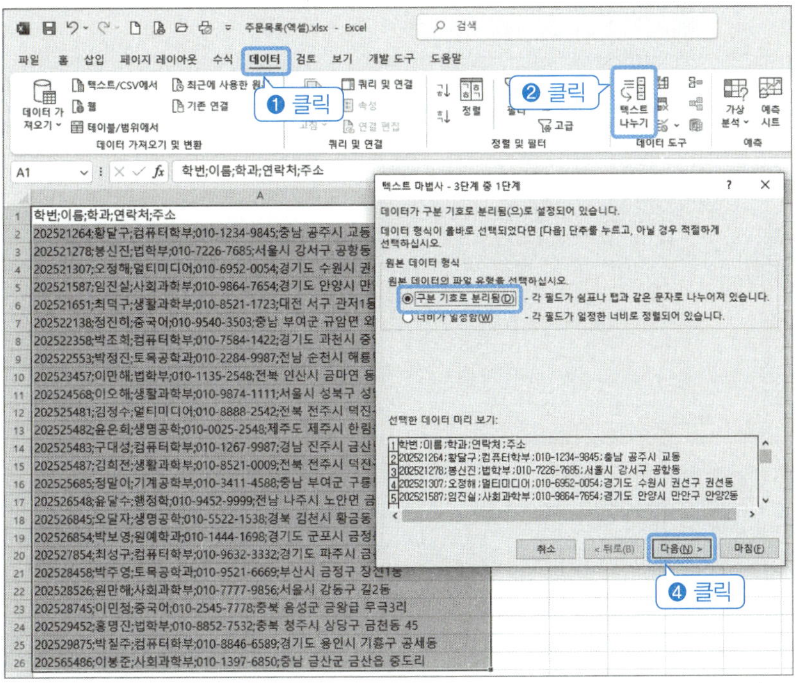

2단계에서 구분기호를 선택한다. 목록에 없으면 '기타'를 체크 하고 기호를 입력 할 수 있다. 데이터 미리보기에서 확인을 한 후 '다음' 버튼을 클릭한다.

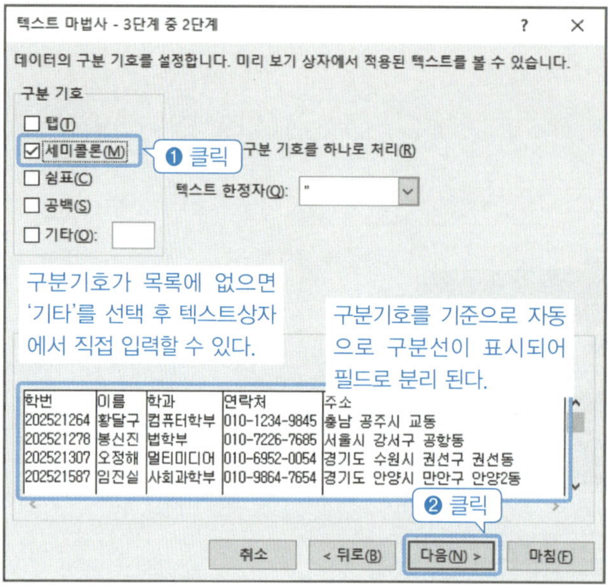

3단계에서는 '열 데이터 서식'에서는 기본값인 '일반'을 하고 '마침'을 클릭한다. 세부적인 데이터의 서식은 엑셀에서 작업을 진행하면서 적절하게 변경 가능하다.

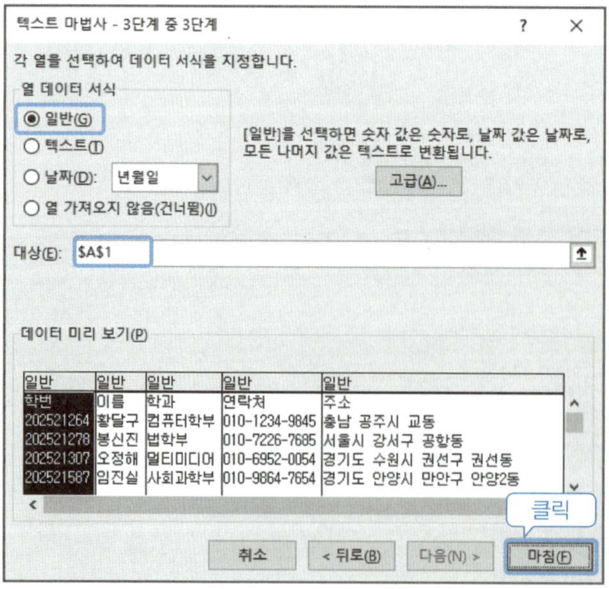

필드들이 각 열로 구분된 결과이다. 텍스트 나누기 결과 첫 열의 간격은 처음 간격 그대로 인데 열 간격은 각 열을 드래그한 후 열의 경계지점에서 더블클릭하여 자동맞춤 하면 된다.

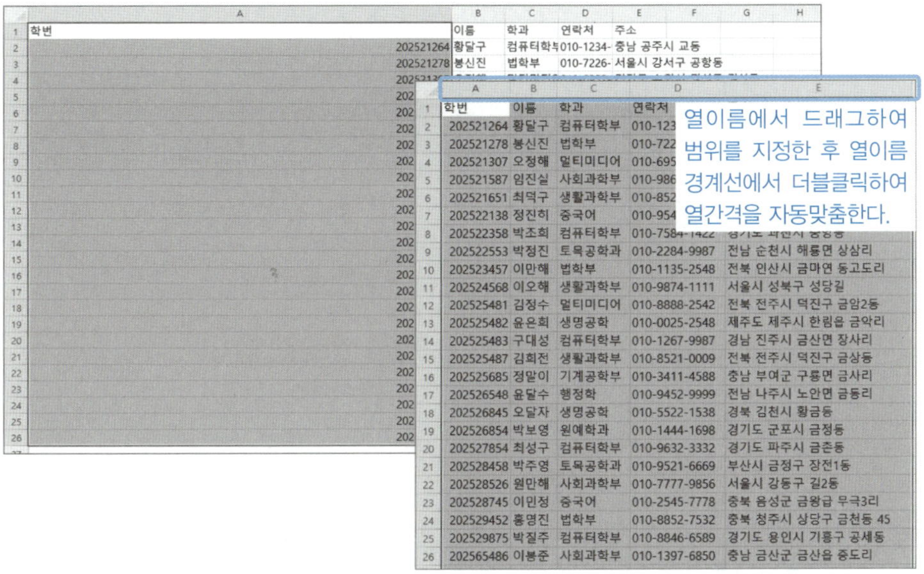

※ 교재에서는 txt 파일형식을 예제로 진행하지만 파일의 확장자가 *.csv *.prn인 경우에도 동일하게 진행된다.

(4) 외부데이터로 내보내기

엑셀에서 외부 데이터를 가져오기 하여 사용하는 경우도 있지만 반대로 엑셀의 데이터를 외부 파일로 변경하여 데이터를 다양하게 활용하기도 한다.

엑셀의 데이터를 외부 파일로 내보내기 하여보자. 외부파일로 내보내기 할 때의 파일 형식은 데이터의 특성을 유지하고자 한다면 HTML 형식과 텍스트 파일로 내보내는 것이 가장 적당하고, 파일의 보안을 위해 수정 및 편집을 막고자 한다면 PDF파일로 저장하는 것이 좋다.

준비파일 주문목록.xlsx

텍스트 파일로 내보내기

다음과 같이 2가지 방법 중에서 선택하여 저장할 수 있다.

방법1: 메뉴에서 ❶[파일–내보내기] 를 선택한 후, 다음의 대화상자에서 ❷'파일 형식변경–기타 파일형식' 영역에서 ❸'텍스트(탭으로분리)(*.txt)'를 선택하고 ❹'다른 이름으로 저장' 버튼을 클릭한다.

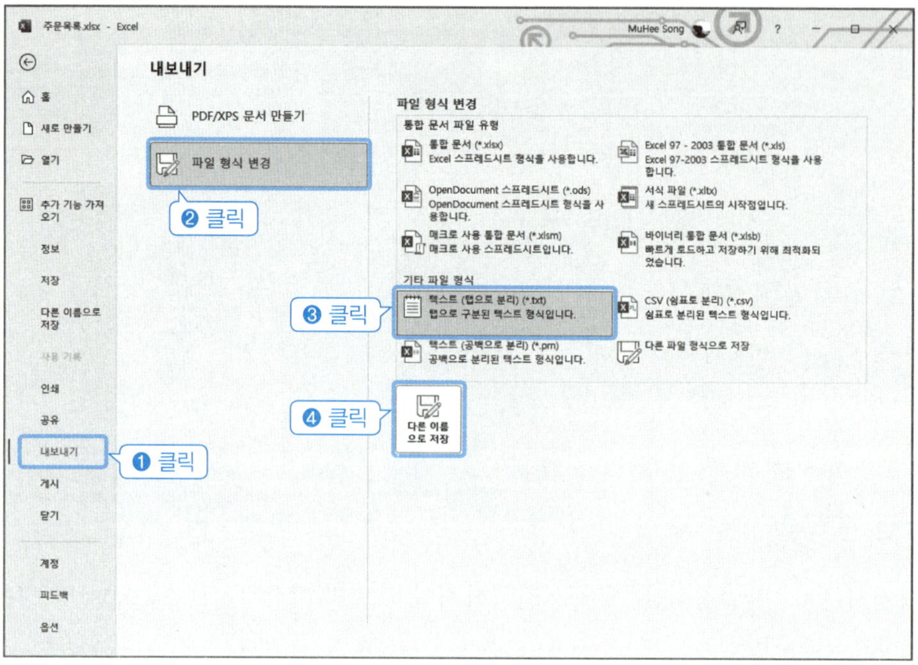

파일이 저장될 위치와 파일이름을 지정한 후 '저장' 버튼을 클릭한다.

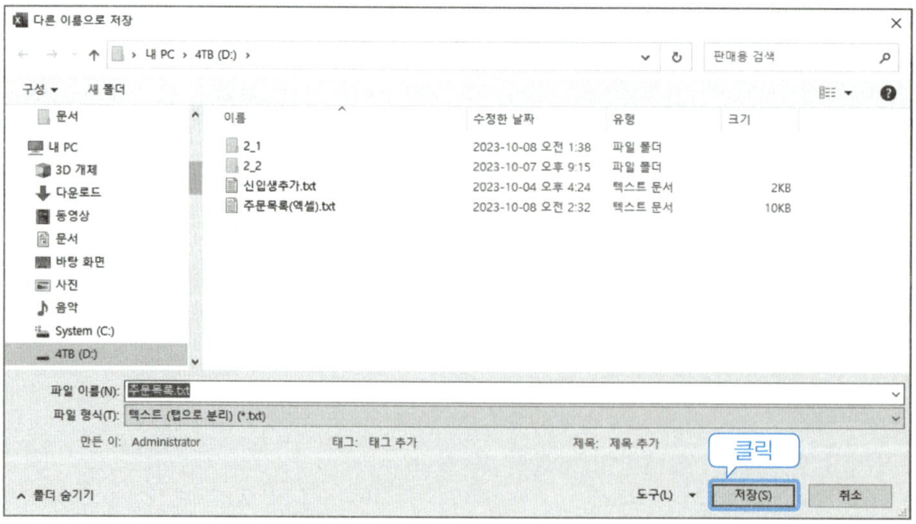

파일에 시트가 여러 개인 경우에는 다음과 같은 대화상자가 나타난다. 현재의 시트만 저장하는 것으로 하여 '확인' 버튼을 클릭한다. '확인' 버튼을 클릭하면 엑셀화면에서는 아무런 반응은 없지만 지정된 위치에 파일이 저장된다.

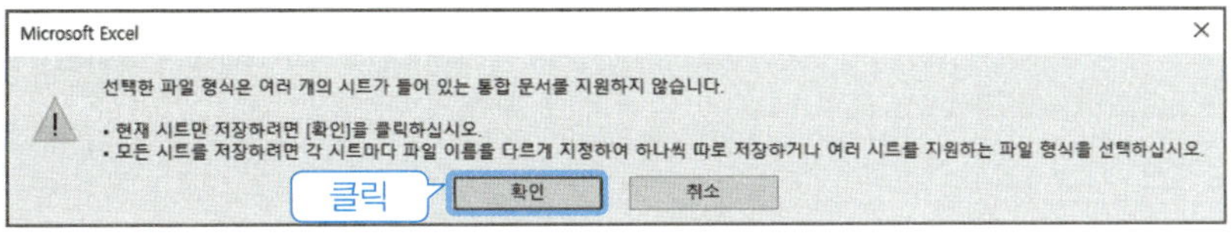

탐색기에서 파일이름을 보면 저장이 완료된 것을 알 수 있다.
메모장에서 저장된 '주문목록.txt' 파일을 불러온 화면이다.

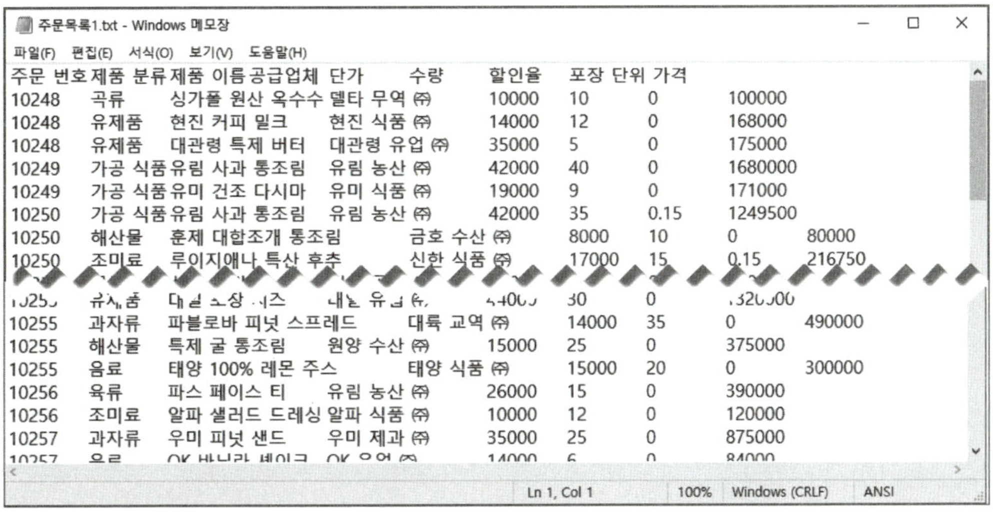

- 방법2: 메뉴에서 [파일-다른 이름으로 저장]를 선택한 후, 다음의 대화상자에서 저장위치를 지정하고 하단에 있는 '파일형식'에서 화면과 같이 '텍스트(탭으로분리)(*.txt)'를 선택하고 파일이름을 입력한다. '저장'를 클릭한다.
- 이후로는 위의 [파일-내보내기]를 선택한 경우와 진행과정에서 1-3과 동일하다.

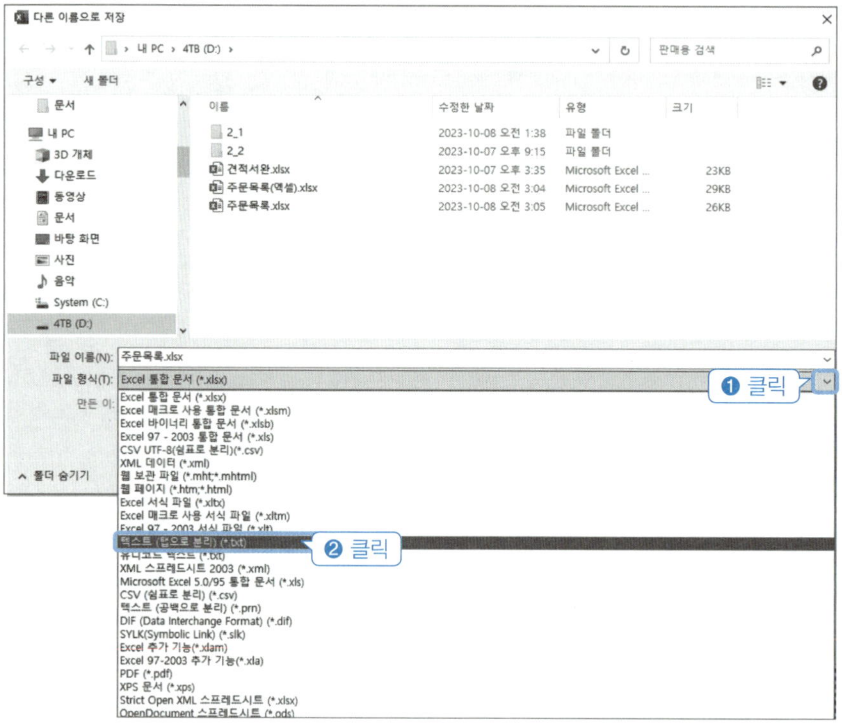

웹페이지로 저장하기

이번에는 '주문목록.xlsx' 파일을 웹문서 형식인 웹페이지로 저장하여보자.

준비파일 주문목록.xlsx

- 메뉴에서 [파일-다른이름으로 저장]를 선택한다.
- 대화상자에서 파일이름을 입력하고, 파일 형식을 '웹페이지(*.htm, *.html)'로, '선택영역:시트'를 지정, '선택 영역 시트', 제목을 '주문목록'으로 입력 한 후 '저장'을 클릭한다.

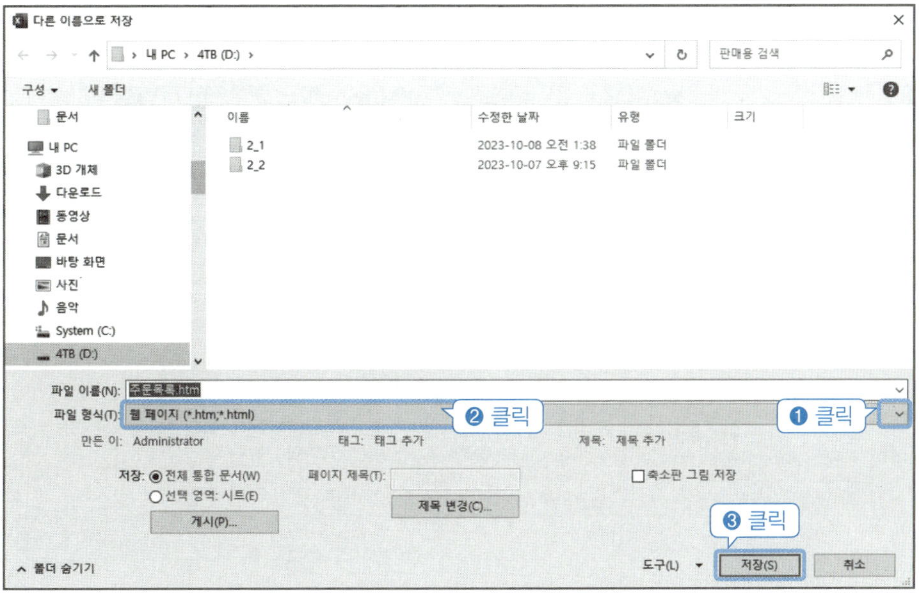

'웹 페이지로 게시' 대화상자에서 '브라우저에서 게시한 웹 페이지 열기'의 체크박스를 체크한 후 '게시' 버튼을 클릭한다.

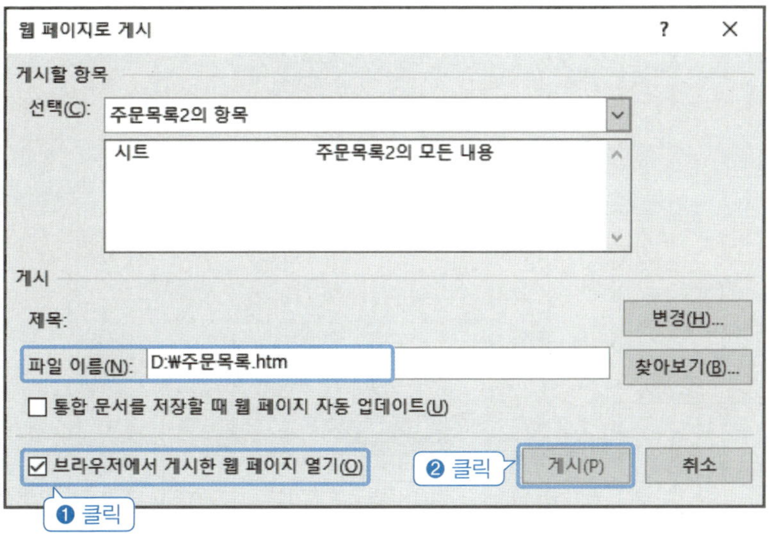

※ '통합문서를 저장할 때 웹 페이지 자동으로 업데이트'를 선택하면 엑셀파일이 수정이 될 때 자동으로 웹문서도 수정되어 저장된다.

다음은 저장된 웹페이지 문서 화면이다. 엑셀에서 지정한 서식이 그대로 유지된다.

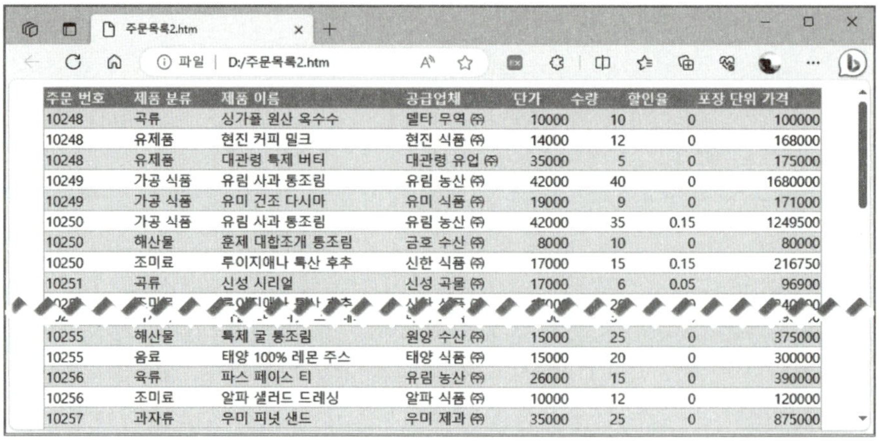

주문 번호	제품 분류	제품 이름	공급업체	단가	수량	할인율	포장 단위 가격
10248	곡류	싱가폴 원산 옥수수	멜타 무역 ㈜	10000	10	0	100000
10248	유제품	현진 커피 밀크	현진 식품 ㈜	14000	12	0	168000
10248	유제품	대관령 특제 버터	대관령 유업 ㈜	35000	5	0	175000
10249	가공 식품	유림 사과 통조림	유림 농산 ㈜	42000	40	0	1680000
10249	가공 식품	유미 건조 다시마	유미 식품 ㈜	19000	9	0	171000
10250	가공 식품	유림 사과 통조림	유림 농산 ㈜	42000	35	0.15	1249500
10250	해산물	훈제 대합조개 통조림	금호 수산 ㈜	8000	10	0	80000
10250	조미료	루이지애나 특산 후추	신한 식품 ㈜	17000	15	0.15	216750
10251	곡류	신성 시리얼	신성 곡물 ㈜	17000	6	0.05	96900
10255	해산물	특제 굴 통조림	원양 수산 ㈜	15000	25	0	375000
10255	음료	태양 100% 레몬 주스	태양 식품 ㈜	15000	20	0	300000
10256	육류	파스 페이스 티	유림 농산 ㈜	26000	15	0	390000
10256	조미료	알파 샐러드 드레싱	알파 식품 ㈜	10000	12	0	120000
10257	과자류	우미 피넛 샌드	우미 제과 ㈜	35000	25	0	875000

PDF 파일로 저장하기

엑셀로 작성한 문서가 중요한 문서일 경우 보안을 위해 수정이나 편집이 불가능하도록 하거나, 엑셀 프로그램이 없더라도 PC 혹은 스마트폰 등 다양한 기기에서 PDF Viewer 프로그램을 통해 손쉽게 내용을 볼 수 있게 하려면 PDF로 저장하는 경우가 필요하다. PDF로 저장하면 엑셀에서 만든 형식 그대로 글씨체나 문서의 간격 또는 서식 등을 그대로 보여줄 수 있고 파일의 용량도 매우 가벼워서 유용하다.

준비파일 견적서.xlsx

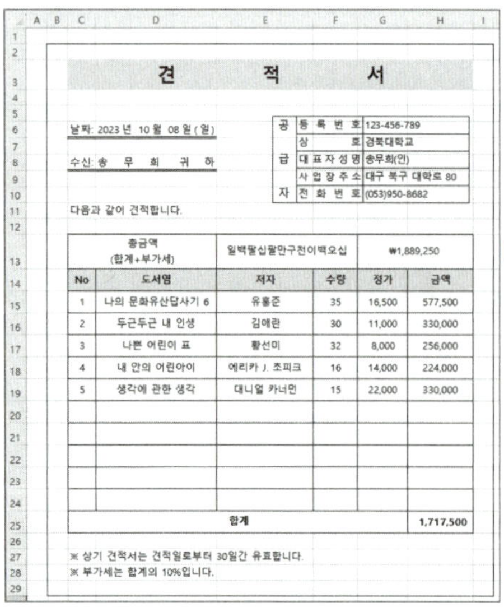

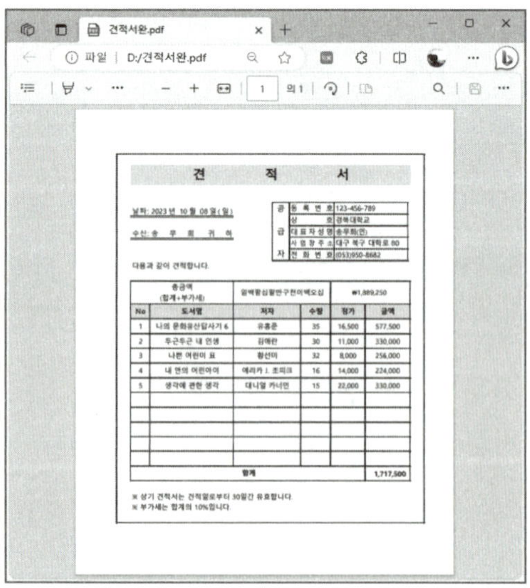

[파일] 메뉴에서 [내보내기]−[PDF/XPS 만들기] 버튼을 클릭한다.

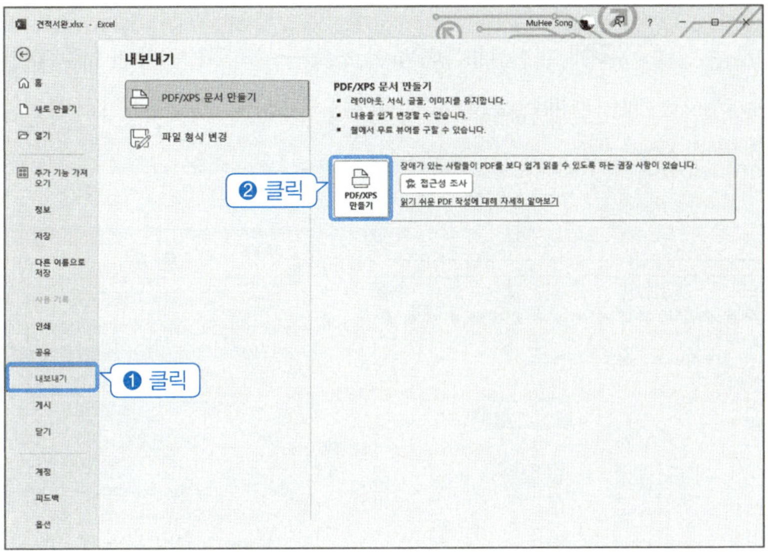

PDF 또는 XPS로 게시 대화상자에서 ❶'옵션' 버튼을 클릭한 후 옵션 대화상자에서 ❷'선택한 영역' 클릭 혹은 확인후 ❸'확인' 버튼 클릭하여 옵션 선택을 완료한다.

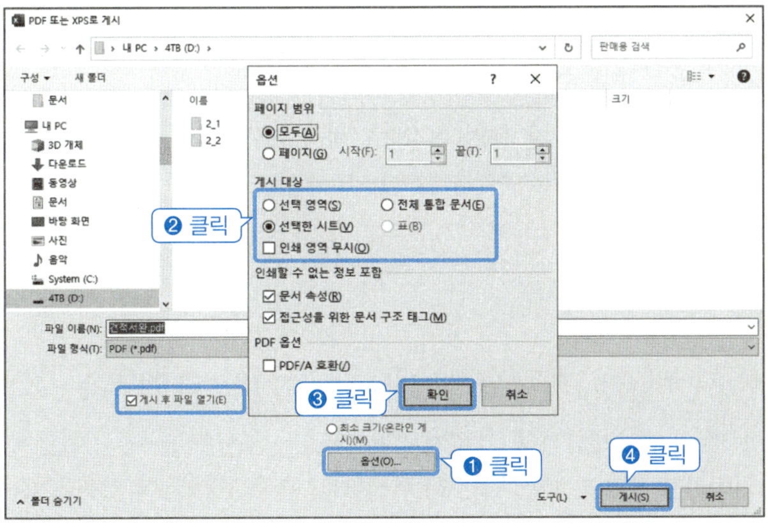

다시 'PDF 또는 XPS로 게시' 대화상자로 돌아온 후 ❹'게시' 버튼을 클릭하여 PDF 파일로 저장을 완료한다. '게시 후 파일 열기'가 선택되었기에 웹브라우저에서 PDF 파일을 확인할 수 있다.

연습문제

'ch2_연습문제.xlsx' 통합문서를 열어 주어진 화면을 참조하여 문제를 해결하시오.

01 '상품' 시트에는 상품목록에 대한 데이터베이스를 구축하고자 관련 데이터들이 입력되어 있다. 하지만 데이터베이스로서 맞지 않는 부분이 있다. 데이터베이스의 조건에 맞도록 수정하여 보자.

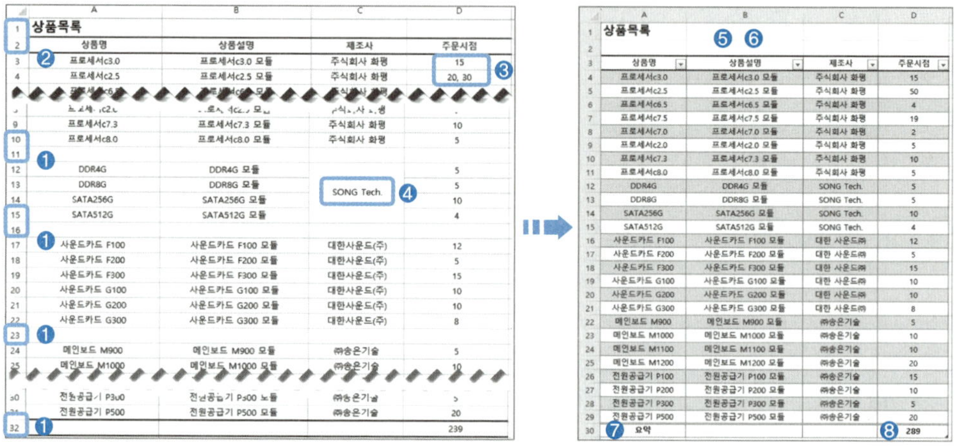

❶~❷ 데이터베이스에서는 필드이름과 데이터 부분에 빈 행이 있으면 데이터가 분리된 것으로 간주되어 데이터베이스가 될 수 없다. 또한 반대로 데이터와 관계없는 내용이 데이터와 연결되어 있다면 이 또한 엉뚱한 것이 데이터로 포함되어 정확한 데이터베이스가 될 수 없다. 시트에서 불필요한 행을 삭제하고, 데이터와 관계없는 부분은 줄을 추가하여 필드이름과 데이터만 범위로 연결될 수 있도록 수정하시오.

- 11, 16, 23, 32 행 삭제하기, 32행도 자동으로 계산하는 기능이 있기에 여기서는 삭제하도록 한다.
- 2행에 행 추가하기

❸ [D4] 셀에는 데이터 값이 2개로 중복되어 있다. 단일값 50으로 수정하시오.

❹ [C12] 셀은 3개의 셀이 병합되어 1개의 셀이 된 것이다. 셀을 분리하여 각각 데이터를 입력하시오.([C12]를 선택 후 메뉴에서 [홈] 탭–[맞춤] 그룹–[병합하고 가운데 맞춤]을 클릭하여 병합을 해제하고 각각 셀에 내용을 입력)

❺ [A3:D29] 범위를 표로 변환하시오.

❻ 표에서 중복된 데이터가 있는지 확인하고 있으면 삭제하기

❼~❽ 요약행을 추가하여 주문시점에 대한 합계를 구하시오.

02 '일일재고' 시트의 각 필드들을 주어진 조건으로 계산하여 완성하시오. 단, 계산 시 데이터베이스의 구조적 참조를 적용하여 필드 이름을 사용하여 만드시오.

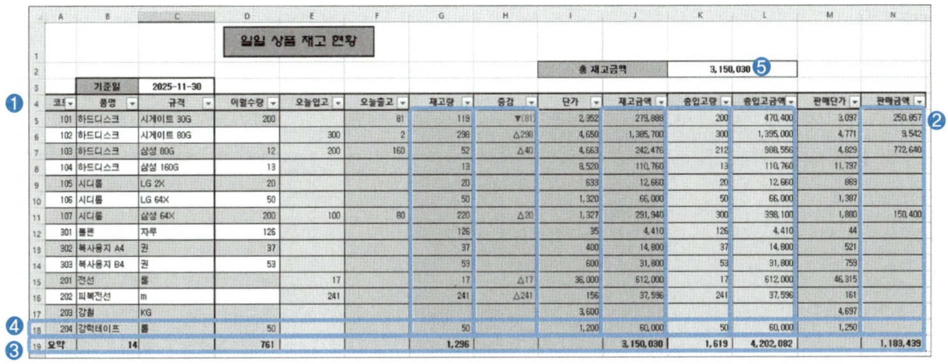

❶ [A4:N17]까지 범위를 지정하여 표로 변환하시오.

❷ 표의 구조적 참조를 사용하여 다음 필드를 계산하시오.

- 재고량 : 이월수량 + 오늘입고 − 오늘 출고
- 증감 : 재고량−이월수량
- 재고금액 : 재고량 * 단가
- 총입고량 : 이월수령 + 오늘입고
- 총입고금액 : 단가 * 총입고량
- 판매금액 : 오늘출고 * 판매단가

❸ 요약행을 추가하여 각 필드별로 요약하시오.

- 전체 상품의 개수 표시하기
- 이월수량, 오늘입고, 재고량, 재고금액, 총입고량, 총입고금액, 판매금액의 합계 표시하기

❹ 데이터 마지막에 행을 추가하여 다음의 데이터를 입력하시오.

코드	품명	규격	이월수량	재고량	단가
204	강력테이프	롤	50	50	1,200

❺ [K2] 셀에 총재고금액을 표시하시오.

'ch2_3.txt'을 사용하여 다음의 문제를 해결하시오.

03 'ch2_3.txt' 텍스트 파일에는 마라톤 경기의 성적 결과 데이터가 항목별로 ,(쉼표)로 구분되어 저장되어 있다. 엑셀의 작업시트에 각 열로 구분하여 가져오기 하시오.

❶ 메모장에 있는 데이터

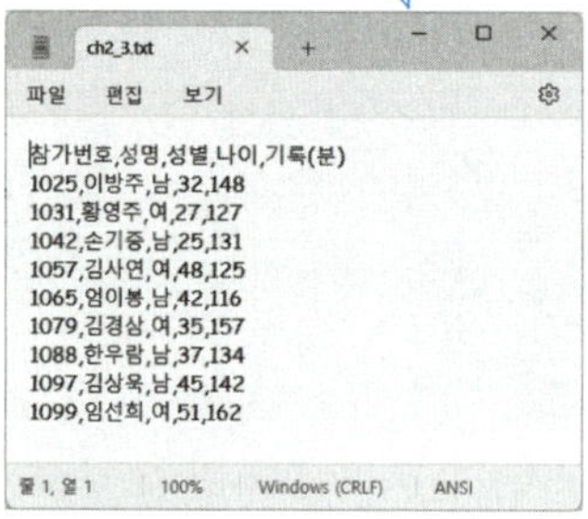

❷ 엑셀 시트로 가져온 데이터

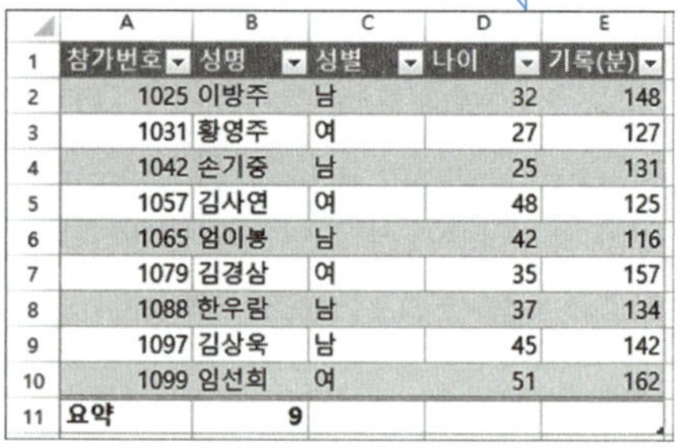

❶ 메뉴에서 [데이터]탭–[데이터 가져오기 및 변환]그룹–[텍스트/CSV에서]를 선택하여 'ch2_3.txt' 파일을 열기 하시오.

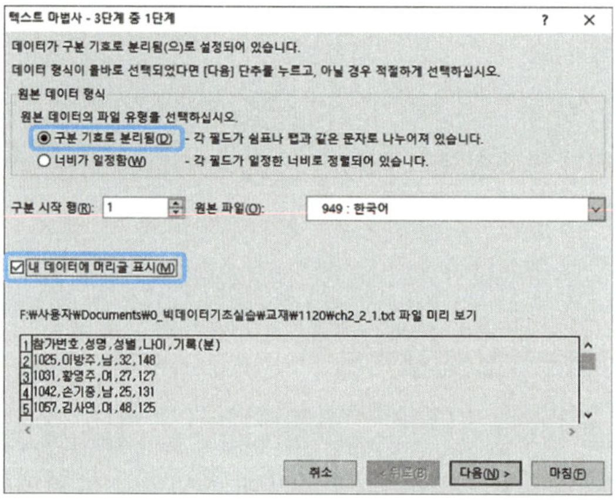

– [파일] 탭–[열기]–[찾아보기]를 선택한 후 열기 대화상자에서 파일을 선택하는 경우에는 텍스트 마법사 대화상자가 나타난다. 각 진행 단계를 따라 가면서 데이터를 엑셀의 워크시트로 가져오기 한다. (열의 구분기호는 세미콜론으로 되어 있음)

– 데이터를 표로 변환 하고 표의 이름은 '마라톤성적' 으로 지정하시오. 메뉴에서 [테이블 디자인]탭–[속성]그룹–[표 이름]

❷ 요약행을 추가하고 학생 이름 필드에서 인원수가 표시되도록 지정하시오.

❸ 파일 이름을 '마라톤결과.xlsx'로 지정하여 저장하시오.

04 'ch2_4.txt' 텍스트 파일은 다른 응용프로그램에서 실행한 결과 데이터가 저장되어 있다. 메모장에서 열기 한 후 내용을 드래그 하여 범위지정 한 후 복사한 후 엑셀 시트에 붙여넣기 한 후 엑셀 파일로 저장하시오. 메모장에서 복사하기 한 후 엑셀의 시트로 붙여넣기 하면 한 열에 데이터가 모두 표시된다. 텍스트 나누기를 사용하여 각 항목별로 열을 분리하도록 하시오.

메모장에 있는 데이터

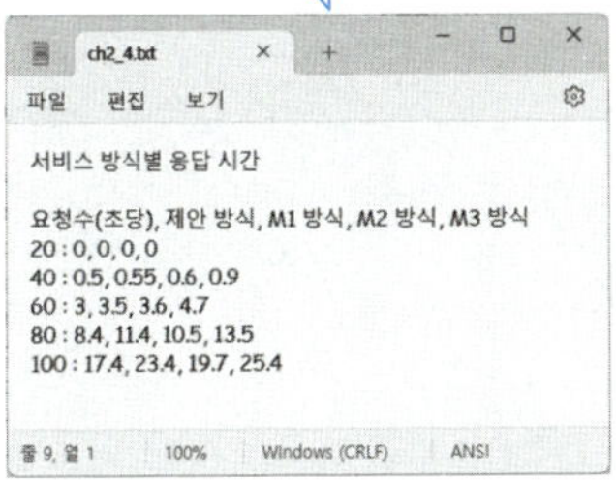

엑셀 시트로 가져온 데이터

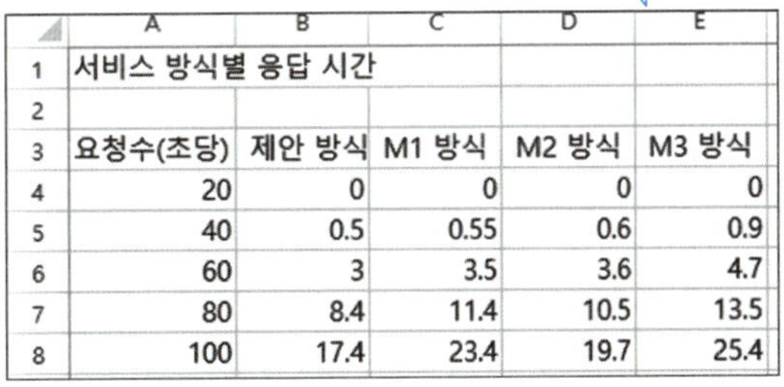

❶ 윈도우 탐색기에서 'ch2_4.txt' 파일이 있는 폴더로 이동한 후 파일 이름에서 더블클릭하여 파일을 여시오.

❷ 〈Ctrl+A〉 키를 눌러 데이터 전체를 선택하시오. (마우스로 드래그 하여도 됨)

❸ 〈Ctrl+C〉 키를 눌러 복사하기

❹ 엑셀의 작업시트에서 [A1]셀을 클릭하여 선택 한 후 〈Ctrl+V〉 키를 눌러 붙여넣기 하시오. 마우스 오른쪽 버튼을 클릭하여 바로가기 메뉴에서 [붙여넣기]를 선택하여도 됨.

A 열에 모두 입력됨

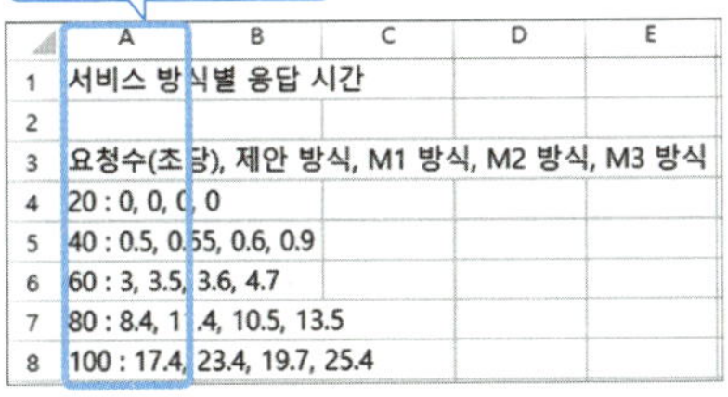

❺ 데이터가 모두 A열에 입력된 것을 제목을 제외한 [A3:A8]까지를 범위 지정한 후 메뉴에서 [데이터] 탭-[데이터 도구] 그룹-[텍스트 나누기]를 선택하여 데이터를 항목별로 열로 분리하시오.

❻ 파일이름을 '응답시간.xlsx'로 지정하여 저장하시오.

03

데이터 전처리 및 정형화

3.1

데이터 변환과 수식(함수)을 이용한 데이터 처리

2장에서는 데이터를 수집하고 저장하는 방법을 배웠다. 이렇게 얻은 데이터는 분석 자료를 얻는 데 바로 사용할 수도 있지만, 다른 형태로 변환하거나, 데이터를 더 세분화해야 할 수도 있다. 예를 들어 연령대별 선호 상품을 분석하려고 할 때 수집한 고객 정보에 생년월일만 있다면 이것으로부터 나이를 구하고 나이 연령별로 데이터를 묶어 구입 상품을 분석하는 과정이 필요하다.

빵 판매 정보로부터 요일과 판매 수의 상관관계가 있음을 알게 된다면, 재고품이 최소가 되도록 빵을 만드는 개수를 구하는 데 도움이 될 것이다. 수집한 판매 정보에 단순히 판매 날짜만 있다면 이 날짜의 요일 정보를 추가로 구해야 한다. 마트에서는 식재료 판매율을 증가시키기 위해 어떤 식재료를 가깝게 배치할 것인가를 고민한다. 이러한 배치는 고객이 특정 상품을 구입한 후 멀리 이동하지 않고 가까운 곳에서 다른 상품을 구입하는 편리성을 제공하기 위해서이기도 하지만, 바로 옆에 있는 상품을 보고 추가적인 구입을 유도하기 위해서이기도 하다. 이러한 분석을 하려면 분석 대상인 모든 재료마다 특정 고객의 구입 여부를 어떻게 저장하는 것이 데이터 처리에 편리한지를 검토해야 한다. 이 중 한 가지 방법이 모든 재료마다 구입을 했다면 1을, 구입하지 않았다면 0으로 아주 간단히 변환하여 저장하는 것이다. 이처럼 수집하여 저장한 데이터는 분석할 내용이 무엇이냐에 따라 가장 적절한 형태로 데이터를 합치거나 쪼개거나 새로운 데이터로 변환하여 저장하는 과정이 필요하다.

또한 분석에 필요한 새로운 정보를 얻으려면 단순한 산술 연산뿐만 아니라, 요일 정보, 공휴일 정보, 증감 정보, 특정 텍스트의 포함 여부, 원하는 조건에 맞는 데이터의 수, 합계, 평균, 최댓값, 최솟값과 같은 여러 가지 새로운 값을 구하는 과정이 필요하다. 이 절에서는 수집된 기존 데이터로부터 데이터 분석에 필요한 정보를 만들기 위해 데이터를 변환하거나 수식(함수)을 도출하는 방법을 예제를 통해서 확인해본다.

엑셀은 기존 데이터로부터 사용자가 원하는 정보를 빠르고, 쉽고, 정확하게 얻을 수 있도록 수백 개의 함수를 14가지 범주로 나누어 제공한다. 예제에서 사용되는 함수는 각 절마다 다음과 같이 간단히 소개한다. 함수의 인수 중 생략할 수 있는 것은 [ ]로 묶여져 있다.

IF(logical_test, [value_if_true], [value_if_false]) : 논리식인 logical_test가 참이면 value_if_true가, 거짓이면 value_if_false가 결과값이 된다.
AND(logical1, [logical2], ...) : ( ) 안의 논리식 logical1부터 나열할 모든 논리식이 참이면 결과값이 참(TRUE, 1)이 되고 그렇지 않으면 거짓(FALSE, 0)이 된다.
OR(logical1, [logical2], ...) : ( ) 안의 논리식 중 하나라도 참이면 결과 값이 참(TRUE, 1)이 된다.
NOT(logical) : 논리식 logical이 참이면 거짓(FALSE, 0), 거짓이면 참(TRUE, 1)이 결과 값이 된다.

DATE(year, month, day) : year년 month월 day일 날짜를 만든다.
YEAR(serial_number) : serial_number(날짜)의 연도를 구한다.
MONTH(serial_number) : serial_number(날짜)의 일을 구한다.
DAY(serial_number) : serial_number(날짜)의 월을 구한다.
WEEKDAY(serial_number, [return_type]) : serial_number(날짜)의 요일 정보를 구한다. return_type은 1이 기본값이며, 일월화수목금토순으로 1~7 사이의 숫자가 결과 값이 된다.

LEFT(text, [num_chars]) : text(문자열)의 왼쪽에서 num_chars개의 문자를 추출한다.
MID(text, start_num, num_chars) : text의 start_num번째 문자부터 num_chars개의 문자를 추출한다.
RIGHT(text, num_chars) : text의 오른쪽 끝에서 num_chars개의 문자를 추출한다.

CHOOSE(index_num, value1, [value2], ...) : 두 번째 인수인 value1부터 나열한 목록 중 한 개의 값을 선택한다. index_num이 1이면 value1, 2면 value2, 3이면 value3과 같이 index_num 값에 따라 목록 중 하나를 선택한다.

SUBSTITUTE(text, old_text, new_text, [instance_num]) : text의 old_text를 new_text로 변환한다.
VALUE(text) : text를 숫자로 변환한다.
TEXT(value, Format_text) : vlaue를 Format_text(표시 형식코드)로 변환한다.

SEARCH(find_text, within_text, [start_num]) : find_text에서 within_text가 몇 번째 위치에 있는지 알려준다.

예제 3-1

웹이나 엑셀이 아닌 다른 응용 프로그램에서 작성한 자료를 엑셀에서 작업할 경우 수식 계산이 가능하도록 자료를 수정할 필요가 있다. '카드사용내역' 시트에 주어진 자료의 경우 일자 정보는 날짜로 표시되어 있지만 날짜정보(엑셀 형식이 아님)로 데이터 분석을 하기에는 적절하지 않다. 그리고 금액의 경우도 텍스트 형식으로 되어 있어서 합계 등의 분석을 할 수 없다. 카드 사용 내역 자료를 데이터 분석이 용이하도록 데이터를 변환하여 만들어 보자.

준비파일 ch3_1.xlsx '카드사용내역' 시트

완성시트

	A	B	C	D	E	F	G	H	I	J	K
1	일자	가맹점명	금액	분류			일자	월	금액	분류	적립
2	2022.1.1	한국주유소	₩70,000	주유			22-01-01	1월	70,000	주유	2,100
3	2022.1.8	우리마트	₩85,000	쇼핑			22-01-08	1월	85,000	쇼핑	850
4	2022.1.15	나라백화점	₩150,000	쇼핑			22-01-15	1월	150,000	쇼핑	1,500
5	2022.1.25	한우리 통신	₩85,000	통신			22-01-25	1월	85,000	통신	850
6	2022.2.8	신아주유소	₩50,000	주유			22-02-08	2월	50,000	주유	1,500
7	2022.2.10	전통칼국수	₩45,000				22-02-10	2월	45,000		450
8	2022.2.15	한우리 통신	₩55,230	통신			22-02-15	[illegible]	[illegible]	[illegible]	552
26	2022.6.15	패션가	₩49,900	쇼핑			22-06-15	[illegible]	[illegible]	[illegible]	499
27	2022.6.22	호움쇼핑	₩147,890	쇼핑			22-06-22	6월	147,890	쇼핑	1,479
28	합계		0				합계		1,837,500		26,895

수집된 데이터로부터 분석에 사용 가능하도록 변환한 결과

01 특정 문자를 다른 문자로 바꾸어 날짜 형식으로 변환하기

- 엑셀의 날짜 형식은 '–' 또는 '/' 로 입력 가능하므로 A열의 '.'으로 표시된 일자는 날짜 형식이 아니므로 연월일 정보로 활용할 수 없다. A열의 '.'을 '–'로 SUBSTITUTE 함수를 사용하여 한꺼번에 변경하여 G열에 구해 보자.

- =SUBSTITUTE(A2,".","–")를 사용한 결과는 아래 그림과 같이 '2022–1–1'의 날짜의 형식으로 변경이 된다. 여기서 TEXT 함수를 사용하여 'yy–mm–dd'의 서식을 적용하여 날짜의 표시형식을 지정한다. TEXT 함수는 첫 번째 인수의 값을 두 번째 인수의 표시형식 코드로 지정할 수 있다.

	A	B	F	G
1	일자	가맹점명		일자
2	2022.1.1	한		2022-1-1
3	2022.1.8	우리마트		3
4	2022.1.15	나라백화점		2022-1-15
5	2022.1.25	한우리 통신		
6	2022.2.8	신아주유소		2022-2-8
7	2022.2.10	전통칼국수		2022-2-10
8	2022.2.15	한우리 통신		2022-2-15
26	2022.6.15	패션가		2022-6-15
27	2022.6.22	호움쇼핑		2022-6-22

❶ 수식입력 ❷ 클릭 ❸ 자동채우기

=SUBSTITUTE(A2, ".","-")

A2에서 "."을 "−"로 변경함

=TEXT(SUBSTITUTE(A2, ".","-"), "yy-mm-dd")

'2022−1−1'을 'yy−mm−dd'의 날짜 서식으로 지정

G
일자
22-01-01
22-01-08
22-01-15
22-01-25
22-02-08
22-02-10
22-02-15
22-06-15
22-06-22

02 월 정보 표시하기

주어진 자료로부터 월별 요약으로 분석하려면 월 정보가 필요하다. H열에 G열의 날짜 정보를 사용하여 월 정보를 만들어보자. 월은 날짜 형식의 데이터에서 MONTH 함수를 사용하여 구할 수 있다. 그리고 & 연산자를 사용하면 "월"을 연결하여 1월, 2월 ...의 정보로 만든다.

	A	B	F	G	H
1	일자	가맹점명		일자	월
2	2022.1.1	한국주유소		22-01-01	1월
3	2022.1.8	우리마트		22-01-08	1월
4	2022.1.15	나라백화점		22-01-15	1월
5	2022.1.25	한우리 통신		22-01-25	1월
6	2022.2.8	신아주유소		22-02-08	2월
7	2022.2.10	전통칼국수		22-02-10	2월
8	2022.2.15	한우리 통신		22-02-15	2월
26	2022.6.15	패션가		22-06-15	6월
27	2022.6.22	호움쇼핑		22-06-22	6월

=MONTH(G2) & "월"

1

03 숫자 형식으로 수정하기

C열의 금액은 텍스트 형식으로 지정이 되어 합계를 계산할 수 없다. 금액의 합계 등을 구할 수 있도록 숫자 형식으로 변경하여 보자. VALUE 함수는 텍스트 형식의 내용을 숫자로 변경한다. =VALUE(C2)의 수식을 입력하여 결과를 구하고 표시형식에서 ','를 클릭하여 천단위 구분 기호를 표시한다.

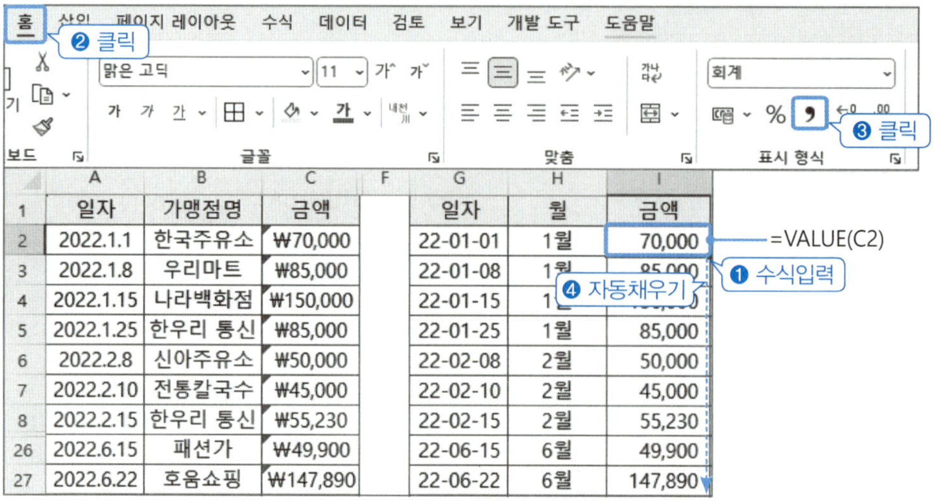

> **Tip** 텍스트로 된 숫자를 계산할 수 있는 숫자로 변경하는 방법으로 VALUE 함수로 가능하지만 + 연산자를 이용할 수도 있다. 즉 = C2 + 0으로 숫자 0을 더하면 셀의 값은 숫자로 변환된다.

04 텍스트를 수식으로 이동하기

분석을 위해 G열부터 새로 만드는 자료에 D열의 분류를 입력하려고 한다. D열의 내용을 범위를 선택하고 〈Ctrl + C〉 후 〈Ctrl + V〉로 복사 붙여넣기를 할 수도 있지만 여기서는 수식으로 표현해본다. 수식은 D열의 값을 그대로 사용하면 되므로 =D2로 가능하다. 그런데 D열에서 비어 있는 셀의 경우는 0으로 표시 된다. 0으로 표시되어 있는 셀을 빈 셀로 표시하려면 수식의 결과에 & 연산자를 사용하여 " "의 텍스트를 연결하면 된다. 즉 =D2 & " "의 수식을 적용한다.

05 조건에 따른 적립금 계산하기

K열의 적립에 분류가 '주유'인 경우에는 적립금을 3%로 지정하고 나머지의 경우에는 적립금을 1%로 지정하여 보자. J열의 분류가 '주유'이면 3%, 아니면 1%를 적용하여 계산한다. 즉 분류가 '주유' 인지를 판단하는 조건을 확인하여, 조건식의 결과가 '참' 또는 '거짓'에 따라 다른 수식을 적용해야 하므로 IF 함수를 사용하여 수식을 작성한다.

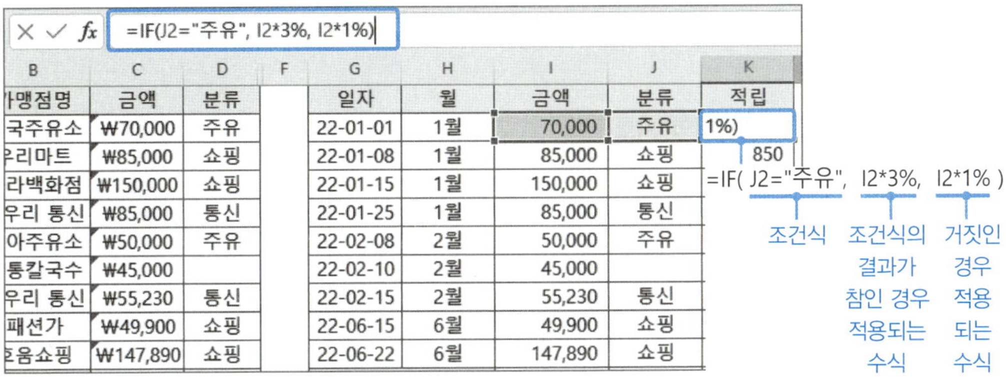

06 전체 금액과 적립금의 합계 계산하기

[A:D]열의 자료를 분석에 사용할 수 있도록 [G:K] 열에 변환하였다. 새로이 만들어진 자료는 월별 분석 자료나 분류별 분석 자료 등에 활용 가능하다. 변환된 자료에서 6개월간의 카드 이용 금액의 합계와 적립금의 합계를 구하여보자.

[I28]에서 [홈] 메뉴–[편집] 그룹에서 [Σ 자동합계]를 클릭하여 금액의 전체 합계를 계산한다. 같은 방법으로 적립금의 합계도 계산한다.

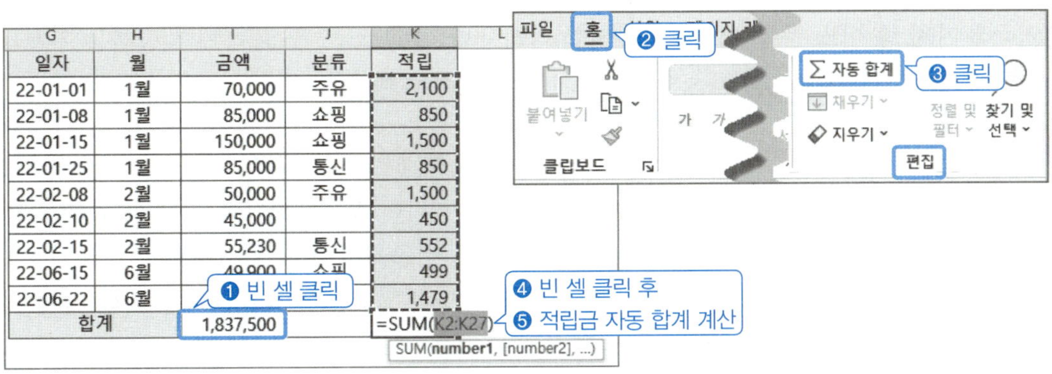

예제 3-2

6월 한 달 동안의 의류 온라인 주문 내역으로부터 월요일~일요일 중 어떤 요일에 온라인 주문 건수가 작은지 분석해 보자. 이 결과는 주문 수를 올리기 위한 각종 이벤트를 어떤 요일에 진행할지 결정하는 데 도움이 될 것이다. '6월주문내역' 준비 시트의 주문번호에 포함된 정보를 이용하여 주문일과 품목을 분류하고, 주문일로부터 주말과 평일을 구분한 후 요일도 찾아보자. 주문번호로부터 요일 정보를 찾을 수 있다면 요일별 주문수를 확인할 수 있다. 각 요일별 주문 수는 다음절에서 소개하는 COUNTIF 함수를 이용하여 구할 수 있다.

준비파일 ch3_1.xlsx '6월주문내역' 시트

완성시트

	A	B	C	D	E	F	G	H	I
1	주문번호	주문코드	주문일	분류	주말	요일		요일별	주문수
2	180601J01	180601_J01	2018-06-01	진	평일	금		월	44
3	180601P01	180601_P01	2018-06-01	원피스	평일	금		화	56
4	180601S01	180601_S01	2018-06-01	스웨터	평일	금		수	31
5	180601T01	180601_T01	2018-06-01	티셔츠	평일	금		목	51
6	180602J02	180602_J02	2018-06-02	진	주말	토		금	28
7	180602P02	180602_P02	2018-06-02	원피스	주말	토		토	8
8	180602S02	180602_S02	2018-06-02	스웨터	주말	토		일	20
9	180602T02	180602_T02	2018-06-02	티셔츠	주말	토			
10	180603J03	180603_J03	2018-06-03	진	주말	일			
246	180630T30	180630_T30	2018-06-30	티셔츠	주말	토			

요일 정보를 구하면 자동으로 구해진다.

주문번호로부터 구한다.

01 빠른 채우기 기능으로 주문번호를 이용하여 주문코드 만들기

주문번호의 앞 여섯 자리는 주문 날짜를, 뒤의 세 문자는 의류가 원피스, 스웨터, 티셔츠, 진 네 가지 중 어느 품목에 해당하는지를 나타낸다. 주문 코드 중 품목에 해당하는 부분을 빠르게 구분할 수 있도록 중간에 _가 들어간 주문 코드를 만들어보자.

❶ [B2] 셀에서 180601_J01을 입력한 후 ❷ [B3] 셀에서 '1'을 입력하면 빠른 채우기 미리보기가 나타난다. ❸ 키를 누르면 나머지 주문코드가 미리보기 내용으로 채워진다. 만일 두 번째 주문코드에 '1'을 입력했을 때 엑셀이 빠른 채우기 규칙을 찾지 못한다면 미리보기는 나타나지 않는다. 이런 경우 '8', '0', '6'과 같은 순서로 내용을 추가로 입력하면 엑셀은 새로운 규칙을 찾으려고 시도하며, 규칙을 찾았다면 아래로 빠른 채우기를 미리 보여준다. 하지만 사용자가

생각하는 규칙을 엑셀이 찾아내지 못하였다면 빠른 채우기는 되지 않는다.

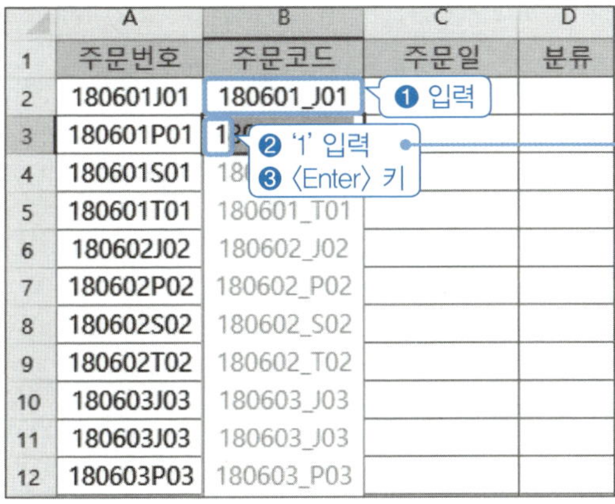

엑셀이 이전 셀의 내용을 분석한 후 주문코드를 만드는 규칙을 찾았다면 아래 쪽으로 빠르게 채울 내용을 미리 보여 준다.
만일 둘째 셀까지 내용을 입력했는데도 규칙을 찾지 못하여 미리보기가 나타나지 않는다면 다음과 같이 메뉴를 이용한다.

- 규칙을 찾을 수 있을 만큼 내용을 직접 입력한다. 여기서는 [B2:B3]까지 직접 입력한다.
- 직접 입력한 내용 다음 셀인 [B4] 셀에 셀 포인터를 둔다.
- [홈] 탭–[편집] 그룹–[채우기▼]–[빠른 채우기]를 클릭한다.

Tip 빠른 채우기 기능은 좌우로 연속된 범위의 내용만 이용하여 새로운 내용을 만들 때만 가능하다. 그러므로 주문코드를 [C] 열에서 만들고자 할 때 [B] 열이 완전히 비어 있다면 분리된 영역의 주문번호를 참고할 수 없으므로 빠른 채우기 기능을 이용할 수 없다.

Tip 엑셀은 학습을 통해 빠른 채우기 규칙을 찾을 수 있다. 빠른 채우기 내용 중 일부가 사용자가 생각하는 규칙과 맞지 않는다면 잘못 채워진 내용을 원하는 값으로 직접 바꾸어 엑셀이 새로운 규칙을 찾도록 한다. 단, 현재 열에서 빠른 채우기 작업을 끝내고 다른 작업을 한 후에는 학습이 되지 않는다. 그러므로 이전 빠른 채우기를 수정하거나 새로 하려면 기존 내용을 모두 지우고 새로 해야 한다.

02 주문코드를 이용하여 주문일 만들기

주문 날짜가 무슨 요일인지를 구하려면 주문코드로부터 날짜 데이터를 만들어야만 가능하다. 요일을 구하는 식을 단순화하기 위해 주문일을 별도의 열에 구한 후 작업을 해보자.

주문코드의 앞 여섯 자리는 년, 월, 일 정보를 두 자리씩 연결한 것이므로 이를 이용하여 날짜를 만들 수 있다. DATE 함수는 첫 인수가 1900보다 작으면 1900년대 날짜를 만든다. 그러므로 주문번호의 앞 두 문자가 "18"이면 1918년도 날짜가 된다. "18"을 2018로 만들 때는 연산자의 특징을 이용한다.

'+' 연산자는 피연산자가 숫자여야 한다. 그러므로 2000+"18"로 수식을 작성하면, 엑셀은 '+' 연산자의 오른쪽 피연산자를 가능한 숫자가 되도록 자동으로 변형한다. "18"에서 " "를 빼면 숫자 18이 되므로 결국 2018 결과값을 얻는다.

	A	B	C
1	주문번호	주문코드	주문일
2	180601J01	180601_J01	2018-06-01
3	180601P01	180601_P01	2018-06-01
4	180601S01	180601_S01	2018-06-01
5	180601T01	180601_T01	2018-06-01
6	180602J02	180602_J02	2018-06-02
7	180602P02	180602_P02	2018-06-02

```
= DATE(2000+LEFT(B2, 2), MID(B2, 3, 2), MID(B2, 5, 2))
```

- 연도: 2000 + "18" → 2000 + 18 → 2018
- 월: "06"
- 일: "01"

Tip = 20 & "18"의 경우 & 연산자는 피연산자가 텍스트여야 하므로 엑셀은 숫자 20을 텍스트 "20"으로 변환한다. 결국 = "20" & "18"이 되어 텍스트 "2018" 결과값을 얻는다. 숫자 2018과 텍스트 "2018"은 셀에 표시된 상태에서는 둘 다 2018로 보여서 차이가 나지 않지만, 실제로 둘은 종류가 다른 값이다. 그러므로 만일 [H1] 셀의 실제 값이 텍스트 "2018"이라면 =SUM(H1)은 0이 된다. SUM 함수는 숫자가 아닌 값은 합계 대상에서 제외하기 때문이다.

03 주문코드를 이용하여 품목 분류하기

주문코드에 포함된 알파벳 J, P, S, T는 각각 의류의 품목이 진, 원피스, 스웨터, 티셔츠임을 의미한다. 이 알파벳을 이용하여 분류에 해당 품목이 나타나게 해보자.

	A	B	C	D
1	주문번호	주문코드	주문일	분류
2	180601J01	180601_J01	2018-06-01	진
3	180601P01	180601_P01	2018-06-01	원피스
4	180601S01	180601_S01	2018-06-01	스웨터
5	180601T01	180601_T01	2018-06-01	티셔츠
6	180602J02	180602_J02	2018-06-02	진
7	180602P02	180602_P02	2018-06-02	원피스
8	180602S02	180602_S02	2018-06-02	스웨터

```
= IF(MID(B2, 8, 1) = "J", "진",
    IF(MID(B2, 8, 1) = "P", "원피스",
        IF(MID(B2, 8, 1) = "S", "스웨터",
            IF(MID(B2, 8, 1) = "T", "티셔츠", "기타")
        )
    )
)
```

- 주문코드 8째부터 1개의 문자가 "J" 인가?
- "J"일 때의 결과값
- "J"가 아닐 때 "원피스", "스웨터", "티셔츠", "기타" 중 하나를 고르기 위한 IF 함수

04 주문일을 이용하여 주문일이 평일인지 주말인지 구분하기

주문일이 월요일~금요일까지의 평일인지, 토요일이거나 일요일인 주말인지 구분해 보자. 직접적으로 일요일~토요일 값을 구하는 함수는 없지만 요일 정보를 숫자로 알려주는 WEEKDAY 함수를 이용하면 주말 여부를 판단할 수 있다.

	A	B	C	D	E
1	주문번호	주문코드	주문일	분류	주말
2	180601J01	180601_J01	2018-06-01	진	평일
3	180601P01	180601_P01	2018-06-01	원피스	평일
4	180601S01	180601_S01	2018-06-01	스웨터	평일
5	180601T01	180601_T01	2018-06-01	티셔츠	평일
6	180602J02	180602_J02	2018-06-02	진	주말
7	180602P02	180602_P02	2018-06-02	원피스	주말
8	180602S02	180602_S02	2018-06-02	스웨터	주말
9	180602T02	180602_T02	2018-06-02	티셔츠	주말
10	180603J03	180603_J03	2018-06-03	진	주말
246	180630T30	180630_T30	2018-06-30	티셔츠	주말

= IF(OR(WEEKDAY(C2)=1, WEEKDAY(C2)=7), "주말", "평일")

주문일의 요일이 일(1)

주문일의 요일이 토(7)

05 주문일을 이용하여 주문일의 요일 구하기

주문일의 요일을 월~일로 구해 보자. IF 함수를 사용해서 WEEKDAY(C2)=1이면 "일", 그렇지 않고 WEEKDAY(C2)=2이면 "월", ..., WEEKDAY(C2)=7이면 "토"와 같은 방법으로 해결할 수 있다. 하지만 IF가 6번 중첩되므로 CHOOSE 함수를 사용하여 더 간단하게 구해 보자.

	C	D	E	F
1	주문일	분류	주말	요일
2	2018-06-01	진	평일	금
3	2018-06-01	원피스	평일	금
4	2018-06-01	스웨터	평일	금
5	2018-06-01	티셔츠	평일	금
6	2018-06-02	진	주말	토
7	2018-06-02	원피스	주말	토
8	2018-06-02	스웨터	주말	토
9	2018-06-02	티셔츠	주말	토
10	2018-06-03	진	주말	일
246	2018-06-30	티셔츠	주말	토

= CHOOSE(WEEKDAY(C2), "일", "월", "화", "수", "목", "금", "토")

주문일의 요일 정보
일~토를 1~7로 알려줌

WEEKDAY( )의 결과가 1이면 "일",
2이면 "월", …, 7이면 "토"가 선택됨

06 주문 요일별 주문수 분석하기

이전 단계에서 주문일의 해당 요일까지 구하면 오른쪽 [H:I] 열에 요일별 주문수가 나타난다. 이 주문수는 3-2절에서 소개할 COUNTIF 함수를 이용하여 구할 수 있다. 6월 1일이 금요일이고 29와 30일은 각각 금요일과 토요일이다. 이 예제는 요일별 주문수 합계를 분석하는 것이 목적이므로 6월에 금요일과 토요일이 한 번씩 더 있는 것을 고려하여 COUNTIF 함수를 6월 28일까지의 목요일까지만 적용하였다.

요일별 주문수를 분석해 보면 주말의 주문건수가 현저히 작으며, 특히 토요일의 주문건수가 제일 작음을 알 수 있다. 다른 평일에 비해 수요일의 주문건수가 작은 것은 6월 6일 현충일이 공휴일이기 때문이라고 추측할 수 있다.

	A	B	C	D	E	F
1	주문번호	주문코드	주문일	분류	주말	요일
2	180601J01	180601_J01	2018-06-01	진	평일	금
3	180601P01	180601_P01	2018-06-01	원피스	평일	금
4	180601S01	180601_S01	2018-06-01	스웨터	평일	금
5	180601T01	180601_T01	2018-06-01	티셔츠	평일	금
6	180602J02	180602_J02	2018-06-02	진	주말	토
7	180602P02	180602_P02	2018-06-02	원피스	주말	토
8	180602S02	180602_S02	2018-06-02	스웨터	주말	토
9	180602T02	180602_T02	2018-06-02	티셔츠	주말	토
10	180603J03	180603_J03	2018-06-03	진	주말	일
239	180628T28	180628_T28	2018-06-28	티셔츠	평일	목
240	180629J29	180629_J29	2018-06-29	진	평일	금
241	180629P29	180629_P29	2018-06-29	원피스	평일	금
242	180629T29	180629_T29	2018-06-29	티셔츠	평일	금
243	180630J30	180630_J30	2018-06-30	진	주말	토
244	180630P30	180630_P30	2018-06-30	원피스	주말	토
245	180630S30	180630_S30	2018-06-30	스웨터	주말	토
246	180630T30	180630_T30	2018-06-30	티셔츠	주말	토

H	I
요일별	주문수
월	44
화	56
수	31
목	51
금	28
토	8
일	20

= COUNTIF($F$2:$F$239, H2)

[F2:F239]의 요일 정보 중 "월"의 개수를 구한다. (4장에서 소개)

6월 1일이 금요일이므로 6월 29~30일의 금~토에 대한 주문건은 주문수 계산 범위에서 제외한다.

연습문제

'ch3_1_연습문제.xlsx' 통합 문서를 열어 그림과 같은 시트가 되도록 실습해 보자.

01 '주소록' 시트에 저장된 대표, 사업자등록번호, 주소 정보를 공지용으로 사용하되 정보 보호를 위해 *를 사용하여 일부만 표시해 보자. 빠른 채우기 기능을 이용하되 I열의 주소는 텍스트 함수를 이용하여 구해 보자.

	A	B	C	D	E	F ❶❸	G ❷	H ❹	I ❺
1	거래처명	대표	사업자등록번호	주소	전화	대표 이*라	사업자번호 끝****	주소 구까지만	주소 함수 사용
2	강산대학	이한라	169-73-52201	서울 중구 무교로 26	1831-1911	이*라	169-73-5****	서울 중구	서울 중구
3	강산중학교	한여수	250-75-65979	서울 강남구 을지로 29	1471-6514	한*수	250-75-6****	서울 강남구	서울 강남구
4	강산초등학교	허진영	322-50-26272	서울 송파구 석촌호수로 93	8158-4284	허*영	322-50-2****	서울 송파구	서울 송파구
5	국제무역	조영상	402-72-30127	서울 강남구 테헤란로1길 48	1861-1411	조*상	402-72-3****	서울 강남구	서울 강남구
6	남한초등학교	이유명	501-71-50092	서울 강남구 논현로 557	2752-8828	이*명	501-71-5****	서울 강남구	서울 강남구
7	다익상사	김지희	659-02-40270	서울 강남구 강남대로98길 11	2902-7928	김*희	659-02-4****	서울 강남구	서울 강남구
8	달성초등학교	이문주	745-22-81169	서울 강남구 논현로 559	2132-5925	이*주	745-22-8****	서울 강남구	서울 강남구
30	해운대학	황이해	895-97-37002	서울 송파구 올림픽로 99	7737-8775	황*해	895-97-3****	서울 송파구	서울 송파구
31	해운중학교	이서정	961-57-59667	서울 중구 무교로 19	7627-5673	이*정	961-57-5****	서울 중구	서울 중구

❶ 이름 중간 글자를 *로 표시하시오. (두 번째 이름까지 직접 입력 후 세 번째 이름에서 '허'를 입력해야 원하는 결과대로 미리보기가 나타난다.)

❷ 사업자등록번호 마지막 네 자리를 *로 표시하시오.

❸ [F] 열의 이름을 모두 지운 후 다시 빠른 채우기로 채워보시오. (❶과 달리 [G] 열의 사업자번호의 빠른 채우기가 입력된 상태여서 엑셀이 학습을 할 수 있으므로 두 번째 이름 '한'까지만 입력하면 한*수 형태의 빠른 채우기 미리보기가 나타난다.)

❹ 주소의 구 정보까지만 표시하시오. 현재 열의 빠른 채우기를 끝내고 다른 열에서 새로운 작업을 하기 전까지는 잘못된 내용을 수정하여 엑셀이 새로운 규칙을 학습하게 할 수 있다. 두 번째 주소로 '서울 강남'까지만 입력하면 몇 가지([5], [7], [9] 행 등) 주소가 잘못된 미리보기가 나타난다. 그대로 〈Enter〉 키를 쳐서 빠른 채우기 내용으로 채운다. 이후 [H5] 내용을 강남구까지만 있도록 수정하면 새로운 빠른 채우기 규칙을 학습하여 나머지 다른 내용도 자동으로 수정된다.

❺ 주소의 구 정보까지만 표시하되 텍스트 함수를 이용하여 수식으로 구하시오. 주소의 왼쪽에서 n번째 문자까지 뽑기 위해 LEFT 함수를 사용한다. n은 주소에서 처음으로 "구"를 찾은 위치로 SEARCH 함수를 사용하여 구할 수 있다.

02 '퇴직금' 시트에서 퇴직에 관련된 정보를 구해 보자.

퇴직금 지급 내역

				❶		❷	❸	❹	❺
사원명	입사일	퇴사일	최근평균임금	재직 연수	추가 일수	퇴직금	주민세	지급액	지급일
최임원	1996. 07. 01	2024. 04. 06 (토)	₩ 5,930,000	27년	280일	₩ 164,660,000	₩ 16,466,000	₩ 148,194,000	2024. 04. 05 (금)
한세계	2001. 07. 21	2024. 03. 03 (일)	₩ 4,958,000	22년	227일	₩ 112,160,000	₩ 11,216,000	₩ 100,944,000	2024. 03. 01 (금)
나미인	2004. 01. 01	2024. 01. 07 (일)	₩ 4,586,000	20년	7일	₩ 91,808,000	₩ 9,180,800	₩ 82,627,200	2024. 01. 05 (금)
장근무	2014. 01. 01	2024. 03. 20 (수)	₩ 4,124,000	10년	79일	₩ 42,133,000	₩ 4,213,300	₩ 37,919,700	2024. 03. 20 (수)
나동건	2009. 12. 20	2024. 01. 31 (수)	₩ 3,921,000	14년	43일	₩ 55,356,000	₩ 5,535,600	₩ 49,820,400	2024. 01. 31 (수)
강산해	2005. 05. 20	2024. 02. 01 (목)	₩ 3,520,000	18년	258일	₩ 65,849,000	₩ 6,584,900	₩ 59,264,100	2024. 02. 01 (목)
박보미	2010. 07. 03	2024. 04. 02 (화)	₩ 2,702,000	13년	274일	₩ 37,155,000	₩ 3,715,500	₩ 33,439,500	2024. 04. 02 (화)
강다원	2017. 02. 01	2024. 02. 15 (목)	₩ 2,655,000	7년	15일	₩ 18,695,000	₩ 1,869,500	₩ 16,825,500	2024. 02. 15 (목)

❶ 재직 연수에는 입사일~퇴사일까지 만으로 몇 년 근무했는지를, 추가 일수에는 재직 연수를 제외하고 며칠 더(0~364/365) 근무했는지를 구하시오. DATEDIF 함수는 만으로 지난 기간을 구하므로 = DATEDIF("2024-1-1", "2024-1-1", "D")는 0이다. 퇴사일도 근무 일수에 포함하도록 퇴사일+1을 해서 재직 연수와 추가 일수를 구한다.

❷ 퇴직금은 = 재직 연수*최근평균임금+(추가 일수/365)*최근평균임금으로 구하시오. 퇴직금은 1년 이상 근무한 경우에만 지급하며, 1년 근무마다 퇴사 직전 3개월 동안의 평균 임금이 지급된다. 그리고 재직 연수를 제외한 나머지 근무 일수에 대해서도 일일 계산하여 지급한다.

❸~❹ 주민세는 퇴직금의 10%, 최종 지급액은 퇴직금에서 주민세를 빼서 구하시오.

❺ 퇴직금 지급일은 퇴사일과 같게 하되, 퇴사일이 주말이라면 앞당긴 금요일이 되게 하시오. (지급일이 토요일이면 하루를, 일요일이라면 이틀을 앞당긴다.)

03 '회원정보' 시트에서 회원의 성별, 생년월일, 나이를 구해 보자.

	A	B	❶ C	❷ D	❸ E
1	성명	주민등록정보	성별	생년월일	나이
2	우연희	801030-2******	여	1980년 10월 30일	43
3	한일군	850503-1******	남	1985년 5월 3일	38
4	나대로	880410-1******	남	1988년 4월 10일	35
5	전우주	890506-1******	남	1989년 5월 6일	34
6	나원빈	900406-1******	남	1990년 4월 6일	33
7	여수정	950109-2******	여	1995년 1월 9일	28
8	강다엘	991215-1******	남	1999년 12월 15일	24
9	유명인	001103-3******	남	2000년 11월 3일	23
10	신기한	020321-4******	여	2002년 3월 21일	21

❶ 성별은 CHOOSE 함수로 구하시오. 주민등록정보의 8번째 문자가 '1'이거나 '3'이면 남자, '2'이거나 '4'면 여자이다.

❷ B열의 주민등록정보 앞의 6개 숫자와 8번째 숫자를 이용하여 생년월일을 구하시오. 1900년대 출생자는 주민등록번호의 8번째 숫자가 1 또는 2이며, 2000년대 출생자는 3 또는 4이다. (신기한 회원의 생년월일을 DATE(02, 03, 21)로 구하면 1902–03–01이 된다. DATE의 첫 인수는 IF 함수를 사용하여 주민등록정보의 8번째 문자에 따라 1900년대가 되거나 2000년대가 되도록 해야 한다. 현재 시트의 주민등록정보에는 중간에 '–'가 포함되어 있으므로 성별을 나타내는 값은 8번째 문자이다.)

❸ 나이를 구하시오. (태어난 연도–올해 연도)의 수식을 사용하여 연나이로 계산하시오. 태어난 연도는 생년월일에서 YEAR( ) 함수를 사용하여 구하고, 올해 연도는 TODAY( ) 함수와 함께 YEAR( ) 함수를 이용하여 구한다. (올해 연도가 2023년일 때의 결과 화면이므로 해가 바뀌면 나이도 바뀐다.)

3.2

수식을 이용한 통계요약자료 작성

데이터 분석을 위해서는 먼저 자료를 수집하게 되는데, 수집된 자료는 다양한 값을 가지며 그 양이 방대하다. 따라서 의미 있는 결론을 도출하기 위해서는 데이터를 요약, 정리할 필요가 있다. 수집된 자료를 표나 그림 또는 숫자 등의 형태로 표현하면 데이터의 특성을 보다 쉽게 파악할 수 있을 뿐만 아니라 다양한 통계분석에 유용하다. 엑셀에서는 다양한 통계 함수를 제공한다. 이러한 통계 함수를 사용하면 수집된 자료로부터 의미 있는 간단한 통계자료를 만들 수 있다. 여기서는 엑셀의 통계 함수를 이용하여 데이터 분석에 필요한 통계요약자료를 만들어보고 표나 그림 등으로 표현하는 통계분석 등은 뒤에서 다루도록 한다.

연간 기후 데이터를 분석하는 경우 월별 평균 기온이나 강수량을 확인한다거나 30도가 넘는 날은 며칠인지 또는 영하의 날은 연간 며칠이나 되는지 등의 자료가 요구된다. 이를 위해서는 데이터에서 특정 조건을 만족하는 데이터의 개수를 구하거나 평균 또는 합을 구하는 함수, 즉 COUNTIF, AVERAGEIF, SUMIF 함수가 유용하게 쓰인다. 그리고 다중 조건, 즉 여러 조건을 동시에 만족하는 자료를 구할 때는 COUNTIFS, AVERAGEIFS, SUMIFS 함수를 이용할 수 있다. 이 함수들의 인수는 아래와 같으며 자세한 내용은 함수 마법사의 도움말을 참고하도록 한다. 예제를 통하여 다양한 통계 함수들의 사용법을 익히고 이를 사용하여 간단한 요약자료를 만들어 통계표를 완성해 보자.

표 3-1 특정 조건을 만족하는 횟수, 평균, 합을 구하는 함수

COUNTIF(range, criteria)
AVERAGEIF(range, criteria, [average_range])
SUMIF(range, criteria, [sum_range])
COUNTIFS(criteria_range1, criteria1, [criteria_range2, criteria2], ...)
AVERAGEIFS(average_range, criteria_range1, criteria1, [criteria_range2, criteria2], ...)
SUMIFS(sum_range, criteria_range1, criteria1, [criteria_range2, criteria2], ...)

위 함수의 각 인수가 갖는 의미는 다음과 같다.

- **range** (범위): 조건 만족 여부를 검사할 셀 범위
- **criteria** (조건): 숫자, 식, 셀 참조, 텍스트 형식의 조건
- **average_range** (평균범위): 평균을 구할 셀 범위(조건 검사 범위와 같으면 생략 가능)
- **sum_range** (합계범위): 합계를 구할 셀 범위(조건 검사 범위와 같으면 생략 가능)

예제 3-3

ch3_2.xlsx의 '통계요약자료' 시트는 대도시에 사는 대학생 110명을 대상으로 한 달 생활에 사용되는 지역별 지출 비용, 부모세대와 동거 유무 등을 조사한 데이터이다. '통계요약자료' 시트의 데이터를 이용하여 부모와 동거 유무에 따른 생활비의 평균 지출 비용 등의 요약자료를 만들려고 한다. 엑셀에서 제공되는 통계 함수, 즉 수식을 만들어 간단한 통계 자료를 완성해 보자.

준비파일 ch3_2.xlsx '통계요약자료' 시트

완성시트

전체 구성비

구분	인원수	구성비
남	59명	54%
여	51명	46%
동거	48명	44%
독립	62명	56%

표를 만들때 첫 행과 첫 열의 항목은 수식에서 참조할 수 있는 내용으로 만들면 자동 계산이 수월해진다.

지역별 평균생활비

지역	인원수	평균지출	평균생활비	
			독립(Y)	독립(N)
광주	15명	711,333원	780,833원	433,333원
대구	19명	747,368원	932,222원	581,000원
대전	17명	807,059원	896,154원	517,500원
부산	14명	837,143원	971,250원	658,333원
서울	20명	928,000원	1,073,000원	783,000원
울산	9명	616,667원	890,000원	480,000원
인천	16명	773,750원	940,000원	644,444원

중복된 항목 제거 기능으로 목록을 만든다.

생활비 범위에 따른 인원수 파악 및 비율

범위		인원수	구성비
130만원이상	140만원미만	1명	1%
120만원이상	130만원미만	5명	5%
110만원이상	120만원미만	4명	4%
100만원이상	110만원미만	10명	9%
90만원이상	100만원미만	16명	15%
80만원이상	90만원미만	18명	16%
70만원이상	80만원미만	20명	18%
60만원이상	70만원미만	13명	12%
50만원이상	60만원미만	12명	11%
40만원이상	50만원미만	10명	9%
0만원이상	40만원미만	1명	1%

01 전체 구성비 조사하기

- 구성비는 전체 인원에서 해당 수가 차지하는 비율을 말한다. 즉 전체 인원에 대한 남녀의 구성 비율 및 부모와 독립한 학생들의 구성비를 조사해 보자.

- 먼저 전체 구성비를 구하기 위해 주어진 자료에서 남학생, 여학생의 수, 그리고 부모와 동거하는 학생과 그렇지 않은 학생의 수를 구한다. 남학생의 경우 성별, 즉 [C3:C112] 범위에서 셀의 값이 '남'인 경우에 해당하는 수를 구해야 한다. 즉 특정 조건을 만족하는 경우를 계산하는 COUNTIF 함수를 사용한다.

- 자료의 수가 많거나 수식에 참조 범위가 자주 사용될 때는 매번 수식에서 범위를 지정하면 번거로우므로 참조 범위에 이름을 정의한다. 즉 ❶ [B2:E112]를 선택한 후 ❷~❸ [수식]탭-[정의된 이름] 그룹에서 [선택영역에서 만들기]를 클릭하여 [첫 행]을 선택한 후 ❹ [확인]한다.

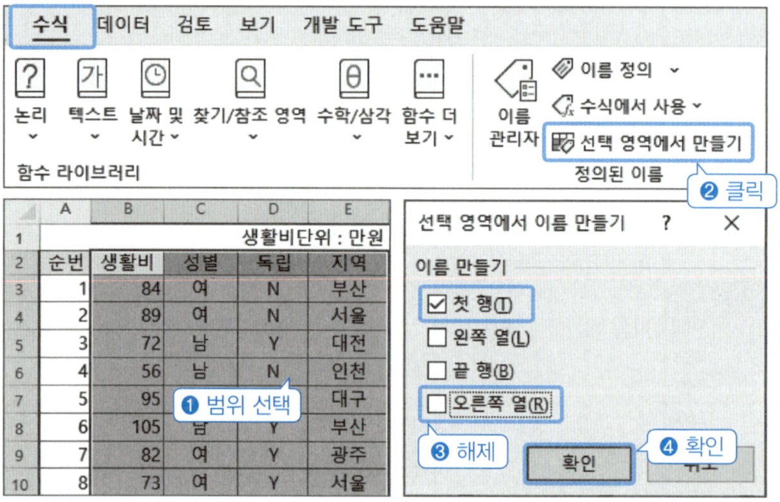

- =COUNTIF(성별, $G5)의 수식으로 '성별' 범위에서 [G5]의 '남'의 조건을 만족하는 수를 계산할 수 있다. 마찬가지로 자동 채우기로 '여'에 해당하는 수를 계산한다.

- 부모와 동거 인원수와 독립한 인원수의 경우는 주어진 자료에 '독립' 범위에 'Y'와 'N'으로 구분되어 있으므로 [G7]의 셀을 참조할 수 없다. 따라서 [H7]에는 =COUNTIF(독립,"N") [H8]에는 =COUNTIF(독립,"Y")와 같이 조건(criteria) 인수에 직접 텍스트를 입력하여 구한다. 직접 텍스트를 입력할 때는 큰따옴표(" ")를 함께 사용해야 한다.

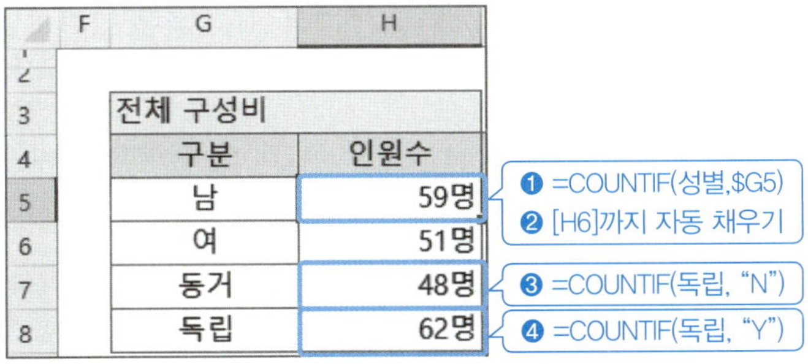

남여의 각 구성비는 전체 인원에서 해당 수가 차지하는 비율을 말한다. 따라서 남자의 구성비는 =H5/SUM($H$5:$H$6)로 구할 수 있으며 표시형식을 %로 지정한다. 같은 방법으로 부모와 동거 및 독립한 학생의 구성비도 구한다.

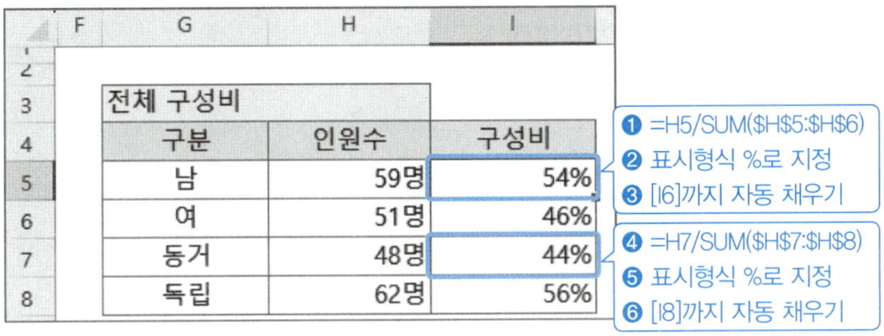

02 지역별 통계표 구하기

'통계요약자료' 시트의 [G14:K20]에 지역별 평균 지출 비용의 요약자료를 만들기 위해 표의 첫째 열에는 지역을, 첫째 행에는 지역별로 구하고자 하는 내용에 해당하는 조건을 입력한다.

먼저 표의 첫째 열에는 지역의 목록을 만든다. 여기서는 목록을 직접 입력하지 않고 중복된 항목 제거 기능으로 원시 자료의 지역 필드에서 지역의 목록을 만든다. 만드는 방법은 아래와 같다.

- 자료의 양이 방대하다면 육안으로 정확한 목록을 만들기가 쉽지 않다. 이와 같은 경우 중복된 데이터를 포함하는 자료에 대하여 [데이터]-[데이터 도구]-[중복된 항목 제거] 기능을 이용하여 데이터 목록을 만들 수 있다.
- ❶~❸ 이름상자에서 지역을 선택하여 먼저 〈Ctrl〉+C로 복사한 후 임의의 빈셀에서 〈Ctrl〉+V로 붙여넣기를 한다. ❹~❻ [데이터]탭-[데이터 도구] 그룹-[중복된 항목 제거]

를 선택하여 중복된 항목 대화 상자에서 하나의 열에 대하여 [확인] 버튼을 클릭하면 지역의 목록을 만들 수 있다.

- 이와 같이 만든 지역 목록에 대하여 ❼~❽ [데이터]–[정렬 및 필터] 그룹에서 ㄱ↓ㅎ를 이용하여 오름차순으로 텍스트를 정렬한다. 정렬된 지역 목록만 복사하여 원하는 위치에 붙여넣기 한다.

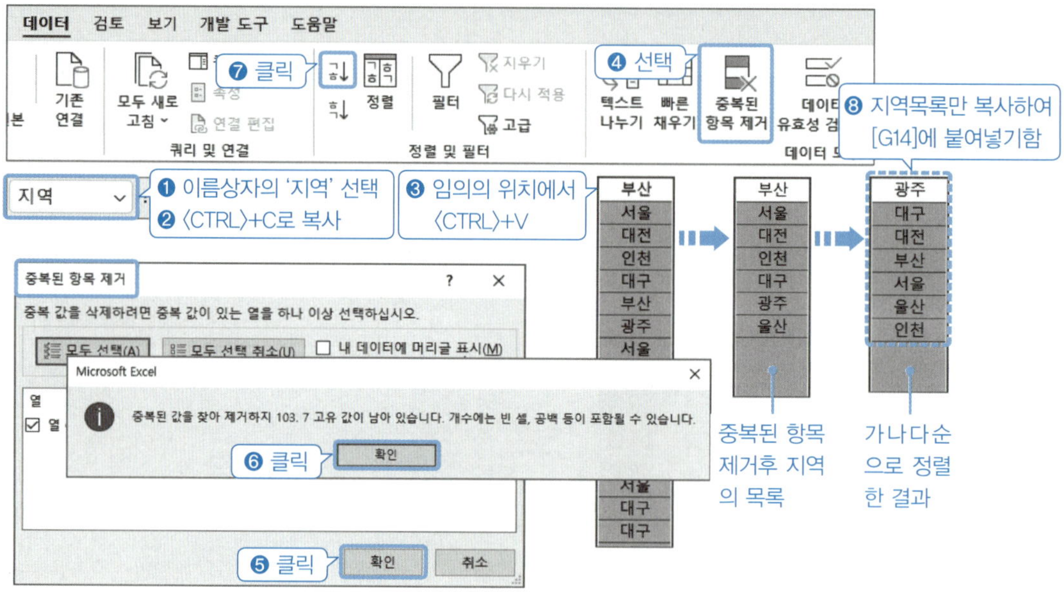

'지역별 평균생활비' 표의 첫 열에 지역 리스트를 만들었다면 먼저 첫행인 광주 지역의 인원수, 평균 지출 비용 및 부모로부터 독립한 학생의 평균 지출 비용은 다음 그림의 수식을 이용하여 구한다. 나머지 빈 셀에 대하여 자동 채우기로 수식을 복사하여 자동 계산하고 표시형식도 지정한다.

지역별 평균생활비

지역	인원수	평균지출	평균생활비 독립(Y)	평균생활비 독립(N)
광주	15명	711,333원	780,833원	433,333원
대구	19명	747,368원	932,222원	581,000원
대전	17명	807,059원	896,154원	517,500원
부산	14명	837,143원	971,250원	658,333원
서울	20명	928,000원	1,073,000원	783,000원
울산	9명	616,667원	890,000원	480,000원
인천	16명	773,750원	940,000원	644,444원

❶ 표의 첫행 수식 입력
인원수 : =COUNTIF(지역, $G14)
평균지출 :
=AVERAGEIF(지역, $G14, 생활비)*10000
평균 생활비 :
=AVERAGEIFS(생활비, 지역, $G14, 독립, J$13)*10000
❷ [J14]의 수식을 [K14]에 자동채우기로 복사
❸ 표시 형식 지정
❹ 나머지 행은 자동채우기로 수식 복사

> **Tip** 표에서 지역별 독립 유무에 따른 평균 생활비를 구하려면 [J13]과 [K13]의 셀 값을 참조하도록 수식을 만들어야 한다. 독립 유무의 데이터 즉 '독립' 범위의 셀의 내용이 Y/N으로 되어 있으므로 표에서 첫 행 [J13:K13]에 'Y', 'N'으로 입력한 후 표시형식을 '독립(@)'으로 지정한다. 참조하는 지역 [G14]과 [J13]의 주소 형식은 자동 채우기로 수식을 복사할 때 G열과 13행이 고정되어 참조되어야 하므로 혼합주소 형식으로 지정해야 한다.

03 생활비 지출 범위에 따른 인원수 파악 및 비율 조사하기

- '통계요약자료' 시트의 [G25:J35] 범위에 생활비 지출 범위에 해당하는 인원수 및 구성비를 구하여 보자. COUNTIFS 함수를 이용하면 구간별 해당 범위에 속하는 인원수를 구할 수 있는 도수분포표를 만들 수 있다.

- 먼저 [G25:H35] 범위에 도수분포를 구할 구간 범위를 지정한다.
도수분포의 구간의 크기와 구간의 수를 정하는 기준은 7장에서 다루기로 하고 여기서는 대략 10만원 단위로 구간을 정한다. 최댓값 =MAX(생활비)을 구하면 130, 최솟값 =MIN(생활비)는 35이므로 이를 참고하여 구간 범위를 정한다.

- 인원수와 구성비는 표에서 첫 행의 값을 구한 후 자동채우기로 수식을 복사한다.

- 첫 행에 해당하는 구간의 인원수는 130 이상 140 미만에 해당하는 값을 구해야 한다. 이는 다중 조건에 해당하므로 COUNTIFS 함수를 사용하고 이상과 미만에 해당하는 조건의 표기는 ">="&G25와 같이 셀 주소와 함께 비교연산자를 &로 연결하여 조건식을 작성한다.

- 표의 각 영역에 'G/표준"만원이상"', 'G/표준"만원미만"', 'G/표준"명"', '0.0%'의 표시형식을 지정한다.

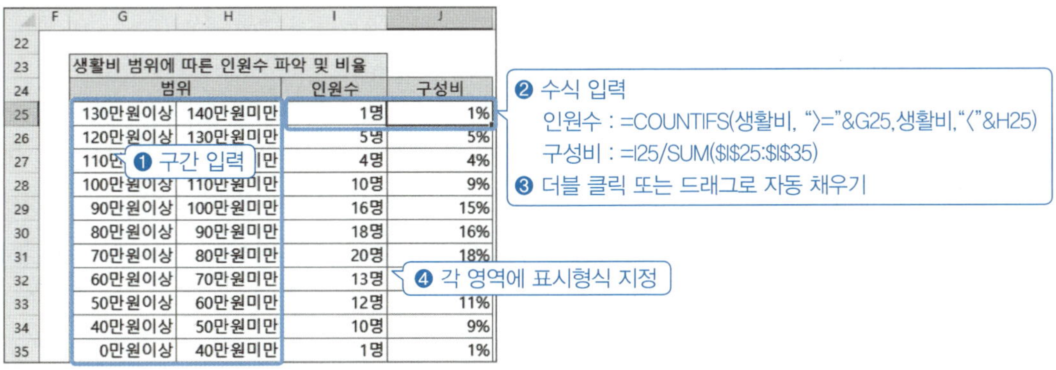

생활비 범위에 따른 인원수 파악 및 비율

범위		인원수	구성비
130만원이상	140만원미만	1명	1%
120만원이상	130만원미만	5명	5%
110만[illegible]	[illegible]만	4명	4%
100만원이상	110만원미만	10명	9%
90만원이상	100만원미만	16명	15%
80만원이상	90만원미만	18명	16%
70만원이상	80만원미만	20명	18%
60만원이상	70만원미만	13명	12%
50만원이상	60만원미만	12명	11%
40만원이상	50만원미만	10명	9%
0만원이상	40만원미만	1명	1%

예제 3-4

ch3_2.xlsx의 '금전출납부' 시트에는 A 회사의 연간 금전 출납 정보가 입력되어 있다. 주어진 금전 출납 자료를 이용하여 '요약' 시트에 월별, 분기별, 그리고 연간 요약 정보를 구해 보자. 주어진 자료는 1월부터 10월까지의 정보가 입력되어 있는 자료이다. 현재 주어진 자료를 이용하여 먼저 요약 자료를 만들어 놓고 새로운 자료가 추가되었을 때 요약정보가 자동으로 업데이트될 수 있도록 해보자.

준비파일 ch3_2.xlsx '금전출납부' 시트

완성시트

수입·비용 요약

기간	수입		비용	
	금액	부가세	금액	부가세
1	3,350,000	260,000	5,406,100	10,500
2	7,006,000	700,600	6,430,000	5,500
3	5,250,000	525,000	6,177,000	42,700
4	3,550,000	355,000	5,360,000	7,700
5	6,700,000	670,000	6,788,000	6,800
6	4,600,000	460,000	5,401,000	7,000
7	8,400,000	525,000	6,543,300	12,700
8	5,450,000	545,000	5,890,000	6,500
9	5,050,000	505,000	6,029,000	13,500
10	4,550,000	455,000	4,677,000	7,000
11	-	-	127,500	7,000
12	-	-	-	-

'금전출납부' 시트에서 11월 출납내용을 추가하였을 때 동적 범위가 적용되어 값이 자동으로 구해짐

01 수입과 비용의 월별 요약자료 만들기

- 월별 요약 자료는 '요약' 시트에 만들려고 한다. 요약시트에서 수식으로 결과를 만들 때 금전출납부 시트의 범위를 참조해야 하므로 이름을 정의하여 사용하면 편리하다. 이때 정의된 이름은 참조 범위(시트)를 별도로 지정하지 않으면 통합문서로 지정되어 문서 전체에서 참조 가능하다.
- '금전출납부' 시트의 [A4:I99]를 선택 후 첫 행을 이용하여 이름을 정의한다.

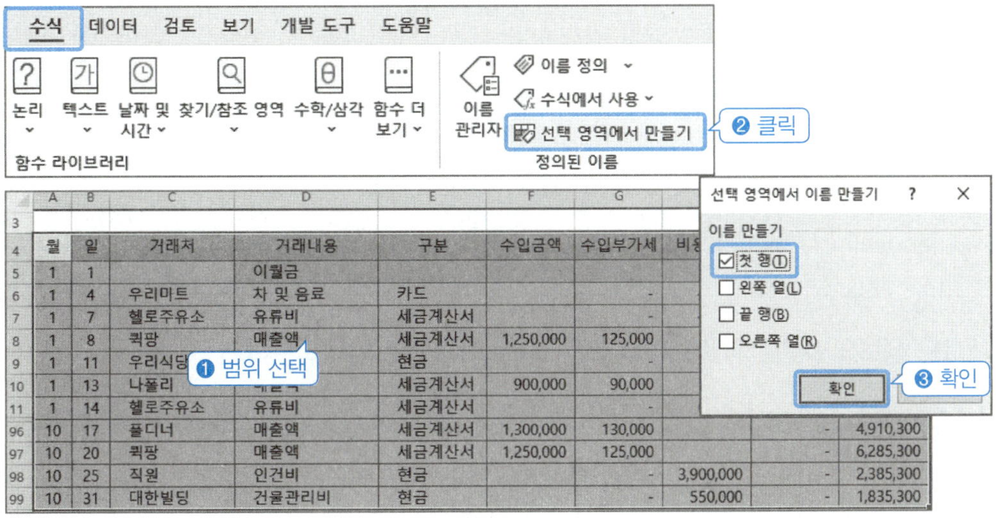

- '금전출납부' 시트의 [A]열에는 출납이 발생한 월이 있다. 먼저 1월의 수입금액의 합계는 [A]열, 즉 '월' 범위에서 값이 1인 경우에 해당하는 [F]열, 즉 '수입금액'의 값을 합하면 된다. 해당 조건에 맞는 경우의 합을 구하므로 SUMIF 함수를 사용하여 구할 수 있다.
- '요약' 시트에서 [B6]에 해당 월의 수입금액의 합, 즉 =SUMIF(월, $A6, 수입금액)의 수식으 로 구한다. 그리고 [C6], [D6], [E6]에 각각 =SUMIF(월, $A6, 수입부가세), =SUMIF(월, $A6, 비용금액), =SUMIF(월, $A6, 비용부가세)의 수식으로 나머지 값도 구한다.
- [B6:E6]의 범위를 선택한 후 자동 채우기로 나머지 2~12월에 해당하는 값도 구한다.
- 기간의 각 월은 사용자 지정 표시형식으로 G/표준"월"을 설정한다.

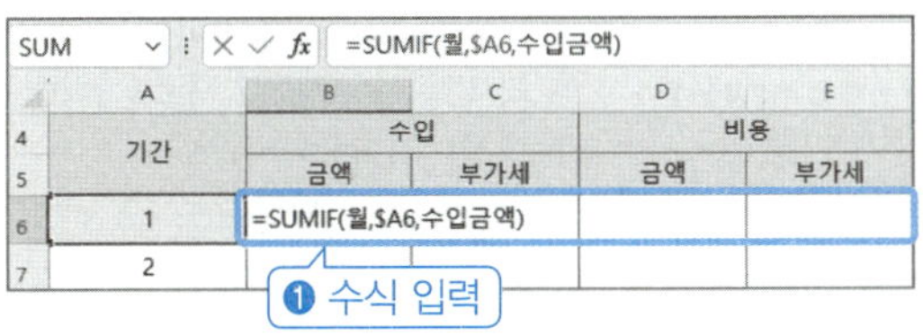

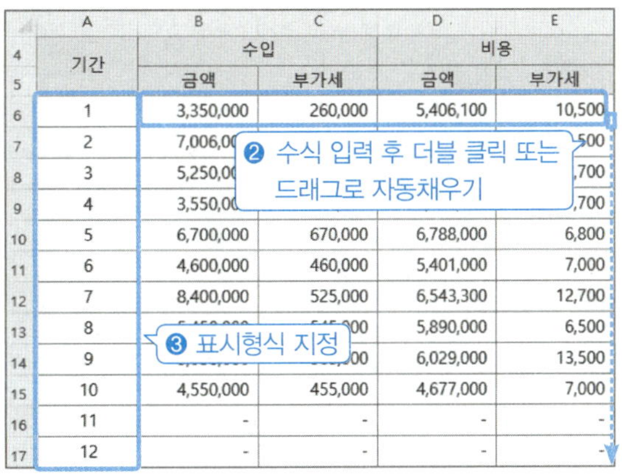

Tip 수식에서 정의된 이름을 사용할 때는 [수식]-[정의된 이름] 그룹에서 [수식에서 사용]의 [▼] 버튼을 클릭하여 원하는 이름을 찾아 선택하여 사용하면 편리하다.

Tip 수식을 입력할 때 (함수 삽입)를 클릭하면 입력할 함수를 선택하는 [함수 마법사] 대화상자가 나타나지만 '함수이름('까지 입력한 후 클릭하면 곧바로 해당 함수의 인수 대화상자가 나타난다. '=함수이름'까지 입력 후 〈Ctrl〉 + 〈A〉 키를 누르면 곧바로 인수 대화상자가 나타난다.

02 새로운 정보의 추가/삭제에 따라 '요약' 시트 자동으로 업데이트하기

- 금전출납부 시트의 경우 10월까지의 정보만 있다. 요약자료의 경우 현재 주어진 정보의 범위에 대하여 수식으로 요약자료를 만들어 놓았다. 그러나 주어진 금전출납부의 경우 11월, 12월의 정보들이 계속 추가 된다면 요약자료도 함께 업데이트되어야 한다.

- 금전출납부 시트에서 새로운 값이 추가된다면 수식에서 참조되는 범위가 수정되어야 한다. 변경되는 범위가 자동으로 적용되는 방법에는 함수를 사용하는 방법과 정의된 이름의 범위를 수정하는 방법이 있다. 여기서는 간단하게 정의되어 있는 이름의 범위를 수정하여 변경된 정보가 업데이트되도록 하자.

- [수식] 탭-[정의된 이름] 그룹-[이름 관리자]를 클릭하여 [이름 관리자] 대화상자를 연 후 각각의 이름이 추가한 셀을 포함하도록 참조 범위를 확장한다. '월', '수입금액', '수입부 가세', '비용금액', '비용부가세' 의 범위를 모두 수정한다.

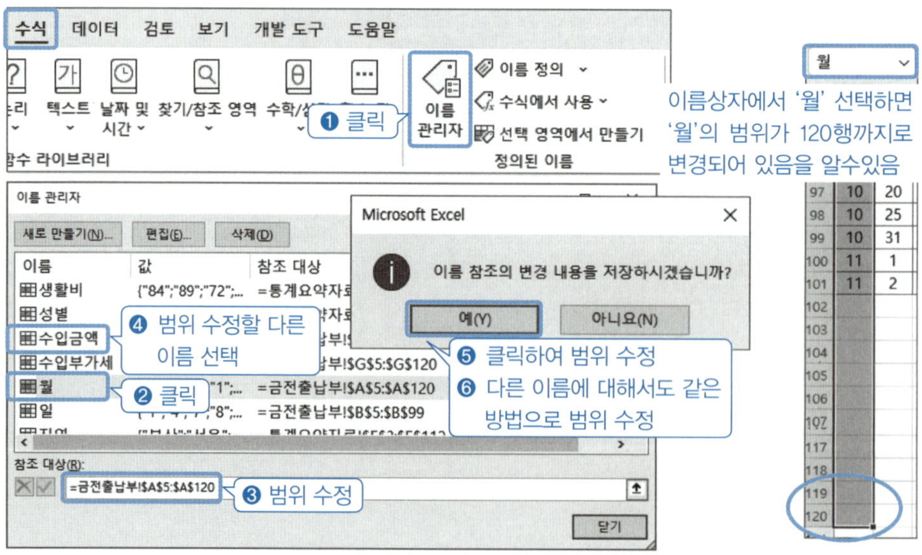

Tip 수식에 참조되는 자료의 내용이 추가 또는 삭제되어 참조 범위가 수정할 필요가 있는 경우는 최초 이름을 정의할 때 범위를 여유 있게 지정하면 편리하다.

Tip 수식에서 참조 범위를 자동으로 계산하기 위해 OFFSET 함수와 COUNT 함수를 사용하여 지정할 수 있다. OFFSET 함수는 특정 기준 셀로부터 지정한 행과 열만큼 떨어진 위치의 참조 영역을 구하는 함수이다. 즉 월 범위 수식은 =OFFSET(금전출납부!$A$5, 0, 0, COUNT(금전출납부!$A:$A), 1)와 같다.

11월의 출납정보를 입력하여 요약자료가 자동으로 변경되는지 확인하여보자.

	A	B	C	D	E	F
8	1	8	쿼팡	매출액	세금계산서	1,250,0
9	1	11	우리식당	식대비	현금	
10	1	13	나폴리	매출액	세금계산서	900,0
11	1	14	헬로주유소	유류비	세금계산서	
96	10	17	폴디너	매출액	세금계산서	1,300,0
97	10	20	쿼팡	매출액	세금계산서	1,250,0
98	10	25	직원	인건비	현금	
99	10	31	대한빌딩	건물관리비	현금	
100	11	1	헬로주유소	유류비	세금계산서	
101	11	2	우리식당	식대비	현금	

11월 정보 입력

	A	B	C	D	E
4	기간	수입		비용	
5		금액	부가세	금액	부가세
6	1	3,350,000	260,000	5,406,100	10,500
7	2	7,006,000	700,600	6,430,000	5,500
8	3	5,250,000	525,000	6,177,000	42,700
9	4	3,550,000	355,000	5,360,000	7,700
10	5	6,700,000	670,000	6,788,000	6,800
11	6	4,600,000	460,000	5,401,000	7,000
12	7	8,400,000	525,000	6,543,300	12,700
13	8	5,450,000	545,000	5,890,000	6,500
14	9	5,050,000	505,000	6,029,000	13,500
15	10	4,550,000	455,000	4,677,000	7,000
16	11	-	-	127,500	7,000
17	12	-	-	-	-

'요약' 시트의 11월 요약자료가 자동으로 조정됨을 알 수 있음

연습문제

'ch3_2_연습문제.xlsx' 의 통합문서를 열어 다음 각 문제를 해결하시오.

01

'카드내역' 시트에는 3.1절에서 카드사용내역을 분석에 용이하도록 자료를 수정 변환하였다. 날짜 정보를 사용하여 월별 요약자료와 분류별 요약자료를 작성하여 보자.

	A	B	C	D	E
1	일자	월	금액	분류	적립
2	2022-01-01	1월	70,000	주유	2,100
3	2022-01-08	1월	85,000	쇼핑	850
4	2022-01-15	1월	150,000	쇼핑	1,500
5	2022-01-25	1월	85,000	통신	850
6	2022-02-08	2월	50,000	주유	1,500
7	2022-02-10	2월	45,000		450
8	2022-02-15	2월	55,230	통신	552
9	2022-03-01	3월	85,000	쇼핑	850
10	2022-03-05	3월	65,000	주유	1,950
11	2022-03-13	3월	60,000	쇼핑	600
12	2022-03-26	3월	65,700	통신	657
13	2022-02-20	2월	55,000		550
14	2022-04-01	4월	70,000	주유	2,100
15	2022-04-10	4월	27,000		270
16	2022-04-18	4월	75,000	주유	2,250
17	2022-04-24	4월	55,000	쇼핑	550
18	2022-05-06	5월	75,400	쇼핑	754

월별요약자료 ❶ ❷

월	이용금액	이용누계
1	390,000	390,000
2	205,230	595,230
3	275,700	870,930
4	278,840	1,149,770
5	363,940	1,513,710
6	323,790	1,837,500

❸통신 ❹ ❺ ❻

월	이용건수	합계	평균
1월	1건	85,000	85,000
2월	1건	55,230	55,230
3월	1건	65,700	65,700
4월	0건	0	-
5월	1건	177,390	177,390
6월	0건	0	-

❶ 월별요약자료의 이용 금액에는 월별 금액의 합을 구하시오.(SUMIF 함수)

❷ 월별요약자료의 이용 누계를 구하시오. 누계란 해당 월까지의 합계이다. [N4]의 첫 번째 수식을 구한 후 자동 채우기로 수식을 복사했을 때 자동 계산이 되도록 수식을 지정하시오.(SUMIF 함수)

❸ 분류별 요약자료에서는 [G10]에서 선택한 분류에 대한 요약자료를 만들려고 한다. [G10]에 데이터 유효성 검사를 이용하여 '주유, 쇼핑, 통신'의 목록에서 하나를 선택할 수 있도록 지정하시오.

❹ [G10] 셀에서 선택한 항목에 대한 월별 이용 건수를 구하시오.(COUNTIFS 함수)

❺ [G10] 셀에서 선택한 항목에 대한 월별 이용 금액의 합을 구하시오.(SUMIFS 함수)

❻ [G10] 셀의 항목에 대한 월별 평균 이용 금액을 구하시오. 평균의 경우 월별 이용건수가 없는 경우 0으로 나누기를 하게 되므로 #DIV/0! 오류가 발생한다. 이와 같이 오류가 발생하는 경우 IFERROR 함수를 이용하여 0으로 표시하시오. (참고, IFERROR(value, value_if_error) : value가 오류가 발생하면 value_if_error로 지정함)

02 '신체검사' 시트에는 휘트니스 회원들의 키와 몸무게 정보이다. 나이, BMI 등을 계산하여 연령대별 통계자료를 만들어보자.

	A	B	C	D	E	F
1					❶	❷
2	회원번호	생년월일	키(cm)	몸무게(kg)	나이	BMI(체질량지수)
3	1000	1983-03-16	154	45	40	18.97
4	1001	1977-09-11	150	51	46	22.67
5	1002	1980-11-28	172	80	43	27.04
6	1003	1985-09-09	189	88	38	24.64
7	1004	1996-03-10	188	71	27	20.09
8	1005	1969-05-25	189	109	54	30.51
9	1006	1988-04-30	152	49	35	21.21
10	1007	1965-08-08	178	68	58	21.46
11	1008	1985-11-20	162	51	38	19.43
12	1009	1990-01-14	189	78	33	21.84

H	I	J	K
연령대별 회원수		❹	❺ ❻
❸ 나이		인원수	평균BMI
0세 이상	10세 미만	0명	0.0
10세 이상	20세 미만	0명	0.0
20세 이상	30세 미만	13명	24.2
30세 이상	40세 미만	17명	22.8
40세 이상	50세 미만	21명	25.0
50세 이상	60세 미만	17명	23.7
60세 이상	70세 미만	23명	23.9
70세 이상	80세 미만	7명	22.6

❶ 생년월일 정보를 이용하여 나이를 구하시오.(올해연도−year(생년월일))

❷ BMI(Body Mass Index, 체질량지수)를 구하시오. BMI를 구하는 식은 몸무게/키^{2}이다. 이때 키의 단위는 미터(m)이다.

❸ 연령대별 요약 자료를 만들려고 한다. 연령구간을 10단위로 그림과 같이 숫자를 입력하고 표시형식을 지정하시오.

❹ 나이의 구간에 대한 인원수를 구하고 표시형식을 지정하시오.(COUNTIFS 함수)

❺ 나이의 구간에 대한 평균 BMI를 구하시오.(AVERAGEIFS 함수)

❻ BMI 평균에서 해당 나이 구간에 인원수가 없는 경우 오류가 발생하므로 첫 번째 수식에서 IFERROR 함수를 이용하여 0으로 표시하시오. 그리고 ROUND 함수를 사용하여 소숫점이하 한자리로 표시하시오.

03 '연간자료' 시트는 1월부터 3월까지의 수입과 비용의 내용이다. 금전출납 자료 중 지출된 항목의 비용만 월별, 분기별, 연간 합계를 '항목별' 시트에 구해 보자. 월별 연간 자료를 작성한 후 분기별 요약자료로 편집하여보자.

월	일	거래내용	수입	비용	잔액
1	1	이월금	1,750,000		1,750,000
1	4	차 및 음료		43,600	1,706,400
1	7	유류비		45,000	1,661,400
1	8	매출액	1,250,000		2,911,400
1	11	식대비		57,500	2,853,900
1	13	매출액	900,000		3,753,9
1	14	유류비		60,000	3,693,9
1	19	매출액	450,000		4,143,9
1	25	인건비	750,000	3,900,000	993,9
2	1	건물관리비		320,000	673,9
2	3	매출액	1,500,000		2,173,9
2	4	유류비		55,000	2,118,9
2	8	매출액	1,356,000		3,474,9
2	25	인건비		3,900,000	- 425,1
2	26	매출액	1,200,000		774,9
2	29	건물관리비		320,000	454,9
3	3	사무용품		250,000	204,9
3	7	유류비		87,000	117,9
3	11	매출액	1,200,000		1,317,9
3	15	매출액	500,000		1,817,9
3	23	매출액	2,700,000		4,517,9
3	25	인건비		3,900,000	617,9
3	31	건물관리비		320,000	297,9
4	1	유류비		75,000	222,900
4	4	식대비		37,000	185,900

지출 요약자료

월	유류비	식대비	사무용품	차 및 음료	인건비	건물관리비
1월	105,000	57,500	-	43,600	3,900,000	-
2월	55,000	-	-	-	3,900,000	640,000
3월	87,000	-	250,000	-	3,900,000	320,000
4월	75,000	37,000	-	-	-	-
5월	-	-	-	-	-	-
6월	-	-	-	-	-	-
7월	-	-	-	-	-	-
8월	-	-	-	-	-	-
9월	-	-	-	-	-	-
10월	-	-	-	-	-	-
11월	-	-	-	-	-	-
12월	-	-	-	-	-	-

❶ 작업의 편리를 위해 '연간자료' 시트의 [29]~[98] 행까지 숨기기를 하시오.

❷ '연간자료' 시트에서 잔액을 구하시오. [F4] 셀의 잔액은 이전잔액([F3])+수입([D4])− 비용([E4])으로 구하며 [F3] 셀은 텍스트이므로 N함수를 사용하시오.(참고, N함수는 숫자가 아닌 값은 숫자로, 날짜 값은 일련번호로, TRUE 값은 1로, 그 외의 값은 0으로 변환된 값을 반환한다.)

❸ '연간자료' 시트에서 월, 일, 거래내용, 수입, 비용, 잔액이 입력되어 있는 범위마다 [3] 행의 내용으로 이름을 정의하시오. 이때 100행까지 데이터를 추가할 수 있도록 범위를 4행부터 100행까지가 되도록 한다.

❹ '연간자료' 시트 옆에 새 시트를 추가한 후, 시트 이름을 '항목별'로 변경하시오. 그리고 '항목별' 시트에서 [B3:G14] 셀의 수식 입력을 제외하고 그림과 같이 2행에는 항목들을, A열에는 1~12를 입력하여 표를 만드시오. A열은 표시형식의 사용자 지정에서 G/표준 "월"을 지정한다.

❺ '항목별' 시트의 [B3]에 '연간자료' 시트의 자료 중 1월의 유류비 비용 합계 수식을 구하시오(SUMIFS 함수).

❻ '항목별' 시트에서 [B3]의 수식을 [B3:G14] 범위에 한꺼번에 복사하시오.(힌트, 범위를 먼저 선택한 후 수식 입력 줄을 클릭한 후 〈Ctrl〉+〈Enter〉키를 누른다. 또는 [B3]의 수식을 자동 채우기하여 복사한다.)

❼ '금전출납부' 시트의 [27] 행에는 4월 1일, 유류비, 75000, [28] 행에는 4월 4일, 식대비, 37000을 입력한 후 '항목별' 시트 내용이 업데이트된 것을 확인해 보시오.

04

데이터 추출

4.1

수식을 이용한 데이터 조회 및 검색

데이터 분석을 위해서는 수집된 대량의 데이터로부터 일련의 규칙이 있는 정보를 추출하거나 사용자가 필요로 하는 유용한 데이터를 추출해야 한다. 또한, 특정 데이터의 내용이나 값을 나타내는 조건표에서 필요한 정보를 가져와 데이터 분석 자료를 만들 수도 있다. 엑셀에는 필요한 데이터를 추출하는 다양한 방법이 있으며, 원하는 값을 찾을 수 있는 여러 조회 및 참조 함수를 제공한다. 본 절에서는 엑셀의 찾기 및 참조 영역의 함수에서 활용도가 높은 VLOOKUP, INDEX 함수를 이용하여 데이터 목록에서 원하는 값을 빠르고 쉽게 조회하여 불러오는 방법을 살펴본다.

(1) VLOOKUP 함수를 이용하여 데이터 검색 및 추출하기

VLOOKUP 함수는 임의의 목록 데이터나 범위에서 필요한 항목을 찾아서 참조할 때 사용한다. 방대한 양의 자료에서 필요한 자료를 추출할 때 유용하다. 예를 들어 자동차 부품의 단가표가 있을 때 단가표로부터 해당 부품의 가격을 검색한다거나 값의 범위로 만들어진 표에서 해당 범위에 포함되는 자료들을 불러올 때 유용하게 사용된다. VLOOKUP 함수는 다음과 같은 인수로 구성된다. 표의 첫 번째 열에서 찾는 값을 검색하여 찾은 값이 있는 행의 특정 열에서 결과값을 가져온다. VLOOKUP 함수의 4번째 인수의 값이 FALSE, 즉 0이면 표에서 일치하는 값을 찾고, TRUE, 즉 1이면 표에서 유사한 값을 찾는다. 따라서 4번째 인수의 값이 TRUE인 경우는 범위에 해당하는 값을 불러올 때 유용하다.

VLOOKUP(lookup_value, table_array, col_index_num, [range_lookup])

- **lookup_value** (찾는 값): 둘째 인수인 표 범위의 첫 열에서 찾을 값
- **table_array** (표 범위): 데이터를 검색하고 추출하려는 표
- **column_index_num** (결과값이 있는 열 번호): 찾는 값을 표의 첫 열에서 찾았을 때 실제 함수의 결과값이 있는 열의 번호
- **range_lookup** (범위 검색): FALSE 또는 TRUE, FALSE면 찾는 값과 일치하는 값을 찾고 TRUE이면 범위를 이용한 검색에 사용(TRUE는 생략 가능)

VLOOKUP 함수와 유사한 함수로 HLOOKUP 함수가 있다. 두 함수의 인수 구성요소는 같으나 데이터 표에서 찾는 값을 VLOOKUP 함수는 열의 방향으로 찾으며, HLOOKUP 함수는 행의 방향으로 원하는 값을 찾아 표시한다. 다음의 예제에서 VLOOKUP 함수를 사용하여 상품의 단가표로부터 원하는 값을 찾아 불러오는 방법을 실습해 보자.

예제 4-1

표에서 정확하게 일치하는 값 찾아 불러오기

ch4_1.xlsx의 '단가표' 시트에는 B 회사에서 판매되는 상품의 상품코드와 상품코드에 해당하는 품명, 규격, 매입단가 및 매출단가 등을 포함하고 있다. 그리고 '상품입출고내역' 시트는 B 회사의 2017년 상품의 입출고 내역을 기록하는 데이터 시트이다. 상품입고출고내역 표의 상품코드를 상품의 단가표에서 검색하여 해당 품명, 규격, 매입단가, 매출단가를 찾아 표시하고 나머지 부분도 수식을 사용하여 표를 완성하여 보자.

준비파일 ch4_1.xlsx '상품입출고내역' 시트

완성시트

상품 입고 출고 내역

	A	B	C	D	E	F	G	H	I	J	K	L	M	N
4	일자	상호	구분	코드	품명	규격	수량1	매입단가	매입금액	세액1	수량2	매출단가	매출금액	세액2
5	2017-01-02 (월)	길성상회	매입	107	시디롬	삼성 64X	200	1,327	265,400	26,540				
6	2017-01-04 (수)	길성상회	매입	101	하드디스크	시게이트 30G	150	2,352	352,800	35,280				
7	2017-01-04 (수)	길성상회	매입	105	시디롬	LG 2X	20	633	12,660	1,266				
8	2017-01-04 (수)	길성상회	매입	106	시디롬	LG 64X	50	1,320	66,000	6,600				
13	2017-01-05 (목)	길성상회	매입	103	하드디스크	삼성 80G	200	4,663	932,600	93,260				
14	2017-01-05 (목)	가야통상	매출	107	시디롬	삼성 64X					80	1,880	150,400	15,040
15	2017-01-05 (목)	가야통상	매출	101	하드디스크	시게이트 30G					81	3,097	250,857	25,086
16	2017-01-05 (목)	회전공구	매출	102	하드디스크	시게이트 80G					2	4,771	9,542	954
271	2017-12-21 (목)	경전사	매출	102	하드디스크	시게이트 80G					[illegible]	[illegible]	[illegible]	36,260
272	2017-12-21 (목)	토탈기계	매출	103	하드디스크	삼성 80G					[illegible]	[illegible]	[illegible]	8,209
273	2017-12-21 (목)	아주산업	매출	201	전선	롤					56	46,315	2,593,640	259,364

상품단가표에서 품명, 규격, 매입단가, 매출단가 불러오기

01 수식 적용을 위한 참조 범위에 이름정의하기

'단가표' 시트의 상품단가표에서 상품코드에 해당하는 품명, 규격 등을 찾아 '상품입출고내역' 시트로 불러오려고 한다. 먼저 수식에 사용할 범위를 이름으로 정의하자. '단가표' 시트의 [A4:F16]에 '상품목록'으로 이름을 정의한다. '상품목록' 이름의 범위는 VLOOKUP 함수의 두 번째 인수인 표 범위에 사용한다. VLOOKUP 함수에서 표의 범위는 찾는 값, 즉 상품의 코드로 찾을 때는 코드가 표의 첫 번째 열에 있도록 표 범위를 설정해야 하고 추출하고자 하는 데이터가 있는 열을 포함하도록 한다.

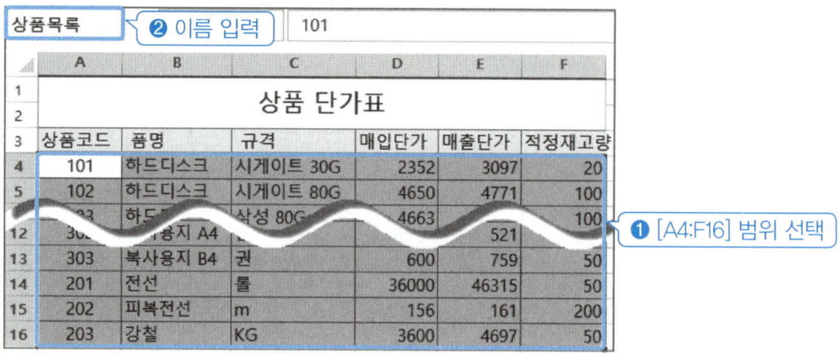

02 '상품입출고내역' 시트의 품명과 규격 구하기

'상품입출고내역' 시트에서 [D5]의 코드를 '상품목록' 이름 범위에서 찾아 해당 행의 품명과 규격을 찾도록 수식을 지정한다. 품명과 규격의 값은 '상품목록' 범위에서 2번째 열과 3번째 열에 있는 값이므로 VLOOKUP 함수를 이용하여 다음의 수식으로 구할 수 있다.

[E5]에 =VLOOKUP($D5,상품목록,2,0)을, [F5]에 =VLOOKUP($D5,상품목록,3,0)의 수식을 입력한다. 이는 [D5]의 107이라는 값을 '상품목록' 범위에서 찾아 107에 해당되는 행의 2번째 열의 값을 불러옴을 의미한다.

품명과 규격의 나머지 셀도 채우기 핸들을 더블클릭하여 수식을 복사한다. 수식 복사 후 자동 채우기 옵션에서 서식 없이 채우기를 클릭한다.

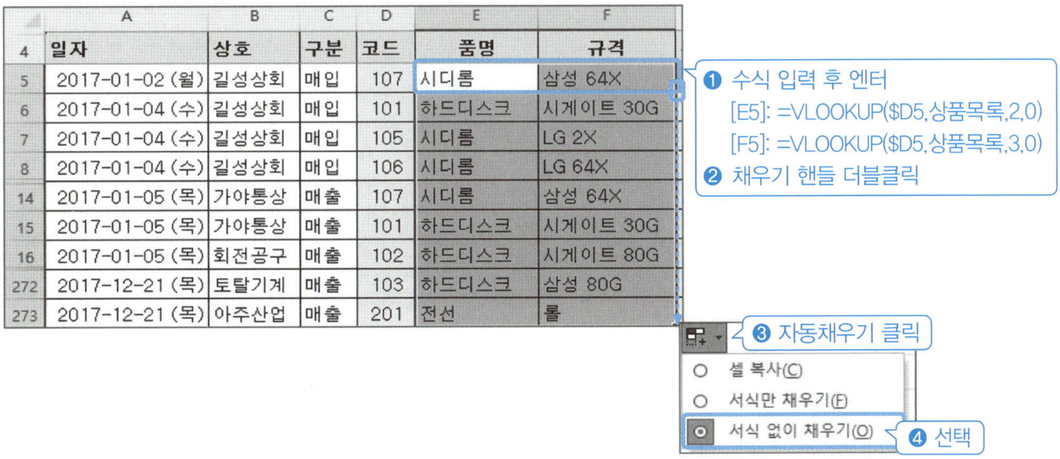

03 매입단가와 매출단가 구하기

- 매입단가와 매출단가는 각 상품코드에 해당하는 단가이며 상품코드별로 상품목록에 있는 값이다. 입출고 내역에 매입된 또는 판매된 수량에 따라 매입금액과 매출금액이 정해진다.
- 매입단가와 매출단가는 '단가표' 시트의 '상품목록' 범위에서 검색하여 불러온다. 매입단가와 매출단가는 '상품목록'에서 4번째 열 5번째 열에 있으므로 VLOOKUP($D5,상품목록,4,0), VLOOKUP($D5,상품목록,4,0) 의 수식으로 구한다.
- 매입 또는 매출이 일어난 경우, 즉 [수량1]과 [수량2]의 셀 값이 있는 경우만 단가가 표시되어야하므로 조건처리를 한다. 수량이 없는 셀은 단가를 0으로 하고 수량의 값이 있으면 해당 코드의 단가를 불러오도록 한다. 따라서 매입단가는 =IF(G5=0,0,VLOOKUP($D5,상품목록,4,0)), 매출단가는 =IF(K5=0,0,VLOOKUP($D5,상품목록,4,0))를 입력하여 구한다.

04 매입 및 매출금액, 세액을 계산하기

- 매입금액과 매출금액은 단가 * 수량으로 각각 계산한다.
- 세액1과 세액2는 매입금액의 10%, 매출금액의 10%로 부가세 항목으로 한다. 이때 소수점은 ROUND 함수를 이용하여 반올림한다.
- 나머지 빈 셀도 채우기 핸들로 더블클릭하여 수식을 복사한다. 수식 복사 후 자동 채우기 옵션에서 서식 없이 채우기를 클릭한다.

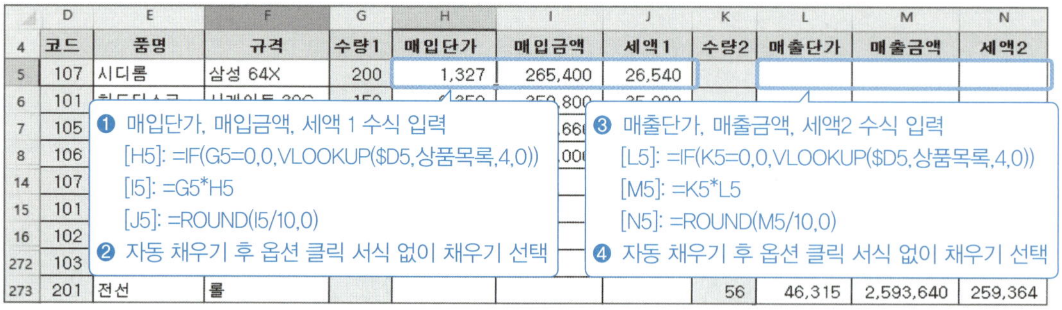

예제 4-2

표의 범위에 해당하는 값 찾아 불러오기

ch4_1.xlsx의 '적성검사' 시트는 A사의 입사 지원자의 적성검사 성적표이다. 주어진 자료에서 시험점수의 평균을 이용하여 등급을 지정하고 합격 여부를 표시하여 적성검사 결과표를 완성하시오. 여기서 등급은 90점 이상이면 1등급, 80점 이상이면 2등급, 70점 이상이면 3등급, 60점 이상이면 4등급, 나머지의 경우는 5등급으로 지정하며 등급표를 별도로 만들어 VLOOKUP 함수를 사용하도록 한다. 그리고 합격 여부는 1차, 2차 시험점수 및 평균 점수가 70점 이상인 경우 합격으로 나머지는 불합격으로 지정한다.

준비파일 ch4_1.xlsx '적성검사' 시트

완성시트

수험번호	이름	1차	2차	평균	등급	합격여부
1001	김별님	99	98	98.5	1등급	합격
1002	조하늘	89	90	89.5	2등급	합격
1003	이사랑	72	87	79.5	3등급	합격
1004	김영원	61	74	67.5	4등급	불합격
1005	배움기	68	60	64	4등급	불합격
1006	최소원	96	77	86.5	2등급	합격
1007	정소라	92	96	94	1등급	합격
1098	옥구슬	54	59	56.5	5등급	불합격
1099	제갈순	85	43	64	4등급	불합격
1100	고고한	42	92	67	4등급	불합격

등급표	
0~	5등급
60~	4등급
70~	3등급
80~	2등급
90~	1등급

등급표를 기준으로 하여 평균점수에 대한 등급을 구한다. 그리고 시험점수의 조건에 따른 합격 여부 지정한다.

01 등급지정을 위한 등급표 만들기

- VLOOKUP 함수를 이용하여 등급표로부터 해당 평균 점수를 검색하여 참조하기 위해서는 먼저 등급표를 만들어야 한다. 이때 등급표는 해당되는 모든 값으로 만드는 것이 아니라 범위로 검색할 수 있도록 만든다.

- VLOOKUP 함수의 마지막 인수의 값이 FALSE(0)이면 등급표의 첫 열에서 lookup_value와 일치하는 값을 표의 첫 열에서 찾고, TRUE(1)이면 표의 첫 열에서 lookup_value와 유사한 값을 찾는다. 이때 유사한 값이란 lookup_value보다 작은 값들 중 가장 큰 값과 일치하는 값으로 선택된다.

- 따라서 등급표의 첫 열에는 해당 평균이 속하는 범위에서 작은 값으로 작성하여야 한다. 즉, 80점 이상 90점 미만인 경우는 80점을, 70점 이상 80점 미만인 범위에서는 70점으로 범위에서 최솟값으로 지정한다. 그리고 등급표의 첫 열은 반드시 오름차순으로 정렬되어 있어야 바르게 적용이 된다.

- 등급표의 첫 번째 열에 즉 0~60, 60~70, 70~80, 80~90, 90~100의 최솟값 0, 60, 70, 80, 90으로 값을 오름차순으로 입력하고 각 해당등급도 지정한다.

02 점수의 범위에 해당하는 등급 지정하기

- 등급은 [F4]에 =VLOOKUP(E4,$J$4:$K$8,2,1)의 수식으로 [E4]의 평균에 해당되는 범위에 속하는 등급을 찾아와 표시한다. 이때 참조하는 표의 범위는 자동 채우기로 수식을 복사할 때 고정되어 있어야 하므로 절대 참조가 되어야 한다.

- [E4]의 평균 점수를 등급표 [J4:K8]의 첫 열에서 유사한 값으로 찾고, 해당 행의 2열에 있는 값, 즉 등급을 불러온다. 이때 유사한 값은 표에서 [E4]의 평균 점수보다 작은 값들 중에서 최댓값으로 찾는다.

- 채우기 핸들을 더블클릭하여 나머지 등급도 구한다.

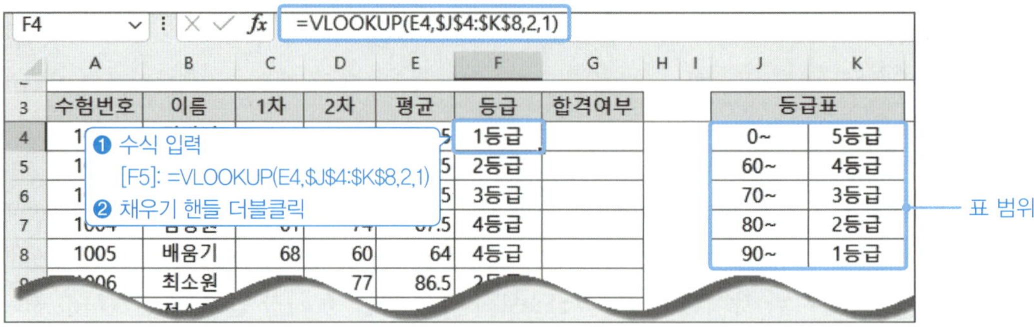

03 합격여부 지정하기

- 1차, 2차 시험점수 및 평균 점수가 70점 이상인 경우, 즉 세 조건이 동시에 만족하는 경우만 합격으로 하고 하나의 조건이라도 충족되지 않으면 불합격으로 처리하도록 한다. 여기서는 조건에 따라 '합격', '불합격' 둘 중 하나의 결과를 표시하면 되므로 IF 함수를 사용한다.

- IF 함수의 조건식에는 여러 조건을 동시에 만족할 때 참의 결과를 반환하는 AND 함수를 중첩하여 사용할 수 있다. 즉 [G4]에 =IF(AND(C4>=70, D4>=70, E4>=70), "합격", "불합격") 의 수식을 적용하여 원하는 결과를 구할 수 있다.

- 채우기 핸들을 더블클릭하여 나머지 셀의 합격 여부도 지정한다.

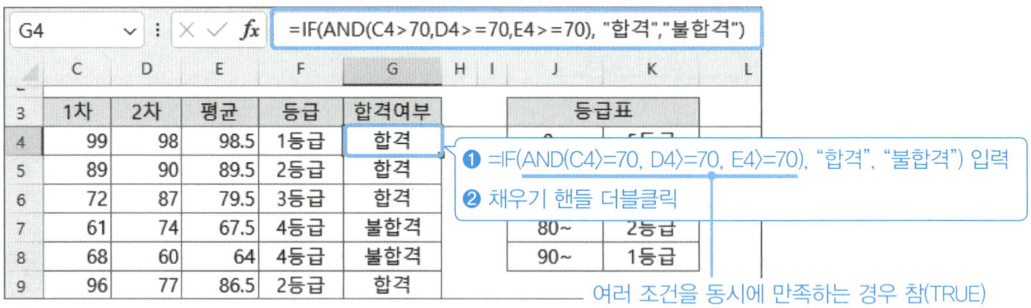

(2) INDEX 함수를 이용하여 데이터 조회하기

VLOOKUP 함수를 이용하여 원하는 데이터를 추출할 때는 표의 첫 번째 열에 찾는 값이 있어야 하는 반면 INDEX 함수는 지정한 범위에서 행과 열의 위치로 원하는 값을 찾는다. 이때 행과 열의 위치는 특정 값이 셀 범위(한 행 또는 한 열)에서 몇 번째에 있는지 알 수 있는 MATCH 함수를 주로 이용한다. 두 함수의 인수들은 다음과 같으며 INDEX 함수를 사용한 데이터 조회 방법은 예제를 통하여 살펴보자.

INDEX(reference, row_num, [column_num])
– **reference** (셀 참조 범위): 함수의 결과값이 포함된 셀 범위 – **row_num** (행 번호): 참조 범위에서 결과값이 있는 행의 번호 – **column_num** (열 번호): 참조 범위에서 결과값이 있는 열의 번호

MATCH(lookup_value, lookup_array, [match_type])
– **lookup_value** (찾는 값): 찾을 영역에서 찾고자 하는 값 – **lookup_array** (찾을 영역): 한 행 또는 열로 구성된 셀 범위 – **match_type** (찾기 유형): 일치하는 값을 찾을 땐 0, 유사한 값을 찾을 땐 1 또는 –1 (부록참조)

예제 4-3

INDEX 함수를 이용한 데이터 검색

ch4_1.xlsx의 '합격조회' 시트는 수험번호 또는 이름을 입력하여 지원자의 점수 및 합격 여부를 확인하려고 한다. 이때 예제 4-2에서 작성한 합격자 목록으로부터 원하는 데이터를 조회할 수 있도록 INDEX 함수를 사용하여 확인해보자.

준비파일 ch4_1.xlsx '합격조회' 시트

완성시트

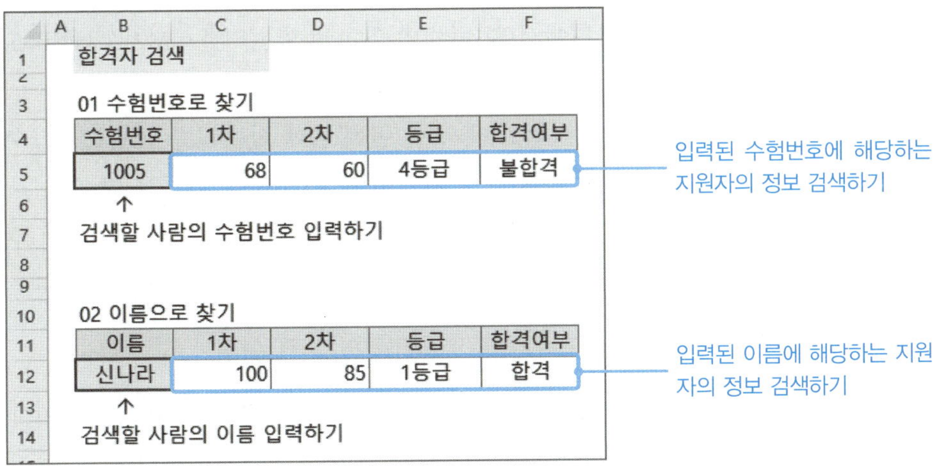

01 수험번호로 찾기

- 검색하고자 하는 수험번호를 입력했을 때 원하는 정보를 조회하기 위해 먼저 [B5]에 임의의 수험번호를 입력한다.

- 입력된 수험번호에 해당하는 사람의 정보를 INDEX 함수를 이용하여 검색한다. 점수 및 등급 등의 검색 정보는 '적성검사' 시트의 범위를 참조해야 하므로 일일이 범위를 지정하면 번거롭다. 따라서 수식에 필요한 범위에 이름 정의를 먼저 한다. 그림과 같이 참조 범위, 행과 열에 '성적표', '수험번호', '항목'으로 이름을 정의한다.

	A	B	C	D	E	F	G
3	수험번호	이름	1차	2차	평균	등급	합격여부
4	1001	김별님	99	98	98.5	1등급	합격
5	1002	조하늘	89	90	89.5	2등급	합격
6	1003	이사랑	72	87	79.5	3등급	합격
7	1004	[illegible]	[illegible]	[illegible]	[illegible]	4등급	불합격
8	1005	[illegible]	[illegible]	[illegible]	[illegible]	4등급	불합격
9	1006	[illegible]	[illegible]	[illegible]	[illegible]	2등급	합격
10	1007	정소라	92	96	94	1등급	합격
101	1098	옥구슬	54	59	56.5	5등급	불합격
102	1099	제갈순	85	43	64	4등급	불합격
103	1100	고고한	42	92	67	4등급	불합격

- INDEX 함수는 참조하는 표 범위에서 행과 열의 위치로 원하는 정보를 찾을 수 있다. 표의 범위 '성적표'에서 입력된 수험번호가 있는 행에서 1차, 2차 점수, 등급 및 합격 여부의 값을 불러오면 된다. 따라서 =INDEX(성적표, 행의 위치, 열의 위치)에서 행의 위치와 열의 위치를 자동으로 찾도록 지정하면 된다.

  - 행의 위치는 입력되는 수험번호에 따라 매번 바뀌어야 하므로 MATCH 함수를 이용하여 찾는다. 수험번호 [B5]가 '수험번호' 범위에서 몇 번째의 위치에 있는지를 =MATCH($B$5, 수험번호,0) 으로 찾을 수 있다.
  - 같은 방법으로 열의 위치는 1차 점수가 '성적표'에서 몇 번째 열에 있는지를 MATCH 함수를 이용하여 구한다. [C4] 셀의 값 1차는 '항목'으로 지정한 범위에서 3번째임을 알 수 있는데, 즉 =MATCH(C$4,항목,0)의 수식으로 구한다. 이때 수식에서 [C4]의 주소는 [C5]의 수식을 [F5]까지 오른쪽으로 드래그하여 수식이 복사될 때 [D4], [E4], [F4]가 자동으로 참조되도록 혼합주소로 작성한다.

- 위에서 구한 행의 위치와 열의 위치 수식을 INDEX 함수에 중첩하여 정리하면 [C5]에 =INDEX(성적표,MATCH($B$5,수험번호,0),MATCH(C$4,항목,0))로 1차 점수를 조회할 수 있

으며 나머지 값도 자동 채우기로 수식을 복사하여 구한다.

- 임의의 수험번호를 입력하여 점수, 등급 및 합격 여부를 확인한다.

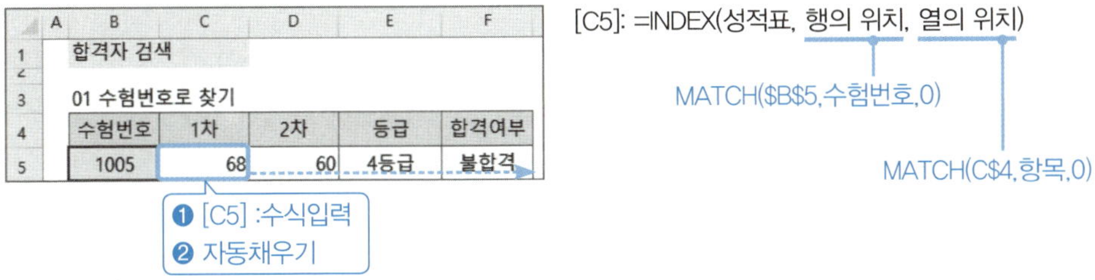

02 이름으로 찾기

- 다음은 수험번호를 모를 때는 이름으로 검색할 수 있도록 조회 표를 만들어 보자. 검색하고자 하는 이름을 입력했을 때 원하는 정보를 조회하기 위해 먼저 [B12]에 임의의 이름을 입력한다.

- 01과 마찬가지로 입력된 이름이 '성적표'의 몇 번째 행에 있는지를 알기 위해 MATCH 함수를 사용한다. '적성검사' 시트에서 [B4:B103] 범위를 '이름'으로 이름 정의한다.

- 01의 방법과 같은 방법으로 수식을 구할 수 있으므로 [C5]의 수식을 복사하여 [C12]에 붙여넣기를 한 후 수식에서 참조되는 셀 주소를 =INDEX(성적표,MATCH($B$12,이름,0), MATCH(C$11,항목,0)))으로 수정한다. 나머지 값도 자동 채우기로 수식을 복사하여 구한다.

- 임의의 이름을 입력하여 점수, 등급 및 합격 여부를 확인한다.

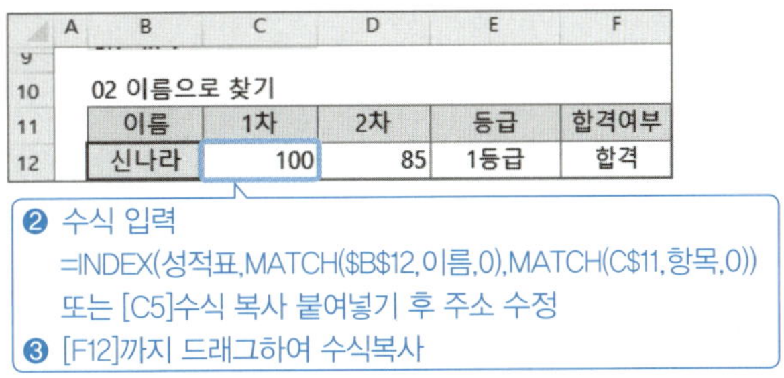

Tip [B5]에 입력한 수험번호에 해당하는 1차 점수를 검색하는 수식 =INDEX(성적표,MATCH($B$5,수험번호,0),MATCH(C$4,항목,0))에서 행의 위치를 찾는 MATCH($B$5,수험번호,0)의 '수험번호' 범위는 직접 입력하여 사용할 수도 있지만 수험번호라는 텍스트가 [B4] 셀에 있으므로 셀 안의 텍스트를 참조범위로 변환하여 사용하는 함수인 INDIRECT 함수(텍스트를 셀 참조로 변환함)를 사용하여 수식을 작성할 수도 있다. =INDEX(성적표,MATCH($B$5,INDIRECT($B$4),0),MATCH(C$4,항목,0))

'ch4_1_연습문제.xlsx' 의 통합문서를 열어 다음 각 문제를 해결하시오.

01

'성적' 시트에서 출석기준표와 학점기준표를 만들고 이를 이용하여 출석 및 학점을 구하여 보자. 그리고 입력된 학번에 해당하는 학생의 이름, 총점 및 학점을 조회하여 보자.

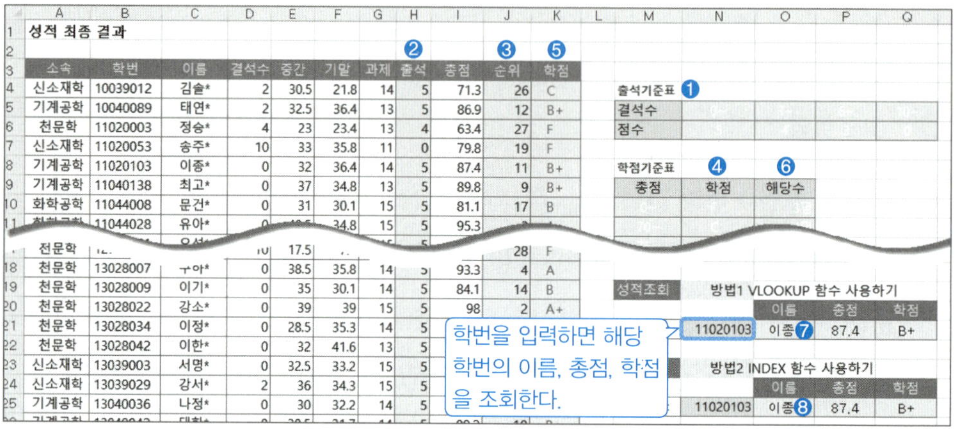

❶ 결석수가 10회 이상이면 0점, 6~9회이면 3점, 3~5회이면 4점, 0~2회이면 5점이 되도록 먼저 출석기준표를 작성하시오.

❷ ❶의 출석기준표를 참조하여 결석수(D열)에 따른 점수를 찾아 출석 점수(H열)를 구하시오. (HLOOKUP 함수)

❸ 총점(I열)을 이용하여 순위를 구하시오. (RANK.EQ 함수)

❹ [M10:N16]에 총점이 95점 이상이면 'A+', 90 이상 95 미만이면 'A', 85 이상 90 미만이면 'B+', 80 이상 85 미만이면 'B', 75 이상 80 미만이면 'C+', 70 이상 75 미만이면 'C', 70 미만이면 'F'가 되도록 먼저 학점기준표를 완성하시오.

❺ ❹의 학점기준표를 참조하여 총점에 따른 해당 학점(K열)을 구하시오. 이때 출석점수가 0인 경우는 F로 지정하고 0이 아닌 경우는 학점기준표에 따라 학점을 지정하시오. (IF함수, VLOOKUP 함수)

❻ 학점(K열)을 이용하여 학점기준표의 각 학점에 해당하는 인원수를 구한 후 표시형식(~명)을 지정하시오. (COUNTIF 함수)

❼ [N21]에 임의의 학번을 입력하여 입력된 학번에 해당하는 이름, 총점, 학점이 조회될 수 있도록 VLOOKUP 함수를 사용하여 수식을 지정하시오. 먼저 [O21]에 수식을 작성하여 해당 이름을 먼저 구하고 나머지 값은 자동 채우기로 수식을 복사하여 구하도록 하시오.

❽ [N25]에 임의의 학번을 입력하고 INDEX 함수를 사용하여 이름, 총점, 학점을 검색하여 표시하시오. [O25]에 수식을 자동 채우기로 복사가능하도록 지정하시오.

02

엑셀의 VLOOKUP/HLOOKUP 함수 또는 INDEX 함수는 데이터베이스로부터 정보를 조회 및 검색하여 여러 가지 보고서 또는 증명서 자료에 유용하게 사용된다. ‘견적서’ 시트에서 입력한 제품명에 따라 ‘제품목록’ 시트의 제품목록으로부터 모델명, 단가를 불러와 공급가액, 세액, 합계 등이 자동으로 계산되도록 다음과 같이 만들어보자.

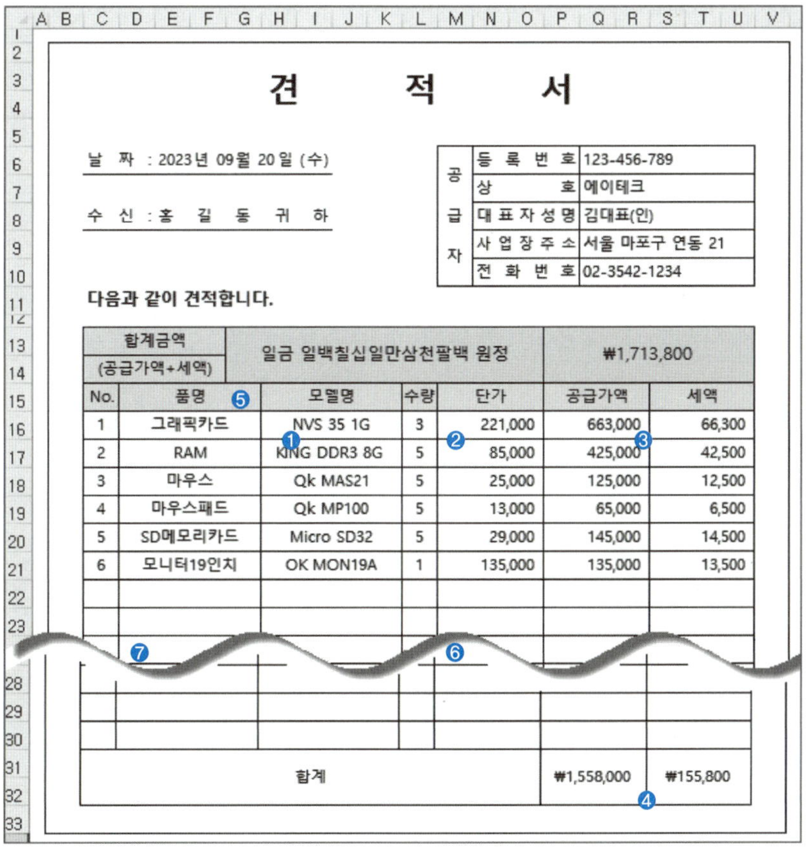

❶ '제품목록' 시트의 [B3:D21] 범위의 첫 번째 열에서 해당 품명(D열)을 찾아 그 품명에 해당되는 모델명을 찾아 표시하시오. 견적서 작성 시 품명을 추가하여 입력할 때마다 모델명이 자동 계산되도록 [H30]까지 수식을 복사하시오. 이 경우 품명이 없는 셀을 참조하는 경우 #N/A의 오류가 표시되는데 IF함수를 이용하여 오류처리를 하시오.

❷ '제품목록' 시트의 [B3:D21]의 범위에서 D열의 해당 품명을 찾아 그 품명에 해당되는 단가를 찾아 표시하시오. ❶과 마찬가지로 [M30]까지 채우기 핸들을 드래그하고 오류가 발생하면 IF 함수를 사용하여 D16=""이면, 0으로 표시하고 품명이 있는 경우는 VLOOKUP 함수를 이용하여 해당 단가를 찾아 표시하도록 한다.

❸ 공급가액은 수량 * 단가의 식으로, 세액은 공급가액의 10%로 지정하시오.

❹ 공급가액과 세액, 각각의 합을 구하시오.

❺ 공급가액과 세액의 합계 금액을 구하고 그림과 같이 표시형식을 지정하시오.

❻ 단가, 공급가액, 세액 [M16:S30] 범위에 품명이 없는 경우에 0의 값이 나타나지 않도록 표시형식 "#,##0_ ;;"을 지정하시오.

❼ 제품목록으로부터 임의의 품명과 수량을 입력하여 모델명, 단가, 공급가액, 세액, 합계 등이 자동 계산됨을 확인하시오.

4.2 조건부 서식을 이용한 데이터 추출 및 시각화

3.1절부터 4.1절까지는 데이터 분석에 필요한 수치를 얻는 데 필요한 다양한 함수들을 소개하였다. 이 절에서는 시각화를 통해 데이터의 분류, 특징, 추이 분석을 빠르고 쉽게 할 수 있도록 조건에 맞는 데이터에만 원하는 서식을 편리하게 적용할 수 있는 조건부 서식 기능을 소개한다.

조건부 서식을 이용하면 [그림 4-1]과 같이 설문 조사 대상자의 나이를 10대, 20대, 30대별로 구분하여 셀에 색깔을 채우거나, 판매 실적 금액 중 상중하를 색깔이나 모양별 아이콘으로 표시하거나, 남자 직원의 정보 셀만 색깔을 채우거나, 불량률 정도를 비교하기 쉽게 수치에 비례하는 가로 막대를 표시할 수 있다.

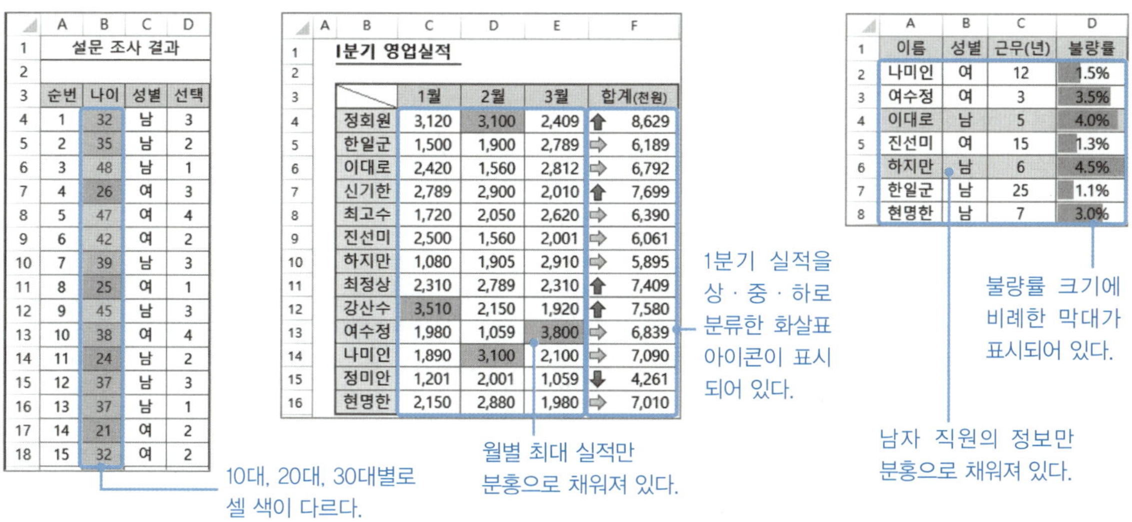

설문 조사 결과

순번	나이	성별	선택
1	32	남	3
2	35	남	2
3	48	남	1
4	26	여	3
5	47	여	4
6	42	여	2
7	39	남	3
8	25	여	1
9	45	남	3
10	38	여	4
11	24	남	2
12	37	남	3
13	37	남	1
14	21	여	2
15	32	여	2

1분기 영업실적

	1월	2월	3월	합계(천원)
정회원	3,120	3,100	2,409	⬆ 8,629
한일군	1,500	1,900	2,789	⇨ 6,189
이대로	2,420	1,560	2,812	⇨ 6,792
신기한	2,789	2,900	2,010	⬆ 7,699
최고수	1,720	2,050	2,620	⇨ 6,390
진선미	2,500	1,560	2,001	⇨ 6,061
하지만	1,080	1,905	2,910	⇨ 5,895
최정상	2,310	2,789	2,310	⬆ 7,409
강산수	3,510	2,150	1,920	⬆ 7,580
여수정	1,980	1,059	3,800	⇨ 6,839
나미인	1,890	3,100	2,100	⇨ 7,090
정미안	1,201	2,001	1,059	⬇ 4,261
현명한	2,150	2,880	1,980	⇨ 7,010

이름	성별	근무(년)	불량률
나미인	여	12	1.5%
여수정	여	3	3.5%
이대로	남	5	4.0%
진선미	여	15	1.3%
하지만	남	6	4.5%
한일군	남	25	1.1%
현명한	남	7	3.0%

그림 4-1 조건부 서식을 사용한 시각화 예

대량의 데이터에서 [그림 4-1]과 같은 결과를 얻기 위해 사용자가 직접 특정 셀을 찾아서 선택하고 서식을 지정하거나 아이콘을 넣는다면, 작업 시간이 많이 걸릴 뿐만 아니라 작업을 한 다음 수정을 해야 한다면 처음과 마찬가지로 똑같은 작업을 반복해야 한다. 시트의 내용이 변하거나, 특정 서식을 지정할 셀 기준이 변하더라도 그에 맞게 서식이 자동으로 설정되거나 해제되게 하려면 조건부 서식을 이용하는 것이 편하다.

엑셀의 조건부 서식 기능은 특정 조건의 만족 여부에 따라 셀에 서식이 설정되거나 해제되게 하는 기능이다. 이를 이용하여 조건에 맞는 셀마다 셀 색을 다르게 하거나 글꼴을 다르게 함으로써 사용자가 강조하고 싶은 값, 확인하고 싶은 데이터의 추이, 분석하고 싶은 특이한 값 등을 빠르게 시각적으로 구분하고 표현할 수 있으며, 이를 다양하게 응용함으로써 차트와는 또 다른 각도로 데이터를 분석할 수 있다.

예제 4-4

사원들의 근무 연수와 불량률의 관계를 분석하기 위해 근무 연수가 20을 초과한 셀만 강조하고, 불량률의 대소 및 최소 · 최대치를 빠르게 비교할 수 있도록 셀에 가로 막대 그래프를 넣어보자.

준비파일 ch4_2.xlsx '조건부서식' 시트

01 근무 연수가 20이 넘는 셀만 강조하여 '연한 빨강 채우기' 서식 설정하기

❶ 조건부 서식을 지정할 셀 범위를 선택하고 ❷~❹ [홈] 탭-[스타일] 그룹-[조건부 서식]-[셀 강조 규칙]-[보다 큼]을 클릭한다. ❺~❼ [보다 큼] 대화 상자에서 셀 값이 20보다 클 때만 적용될 서식을 선택하고 [확인]을 클릭한다.

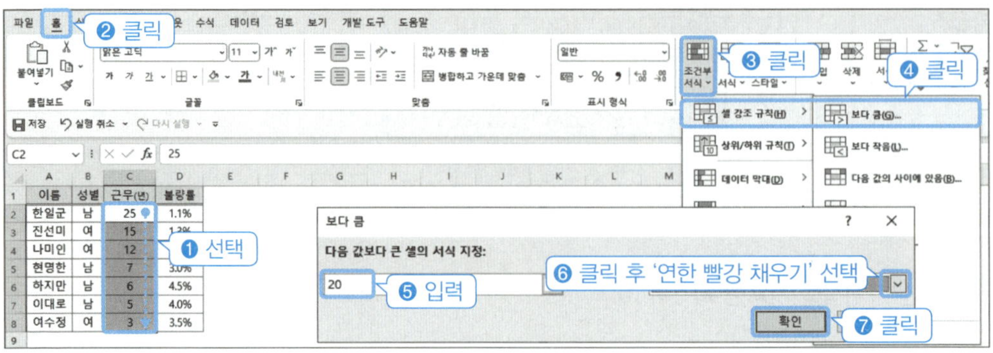

	A	B	C	D
1	이름	성별	근무(년)	불량률
2	한일군	남	25	1.1%
3	진선미	여	15	1.3%
4	나미인	여	12	1.5%
5	현명한	남	7	3.0%
6	하지만	남	6	4.5%
7	이대로	남	5	4.0%
8	여수정	여	3	3.5%

Tip 20보다 크거나 같은 셀을 강조하고 싶다면, [홈] 탭–[스타일] 그룹–[조건부 서식]–[셀 강조 규칙]–[기타 규칙]을 클릭한 다음, ❶~❸ [새 서식 규칙] 대화 상자에서 [규칙 설명 편집] 부분을 다음과 같이 설정한 후 ❹ [확인]을 클릭한다.

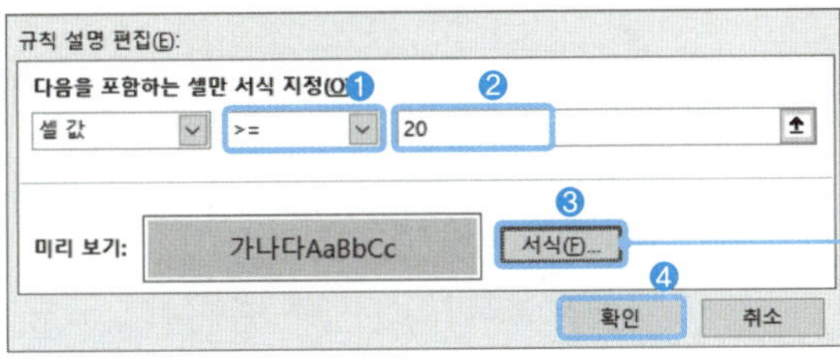

02 불량률에 비례한 파랑 데이터 막대 넣기

조건부 서식의 데이터 막대를 이용하면 굳이 차트를 만들지 않고도 셀 값에 비례한 막대를 셀 안에 같이 넣을 수 있어 값의 크기를 비교할 때 유용하다.

❶ 조건부 서식을 지정할 셀을 선택하고 ❷~❹ [홈] 탭–[스타일] 그룹–[조건부 서식]–[데이터 막대]– (파랑 데이터 막대)를 클릭한다.

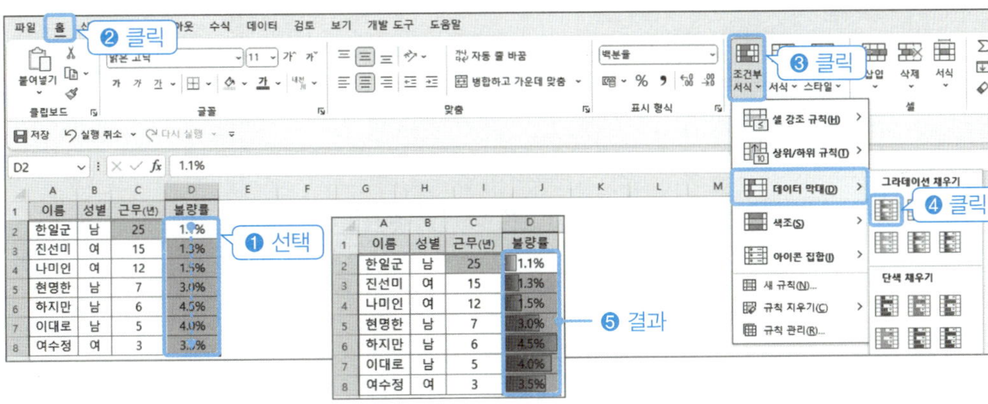

03 조건부 서식 제거하기

❶ 조건부 서식을 제거할 [C2:D8] 셀을 선택한 후 ❷~❹ [홈] 탭–[스타일] 그룹–[조건부 서식]–[규칙 지우기]–[선택한 셀의 규칙 지우기]를 이용해 한꺼번에 제거한다.

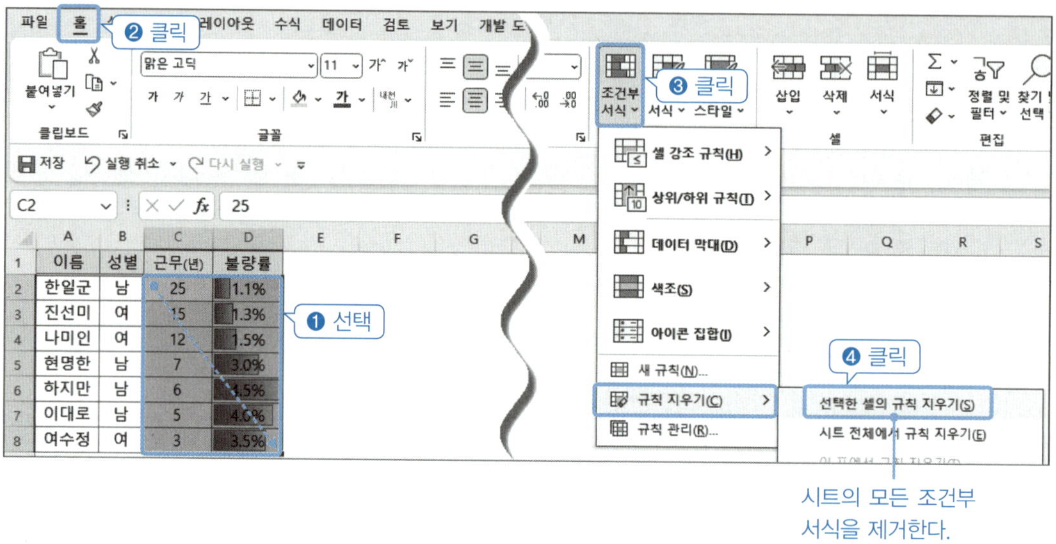

만일 예제와 다르게 선택한 범위에 조건부 서식이 여러 개 지정되어 있고 이 중 일부만 제거하고 싶다면 위의 그림처럼 제거할 조건부 서식이 있는 범위를 선택한 후, [홈] 탭–[스타일] 그룹–[조건부 서식]–[규칙 관리]를 클릭하여 다음 그림과 같이 해결한다. [규칙 편집]을 클릭하면 조건부 서식의 서식이나 조건을 수정할 수 있다.

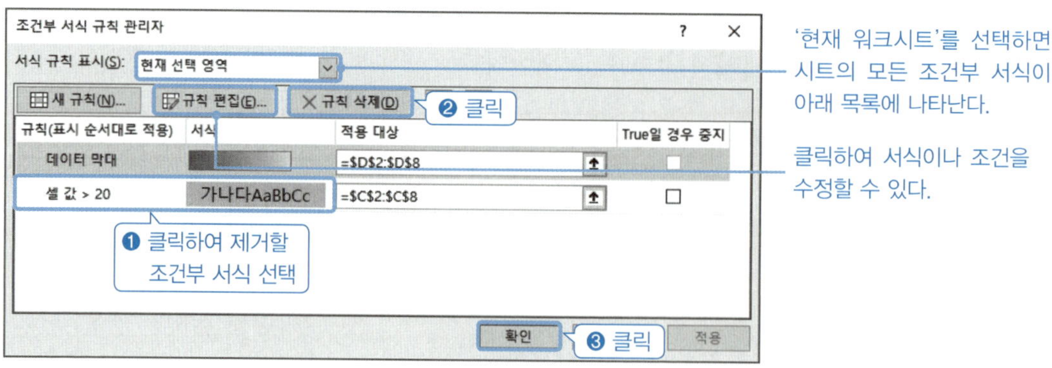

예제 4-5

수식을 이용한 조건부 서식

남자 직원의 모든 정보 셀이 노랑으로 채워지게 해보자. 각 직원의 성별이 들어 있는 셀에는 [셀 강조 규칙]을 사용하여 셀 값이 "남"과 같을 때 노랑으로 채워지게 간단히 설정할 수 있다. 하지만 남자 직원인 한일군의 이름, 근무, 불량률이 들어 있는 셀을 노랑으로 채우는 것은 지금까지의 조건부 서식 설정 방법으로는 불가능하다. 이것은 수식을 이용한 조건부 서식을 사용해야 한다.

준비파일 ch4_2.xlsx '조건부서식' 시트

완성시트

	A	B	C	D
1	이름	성별	근무(년)	불량률
2	한일군	남	25	1.1%
3	진선미	여	15	1.3%
4	나미인	여	12	1.5%
5	현명한	남	7	3.0%
6	하지만	남	6	4.5%
7	이대로	남	5	4.0%
8	여수정	여	3	3.5%

성별이 "남"이므로 모든 정보 셀이 노랑으로 표시된다.

01 수식을 이용한 조건부 서식의 원리

- 앞에서 근무 연수에 지정한 조건부 서식은 '자신의 셀 값이 20보다 크다'란 조건의 만족 여부에 따라 서식 적용 여부가 결정되었다. 그런데 지금 예제에서는 다음 그림과 같이 자신의 셀 값이 아닌 다른 셀(해당 성별 셀) 값이 "남"이라는 조건의 만족 여부에 따라 서식 적용 여부가 결정되어야 한다. 즉 = 뒤의 수식이 참일 때 서식이 적용되어야 한다.

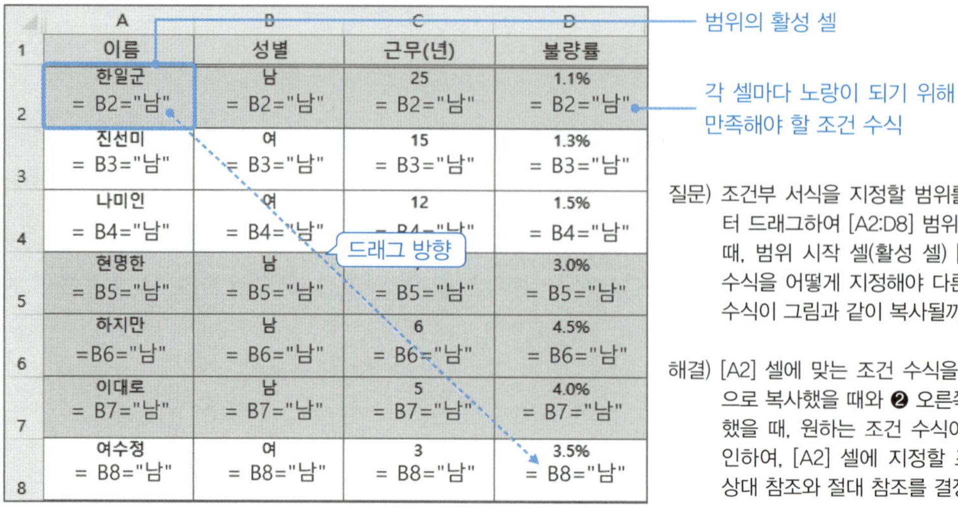

질문) 조건부 서식을 지정할 범위를 [A2] 셀부터 드래그하여 [A2:D8] 범위를 선택했을 때, 범위 시작 셀(활성 셀) [A2]의 조건 수식을 어떻게 지정해야 다른 셀의 조건 수식이 그림과 같이 복사될까?

해결) [A2] 셀에 맞는 조건 수식을 ❶ 아래 행으로 복사했을 때와 ❷ 오른쪽 열로 복사했을 때, 원하는 조건 수식이 되는지 확인하여, [A2] 셀에 지정할 조건 수식의 상대 참조와 절대 참조를 결정한다.

이처럼 셀 자신의 값이 아닌 특정 조건 수식의 참 여부에 따라 서식 적용 여부가 결정되는 조건부 서식을 '수식을 이용한 조건부 서식'이라고 한다. 수식을 이용한 조건부 서식을 지정할 때는 조건 수식에서 혼합 참조를 많이 사용하는데, 그 원리를 제대로 알고 있어야 다양한 조건 수식을 사용할 수 있다.

남자 직원의 모든 정보 셀을 노랑으로 채우려면 직원 정보의 각각의 셀마다 조사해야 하는 조건 수식은 위의 그림과 같이 행마다 다르다. 원하는 작업에 따라 행 · 열 · 셀마다 조건 수식이 다를 수도 있다. 그렇다면 각각의 셀마다 조건 수식을 따로 지정해야 할까?

선택한 셀 범위의 시작 셀(활성 셀)에만 조건 수식을 지정하면, 엑셀이 이 조건 수식을 나머지 셀에도 복사하여 지정해준다. 조건 수식을 자동으로 복사하므로 다음을 주의해야 한다.

- 활성 셀(범위 시작 셀)에만 조건 수식을 지정하므로 조건부 서식을 지정할 셀 범위를 선택할 때 시작 셀의 위치가 중요하다.
- [A2:D8] 셀을 선택할 때 대부분 [A2] 셀에서 [D8] 셀까지 범위를 선택하지만 [D2] 셀에서 [A8] 셀로, 또는 [D8] 셀에서 [A2] 셀로 범위를 선택하기도 하므로, 이런 경우 범위의 활성 셀 위치가 달라져 조건 수식도 달라질 수 있다.
- 조건 수식에 상대 참조가 포함되어 있으면 조건 수식이 자동으로 복사되면서 참조가 변하 므로 수식에서 상대와 절대 참조를 정확히 검토해야 한다. 조건 수식에서 상대와 절대 참조 를 확인하는 방법 중 하나는 일단 단순하게 생각한 조건 수식을 작성한 후 ❶ 한 행 아래로 복사했을 때 맞는지 검토하여 상대나 절대 참조를 결정하고, ❷ 다음에는 검토한

조건 수식을 한 열 옆으로 복사했을 때 맞는지 검토하여 상대나 절대 참조를 결정하는 것이다.

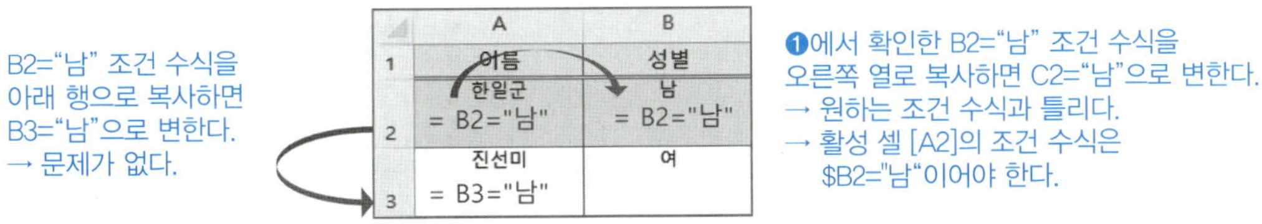

02 조건부 서식을 지정할 범위 선택하기

❶ 범위를 선택하고 ❷~❹ [홈] 탭-[스타일] 그룹-[조건부 서식]-[새 규칙]을 클릭한다.

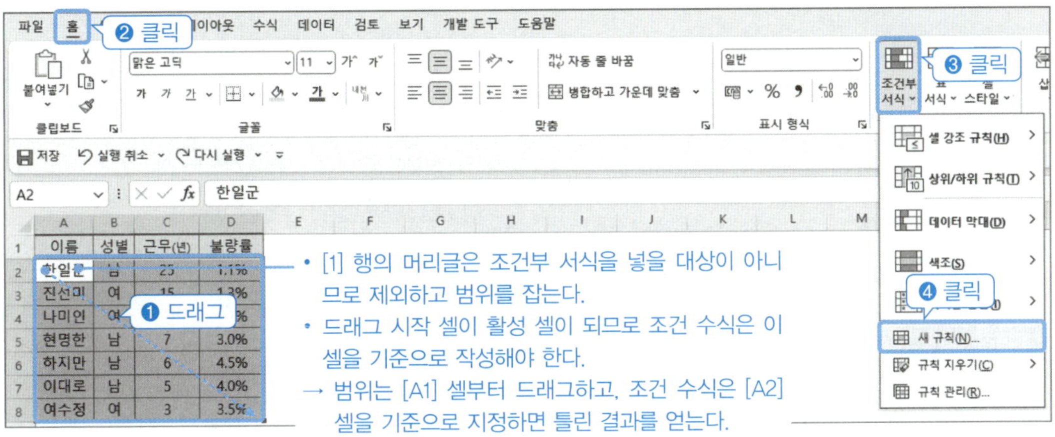

03 조건 수식과 서식 지정하기

[새 서식 규칙] 대화 상자에서 ❶ [수식을 사용하여 서식을 지정할 셀 결정]을 클릭한 후 ❷ 조건 수식 입력칸에서 =$B2="남"을 입력한다. ❸~❻ 적용할 서식을 설정한 후 ❼ [확인] 버튼을 클릭하면 남자 직원의 모든 셀이 노랑으로 채워진다.

조건부 서식을 지정할 범위를 잡을 때 [D8] 셀부터 [A2] 셀까지 드래그했다면, 활성 셀이 [D8]이 되므로 ❷의 조건 수식은 =$B8="남"이어야 한다.

남자이면서 근무 연수가 15년 이상인 직원의 정보 셀을 노랑으로 채우고 싶다면 ❷의 조건 수식은 =AND($B2="남", $C2>=15)이다.

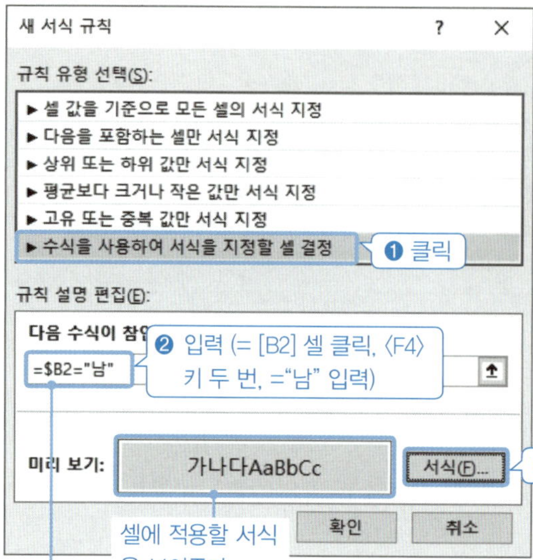

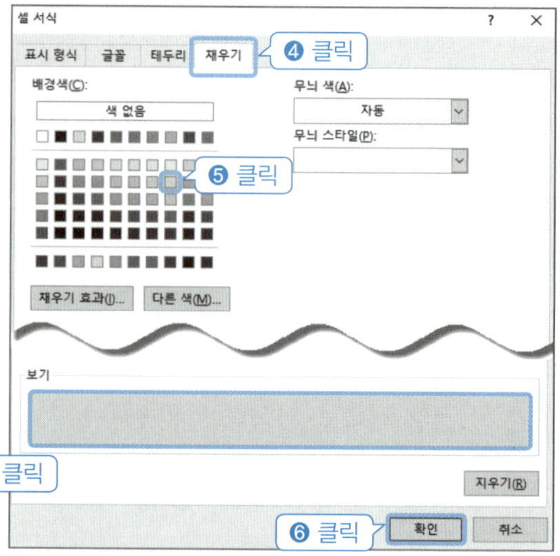

	A	B	C	D
1	이름	성별	근무(년)	불량률
2	한일군	남	25	1.1%
3	진선미	여	15	1.3%
4	나미인	여	12	1.5%
5	현명한	남	7	3.0%
6	하지만	남	6	4.5%
7	이대로	남	5	4.0%
8	여수정	여	3	3.5%

서식이 적용된다.

조건 수식을 입력할 때 커서 위치를 이동하려고 키보드의 방향키를 누르면 시트의 셀 참조 모드가 되어 셀 주소가 입력된다.
→ 커서 이동은 마우스를 이용한다.
→ $B$2의 $를 제거할 때 [F4] 키를 활용하는 것이 편하다.

예제 4-6

조건부 서식 수정하기

불량률이 4% 이상인 직원의 정보만 노랑으로 표시하고 싶은데 3%인 현명한 직원이 노랑으로 표시되었다. 지정한 조건부 서식을 수정하면서 주의할 점을 확인해보자.

준비파일 ch4_2.xlsx '조건부서식수정' 시트

완성시트

	A	B	C	D
1	이름	성별	근무(년)	불량률
2	한일군	남	25	1.1%
3	진선미	여	15	1.3%
4	나미인	여	12	1.5%
5	현명한	남	7	3.0%
6	하지만	남	6	4.5%
7	이대로	남	5	4.0%
8	여수정	여	3	3.5%

불량률이 4% 이상이 아닌 직원의 정보가 노랑으로 표시된다.

	A	B	C	D
1	이름	성별	근무(년)	불량률
2	한일군	남	25	1.1%
3	진선미	여	15	1.3%
4	나미인	여	12	1.5%
5	현명한	남	7	3.0%
6	하지만	남	6	4.5%
7	이대로	남	5	4.0%
8	여수정	여	3	3.5%

수정한 결과

01 기존 조건부 서식의 오류 확인하기

❶ 조건부 서식을 확인할 셀을 선택하고 ❷ [홈] 탭–[스타일] 그룹–[조건부 서식]–[규칙 관리] 를 클릭한다. ❸ 조건부 서식 [적용 대상] 범위의 첫 셀이 [$A$1] 셀로 되어 있다. ❹ 그런데 조건 수식은 한일군 [A2] 셀이 노랑이 되는 수식인 =$D2〉=4%로 잘못되어 있다. 그 결과 각 직원마다 자신보다 한 행 아래의 불량률이 4% 이상이면 노랑으로 채워진 것이다.

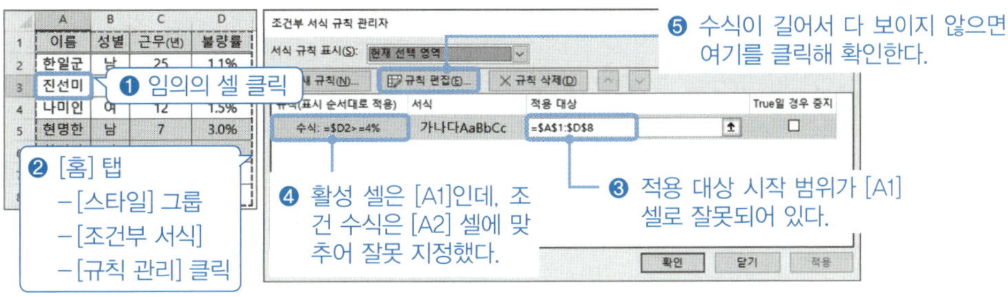

02 잘못된 조건부 서식을 수정하기

사용자가 조건부 서식 적용 범위나 조건을 수정하면 엑셀은 이 수정에 맞게 적용 범위나 조건을 자동으로 변경하므로, 반드시 둘 다 확인하고 수정해야 바른 결과를 얻을 수 있다.
❶ [적용 대상]을 고친 후 ❷ 반드시 [규칙 편집]을 클릭하여 ❸~❺ 조건 수식도 수정한다.

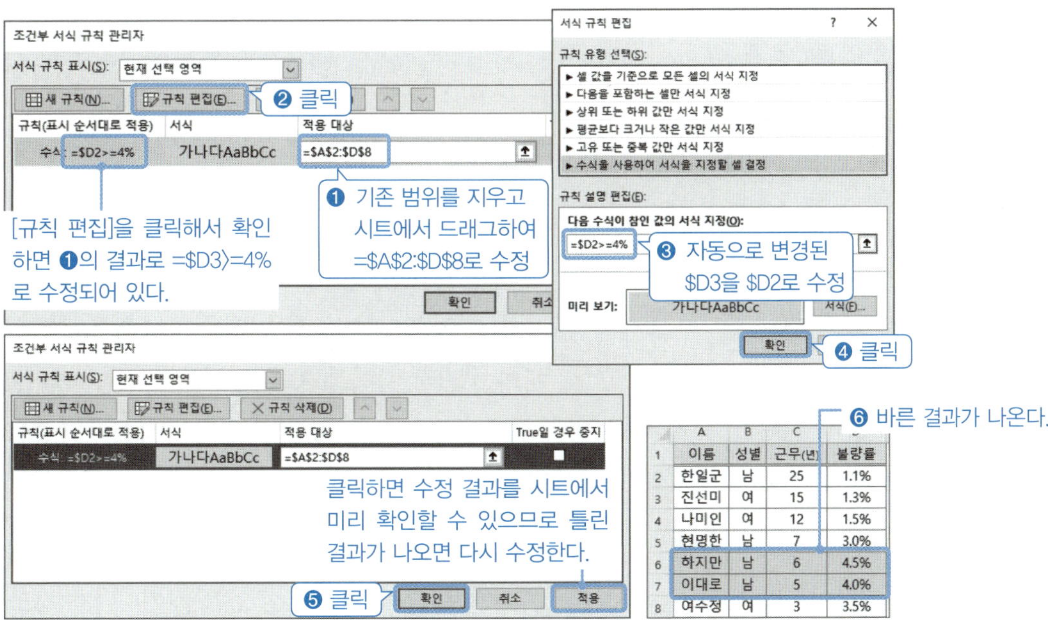

> **Tip** 불량률이 제일 높은 '하지만' 직원의 모든 정보를 노랑으로 채우려면 [적용 대상]은 =$A$2:$D$8이고 조건 수식은 = $D2=MAX($D$2:$D$8)이다.

예제 4-7

조건부 서식의 충돌 활용하기

2009년부터 2017년까지 특정 지역에서 수집한 5월 1일부터 7월 31일까지의 최고 기온 데이터에 조건부 서식을 지정하여 날씨의 변화를 시각화해 보자. 이 예제에서는 조건부 서식의 충돌을 이용하여 최고 기온 구간별로 셀을 노랑과 분홍으로 채운다.

준비파일 ch4_2.xlsx '최고기온' 시트

완성시트

	A	B	C	D	E	F	G	H	I	J	K	L	M	AC	AD	AE	AF
1		5월															
2	연도 \ 일	1	2	3	4	5	6	7	8	9	10	11	12	28	29	30	31
3	2009년	21	23	21	23	24	23	23	25	24	26	26	23	22	20	19	27
4	2010년	20	24	24	25	24	24	24	27	25	20	18	19	19	20	20	18
5	2011년	24	22	24	21	19	21	29	28	27	28	16	21	21	22	24	17
6	2012년	22	17	19	25	24	24	27	27	25	16	16	18	23	26	22	22
7	2013년	12	16	18	21	24	29	17	20	28	27	27	27	21	27	27	26
8	2014년	24	24	22	20	18	20	21	27	23	21	23	27	28	30	29	33
9	2015년	24	23	18	24	21	24	26	27	27	23	22	23	28	29	24	26
10	2016년	24	24	23	24	20	25	25	22	24	18	19	26	30	29	26	31
11	2017년	22	20	25	26	25	25	29	30	21	23	30	21	27	34	35	30

	A	AG	AH	AI	AJ	AK	AL	AM	AN	AO	AP	BJ	BK	BL	BM	BN	BO	BP	BQ	BR	BS	BT	CN	CO
1		6월											7월											
2	연도 \ 일	1	2	3	4	5	6	7	8	9	10	30	1	2	3	4	5	6	7	8	9	10	30	31
3	2009년	28	26	22	24	23	21	19	21	22	27	26	27	28	27	27	28	28	25	29	29	30	26	25
4	2010년	20	25	26	29	29	28	25	26	26	28	30	28	27	30	25	30	33	32	27	29	27	33	34
5	2011년	27	22	25	28	30	30	31	30	28	27	33	34	35	28	35	32	28	30	33	28	31	33	30
6	2012년	24	24	25	26	28	30	28	22	25	26	29	31	30	31	32	25	28	25	27	28	28	36	35
7	2013년	27	25	25	29	28	27	24	24	22	25	29	28	28	30	28	27	30	26	32	34	34	32	36
8	2014년	33	30	21	22	19	25	24	23	21	23	27	31	27	23	27	26	25	27	30	31	31	32	34
9	2015년	29	27	27	29	20	24	25	24	27	31	24	29	28	29	24	25	24	21	22	23	25	36	36
10	2016년	22	24	29	25	23	19	25	25	25	26	30	27	28	26	23	32	29	30	31	31	33	33	34
11	2017년	31	23	26	25	23	20	27	28	31	27	33	34	33	32	32	28	29	30	30	33	30	30	30

온도가 25 이상이면 노랑으로 채운다.

온도가 25 이상이더라도 30 이상이라면 분홍으로 채운다.

01 최고 기온이 25도 이상인 셀만 노랑으로 채우기

- 셀에 지정한 여러 조건부 서식 중 만족하는 조건이 여러 개 있다면, 우선순위가 높은 것이 적용된다. 조건부 서식의 충돌을 의도적으로 사용하는 예로 [그림 4-1]에서 같이 10대, 20대, 30대 와 같이 구간별로 셀을 구분하는 것이 있다. 나이 셀에 10대는 =셀 값〉=10, 20대는 =셀 값〉=20, 30대는 =셀 값〉=30 조건으로 세 개의 조건부 서식을 지정했다고 하자. 나이가 35인 셀은 세 조건 모두 만족한다. 하지만 30대 조건의 우선순위를 제일 높게 지정했다면 이 조건의 서식만 설정되므로 구간별로 다른 서식이 나타나게 할 수 있다.

- 최고 기온이 25~30도이면 초여름으로 분류된다. 최고 기온이 25도 이상인 셀만 노랑으로 채워보면 초여름의 시작이 더 당겨지는지 아니면 늦춰지는지 알 수 있을 것이다. [셀 강조 규칙]

을 이용하여 최고 기온이 25도 이상인 것만 노랑으로 강조해 보자.

❶ 이름 정의가 되어 있으므로 이름 상자에서 '기온범위'를 클릭하여 조건부 서식을 지정할 [B3:CO11] 범위를 선택한 다음 ❷~❺ [홈] 탭–[스타일] 그룹–[조건부 서식]–[셀 강조 규칙]–[기타 규칙]을 클릭한다. ❻~❾ 25 이상일 때만 노랑으로 채워지게 서식을 설정한다.

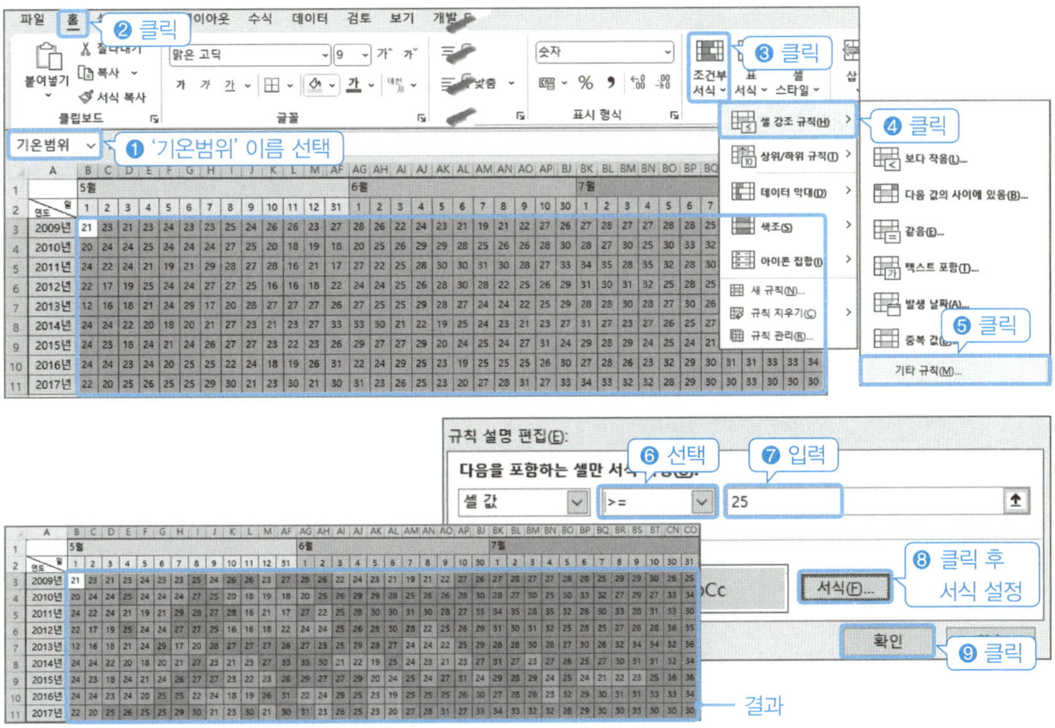

02 최고 기온이 30도 이상인 셀만 분홍으로 채우기

최고 기온이 30도를 넘으면 한여름으로 분류할 수 있다. 01 단계와 같은 방법으로 셀 값이 30 이상일 때 분홍으로 채우도록 조건부 서식을 추가한다.

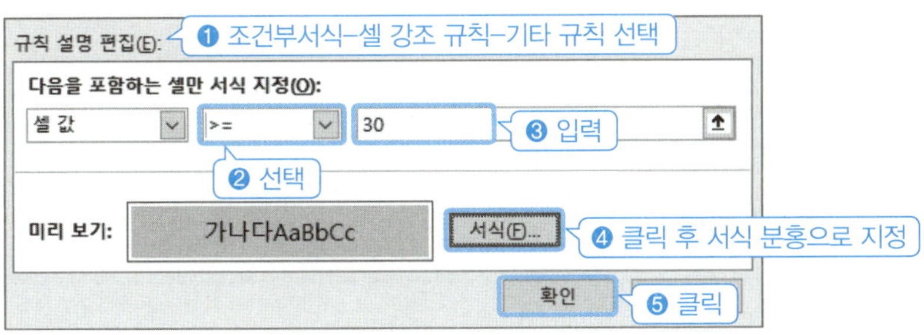

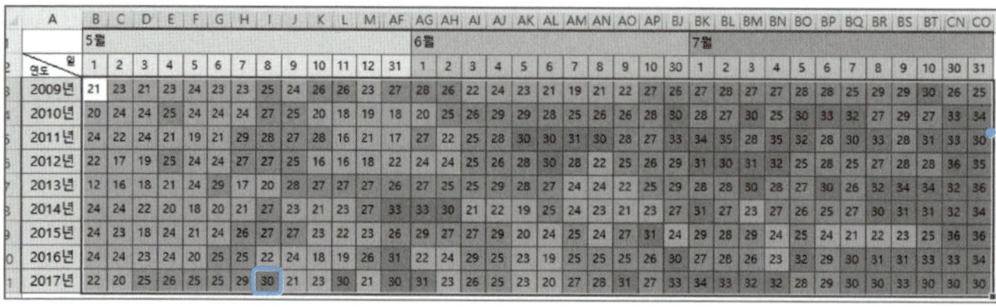

2017. 5. 8일의 최고 기온은 30도이다. 이 셀에서 [홈] 탭–[스타일] 그룹–[조건부 서식]–[규칙 관리]를 클릭해서 [조건부 서식 규칙 관리자] 대화 상자를 확인해보면, 이 셀에 설정한 두 개의 조건부 서식이 나타난다. 현재 이 셀은 30이므로 '셀 값 〉= 30'과 '셀 값 〉= 25' 두 조건 모두 만족하지만 '셀 값 〉= 30' 조건이 우선순위가 높으므로 분홍으로 채워진다.

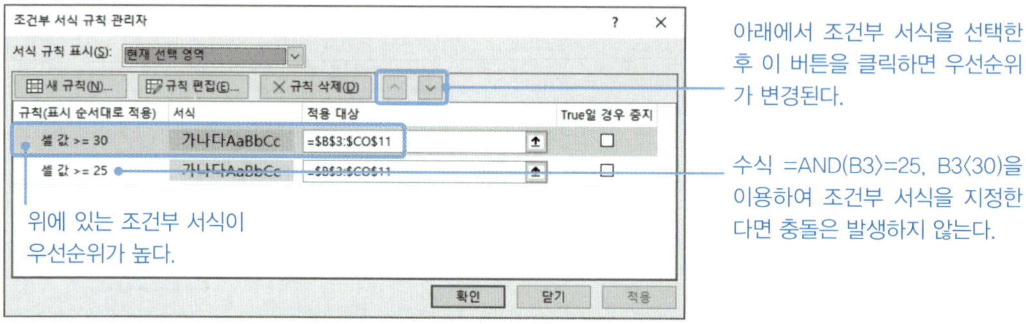

5월 13~30일까지 숨겨진 열을 표시해서 보면 전체적으로 노랑 셀이 해가 갈수록 왼쪽 영역에 많이 나타나며, 분홍 셀 또한 왼쪽으로 당겨진 것을 알 수 있다.

하지만 □로 표시한 곳처럼 하루만 30도이고 한동안은 30도 미만인 경우가 꽤 있으므로 30 도 이상이 연속으로 나타나는 셀들을 찾아보는 것도 좋은 방법일 것이다. 오늘 이후로 내일 모레까지 사흘 연속으로 최고 기온이 30도 이상인 셀을 쉽게 구분할 수 있게 빨강으로 칠하는 것은 연습문제로 남긴다.

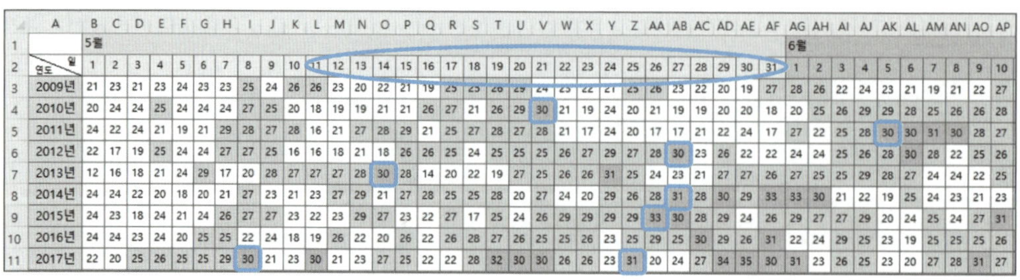

'ch4_2_연습문제.xlsx'의 통합문서를 열어 다음 각 문제를 해결하시오.

01 '실적평가' 시트에 조건부 서식을 지정하여 다음과 같이 만들어 보자.

월별 실적

	1월	2월	3월	4월	5월	6월	7월	8월	9월	10월	11월	12월	❶ 합계(천원)
신기한	2,789	2,900	2,010	2,789	1,920	2,500	2,010	2,420	2,120	1,200	2,880	2,980	₩28,518
여수정	1,980	1,059	❸ 2,580	1,500	2,410	3,010	1,980	2,905	1,560	1,902	2,501	2,600	₩25,987
이대로	2,420	1,560	2,812	3,107	1,920	2,409	2,105	3,510	3,100	2,900	2,150	2,500	₩30,493
정미안	1,905	2,001	1,540	2,050	3,100	1,920	3,120	1,890	2,420	1,350	2,950	3,470	₩27,716
정회원	3,120	3,050	2,409	2,412	3,120	1,980	1,870	3,120	2,409	3,510	3,000	2,900	₩32,900
진선미	2,500	1,560	2,001	2,700	2,880	1,890	2,509	3,510	1,980	2,500	1,560	3,100	₩28,690
최고수	1,720	2,050	2,620	3,100	2,000	2,090	3,100	2,390	2,500	1,890	2,310	2,980	₩28,750
최정상	2,310	2,789	2,310	2,409	1,750	2,500	2,001	2,789	2,620	1,920	❷ 1,980	1,980	₩27,358
❹ **한일군**	**2,254**	**3,100**	**2,789**	**2,420**	**2,409**	**2,789**	**2,900**	**2,620**	**3,115**	**2,753**	**3,620**	**3,420**	**₩34,189**
현명한	2,150	2,880	1,980	2,620	1,925	1,560	1,420	1,860	2,090	1,920	1,890	2,420	₩24,715

❶ 현재 이 시트에 지정된 모든 조건부 서식을 제거한 후, 실적 합계에는 크기에 비례한 '주황 데이터 막대'를 넣고, [조건부 서식]-[아이콘 집합]을 이용하여 합계의 상중하를 삼각형 아이콘으로 구분하게 하시오.

❷ 모든 실적 중 최고 실적이 녹색으로 채워지게 하시오.(각 실적이 [C4:N13] 범위의 최고치(MAX로 구함)와 같다면 서식이 적용되게 한다.)

❸ 월별로 최고 실적이 연한 파랑으로 채워지게 [C4:N13] 범위에 조건부 서식 한 개를 추가한 다음, 모든 실적의 최고치는 항상 녹색이 되도록 충돌을 해결하시오.(범위 시작 셀(활성 셀)인 1월의 [C4]는 MAX(C4:C13)과 같을 때, 2월의 [D4]는 MAX(D4:D13)과 같을 때, 지정한 서식이 적용되어야 한다.)

❹ 실적 합계가 제일 높은 직원의 모든 정보 셀 아래 위로 빨강 테두리를 넣고 글꼴을 굵게 하시오.([B4]의 신기한은 자신의 합계 [O4]가 모든 합계의 최대치 MAX(O4:O13)와 같다면 서식이 적용되어야 한다.)

02 '기온분석' 시트에 조건부 서식을 지정하여 다음과 같이 만들어 보자.

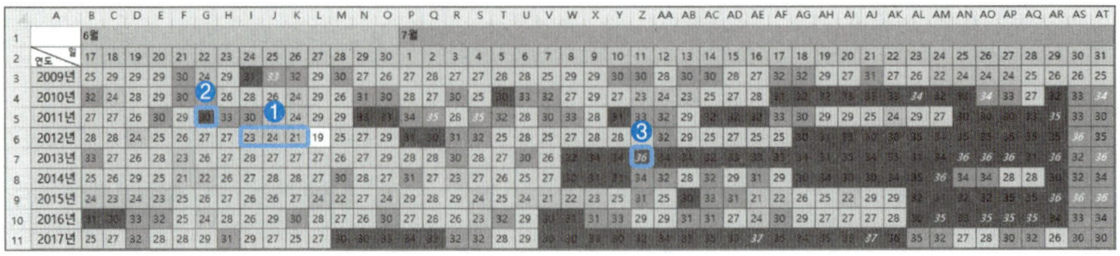

연도 \ 일 (6월)	17	18	19	20	21	22	23	24	25	26	27	28	29	30
2009년	25	29	29	29	30	24	29	31	33	32	29	30	27	26
2010년	32	24	28	29	30	[illegible]	26	28	26	24	29	26	31	30
2011년	27	27	26	30	29	30	33	30	[illegible]	24	29	29	33	33
2012년	28	28	24	25	26	27	27	23	24	21	19	25	27	29
2013년	33	27	26	28	23	26	27	28	27	27	27	26	27	29
2014년	25	26	29	25	21	22	26	27	28	28	27	30	28	27
2015년	24	23	24	23	25	26	27	26	26	27	24	22	27	24
2016년	31	30	33	32	25	24	28	26	29	30	28	27	26	30
2017년	25	27	32	28	28	29	31	29	27	25	27	30	30	33

연도 \ 일 (7월)	1	2	3	4	5	6	7	8	9	10	11	12	13	14	15	16	17	18	19	20	21	22	23	24	25	26	27	28	29	30	31
2009년	27	28	27	27	28	28	25	29	29	30	30	28	30	30	28	27	32	32	29	27	31	27	26	22	24	24	24	25	26	26	25
2010년	28	27	30	25	30	33	32	27	29	27	23	24	23	25	27	28	31	32	32	33	33	33	34	32	33	34	33	27	32	33	34
2011년	34	35	28	35	32	28	30	33	28	31	33	32	29	32	32	32	33	30	29	29	25	24	29	27	30	30	30	33	35	33	30
2012년	31	30	31	32	25	28	25	27	28	28	[illegible]	32	29	25	27	25	25	30	31	33	30	30	35	34	35	35	35	35	35	36	35
2013년	28	28	30	28	27	30	26	32	34	34	36	34	34	32	33	33	33	34	31	33	34	33	31	34	36	36	36	31	36	32	36
2014년	31	27	23	27	26	25	27	30	31	31	34	32	28	32	29	31	29	30	34	30	30	34	35	36	34	34	28	28	30	32	34
2015년	29	28	29	24	25	24	21	22	23	25	31	25	30	33	31	21	22	26	25	22	29	29	32	31	32	32	35	35	36	36	36
2016년	27	28	26	23	32	29	30	31	31	33	29	29	31	31	27	24	30	29	27	27	27	28	30	35	33	35	35	35	34	33	34
2017년	34	33	32	32	28	29	30	30	33	30	32	34	31	35	36	37	35	34	35	33	37	36	35	32	27	28	30	32	26	30	30

❶ 기온 중 20 이상 25 미만인 셀은 연두로 채우되, 셀 값이 20 이상인 셀만 강조하는 [셀 강조 규칙]으로 해결하시오.(현재 시트에 설정되어있는 셀 값이 25 이상일 때와, 30 이상일 때의 조건부 서식과의 충돌을 해결해야 한다.)

❷ 사흘 연속으로 30도 이상을 기록한 기간 중 첫 날의 온도만 빨강으로 채우시오.(오늘이 30도 이상, 내일이 30도 이상, 모레가 30도 이상이면 서식이 설정되도록 AND 함수를 조건 수식에 사용한다.)

❸ 해당 월의 마지막 일까지만 셀에 회색 테두리를 지정하시오.

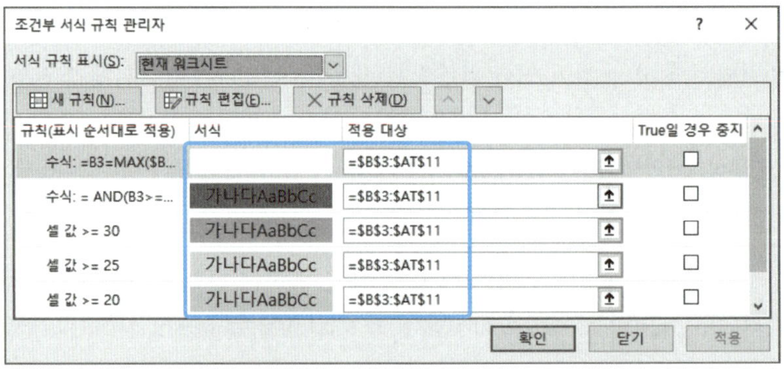

03 '월일정표' 시트에 다양한 조건부 서식을 지정하여 다음과 같이 만들어보자. 현재연도와 월은 이름으로 지정되어 있고 스핀단추가 연도와 월에 연결되어 있다. 연도와 월 정보를 스핀단추로 변경하면서 월일정표의 서식이 자동으로 변경되는지 학인해보자.

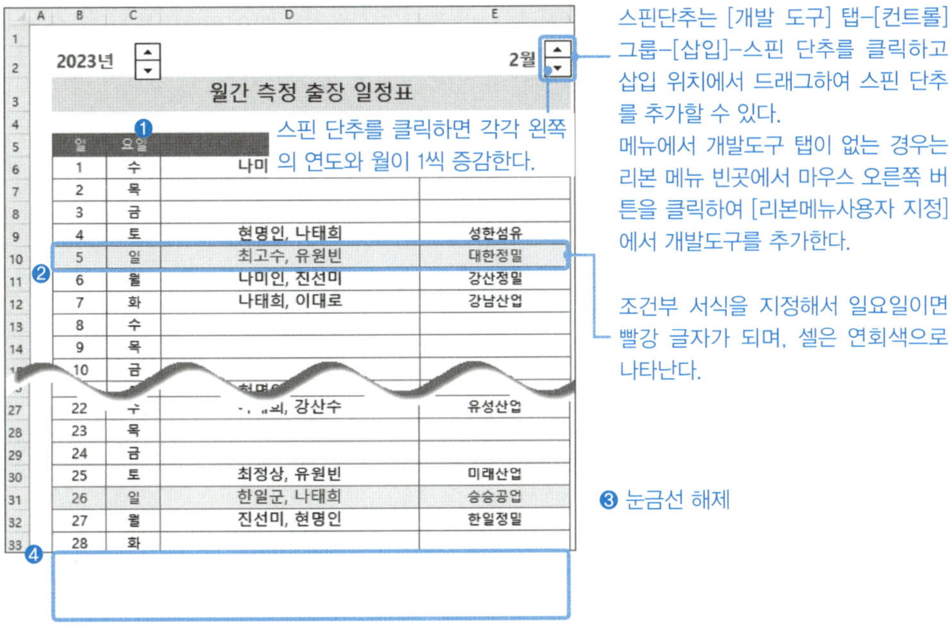

❶ 연도와 월 정보를 이용하여 [C]열의 요일에 날짜를 구하는 수식을 입력한 후 표시형식 aaa를 지정하여 해당 날짜의 한글 요일만 표시하시오.(DATE(연도, 월, B6))

❷ 요일이 일요일이면 해당 행의 텍스트는 빨강으로 채우기는 연한 회색으로 채우시오. (힌트, 연도와 월이 바뀌면 일요일이 되는 날짜도 변한다. 일요일이면 자동으로 서식이 적용되도록 수식을 이용한 조건부 서식을 설정한다. 조건부 서식은 [$B$6:$E$36]의 범위에 C열의 날짜가 일요일인지 판단하는 수식을 적용한다)

❸ 시트의 눈금선을 해제하시오.([보기] 탭–[표시] 그룹–[눈금선])

❹ 눈금선을 해제하면 셀에 테두리가 없다. 해당 월의 마지막일을 체크하여 일정표에 다음의 지시사항을 지정하시오.

- 해당 월의 마지막일은 월마다 다르다. 마지막일이 자동으로 적용될 수 있도록 수식으로 '말일'이라는 이름으로 정의
  ('말일' 수식 참고) 해당 월의 마지막일은 그 다음달 1일보다 하루 전날이다. 따라서 이를 수식으로 나타내면 DATA(연도, 월+1, 1)−1이다. 여기에서 말일은 일 정보만 가져오면 되므로 DAY 함수를 중첩하여 DAY(DATE(연도, 월+1, 1)−1)의 수식으로 정의한다.
- 해당 월의 말일을 체크하여 말일보다 작은 셀 전체에 회색 테두리를 지정
- 해당 월에 없는 일은 보이지 않게 흰색으로 지정 (일 정보가 말일보다 크면 흰색 채우기, 글꼴 흰색으로 조건부 서식 지정)

4.3

필터링을 이용한 데이터 추출

시험 응시자 중 합격자들의 정보만 고르기, 판매 도서 목록 중 유아 대상 도서 정보만 고르기, 설문 조사 응답자 중 20대만 고르기와 같이 수집 · 저장한 전체 데이터로부터 일부 데이터만 골라서 정보 를 확인하거나 분석하는 경우가 있다. 대량의 데이터에서 조건에 맞는 데이터만 골라서 보거나 따로 저장할 때는 엑셀의 필터링 기능을 이용하는 것이 편리하다. 필터링된 데이터를 얻는 것이 목적이 아니라 조건에 맞는, 즉 필터링된 데이터의 합계, 평균, 개수, 최대치, 표준편차와 같은 특정 값을 얻는 것이 목적일 때는 데이터베이스 함수를 이용하는 것이 편리하다.

필터링 기능은 자동 필터와 고급 필터로 나눠진다. 자동 필터는 현재 데이터베이스 위치에 필터링 결과를 나타내며 여러 필드의 필터 조건을 논리곱(AND) 연산으로만 지정할 수 있다. 고급 필터는 논리곱(AND)과 논리합(OR) 연산 모두를 사용한 다양한 필터 조건을 사용할 수 있으며 필터링 결과 또한 작업 대상 데이터베이스 위치가 아닌 다른 위치에 따로 얻을 수 있다.

(1) 자동 필터

자동 필터는 현재 데이터베이스 위치에 필터링한 결과를 보여준다. 즉 필터 조건에 맞는 레코드만 표시하고 맞지 않는 레코드는 숨긴다. 또한 여러 필드에 필터를 적용함으로써 논리곱(AND)과 같이 여러 조건을 모두 만족하는 것을 고를 수 있다.

예제 4-8

6월 주문 내역이 저장된 목록에서 자동 필터를 이용하는 방법을 알아보자.

준비파일 ch4_3.xlsx '주문내역' 시트

01 목록에 자동 필터 설정하기

엑셀은 데이터베이스 관련 기능을 적용할 때, 기본적으로 현재 셀 포인터 위치를 기준으로 분리되지 않은 직사각형 영역을 찾아 목록(데이터베이스)으로 간주한다. 그러므로 자동 필터를 설정할 때는 반드시 원하는 목록에 셀 포인터를 두고 해야 한다.

❶ 데이터베이스 안에 셀 포인터를 두고 ❷ [데이터] 탭–[정렬 및 필터] 그룹–[필터]를 선택하면 각 필드명마다 ▾(필터)가 나타난다.

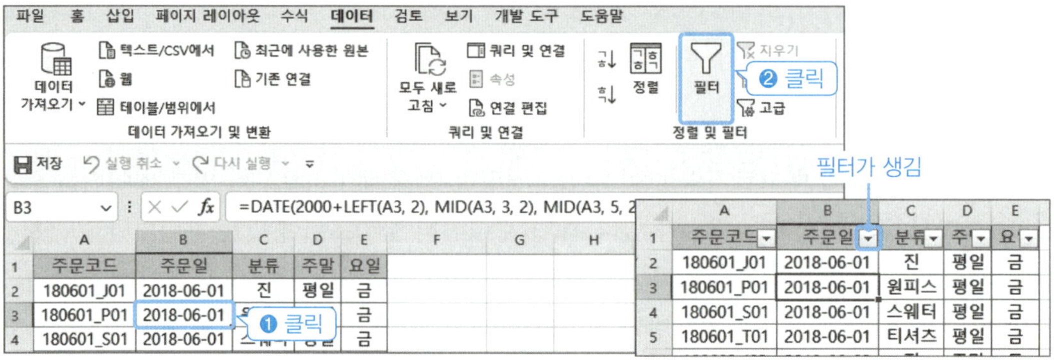

02 주문일을 최근 날짜순으로 정렬하기

자동 필터에는 정렬 메뉴가 포함되어 있어 필드 한 개를 기준으로 레코드를 정렬할 수 있다.

❶ '주문일' 필드명 옆의 ▾(필터)를 클릭하여 ❷ 날짜가 최근부터 나타나도록 [날짜/시간 내림차순 정렬]을 선택한다.

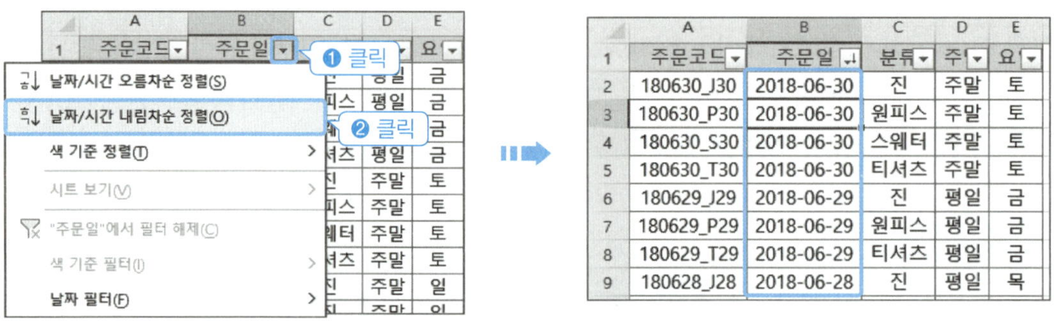

자동 필터를 사용하지 않고도 다음과 같이 정렬할 수 있다.

한 개 필드를 기준으로 정렬할 때는 ❶ 셀 포인터를 정렬할 필드값에 두고 ❷ [데이터] 탭-[정렬 및 필터] 그룹-(오름차순 정렬) 또는 (내림차순 정렬)을 선택한다. 또는 ❶ 셀 포인터를 정렬할 필드값이 있는 임의의 셀에 두고 ❷ 마우스 오른쪽 버튼을 클릭한 후 ❸ 팝업 메뉴의 [정렬]에서 원하는 정렬 방식을 선택해도 된다.

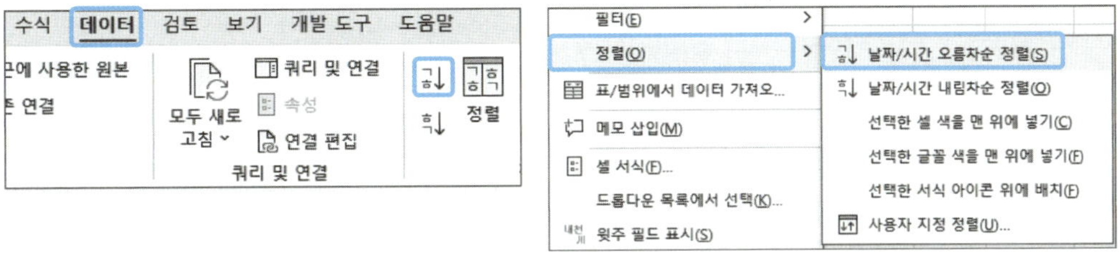

자동 필터는 한 가지 필드만 기준으로 정렬할 수 있다. 여러 필드를 기준으로 정렬할 때는 [데이터] 탭-[정렬 및 필터] 그룹-[정렬]을 이용해야 한다. 예로 '고급필터' 시트에서 배기량을 오름차순으로 정렬하되 배기량이 같으면 나이가 많은 순으로 정렬하는 과정은 다음과 같다.

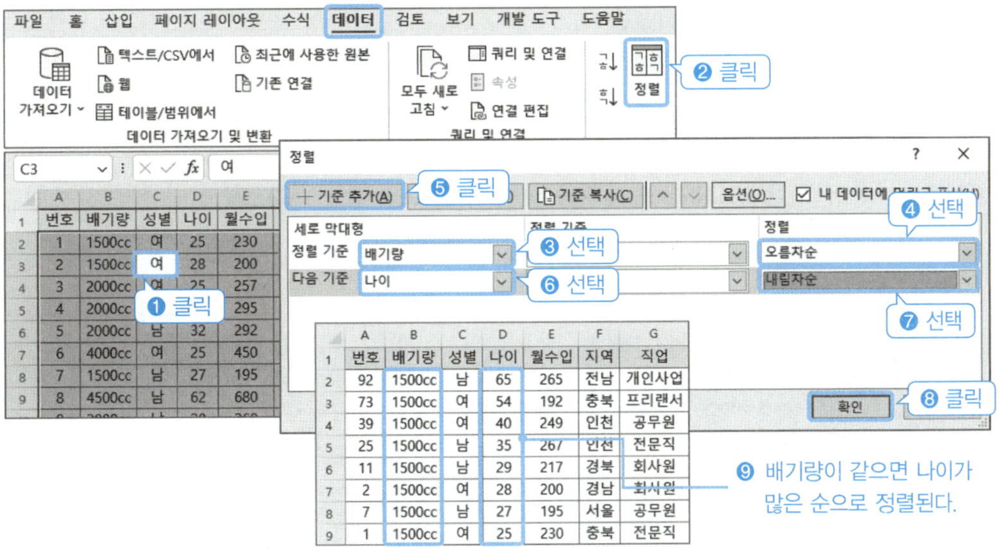

Tip [정렬] 대화상자의 [기준 추가]를 클릭하여 정렬 기준을 추가할 수 있으며, 설정된 기준을 선택한 후 [기준 삭제]를 클릭하여 정렬 기준을 삭제할 수 있다. 단순히 오름차순/내림차순이 아닌 '월화수목금토일' 순서로 정렬하고 싶다면 [정렬] 탭의 (❹)를 클릭한 후 [사용자 지정 목록...]에서 정렬 방식을 선택한다. '동서남북'과 같이 사용자 지정 목록에 없는 목록 순서로 정렬하고 싶다면, 목록을 사용자 지정 목록에 추가한 후 선택한다.

03 진 종류 중 토 · 일요일 주문만 표시하기

필터에 조건을 적용할 때마다 논리곱과 같이 여러 조건을 동시에 만족하는 레코드만 표시된다. ❶~❹ 먼저 '분류' 필드에 필터를 적용하여 진 레코드만 표시한다.

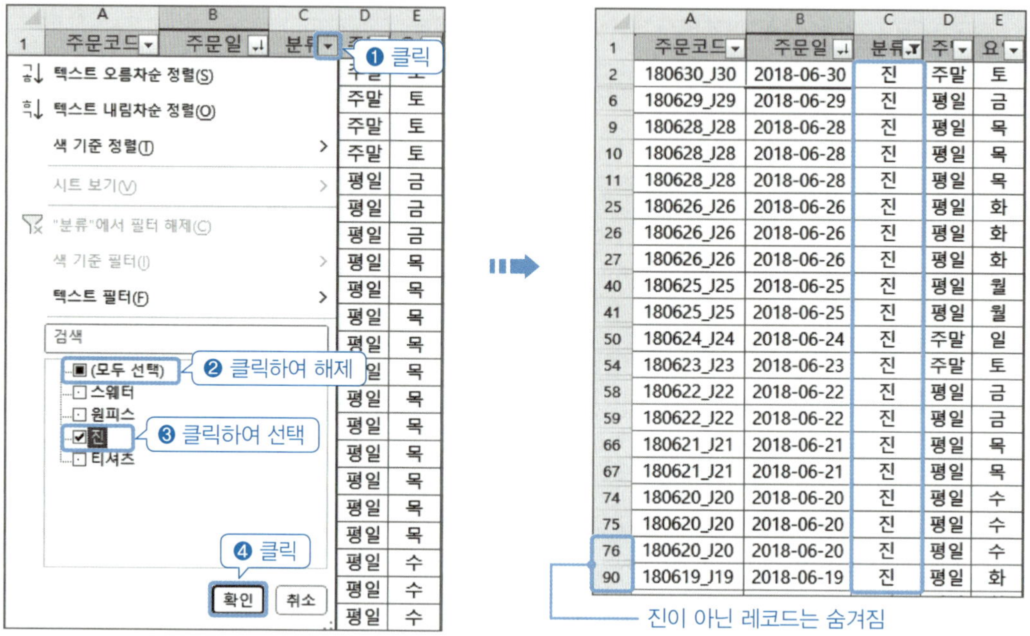

현재 분류가 "진"인 레코드만 표시된 상태에서 ❺~❽ '요일' 필드의 필터를 설정하면 분류가 "진"이면서 요일이 "토"이거나 "일"인 것만 표시된다.

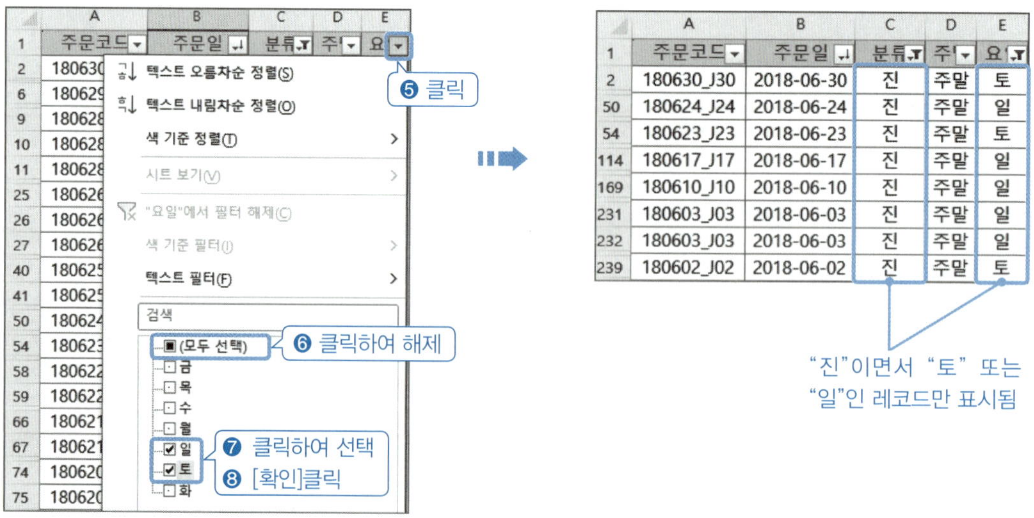

04 필터를 수정 · 해제 · 삭제하기

필드 단위로 필터를 수정하거나 해제할 때는 ❶ 필드명 옆의 (필터)를 클릭해 나타나는 메뉴를 ⓐ~ⓒ처럼 이용한다.

목록의 모든 필터를 한꺼번에 해제하려면 ❷-ⓓ [데이터] 탭-[정렬 및 필터] 그룹-[지우기]를 클릭하는 것이 편하다. 자동 필터를 사용하고 싶지 않다면 ❷-ⓔ [데이터] 탭-[정렬 및 필터] 그룹-[필터]를 클릭하여 제거한다.

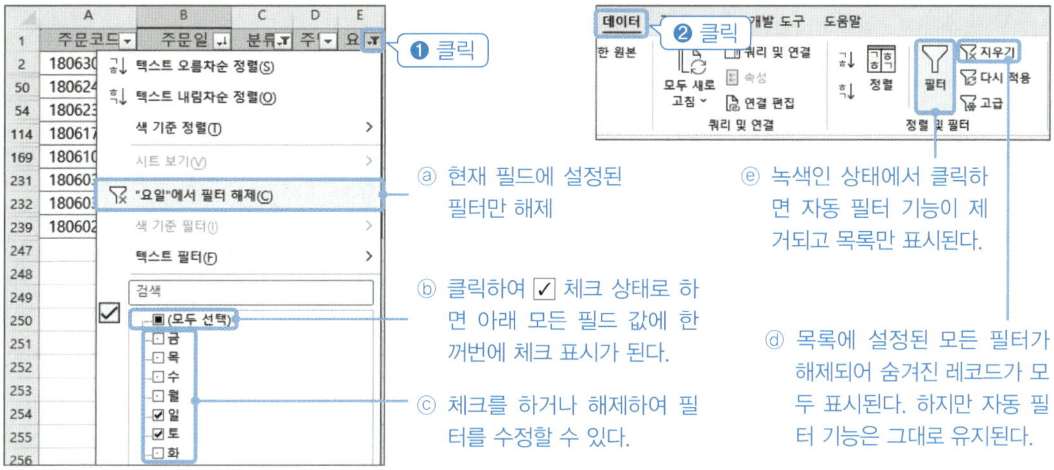

Tip 데이터의 종류에 따라 숫자필터, 텍스트 필터, 날짜 필터, 색기준 필터 등을 설정하여 다양한 조건으로 데이터를 필터링 가능하다.

(2) 고급 필터

고급 필터를 사용하면 논리곱(AND) 조건뿐만 아니라 논리합(OR) 조건 또는 수식을 조건으로 사용할 수 있으며, 필터 조건을 데이터베이스가 아닌 곳에 작성하므로 조건을 확인하거나 수정하기 쉬우며, 필터링 결과를 현재 데이터베이스 외의 영역에 표시할 수 있다. 고급 필터를 이용하려면 필터링 조건을 정해진 규칙에 맞춰 표 형태로 미리 만들어둬야 한다. 고급 필터 조건표는 다음 규칙에 따라 [그림 4-2]와 같이 작성할 수 있다.

- 데이터베이스(목록)와 분리된 곳에 작성한다.
- 조건표의 첫 번째 행에만 필드명을 입력하고 그 아래 행부터는 조건을 입력한다.

- 조건표의 두 번째 행부터 입력하는 조건은 첫 번째 행의 필드에 적용할 조건으로 '비교연산자 값' 형식으로 입력한다. 이때 같은지를 비교하는 '=' 연산자는 사용할 수 없다. '='는 뒤에서 소개할 수식을 이용하는 고급 필터에서 사용하기 때문이다. COUNTIF 함수의 두 번째 인수를 "비교연산자 값" 텍스트 형태로 사용하는 것은 이미 알고 있을 것이다. 이 인수에서 " "를 제거하면 고급 필터 조건이 된다. 다만 같은지를 비교할 때는 비교연산자 '='을 생략하고 사용해야 한다. 자세한 이유는 수식 고급 필터에서 소개한다.
- 모든 조건을 만족해야 참이 되는 논리곱(AND) 조건이라면 같은 행에, 조건 중 하나만 만족해도 참이 되는 논리합(OR) 조건이라면 다른(아래) 행에 입력한다.

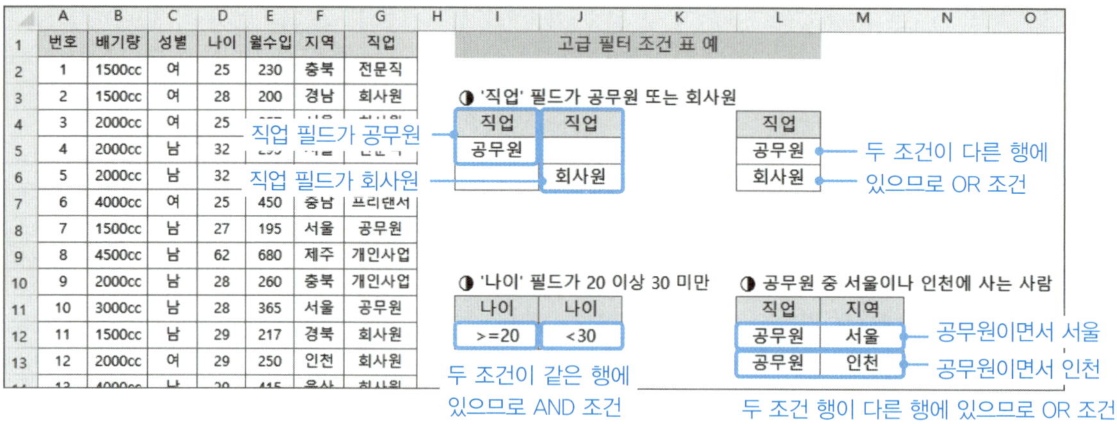

그림 4-2 고급 필터 조건표 예

예제 4-9

필터링 결과를 표시할 시작 위치만 지정하여 필터링하기

자동차 차주 데이터가 입력된 목록에서 경기 지역의 전문직 종사자이거나 월수입이 사백만 원 이상인 차주 정보만 목록 밖에 따로 추출해 보자.

준비파일 ch4_3.xlsx '고급필터' 시트

01 고급 필터 조건표 작성하기

목록과 분리된 곳에 ❶ 고급 필터 조건표를 입력한 후 ❷ 목록 안에 셀 포인터를 두고 ❸~❹ [데이터] 탭–[정렬 및 필터] 그룹–[고급]을 선택한다.

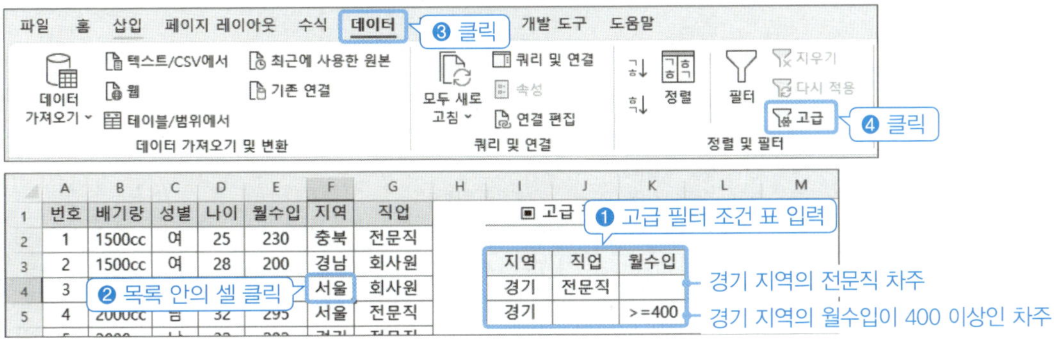

02 필터링하기

[고급 필터] 대화 상자에는 이전 작업 정보가 남아 있는 경우가 많으므로 다른 설정이 되어 있다면 내용을 지운 후 새롭게 설정해야 한다.

❶ [목록 범위]는 목록의 첫 행에 입력된 필드명을 포함하도록 시트에서 [A1:G101] 범위를 드래그하여 설정한다. [목록 범위]에 다른 범위가 입력되어 있다면 지우고 새로 지정해야 한다. ❷ 필터 [조건 범위] 역시 필드명이 있는 첫 행부터 마지막 조건이 있는 행까지 포함하도록 시트에서 드래그하여 [I3:K5] 범위로 설정한다. ❸ [다른 장소에 복사]를 선택하여 [복사 위치]가 활성화되면 ❹~❺ [복사 위치] 칸을 클릭한 후 필터링 결과를 표시할 시트의 시작 셀을 클릭하여 위치를 입력한다. 만일 다른 셀 위치가 이미 입력되어 있다면 지운 후 새로 설정한다. ❻ 모든 설정을 마치고 [확인]을 클릭하면 ❼ 추출 결과가 지정한 복사 위치부터 표시된다.

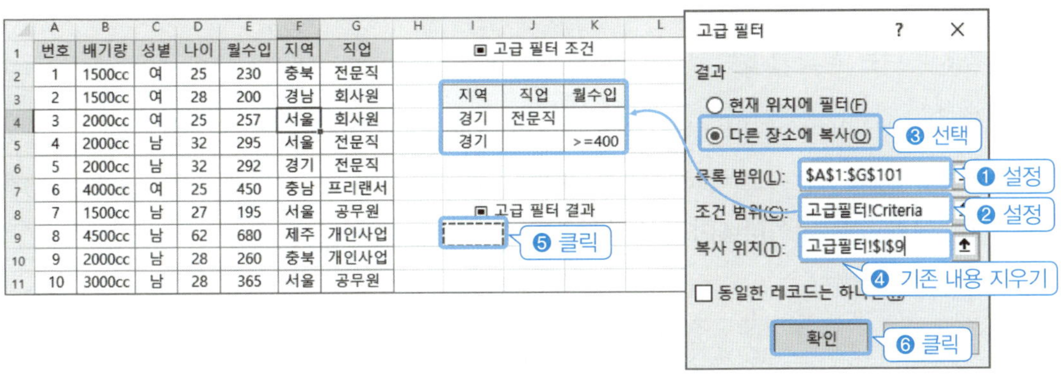

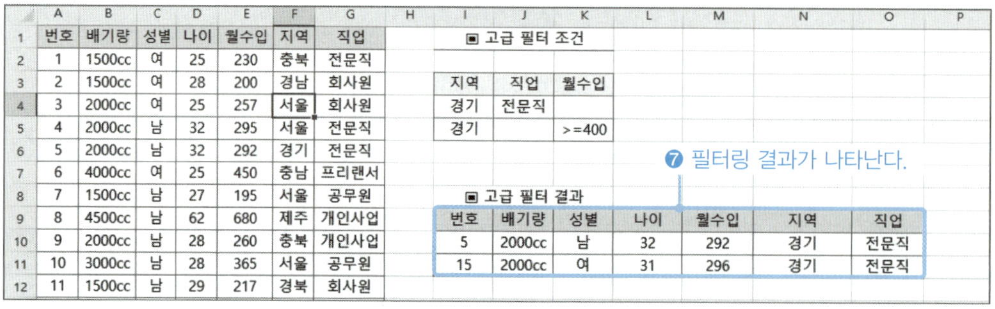

> **Tip** 필터링 전에 [복사 위치]로 지정한 [I9] 셀 아래로 내용이 있었다면 추출 결과가 나타나면서 모두 지워진다. 이렇게 지워진 내용은 실행 취소(〈Ctrl〉 + 〈Z〉 키)로 살릴 수 없으므로 주의한다.

03 현재 목록에 필터링 결과를 표시하기

고급 필터는 기본적으로 현재 목록 영역에 필터링 결과를 표시한다. 02 단계에서 [고급 필터] 대화 상자의 [⦿ 현재 위치에 필터]가 선택된 상태로 필터링을 하면 다음 그림과 같이 현재 데이터베이스 중에서 조건에 맞는 레코드만 표시되고 나머지는 숨겨진다.

이때 [데이터] 탭–[정렬 및 필터] 그룹–[지우기]를 선택하면 숨겨진 레코드가 나타난다.

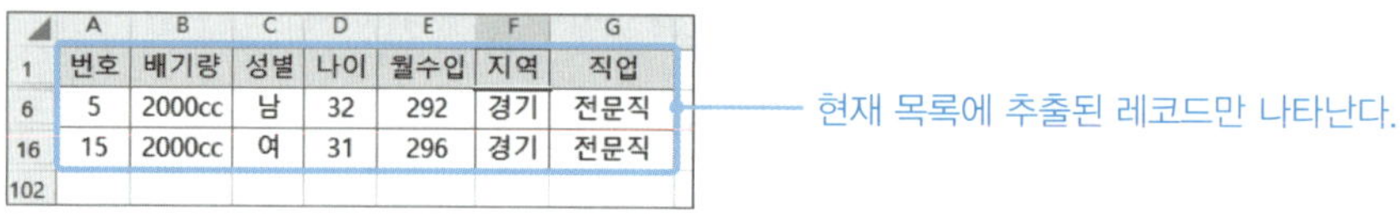

04 목록과 다른 시트에 필터링 결과를 표시하기

목록이 있는 곳이 아닌 다른 시트에 필터링 결과를 표시하려면, 반드시 결과를 표시할 시트에서 고급 필터 기능을 실행해야 한다. 또한 주위에 내용이 없는 빈 셀에서 기능을 실행해야 현재 선택한 셀을 데이터베이스의 일부로 인식하지 않는다.

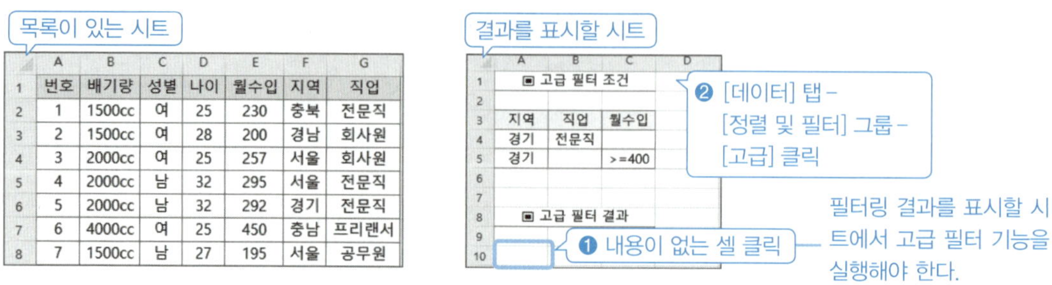

다음 그림과 같이 결과를 표시할 시트가 아닌 곳에서 고급 필터 기능을 실행하면 [고급 필터] 대화 상자를 모두 설정하여도 오류가 발생한다.

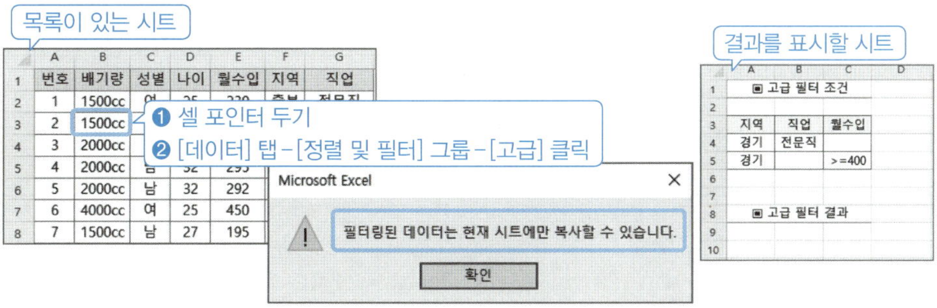

예제 4-10

고급 필터링 결과에 특정 필드만 표시하기

고급 필터는 기본적으로 레코드의 모든 필드를 표시한다. 필터링 결과 중 특정 필드만 남기려면 고급 필터 조건표뿐만 아니라 필터링 결과로 표시할 필드명도 미리 시트에 입력한 후 고급 필터 기능을 적용해야 한다.

준비파일 ch4_3.xlsx '고급필터' 시트

01 고급 필터 조건표와 결과에 포함할 필드명을 먼저 입력하기

❶ 고급 필터 조건표를 입력한 후 ❷ 결과를 표시할 시작 위치에 표시하고 싶은 필드명만 미리 입력한 다음 ❸ 목록 안에서 ❹ [데이터] 탭–[정렬 및 필터] 그룹–[고급]을 선택한다.

번호	배기량	성별	나이	월수입	지역	직업
1	1500cc	여	25	230	충북	전문직
2	1500cc	여	28	200	경남	회사원
3	2000cc	여	25	257	서울	회사원
4	200				서울	전문직
5	2000cc				경기	전문직
6	4000cc	여	25	450	충남	프리랜서
7	1500cc	남	27	195	서울	공무원
8	4500cc	남	62	680	제주	개인사업
9	2000cc	남	28	260	충북	개인사업
10	3000cc	남	28	365	서울	공무원
11	1500cc	남	29	217	경북	회사원
12	2000cc	여	29	250	인천	회사원
13	4000cc	남	29	415	울산	회사원
14	4000cc	남	48	620	부산	개인사업
15	2000cc	여	31	296	경기	전문직

지역	직업	월수입
경기	전문직	
경기		>=400

번호	배기량	성별	나이	월수입	지역	직업
5	2000cc	남	32	292	경기	전문직
15	2000cc	여	31	296	경기	전문직

지역	직업	월수입

02 필터링하기

[고급 필터] 대화 상자에서 ❶~❸ [목록 범위], [조건 범위], [다른 장소에 복사]를 설정한 후 ❹~❺ [복사 위치] 칸을 시트에 미리 입력해 둔 필드명 범위로 설정하고 ❻ [확인]을 클릭하면 ❼ 지정한 [복사 위치] 아래로 추출된 레코드의 필드 중 지정한 필드만 나타난다.

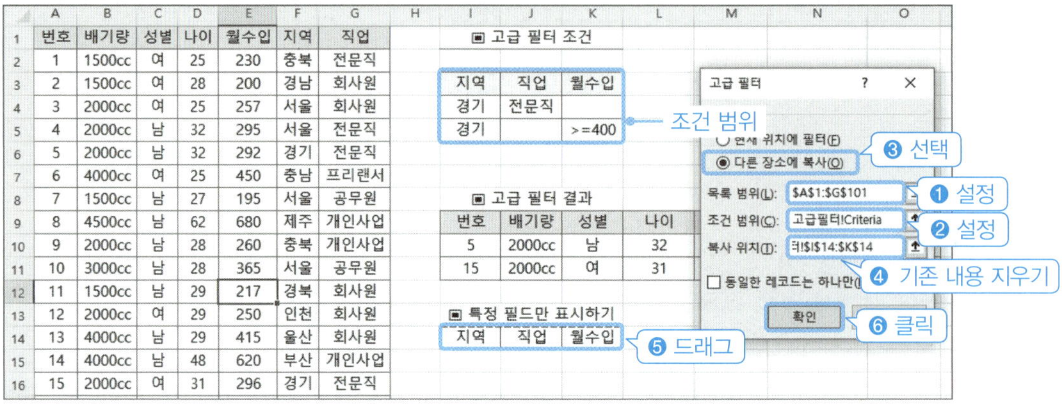

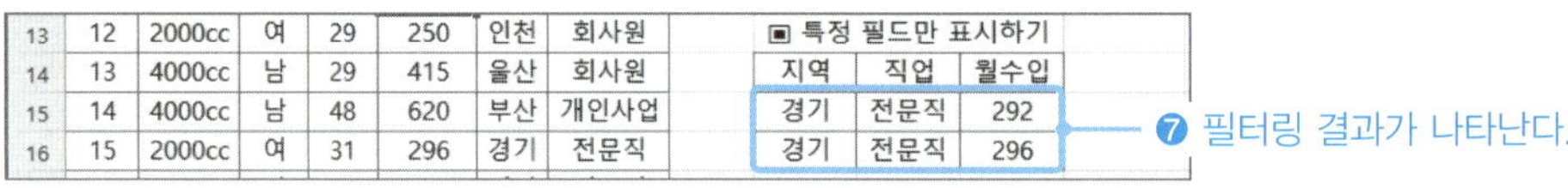

Tip [고급 필터] 대화상자에서 '동일한 레코드는 하나만'을 체크하면 필터링한 결과에서 중복된 항목을 제거하고 필터링된다. 고급 필터의 중복된 레코드 제거 기능을 이용하면 특정 필드에 대하여 중복된 항목을 제거하고 유일한 목록을 만들 수 있다. [고급 필터] 대화상자에서 동일한 레코드 제거 기능으로 목록을 만들 때는 조건이 없기 때문에 조건 범위는 입력하지 않는다.

(3) 수식 조건을 사용하는 고급 필터

지금까지 소개한 고급 필터의 조건은 '비교연산자 값' 형식만 사용할 수 있었다. 조건에 수식을 사용하는 고급 필터를 이용하면 복잡한 조건을 단 한 개의 셀에 표현할 수 있으며 데이터베이스 외부의 셀을 참조하는 조건도 표현할 수 있다.

수식을 사용하면 판매 실적이 평균 이상인 사원의 목록, 판매 실적이 평균 미만이거나 목표 달성률이 90% 미만인 사원의 목록, 지난 달 주문 내역과 비교했을 때 이번 달 주문 내역에만 추가된 물품 목록도 구할 수 있다.

수식을 사용할 때는 다음과 같은 주의 사항을 지켜야 한다. 예제를 통해 자세히 살펴보자.

- 지금까지의 고급 필터 조건표와 달리 첫 행에 데이터베이스의 기존 필드명을 사용할 수 없다. 그래서 내용 없이 비워두거나 수식 조건이 의미하는 내용(예로 평균 이상, 증가, 상위 목록)을 사용하는 경우가 많다. 이유는 예제에서 자세히 소개한다.
- 조건은 '=D4〉2'와 같이 수식임을 표시하기 위해 첫 글자가 '='이어야 하며, 수식 결과가 참(TRUE)인 레코드가 추출 대상이 된다.
- 수식은 데이터베이스의 첫 레코드에 적용할 수식으로 작성한다. 조건부 서식에서 수식을 작성하는 것과 동일한 원리가 적용된다. 고급 필터링을 진행하면 아래의 레코드에는 이 수식을 아래로 복사했을 때의 수식이 적용되어 참이면 추출 대상이 된다. 그러므로 수식을 작성할 때는 셀 참조가 절대 참조여야 할지 상대 참조여야 할지를 잘 고려해야 한다.
- 수식에서 필터링 대상 데이터베이스 영역 외의 셀을 참조한다면 절대 참조만 가능하다.

예제 4-11

차주 정보가 있는 데이터베이스에서 월수입이 평균 이상인 레코드만 추출해 보자.

준비파일 ch4_3.xlsx '고급필터 수식' 시트

01 수식을 사용한 고급 필터링

'첫 번째 레코드의 월수입([E2])이 평균 월수입 이상'이라는 조건은 'E2 〉= AVERAGE(E2:E101)'이다. '두 번째 레코드의 월수입([E3])이 평균 월수입 이상'이라는 조건은 'E3 〉= AVERAGE(E2:E101)'이다. 그러므로 첫 레코드에 지정하는 조건 수식은 'E2 〉= AVERAGE ($E$2:$E$101)'로 평균을 구할 범위가 절대 참조여야 한다.

❶ 수식 조건을 사용한 고급 필터 조건표를 작성한다. 표의 첫 행은 기존 필드명을 사용할 수 없으므로 조건의 의미대로 '평균 월수입 이상'을 사용한다. ❷ 데이터베이스 안에서 ❸ [데이터] 탭–[정렬 및 필터] 그룹–[고급]을 선택한다. ❹ [조건 범위]를 설정한 후 ❺ [확인]을 클릭하면 현재 데이터베이스 영역에 결과가 나타난다.

수식을 사용할 때는 조건표에서 [Q3] 셀을 비워둬도 된다. 하지만 [조건 범위]에는 조건표의 첫 행인 [Q3] 셀을 반드시 범위에 포함시켜야 한다.

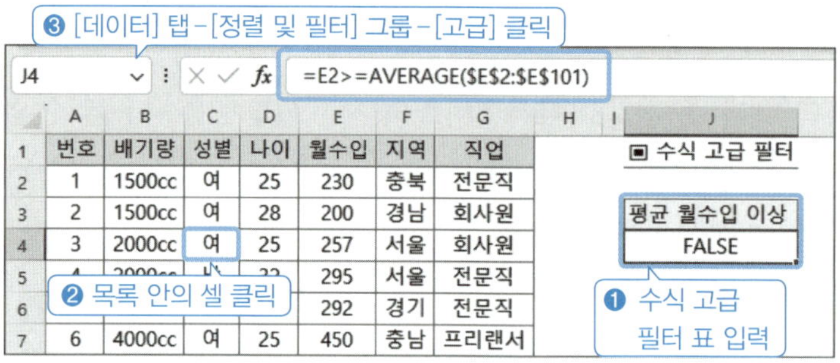

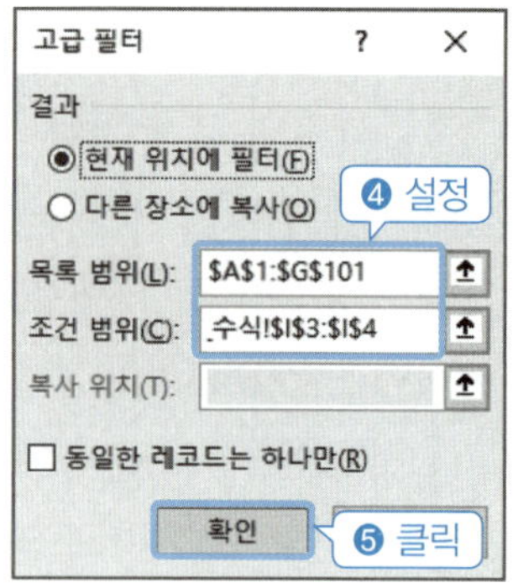

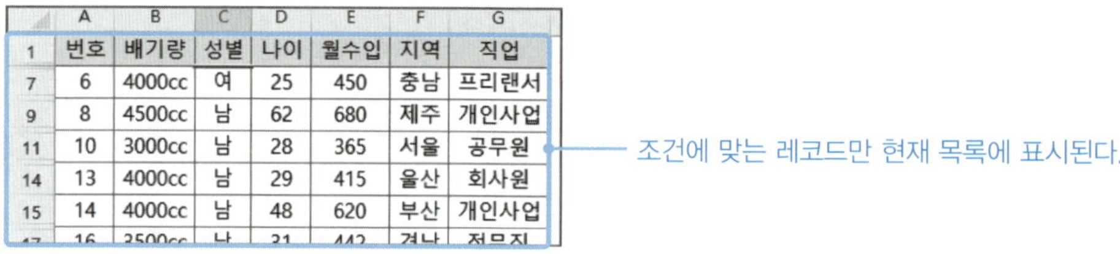

02 수식 조건의 이해

ⓐ 수식을 사용한 고급 필터링은 조건표의 첫 행인 [J3] 셀에 입력한 내용이 데이터베이스에 새로 추가되는 필드명이라고 생각하면 이해하기 쉽다. 조건표의 첫 행이 새 필드명이 되므로 기존의 필드명과 똑같은 것을 절대로 사용할 수 없는 것이다.

ⓑ 수식 조건은 추가되는 필드의 첫 수식이 되고 다른 레코드에는 이 수식이 자동으로 복사된다. 이렇게 추가된 필드의 값이 참(TRUE)인 레코드만 최종 결과로 추출된다

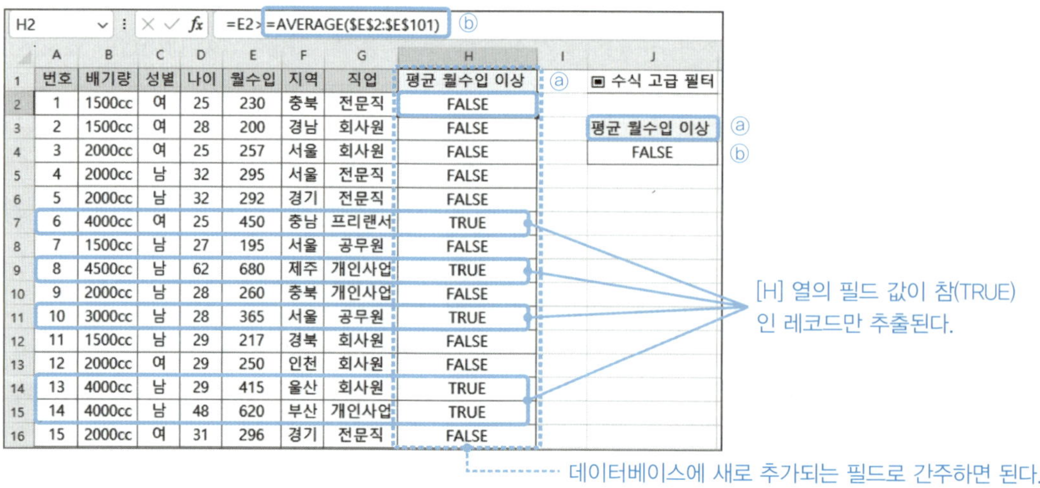

예제 4-12

월수입이 상위 20위인 차주 중 여자 정보만 추출해 보자.

고급 필터 조건표의 수식 셀에는 TRUE/FALSE가 표시되므로 수식을 바로 이해할 수 없으며, 수식이 복잡하다면 조건을 변경하는 것이 불편하다. 수식에서 사용하는 조건을 별도의 장소에 표 형태로 작성해두면 표의 값을 쉽게 확인할 수 있고 수정하는 것도 쉽다. 상위 몇 위까지인지 어떤 성별을 선택할지의 정보는 [L3:M4] 범위에 입력하고, 고급 필터 조건([L6:L7] 범위)에서는 이 표 내용을 참조하도록 한다.

준비파일 ch4_3.xlsx '고급필터_수식' 시트

완성시트

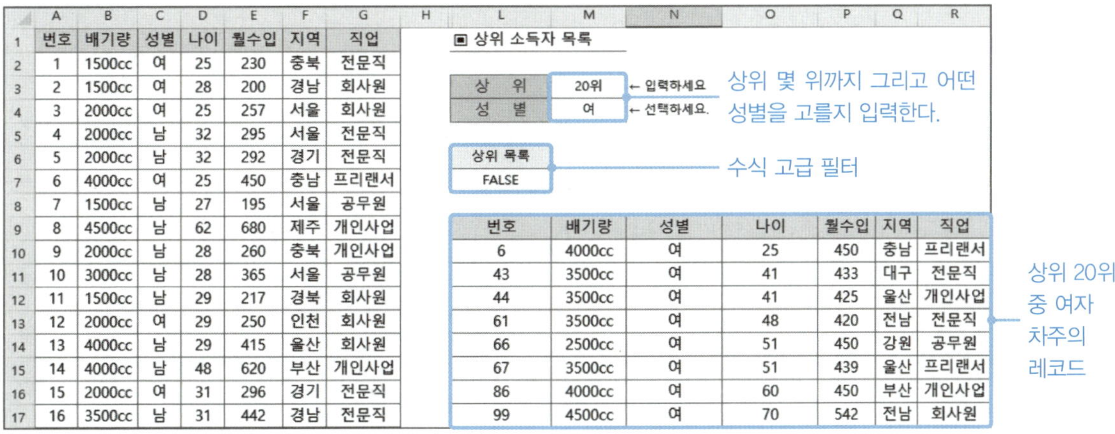

번호	배기량	성별	나이	월수입	지역	직업
1	1500cc	여	25	230	충북	전문직
2	1500cc	여	28	200	경남	회사원
3	2000cc	여	25	257	서울	회사원
4	2000cc	남	32	295	서울	전문직
5	2000cc	남	32	292	경기	전문직
6	4000cc	여	25	450	충남	프리랜서
7	1500cc	남	27	195	서울	공무원
8	4500cc	남	62	680	제주	개인사업
9	2000cc	남	28	260	충북	개인사업
10	3000cc	남	28	365	서울	공무원
11	1500cc	남	29	217	경북	회사원
12	2000cc	여	29	250	인천	회사원
13	4000cc	남	29	415	울산	회사원
14	4000cc	남	48	620	부산	개인사업
15	2000cc	여	31	296	경기	전문직
16	3500cc	남	31	442	경남	전문직

▣ 상위 소득자 목록

상 위	20위
성 별	여

상위 목록
FALSE

번호	배기량	성별	나이	월수입	지역	직업
6	4000cc	여	25	450	충남	프리랜서
43	3500cc	여	41	433	대구	전문직
44	3500cc	여	41	425	울산	개인사업
61	3500cc	여	48	420	전남	전문직
66	2500cc	여	51	450	강원	공무원
67	3500cc	여	51	439	울산	프리랜서
86	4000cc	여	60	450	부산	개인사업
99	4500cc	여	70	542	전남	회사원

01 선택 정보를 입력하고 수식 조건표 만들기

❶ [L3:M4] 범위의 조건에 사용할 값 20과 여를 입력한다. 현재 [M3] 셀에는 20 뒤에 '위'가 표시되도록 표시 형식이 지정되어 있고, [M4] 셀에는 '남'과 '여'만 유효하도록 설정되어 있다. ❷ 수식 고급 필터 조건을 작성한 후 ❸ 필터링 대상 목록 안에서 ❹ [데이터] 탭-[정렬 및 필터] 그룹-[고급]을 클릭한다.

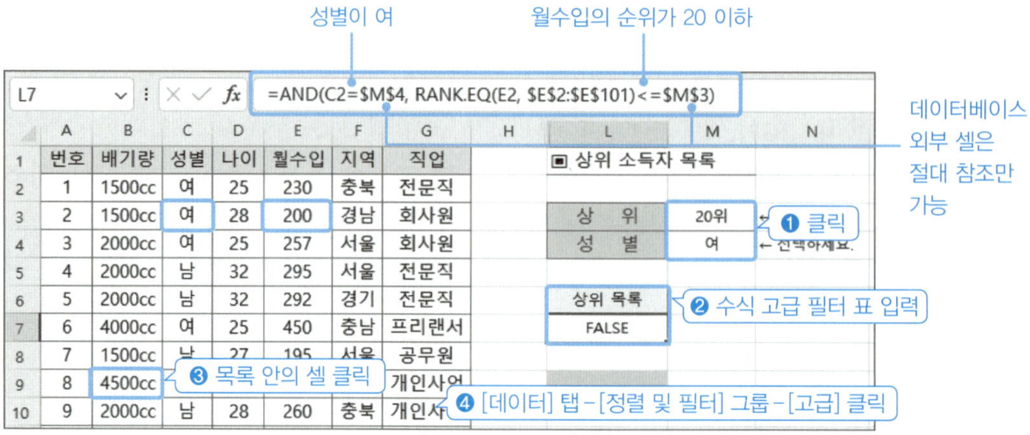

02 고급 필터 대화상자를 설정하고 결과 나타내기

❶ [고급 필터] 대화 상자를 설정한 후 ❷ [확인]을 클릭하면 ❸ 상위 20위 중 여자 차주의 정보만 [L9] 셀부터 표시된다.

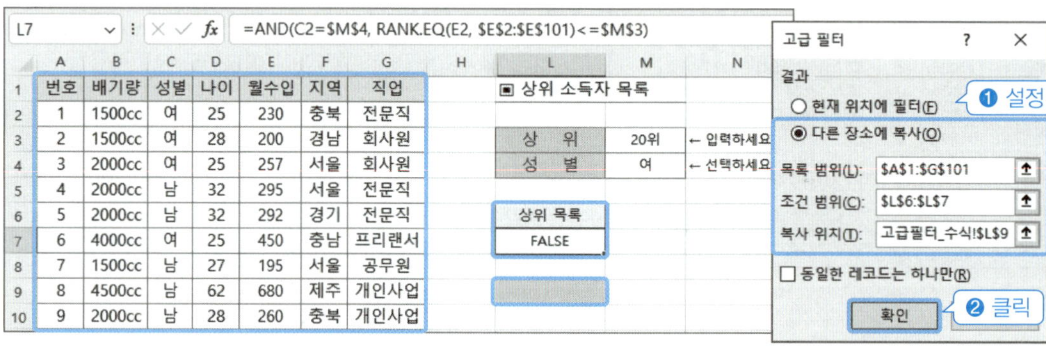

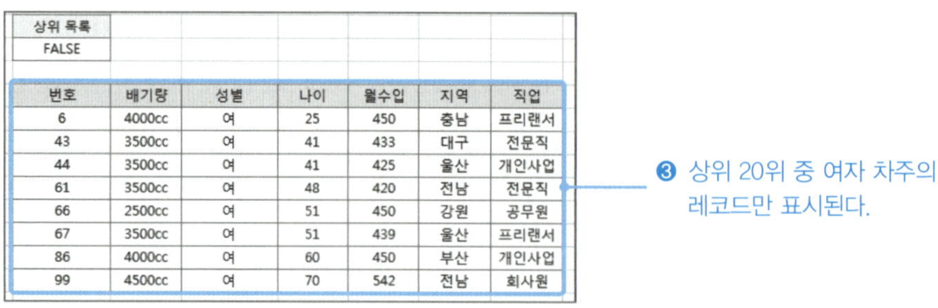

(4) 데이터베이스 함수

고급 필터를 이용하면 데이터베이스에서 원하는 조건에 맞는 레코드만 추출할 수 있다. 만일 일부 레코드를 추출하는 것이 목적이 아니라 추출한 레코드로부터 특정 필드의 합계, 평균, 최대치와 같은 값을 구하는 것이 목적이라면 데이터베이스 함수를 이용하는 것이 편리하다. 고급 필터링의 결과물은 레코드들이므로 이들의 합계나 평균을 구하려면 또다시 수식을 사용해야 하지만, 데이터베이스 함수는 레코드를 추출하는 대신 이들을 대상으로 곧바로 수식 결과값을 구하기 때문이다.

앞에서 소개한 COUNTIF, SUMIF, AVERAGEIF와 같은 함수는 첫 인수로 지정한 범위 안의 셀 값이 두 번째 인수로 지정한 조건을 만족하는지 검사한다. 예로 COUNTIF(C2:C10, "〉90")은 [C2] 셀이 90보다 큰지, [C3] 셀이 90보다 큰지, ... , [C10] 셀이 90보다 큰지를 조사하여 조건을 만족 하는 경우의 수를 구한다. 하지만 [C] 열의 점수보다 [D] 열의 점수가 더 큰 경우의 수, 즉 C2〈D2, C3〈D3, ... , C10〈D10이 참인 경우의 수는 COUNTIF 함수로 구할 수 없다. 둘째 인수는 한 개의 고정된 값을 기준으로 비교하는 "〉90", "〈10", "〉="&D3과 같은 조건만 가능하므로, [C2:C10] 범 위의 셀 각각에 대해 다른 값과 비교하는 조건은 표현할 수가 없다. 이를 해결해주는 것이 데이터 베이스 함수이다. 데이터베이스 함수는 고급 필터와 같이 조건을 시트에 별도로 입력하므로 추출 조건을 확인하기 쉬우며, 조건을 변경하면 함수의 값도 자동으로 업데이트된다.

데이터베이스 함수의 사용법을 이해하기 위해 먼저 DGET 함수를 자세히 소개한다.

DGET(database, field, criteria): 데이터베이스에서 조건에 맞는 레코드 한 개를 찾아 추출필드의 값을 구한다.

- **database** (데이터베이스) : 조건을 검사할 데이터베이스(목록)
- **field** (추출필드) : 조건을 만족하는 레코드(추출된 레코드)에서 가져올 결과값이 있는 필드명
  "필드명"과 같이 직접 텍스트로 입력하거나, 필드명이 입력된 셀의 참조이거나, 필드명이 레코드의 몇 번째 이름인지를 나타내는 숫자(레코드가 이름, 주소, 전화번호 필드로 구성되어 있다면 주소 필드는 숫자 2)로 입력할 수 있다.
- **criteria** (추출조건) : 데이터베이스 각 레코드마다 조사할 조건
  조건을 만드는 규칙은 고급 필터 조건과 같다. 즉, 첫 행에는 필드명만, 둘째 행부터는 필드명 아래로 해당 조건을, 논리곱(AND) 조건은 같은 행에, 논리합(OR) 조건은 다른 행에 입력한다. 수식을 이용한 조건이라면 첫 행의 필드명 자리에 기존 필드명을 사용해선 안 된다. 조건을 만족하는 레코드가 없다면 결과로 #VALUE! 오류가, 조건을 만족하는 레코드가 두 개 이상이라면 #NUM! 오류가 표시된다.

DGET 함수와 유사한 형태로 다음의 DCOUNT, DCOUNTA 함수가 있다.

DCOUNT(database, field, criteria): 데이터베이스에서 추출조건을 만족하는 레코드 중 추출필드의 값이 숫자인 개수를 구한다. COUNTIF 함수와 유사하다.

DCOUNTA(database, field, criteria): 데이터베이스에서 추출조건을 만족하는 레코드 중 추출필드에 값이 있는 개수를 구한다. COUNTA 함수와 유사하다.

DSUM 함수는 특정 조건에 맞는 레코드들에 대해서만 특정 필드의 합계를 구하는 데 사용한다.

DSUM(database, field, criteria): 데이터베이스 중 추출조건에 맞는 레코드들에 대해서만 추출필드의 합계를 구한다.
– **database** (데이터베이스) : 조건을 검사할 데이터베이스(목록) – **field** (추출필드) : 조건을 만족하는 레코드, 즉 추출된 레코드를 대상으로 합계를 구할 필드 – **criteria** (추출조건) : 데이터베이스 각 레코드마다 조사할 조건

DSUM과 유사한 형식으로 다음의 함수들이 있다.

DAVERAGE(database, field, criteria): 추출조건에 맞는 레코드들에 대해서만 추출필드의 평균을 구한다.
DMAX(database, field, criteria): 추출조건에 맞는 레코드들에 대해서만 추출필드의 최댓값을 구한다. DMIN 함수는 최솟값을 구한다.
DSTDEV(database, field, criteria): 추출조건에 맞는 레코드들에 대해서만 추출필드의 표준편차를 구한다. 데이터베이스의 필드 값이 표본 집단이 아닌 모집단이라면 DSTDEVP 함수를 이용하여 구한다. DVAR 함수는 표본 집단의 분산을, DVARP는 모집단의 분산을 구한다.

예제 4–13

직원들의 급여 내역서 목록으로부터 사번이나 이름을 이용하여 해당 직원의 다른 정보(사번, 이름, ..., 실지급액)를 찾아보자. 그리고 직원들의 급여 내역서 목록으로부터 직급별 또는 소속별 또는 특정 직급과 소속별 세 가지 분류 방법으로 총 상여금을 구해 보자.

준비파일 ch4_3.xlsx 'DB함수' 시트

완성시트

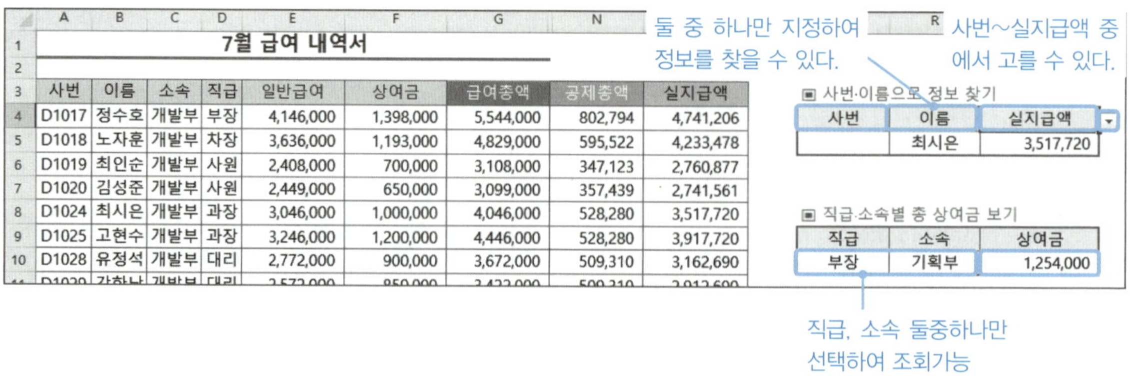

01 사번과 이름에 유효성 설정 후 정보를 찾을 사번 선택하기

직원 52명의 사번([A]열)과 이름([B]열)에는 각각 '사번'과 '이름' 이름이 정의되어 있다. ❶ 정보를 검색할 위치에 표 내용을 작성한 후 ❷ 사번을 입력할 [Q5] 셀에는 유효성 검사 설정을 통해 유효한 목록으로 '=사번'을, 이름을 입력할 [R5] 셀에는 '=이름'을 설정하여 사번과 이름을 입력하기 쉽게 한다. ❸ [Q5] 셀을 클릭하여 나타난 ▾를 클릭하여 검색하고 싶은 사번을 선택한다.

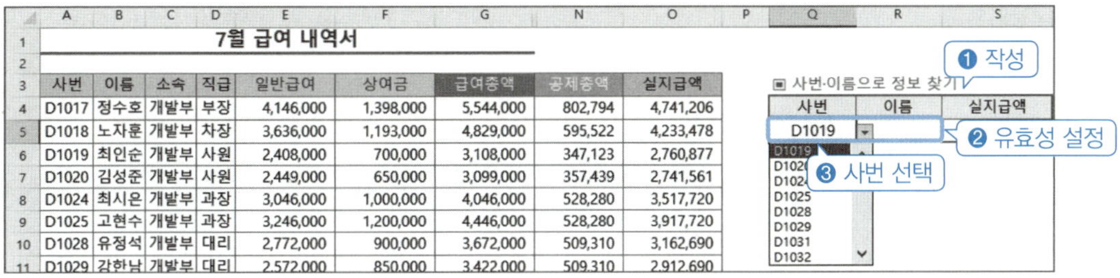

사번	이름	소속	직급	일반급여	상여금	급여총액	공제총액	실지급액
D1017	정수호	개발부	부장	4,146,000	1,398,000	5,544,000	802,794	4,741,206
D1018	노자훈	개발부	차장	3,636,000	1,193,000	4,829,000	595,522	4,233,478
D1019	최인순	개발부	사원	2,408,000	700,000	3,108,000	347,123	2,760,877
D1020	김성준	개발부	사원	2,449,000	650,000	3,099,000	357,439	2,741,561
D1024	최시은	개발부	과장	3,046,000	1,000,000	4,046,000	528,280	3,517,720
D1025	고현수	개발부	과장	3,246,000	1,200,000	4,446,000	528,280	3,917,720
D1028	유정석	개발부	대리	2,772,000	900,000	3,672,000	509,310	3,162,690
D1029	강한남	개발부	대리	2,572,000	850,000	3,422,000	509,310	2,912,690

사번	이름	실지급액
D1019		

02 사번이나 이름으로 실지급액 확인하기

❶ [S5] 셀에 ❷ = DGET(A3:O55, S4, Q4:R5) 수식을 입력한 후 〈Enter〉 키를 누르면 함수 결과가 바로 나타난다. DB 함수 조건을 작성할 때 내용을 입력하지 않으면 해당 필드의 모든 값이 현재의 조건을 만족하는 것으로 판단하므로, 지금처럼 사번이나 이름 둘 중 하나만 이 용하여 검색할 수 있다.

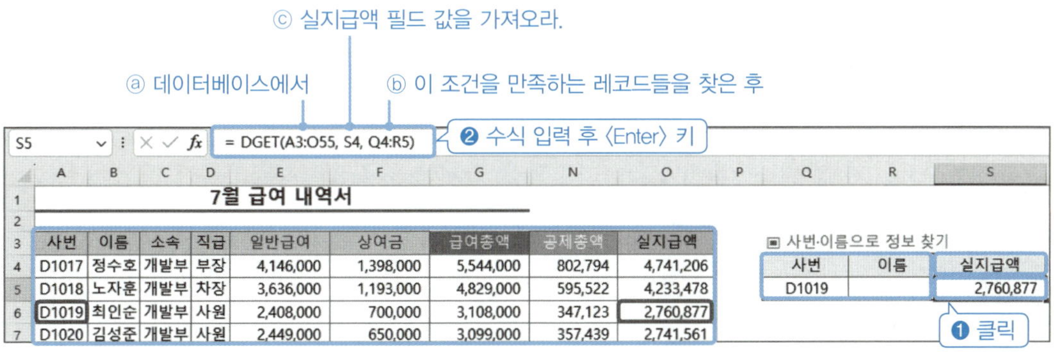

사번	이름	소속	직급	일반급여	상여금	급여총액	공제총액	실지급액
D1017	정수호	개발부	부장	4,146,000	1,398,000	5,544,000	802,794	4,741,206
D1018	노자훈	개발부	차장	3,636,000	1,193,000	4,829,000	595,522	4,233,478
D1019	최인순	개발부	사원	2,408,000	700,000	3,108,000	347,123	2,760,877
D1020	김성준	개발부	사원	2,449,000	650,000	3,099,000	357,439	2,741,561

사번	이름	실지급액
D1019		2,760,877

Tip DGET 함수의 두 번째 인수를 "실지급액" 텍스트로 지정하지 않고 지금처럼 [S4] 셀로 지정하면 03 단계에서 볼 수 있듯이 함수에서 사용할 필드명을 쉽게 바꿀 수 있다.

03 조건을 변경한 후 함수 결과 확인하기

현재 [S4] 셀은 [A3:O3]까지의 급여 내역 항목만 유효하도록 설정되어 있다. 최시은 사원의 상여금을 확인해보자.

❶ 입력한 사번을 지우고 이름을 입력하면 실지급액 결과가 곧바로 변경되는 것을 확인할 수 있다. ❷ 실지급액 대신 상여금으로 변경하면 ❸ 다시 변경된 결과를 바로 확인할 수 있다. 고급 필터는 필터 조건을 변경하면 다시 고급 필터 기능을 실행해야 하는 반면 데이터베이스 함수는 조건을 변경하는 즉시 함수가 자동으로 업데이트되므로 편리하다.

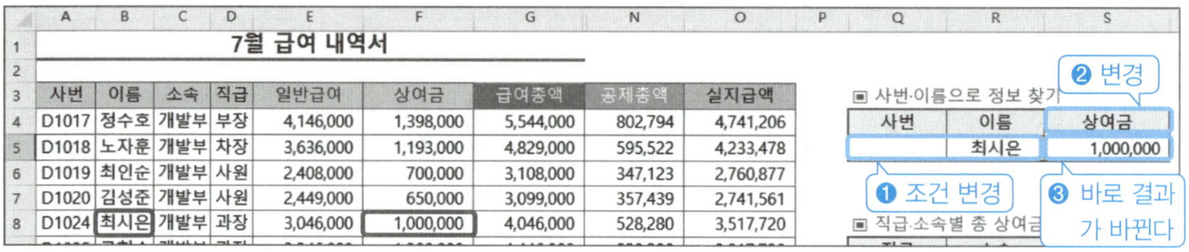

04 직급과 소속에 맞는 직원들의 총 상여금 구하기

[Q10] 셀에는 '상무, 부장, 차장, 과장, 대리, 사원' 목록의 값만 유효하게, [R10] 셀에는 '개발부, 기획부, 생산부, 영업부, 인사부, 총무부' 값만 유효하게 설정되어 있다.

❶ 검색할 조건을 입력한 후 ❷ 결과를 표시할 [S10] 셀에 ❸ = DSUM(A3:O55, S9, Q9:R10) 수식을 입력하고 〈Enter〉 키를 누르면 해당 직원들의 상여금 합계가 나타난다.

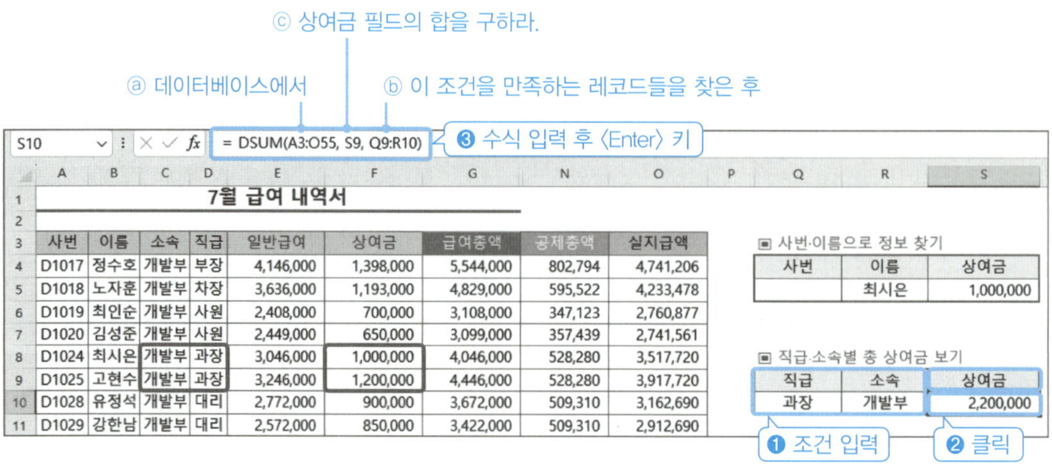

05 소속에 해당하는 직원들의 총 상여금 구하기

[Q10] 셀 내용을 지우면 조건이 없어지므로 소속에 맞는 직원 레코드만 찾아서 상여금 필드의 합계를 구할 수 있다. 같은 방법으로 소속을 지우고 직급만 입력하면 직급에 해당하는 직원들의 상여금 합계를 구할 수 있다.

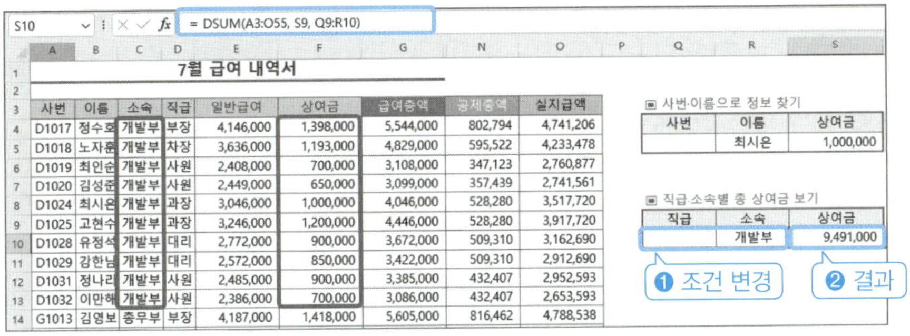

예제 4-14

직원 급여 내역서 목록에서 직급에 해당하는 직원들의 평균 일반급여액을 구해 보자.

준비파일 ch4_3.xlsx 'DB함수' 시트

완성시트

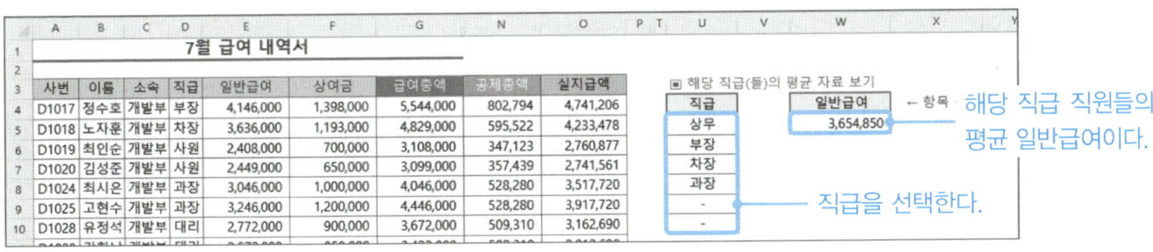

01 평균을 구할 항목 입력 셀에 유효성 설정하기

[W4] 셀에는 평균을 구할 대상 필드명을 입력하는 데 사용한다. 한 가지 항목이 아닌 다른 항목에 대해서도 평균을 구할 수 있도록 [E3:O3] 범위의 필드명이 유효하도록 설정한다.

❶ [W4] 셀에서 ❷ [데이터] 탭–[데이터 도구] 그룹–(데이터 유효성 검사)를 선택한 후 ❸ [제한 대상]은 '목록'으로 [원본]은 '=$E$3:$O$3'으로 설정한다.

02 DB 함수 조건 만들기

DB 함수의 조건에 사용할 [Y5:Y10] 범위에는 상무, 부장, 차장, 과장, 대리, 사원, –만 유효하도록 설정한다.

논리곱 조건일 때는 조건 셀을 비워둠으로써 조건을 검사하지 않는 효과를 얻을 수 있지만 논리합 조건일 때는 조건 셀을 비워두면 모든 레코드를 추출하게 된다. 그러므로 평균을 구하고 싶지 않은 직급일 경우 셀을 비워두지 않고 추출 대상이 되지 않는 조건 값을 지정해야 한다. 그래서 해당 직급 외에 '–'를 유효한 값으로 설정한다.

❶ [U5:U10] 범위를 선택한 후 ❷ [데이터] 탭–[데이터 도구] 그룹–(데이터 유효성 검사)를 선택한 다음 ❸ [제한 대상]은 '목록'으로 [원본]은 '상무, 부장, 차장, 과장, 대리, 사원, –'로 설정한다([원본] 입력 시 ' '를 빼고 목록 내용을 입력한다).

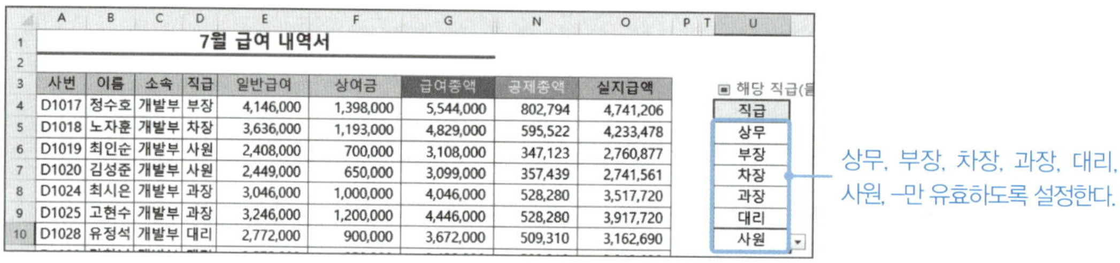

03 상무, 부장, 차장, 과장들의 일반급여 평균 구하기

❶ 평균을 구할 대상이 아닌 [U9:U10]의 직급은 '–'로 변경한다. ❷ 평균을 구할 필드명으로 '일반급여'를 선택한 다음 ❸ [AA5] 셀에 = DAVERAGE(A3:O55, W4, U4:U10)을 입력하면 상무, 부장, 차장, 또는 과장들의 일반급여의 평균 3,654,850이 나타난다.

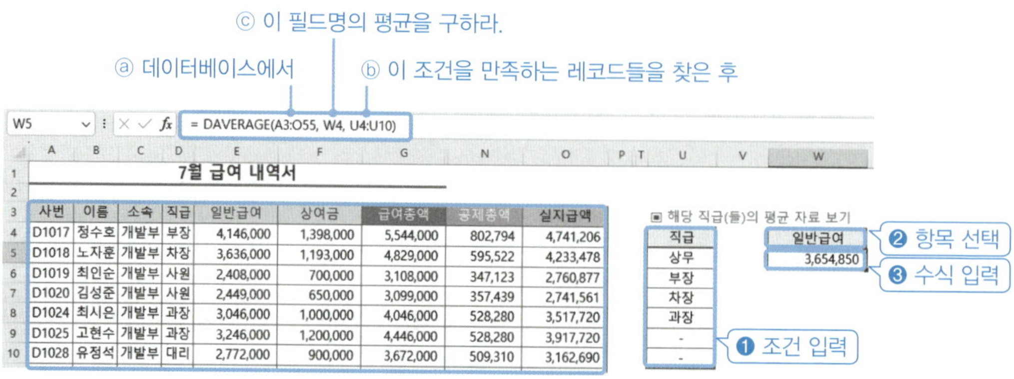

연습문제

'ch4_3_연습문제.xlsx'의 통합문서를 열어 다음 각 문제를 해결하시오.

01 '자동필터' 시트의 아르바이트 시급 목록에 자동 필터를 설정하여 ❶~❷ 작업을 한 다음, 자동 필터를 제거하고 ❸~❹ 작업을 하여 그림과 같이 만들어보자.

❶ 자동 필터를 설정한 후 업종을 가나다순으로 정렬하시오.

❷ 강남이나 강북 지역에서 시급이 만 원 이상인 레코드만 현재 목록에 표시한 후 셀을 바다 색으로 채우시오. 현재 목록에 숨겨진 레코드는 제외하고 화면에 표시된 레코드만 선택 해서(〈Alt〉 + 〈;〉) 셀을 바다색으로 채워야 한다.

❸ 자동 필터를 제거한 후 바다색으로 채운 레코드가 맨 위에 표시되도록 정렬하시오.

❹ 고급 필터의 레코드 중복 제거 기능을 이용하여 업종별 종류 목록을 만드시오. 고급 필터 대화상자에서 조건 범위는 비워놓고 복사 위치를 업종과 종류 필드만 지정하고 '동일한 레코드는 하나만'을 체크하여 구한다.

❺ 시급이 만원 이상인 강남지역의 업종 레코드를 고급필터를 사용하여 [L8]의 위치에 필터링하시오.

02

'성적' 시트에는 학생 40명의 중간, 기말, 평균 점수가 저장되어 있다. 기말고사 점수가 더 높아진 학생들과 더 낮아진 학생들의 전체 평균을 DAVERAGE 함수를 이용하여 구해서 비교해보자. DAVERAGE 함수에서 사용할 조건은 ❶과 ❸에 직접 작성한다.

	A	B	C	D	E	F	G	H	I	J
1	이름	중간	기말	총점		기말 향상자			기말 저하자	
2	신*균	36	37	73.0						
3	한*우	18	18	36.0			총점 평균			총점 평균
4	이*원	36	31	67.0			60.3			50.2
5	박*희	32	35	67.0		❶	❷		❸	❹
6	조*현	24	32	56.0						
7	최*옥	30	30	60.0						
8	윤*연	31	30	61.0						
9	윤*애	17	14	31.0						
10	한*민	33	29	62.0						

03

'DB 함수' 시트의 카드 이용 내역 중 쇼핑, 주유, 통신 세 가지를 조합하여 해당 내역의 가맹점명과 금액만 추출한 후, DB 함수를 이용하여 같은 조건으로 총 이용 건수, 총이용액, 평균이용액을 구해보자. 그리고 특정 월별 총이용액도 구해 보자.

	A	B	C	D	E	F	G	H	I	J	K	L	M
1	일자	가맹점명	금액	구분			▣ 고급 필터 조건 ❶				▣ DB 함수 ❸		
2	2019-06-03	다음	58,000	쇼핑			구분				이용	합계	평균
3	2019-06-08	만나카페	27,000				쇼핑				6건	510,520	85,087
4	2019-06-27	호움쇼핑	147,890	쇼핑			-						
5	2019-06-28	패션가	49,900				통신						
6	2019-07-01	세왕주유소	96,000	주유									
7	2019-07-06	파라마트	8,300	쇼핑			▣ 고급 필터 결과 ❷				▣ DB 함수(수식 조건) ❹		
8	2019-07-09	로또주유소	60,000	주유			가맹점명	금액					
9	2019-07-11	피자로	51,150				다음	58,000			7	월	
10	2019-07-11	그린마트	43,540	쇼핑			호움쇼핑	147,890				총 사용액	
11	2019-07-11	통화통신	177,390	통신			파라마트	8,300			FALSE	466,380	
12	2019-07-12	모두식당	30,000				그린마트	43,540					
13	2019-08-12	파라마트	75,400	쇼핑			통화통신	177,390					
14	2019-08-17	장사주유소	70,000	주유			파라마트	75,400					

❶ 쇼핑, 주유, 통신 세 가지를 조합하여 이용 내역을 필터링하기 위한 고급 필터 조건표를 작성하시오. 이용 내역은 쇼핑, 주유, 통신 세 가지만 구분하여 입력한다고 가정하여 [G3:G5] 범위에는 '쇼핑, 주유, 통신, –'만 유효하도록 설정하시오. '–'를 사용하는 이유는 [G3:G5] 셀 중 하나라도 비어 있다면 조건이 없는 것이 되어 모든 레코드가 선택되기 때문이다. 그러므로 주유 내역을 추출하지 않을 때는 그림과 같이 '–'로 지정해야 한다.

❷ 필터 조건에 맞는 내역 중 가맹점명과 금액 정보만 [G8] 셀부터 표시하시오.

❸ 고급 필터 조건에 맞는 이용 건수, 이용 금액의 합계, 평균 이용 금액을 구하시오.

❹ [K9] 셀에 월을 입력하면 [L11] 셀에 해당 월의 총 이용액이 나타나도록 DSUM 함수를 작성하시오. (수식을 조건으로 사용할 때는 [K10] 셀에 데이터베이스의 기존 필드 이름을 사용할 수 없다. 수식에서 [K9] 셀을 참조할 때는 절대 참조여야 한다.)

❺ 다음 그림을 참고하여 필터링과 DB 함수 결과가 바르게 나오는지 확인하시오.

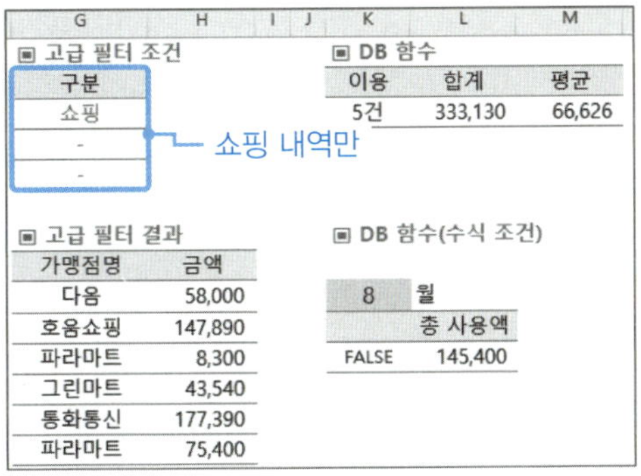

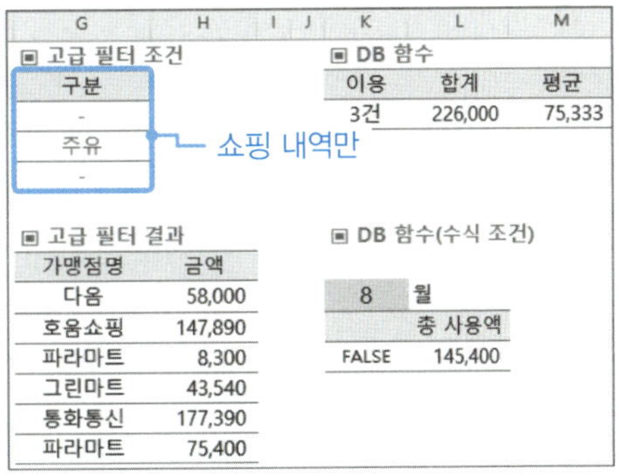

05

데이터 마이닝

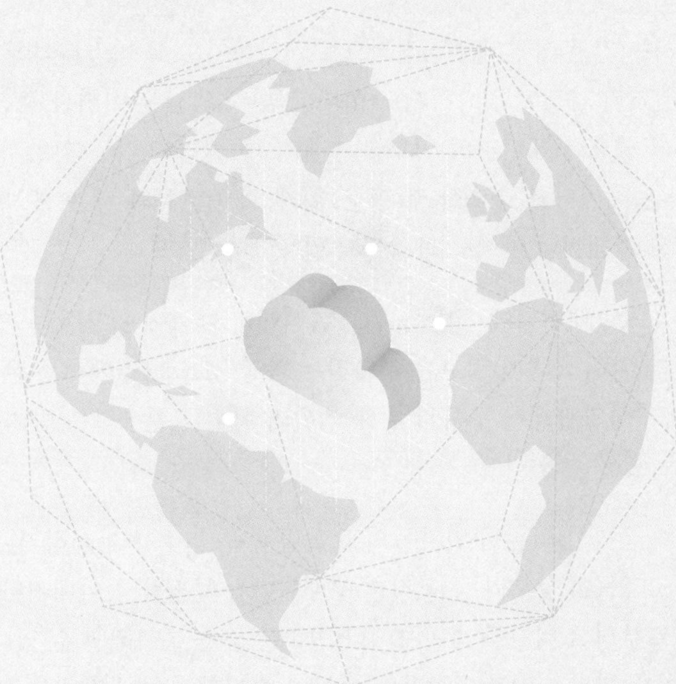

5.1

부분합을 이용한 그룹 데이터 처리 및 요약 보고서

데이터 분석을 위해서는 기존 데이터를 직접적으로 처리하기도 하지만 분석에 필요한 새로운 데이터 를 얻기 위해 중간 처리 과정이 필요하기도 하다. 필터링 기능은 이러한 중간 처리 과정 중 하나로 기존 데이터로부터 필요한 데이터만 일부분 추출할 때 편리한 기능이며, 데이터베이스 함수를 사용 하면 조건에 맞는 데이터를 추출한 후 평균, 합계, 표준편차와 같은 분석에 필요한 정보까지 곧바로 구할 수 있으므로 데이터 마이닝 과정에서 활용할 수 있다.

데이터 마이닝은 전적으로 데이터에 기반을 두고 분석이나 예측에 활용할 수 있는 의미 있는 패턴, 규칙, 상관관계를 찾기 위해 특별한 정보를 추출하는 과정이다. 3.1절에서는 온라인 주문 내역으로부터 요일과 주문 간의 상관관계를 구하기 위해 엑셀의 함수를 활용하는 방법을 소개하였는데 이 또한 데이터 마이닝으로 볼 수 있다.

데이터 마이닝을 통해 온라인 의류 구입자들의 요일별 주문 건수를 분석하거나, 식품 구매 코너에서 토마토를 구입한 고객들이 상추와 콩도 같이 구매한다는 특징을 찾아내거나, 블로그, 게시판, 영화 후기 등의 텍스트로부터 소비자들의 반응이나 입소문 등을 분석해낼 수 있다. 엑셀에서는 이 장에서 소개하는 부분합과 피벗 테이블 기능을 이용하여 데이터 마이닝 작업을 할 수 있다.

이 절에서 소개할 부분합은 4.3절에서 소개한 자동 필터 기능을 포함하고 있을 뿐만 아니라, SUMIF(S), AVERAGEIF(S), COUNTIF(S)와 같은 함수를 이용하지 않고도 분석에 활용할 최종 결과 또는 분석하는 데 필요한 중간 처리 결과를 편리하게 얻을 수 있다.

'부분합' 이름의 '부분'은 전체 데이터 중 학년별, 직업별과 같이 같은 그룹에 속한 부분적인 데이터별로 특정 값을 구하기 때문에, 그리고 '합'은 주로 그룹별 합계를 구하는 데 자주 사용하기 때문에 붙여진 것일 뿐, 합계뿐만 아니라 평균, 개수, 최대, 표준편차 등 다양한 값을 구할 수 있다.

[그림 5-1]은 3.1절에서 사용한 온라인 주문 내역 중 6월 1일부터 28일까지의 4주 동안의 데이터 로부터, 부분합 기능을 이용하여 요일별 분류별 총 주문 건수를 구한 후, 이 정보를 차트로 표현하 여 요일과 주문 건수와의 관계를 분석하는 과정을 보여준다.

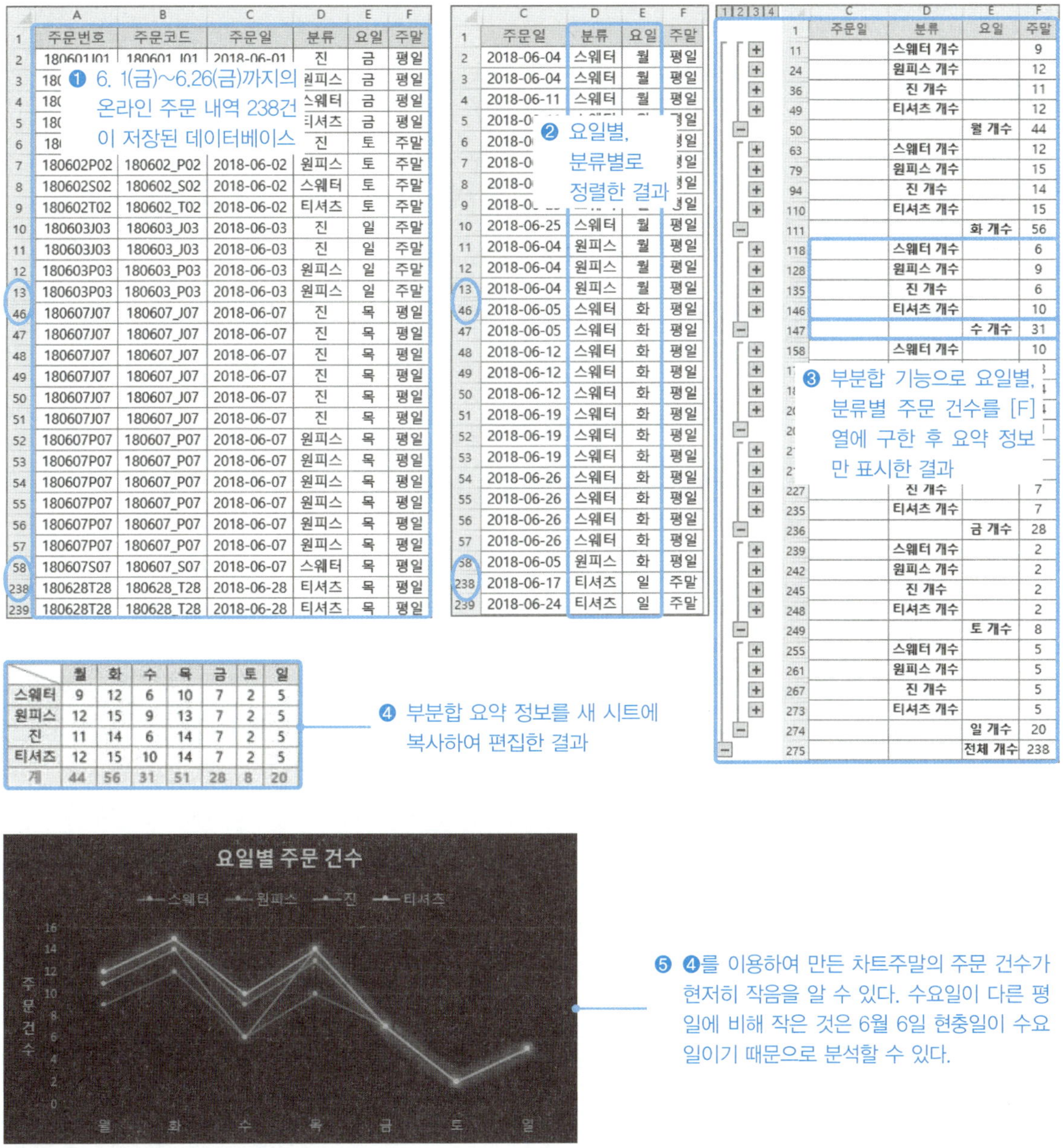

그림 5-1 온라인 주문 내역으로부터 요일과 주문 건수 간의 관계 분석하기

[그림 5-1]의 ❷에서 볼 수 있듯이 부분합 기능을 제대로 사용하려면 목적에 맞게 레코드를 그룹화해야 하므로 정렬 작업이 우선되는 것이 대부분이다. 그룹화란 같은 학년, 같은 성별, 같은 요일, 같은 품목끼리 레코드가 연속해서 나타나게 하는 것으로 정렬로 해결할 수 있다.

그룹화가 필요한 이유는 [그림 5-2]와 같은 잘못된 부분합을 구하지 않기 위해서이다.

	A	B	C	D	E	F	G
1	번호	배기량	성별	나이	월수입	지역	직업
2	1	1500cc	여	25	230	충북	전문직
3	2	1500cc	여	28	200	경남	회사원
4		1500cc 평균		26.5			
5	3	2000cc	여	25	257	서울	회사원
6	4	2000cc	남	32	295	서울	전문직
7	5	2000cc	남	32	292	경기	전문직
8		2000cc 평균		29.7			
9	6	4000cc	여	25	450	충남	프리랜서
10		4000cc 평균		25			
11	7	1500cc	남	27	195	서울	공무원
12		1500cc 평균		27			
13	8	4500cc	남	62	680	제주	개인사업
14		4500cc 평균		62			
15	9	2000cc	남	28	260	충북	개인사업
16		2000cc 평균		28			

부분합 기능을 이용하여 구한 배기량별 평균 나이(잘못된 결과)

그림 5-2 배기량별 차주의 평균 나이를 구할 때 부분합 기능을 잘못 사용한 예

[그림 5-2]에서 그룹화할 필드가 배기량일 때 "1500cc"가 계속 나타나다가 세 번째에 다른 배기량 "2000cc"가 나타난다. 이때 엑셀은 배기량이 "1500cc"인 지금까지의 두 레코드를 하나의 그룹으로 인식하고 요약 정보로 평균 나이 26.5를 구하여 표시한다. 그러므로 모든 "1500cc" 차주의 평균 나이를 제대로 구하려면 배기량이 "1500cc"인 레코드들이 연속으로 모여 있어야 한다. 이처럼 부분합 기능을 사용할 때는 목적에 맞게 그룹화하기 위해 정렬 작업부터 제대로 해야 한다.

예제 5-1

[예제 3-1]의 주문내역에서 요일별 주문 건수를 부분합 기능으로 구하여 보자.

준비파일 ch5_1.xlsx '주문내역' 시트

완성시트

	A	B	C	D	E	F
46			44		월 개수	
103			56		화 개수	
135			31		수 개수	
187			51		목 개수	
216			28		금 개수	
225			8		토 개수	
246			20		일 개수	
247			238		전체 개수	

요일별 주문 건수: 부분합에서 요일 필드를 기준으로 그룹화하여 [C]열 주문일의 개수를 구하여 표시함

	A	B
1	요일	주문일
2	월	44건
3	화	56건
4	수	31건
5	목	51건
6	금	28건
7	토	8건
8	일	20건
9	전체	238건

부분합 결과 자료로부터 월별 요약보고서를 작성할 수 있음

01 정렬을 통해 부분합을 구할 필드를 그룹화하기

부분합은 필드를 기준으로 연속인 레코드에 대하여 함수를 적용하여 계산한다. 여기서는 요일별 분석 자료를 작성하므로 같은 요일끼리 자료가 연속으로 나타나도록 정렬을 통해 그룹화한다. 분석 자료를 월요일부터 지정하기 위해 정렬은 사용자 지정 목록으로 지정하여 만들어보자.

❶ 데이터베이스 안에 셀 포인터를 두고 ❷ [데이터] 탭-[정렬 및 필터] 그룹-[정렬]을 클릭한 후 ❸ 정렬 기준을 요일로 설정한 다음 ❹ 정렬순서를 사용자 지정 목록으로 지정한다.

사용자 지정 목록 대화상자에서 ❺~❽새목록을 선택한 후 '월,화,수,목,금,토,일'을 입력하여 목록을 추가하고 확인한다.

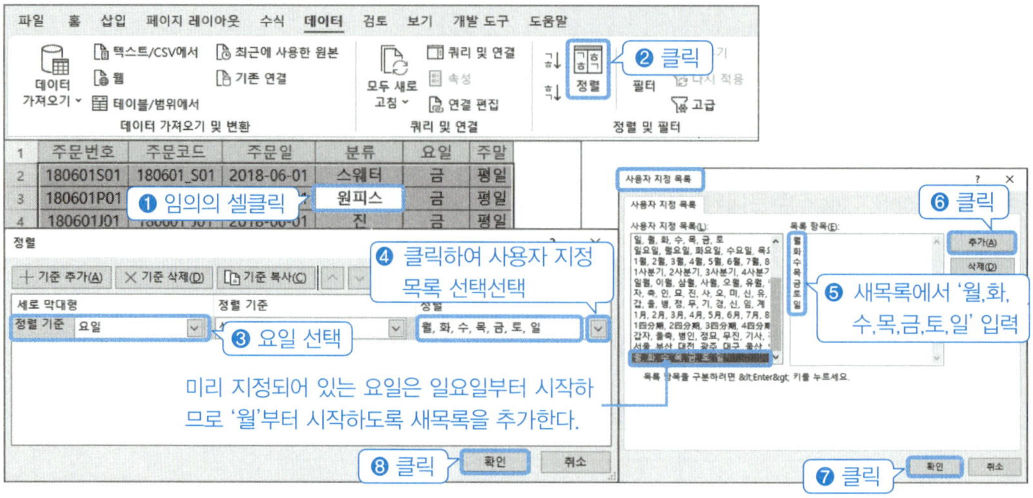

02 요일별 주문건수를 부분합으로 구하기

❶ 데이터베이스 안의 임의의 셀을 선택한 후 ❷ [데이터] 탭–[개요] 그룹–[부분합]을 클릭한 후 ❸~❺ [부분합] 대화상자에서 부분합을 구할 내용을 선택한 후 ❻ [확인]을 클릭한다.

[그룹화할 항목]에는 같은 값끼리 그룹화할 필드를 지정한다. [사용할 함수]는 실제 계산할 합계, 평균, 개수, 최대값 등을 구할 함수를 선택하고, [부분합 계산 항목]는 함수를 적용하여 계산할 필드를 선택한다. 여기서는 요일별 주문건수를 구하므로 [그룹화할 항목]에는 '요일' 필드, [사용할 함수]는 개수, [부분합 계산 항목]은 주문일을 선택한다.

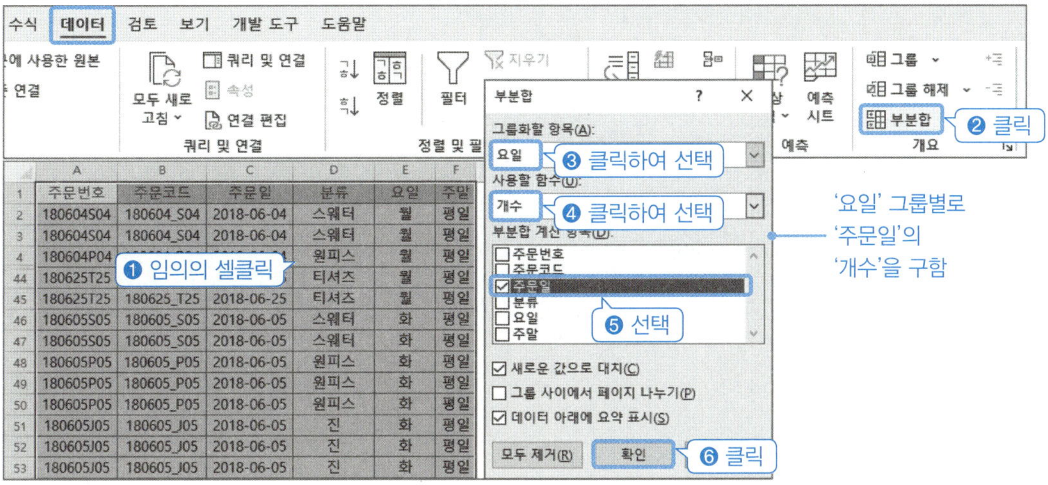

부분합을 구하면 데이터베이스 안에 그룹별로 부분합 요약정보가 추가되고, 행 머리글 왼쪽에는 윤곽선이 생긴다. 이 윤곽선 기호는 추가된 부분합 요약정보만 표시하거나 필요 없는 요약을 숨기거나 다시 표시하는 데 사용한다.

윤곽선의 [+]는 해당 그룹의 레코드를 숨긴 상태임을 표시하며, [+]를 클릭하면 [-]로 변하며 하위 수준의 내용이 표시된다. 반대로 [-]를 클릭하면 [+]로 변하며 요약정보만 표시된다.

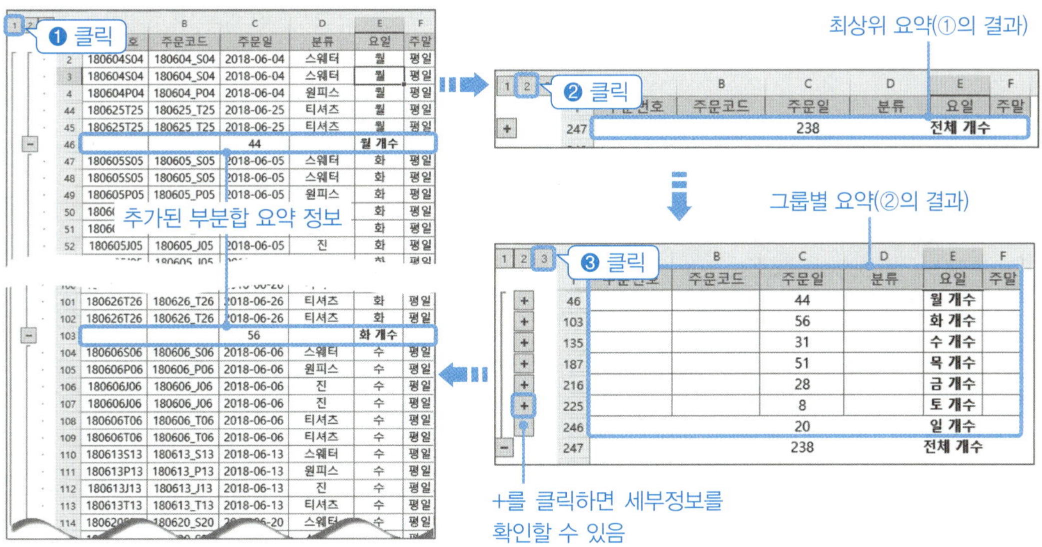

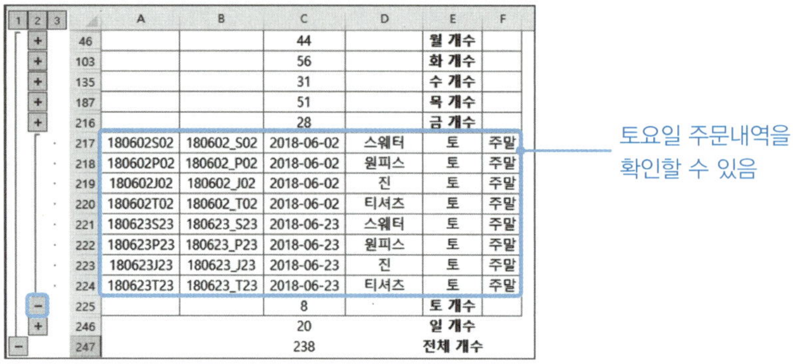

03 요약정보를 새시트에 복사하기

- 앞에서 구한 요일별 주문건수 정보를 표 형식으로 정리하기 위해 요약정보만 새 시트에 복사해 보자. 먼저 요약정보만 나타나도록 윤곽선의 3을 클릭한다.

- 화면에 보이는 요약정보만 복사하려면 메뉴를 이용하여 화면에 보이는 셀만 선택하는 과정이 필요하다. ❶ 복사할 범위를 선택한 후 ❷~❸ [홈] 탭–[편집] 그룹–[찾기 및 선택 ▼]–[이동 옵션]을 클릭한다. ❹ 현재 상태에서 〈Ctrl〉 + 〈C〉 키로 복사하면 선택 범위 안에 숨겨진 행의 내용까지 복사되므로, [이동 옵션] 대화 상자에서 [화면에 보이는 셀만]을 선택해야 한다. ❺ [확인]을 클릭하면 선택 범위 중 화면에 보이는 부분만 선택되어 중간에 흰 선이 나타나는 것을 확인할 수 있다.

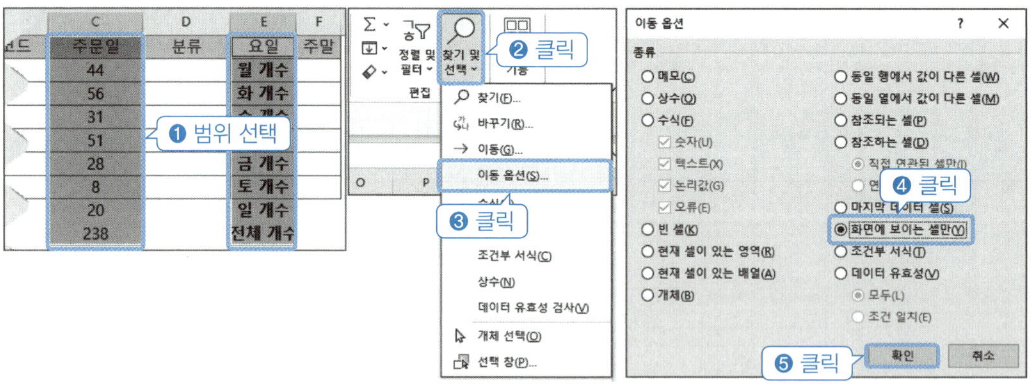

Tip 화면에 보이는 셀만 선택하는 옵션은 행이나 열을 숨긴 상태에서 숨긴 부분을 복사 대상에서 제외할 때도 유용하게 사용할 수 있다. 범위를 선택한 후 〈Alt〉 + 〈;〉 단축키를 누르면 화면에 보이는 셀만 선택된 상태가 된다.

지금까지의 작업 결과는 설정한 범위 중 현재 화면에 보이는 부분만 범위로 선택한 상태로, 아직 이 범위의 내용을 복사한 상태가 아니므로 ❶ 〈Ctrl〉 + 〈C〉 키를 눌러야 선택 범위 내용이 복사된다. 〈Ctrl〉 + 〈C〉 키를 누르면 분리된 범위별로 애니메이션 테두리가 나타난다. ❷ 시트 이름 탭 옆의 [+]를 클릭하여 새 시트를 만든 후 ❸ 새 시트에서 〈Ctrl〉 + 〈V〉 키를 눌러 붙여 넣는다.

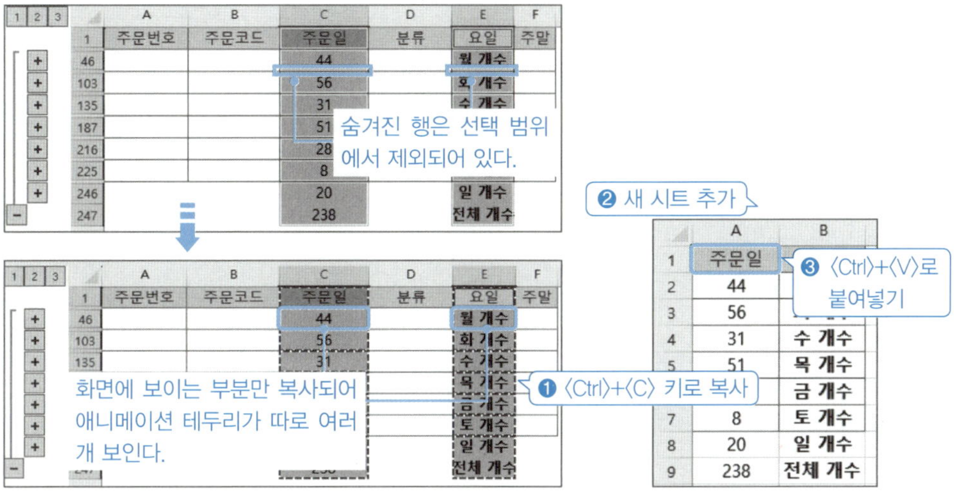

'요일' 열을 선택하여 '주문일' 열 앞으로 이동하고 편집한다.

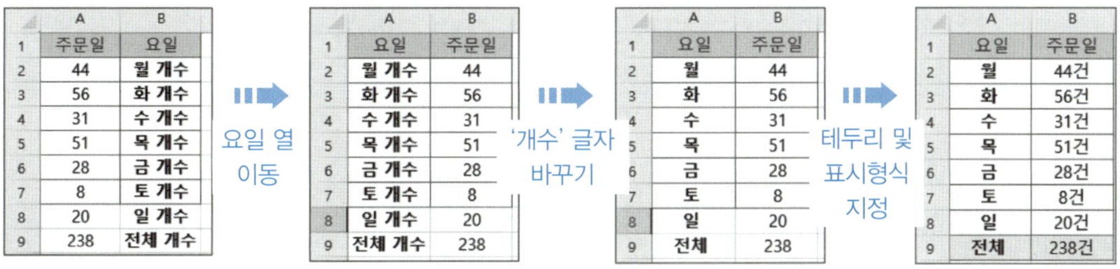

Tip 임의의 텍스트를 한꺼번에 바꾸는 방법은 [홈] 탭–[편집] 그룹–[찾기 및 선택]–[바꾸기]를 선택하면 찾기 및 바꾸기 대화상자가 열리고 [찾을 내용]과 [바꿀 내용]에 텍스트를 입력한 후 [모두 바꾸기]를 클릭하면 한꺼번에 바꿀 수 있다. 또는 단축키 〈Ctrl〉 + 〈H〉를 사용하여 같은 방법으로 변경할 수 있다.

텍스트를 한꺼번에 바꾸기:
[홈] 탭–[편집] 그룹–[찾기 및 선택]–[바꾸기]

예제 5-2

차주 100명의 데이터가 있을 때 자동차 배기량별 차주의 평균 나이와 월수입을, 그리고 같은 배기량끼리는 성별 평균 월수입을 부분합 기능을 이용하여 구한 후 분석 결과표를 새 시트에 작성해 보자.

준비파일 ch5_1.xlsx '차주 정보' 시트

완성시트

01 정렬을 통해 부분합을 구할 필드를 그룹화하기

자동차 배기량별로 나이와 월수입의 평균을 구하려면 우선 같은 배기량끼리 그룹이 되도록 레코드를 정렬해야 한다. 그런데 배기량이 같은 경우에는 성별로 인원수와 평균 월수입을 구해야 한다. 그러므로 배기량이 같으면 성별로 그룹이 되도록 정렬한다.

❶ 데이터베이스 안에 셀 포인터를 두고 ❷ [데이터] 탭-[정렬 및 필터] 그룹-[정렬]을 클릭한 후 ❸ 정렬 기준을 설정한 다음 ❹ [확인]을 클릭한다.

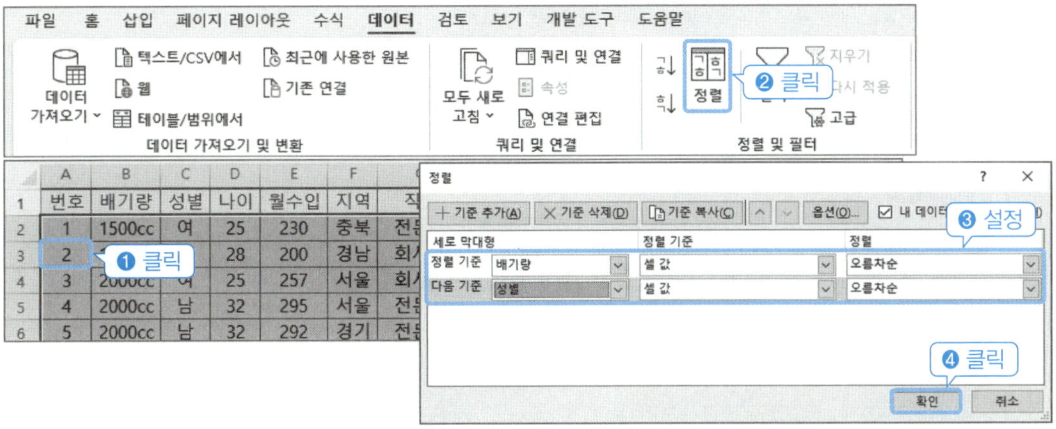

	A	B	C	D	E	F	G
1	번호	배기량	성별	나이	월수입	지역	직업
2	7	1500cc	남	27	195	서울	공무원
3	11	1500cc	남	29	217	경북	회사원
4	25	1500cc	남	35	267	인천	전문직
5	92	1500cc	남	65	265	전남	개인사업
6	1	1500cc	여	25	230	충북	전문직
7	2	1500cc	여	28	200	경남	회사원
8	39	1500cc	여	40	249	인천	공무원
9	73	1500cc	여	54	192	충북	프리랜서
10	4	2000cc	남	32	295	서울	전문직

모든 1500cc끼리 그룹이 되었다.

1500cc 그룹 안에서는 남 · 여끼리 그룹이 되었다.

02 첫 번째 부분합 구하기: 배기량별로 그룹화하여 나이와 월수입의 평균 구하기

배기량과 성별 중 배기량이 더 큰 그룹이므로 배기량별 부분합부터 먼저 구해야 한다. ❶ 데이터베이스 안의 임의의 셀을 선택한 후 ❷ [데이터] 탭–[개요] 그룹–[부분합]을 클릭한 후 ❸~❺ [부분합] 대화상자에서 부분합을 구할 내용을 선택한 후 ❻ [확인]을 클릭한다.

[그룹화할 항목]에는 같은 값끼리 그룹화할 필드를 지정한다. 여기서는 배기량별로 그룹화하므로 '배기량' 필드를 선택한다. [부분합 계산 항목]은 같은 배기량끼리 실제로 합계, 평균, 최대값 등을 구할 필드를, [사용할 함수]에는 부분합 계산 항목에서 선택한 필드에 대해 구하고 싶은 값의 종류를 지정한다. 그러므로 현재의 설정은 배기량별 나이와 월수입의 평균을 구하는 것이 된다.

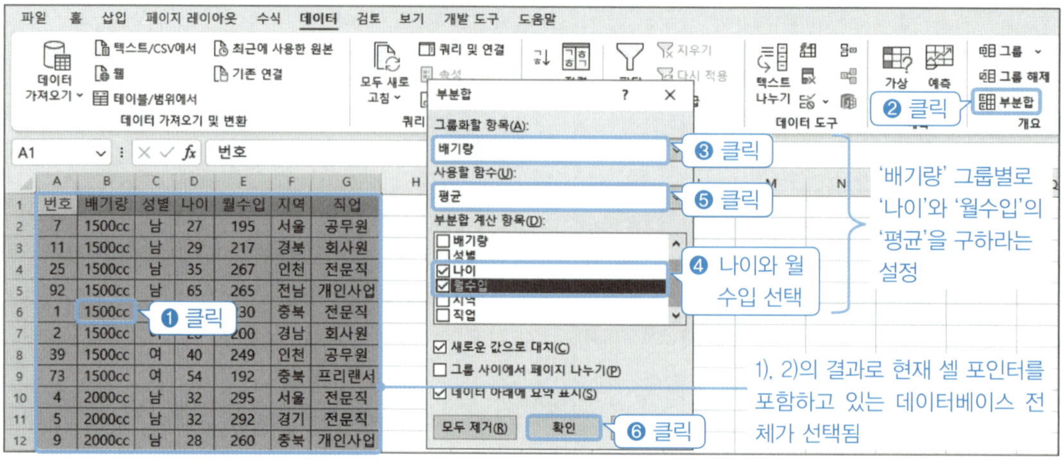

부분합을 구하면 데이터베이스 안에 그룹별로 부분합 요약 정보가 추가되고, 행 머리글 왼쪽 윤곽선의 번호 1,2를 선택하면 요약 정보를 확인할 수 있다.

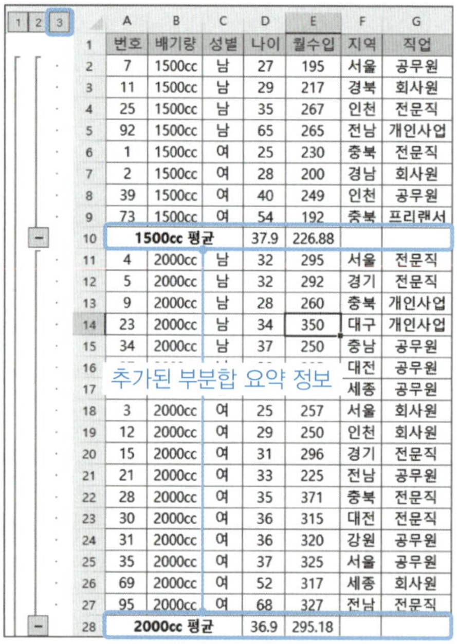

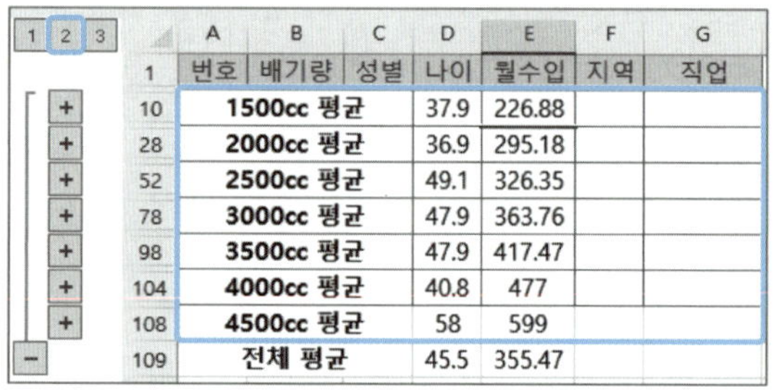

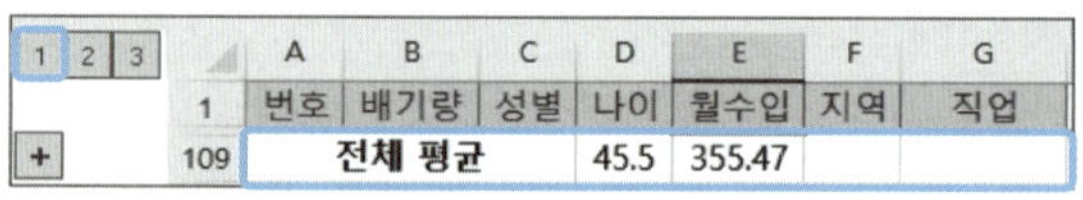

03 두 번째 부분합 구하기: 같은 배기량 차주들을 남과 여로 구분하여 평균 월수입 구하기

부분합 기능의 원리를 제대로 이해하고 있으면 이미 부분합 요약이 포함된 상태에서 또 다른 부분합 요약을 구할 수 있다. 부분합을 중첩하여 구하는 것이다. 현재 배기량별 요약 정보가 있는 상태에서 같은 배기량 그룹 안에서 성별로 그룹화하여 평균 월수입을 구해 보자.

이미 01 과정에서 최종 부분합 결과를 제대로 구할 수 있도록 배기량별로 그리고 같은 배기량이면 성별로 그룹화되도록 정렬을 했기 때문에 원하는 결과를 제대로 얻을 수 있음을 기억해야 한다. 제대로 정렬하지 않았다면 모든 부분합을 제거하고 01 단계처럼 제대로 그룹화되도록 정렬부터 다시 한 후 부분합을 중첩으로 구해야 한다.

❶ 데이터베이스 안의 임의의 셀에서 ❷ [데이터] 탭–[개요] 그룹–[부분합]을 클릭한 후 ❸~❺ 부분합을 구할 내용을 선택한 후 ❻ [새로운 값으로 대치]의 체크를 해제한 다음 ❼ [확인]을 클릭한다.

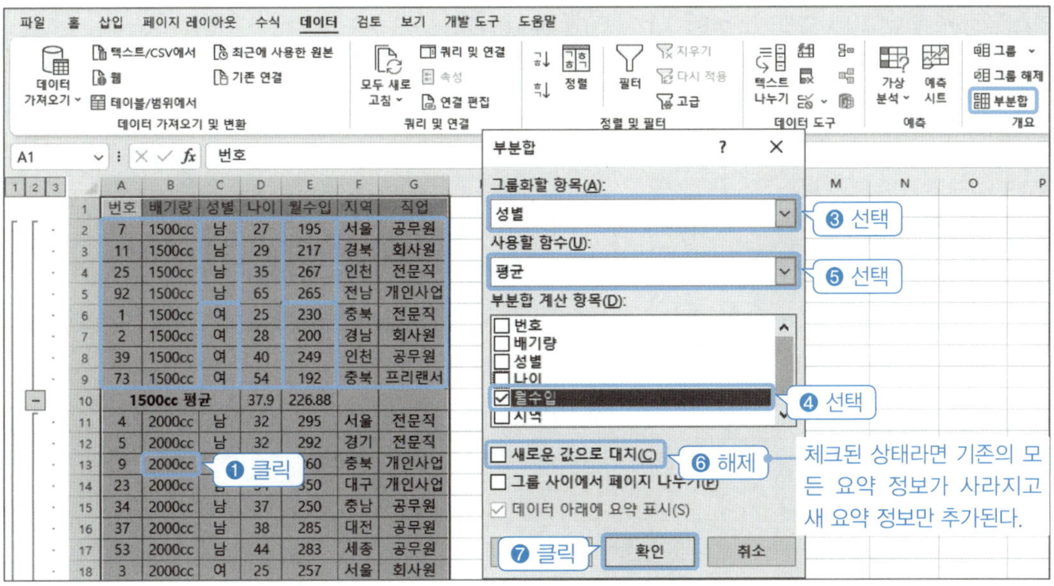

부분합을 두 번 수행한 결과는 다음과 같다. 윤곽선 번호가 1~4로 하나 더 늘어난 것을 알 수 있다. 윤곽선 번호를 선택하여 요약정보를 확인할 수 있다.

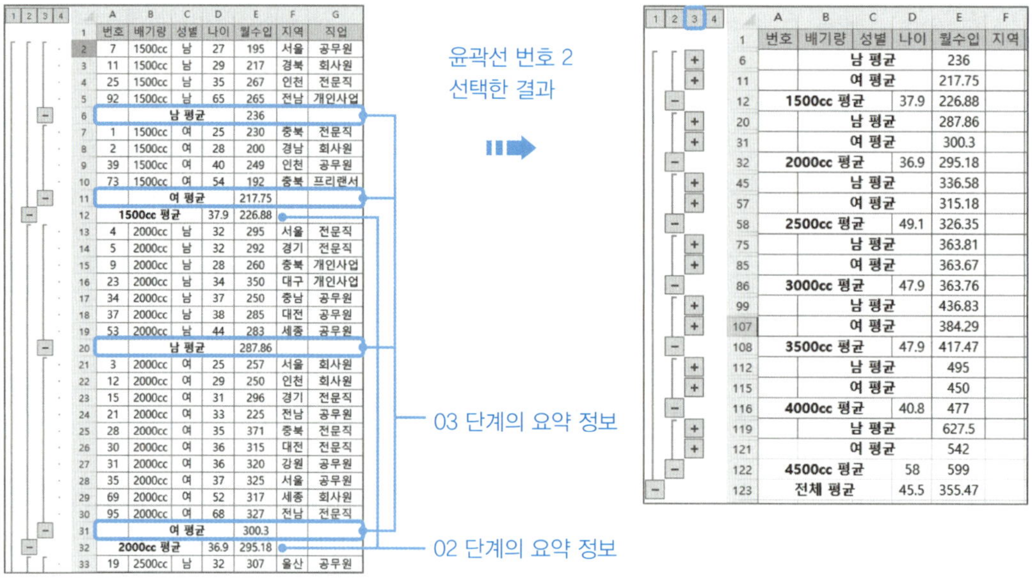

04 화면에 보이는 요약 정보만 새 시트에 복사하기

앞서 구한 차 배기량과 성별에 따른 평균 나이와 월수입 정보를 표 형식으로 정리하기 위해 요약 보만 새 시트에 복사해 보자. 먼저 요약정보만 나타나도록 윤곽선의 2를 클릭한다.

❶~❷ 화면에 보이는 요약정보를 구하기 위해 범위를 선택한 후 〈Alt〉 + ; 을 이용하여 화면에 보이는 셀만 선택한다. 이후 ❸ 〈Ctrl〉 + 〈C〉 키를 누르면 분리된 범위별로 애니메이션 테두리가 나타나고 ❹~❺ 새로운 시트를 추가하여 [A1] 셀 위치에서 〈Ctrl〉 + 〈V〉 키를 눌러 붙여 넣는다. ❻ 편집을 통해 원하는 형태로 보고서 형태의 표를 만든다.

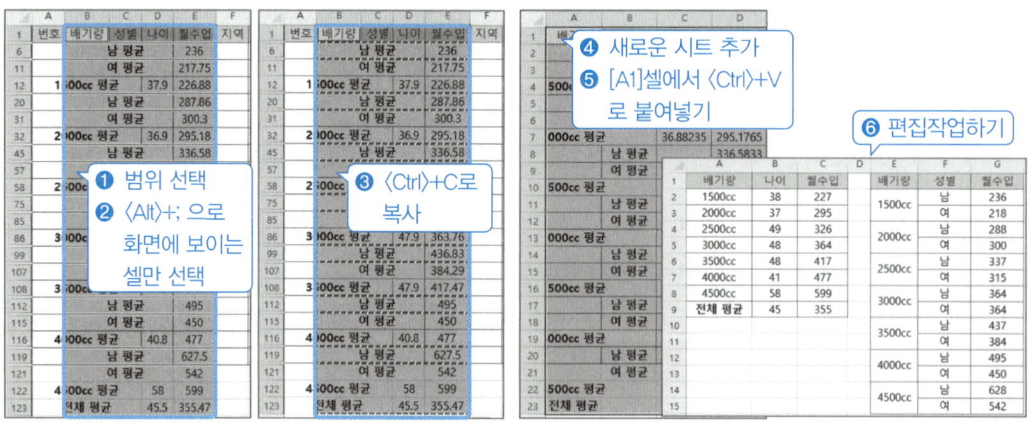

'ch5_1_연습문제.xlsx'의 통합문서를 열어 다음 각 문제를 해결하시오.

01 '급여' 시트에서 부분합 기능을 이용하여 직급별 급여 평균을 구해 보자.

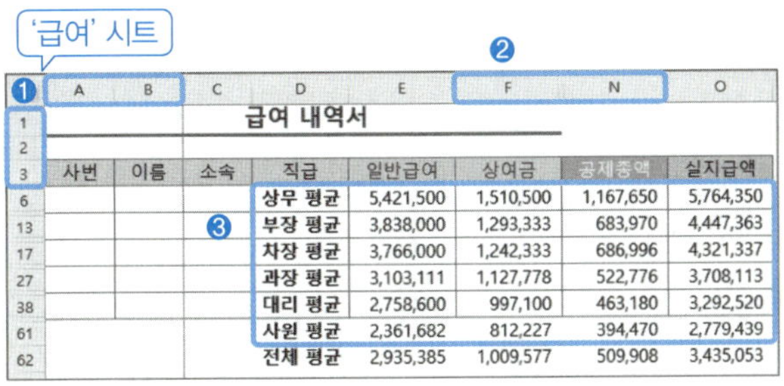

	A	B	C	D	E	F	N	O
1			급여 내역서					
2								
3	사번	이름	소속	직급	일반급여	상여금	공제총액	실지급액
6				상무 평균	5,421,500	1,510,500	1,167,650	5,764,350
13				부장 평균	3,838,000	1,293,333	683,970	4,447,363
17				차장 평균	3,766,000	1,242,333	686,996	4,321,337
27				과장 평균	3,103,111	1,127,778	522,776	3,708,113
38				대리 평균	2,758,600	997,100	463,180	3,292,520
61				사원 평균	2,361,682	812,227	394,470	2,779,439
62				전체 평균	2,935,385	1,009,577	509,908	3,435,053

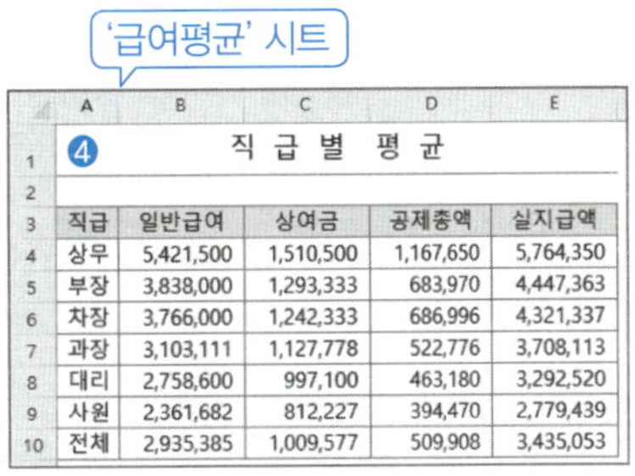

	A	B	C	D	E
1	직 급 별 평 균				
2					
3	직급	일반급여	상여금	공제총액	실지급액
4	상무	5,421,500	1,510,500	1,167,650	5,764,350
5	부장	3,838,000	1,293,333	683,970	4,447,363
6	차장	3,766,000	1,242,333	686,996	4,321,337
7	과장	3,103,111	1,127,778	522,776	3,708,113
8	대리	2,758,600	997,100	463,180	3,292,520
9	사원	2,361,682	812,227	394,470	2,779,439
10	전체	2,935,385	1,009,577	509,908	3,435,053

❶ [1:3] 행과 [A:B] 열까지가 항상 시트 화면에 나타나도록 틀 고정을 하시오. ([C4] 셀에 서 [보기] 탭–[창] 그룹–[틀 고정 ▾]–[틀 고정]/[틀 고정 취소])

❷ [G:M] 열을 숨기시오. (현재 그림에서는 틀 고정 후 화면을 오른쪽으로 스크롤하여 [C] 열이 보이지 않는 상태이다.)

❸ 상무, 부장, 차장, 과장, 대리, 사원 순으로 직급별 일반급여, 상여금, 공제총액, 실지급액의 평균을 구한 후, 레코드 내용은 숨기고 부분합 요약만 나타내시오.

❹ 새 시트('급여평균')를 추가한 후, '급여' 시트의 부분합 결과를 복사해서 붙인 다음 그림과 같이 편집하시오. (화면에 보이는 셀만 선택: 〈Alt〉 + 〈;〉, 제목은 균등 분할–들여쓰기 7)

02 ‘설문조사’ 시트의 설문조사 목록에서 후보 지지자들의 성별 인원수를 구한 후, 새 시트(‘설문결과’ 시트)에서 분석표를 만들어보자.

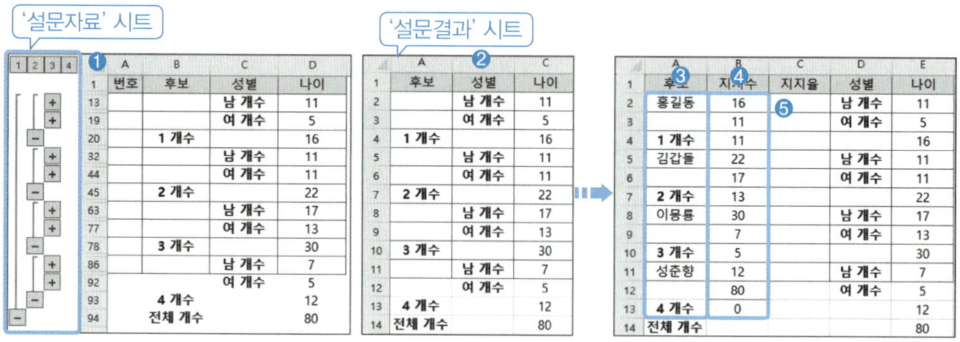

❶ 후보별로 지지자 수를 구한 후, 동일 후보의 지지자 중 성별 인원수도 구한 다음 부분합 요약만 남기시오. (편집 작업을 위해 나이 필드의 개수로 인원수를 구한다.)

❷ [B1:D94] 범위 중 현재 화면에 보이는 셀만 복사하여, 새 시트(‘설문결과’ 시트)에 붙여 넣으시오. (화면에 보이는 셀만 선택: 〈Alt〉 + 〈;〉)

❸~❹ 후보 이름을 입력하고 [B:C] 열을 삽입한 후 ‘지지수’와 ‘지지율’을 입력하시오.

❺ [B2] 셀에 =E4 수식을 입력한 후 [B13] 셀까지 채우시오. 이후 필요 없는 [4], [7], [10], [13] 행을 바로 삭제하면 수식에서 참조 오류가 발생하므로, [B2:B13] 셀의 수식을 값으로 변경하시오. ([B2:B13] 범위 선택, 〈Ctrl〉 + 〈C〉 키로 복사, [B2] 셀에서 마우스 오른쪽 버튼 클릭, 팝업 메뉴 [붙여넣기 옵션]의 (값) 클릭)

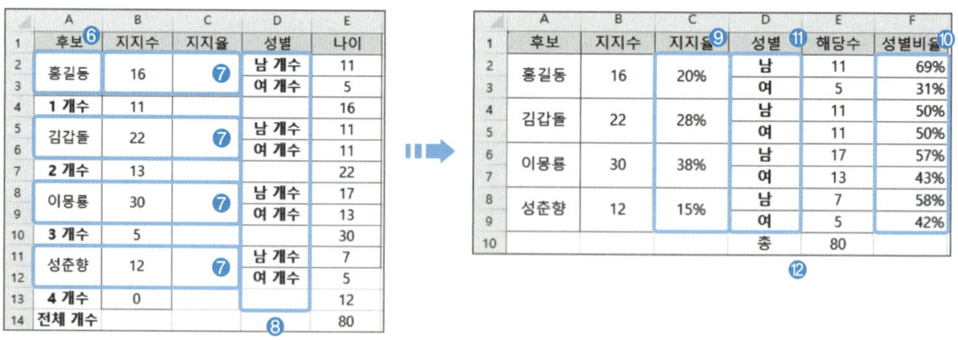

⑥ 후보자 이름이 병합된 [A2:A3] 셀에 나타나게 하시오.

⑦ 홍길동 후보(⑥)의 셀 서식을 복사하여, 나머지 후보, 지지수, 지지율 셀들도 병합하고 가운데 맞춤이 되게 하시오. ([A2:A3] 범위 선택, [홈] 탭–[클립보드] 그룹–[서식복사]를 더블클릭, [B2]부터 [C3] 셀까지 드래그하여 복사한 서식으로 바꾸기, 나머지 범위도 계속 드래그하여 복사한 서식으로 바꾸기)

⑧ 필요하지 않은 [4], [7], [10], [13] 행을 한꺼번에 제거해 보시오. ([D2:D13] 범위 선택, [홈] 탭–[편집] 그룹–[찾기 및 선택] 클릭, [이동 옵션] 대화 상자의 [빈 셀]을 선택 후 [확인] 클릭, [홈] 탭–[셀] 그룹–[삭제 ▾]–[시트 행 삭제] 클릭)

⑨ 지지율을 구하시오. ([C2] 셀: =B2/$E$10)

⑩ 후보자 각자에 대해 성별 비율을 구하시오. 성별 비율을 구할 때 [B] 열의 해당 후보 지지 수가 병합된 셀이므로 [F2] 셀의 수식만 복사해서는 나머지 성별 비율을 구할 수 없다. 그러므로 [F2] 셀에는 =E2/B2, [F3] 셀에는 =E3/B2로 두 개의 셀에 다른 수식을 입력한 후, [F2:F3] 범위를 설정한 다음, 채우기 핸들을 [F9] 셀까지 드래그해서 두 셀의 수식을 복사하여 채운다.

⑪ [G] 열에서 빠른 채우기를 이용하여 성별의 '개수'가 없는 남과 여를 만든 후, 이 내용을 [D] 열에 값으로 붙여 넣고 [G] 열 내용은 지우시오.

⑫ 그림과 같이 셀 테두리를 설정하고 총인원을 편집하시오.

03 '후원금' 시트의 목록에서 기수별 후원금 합계와 최고 후원금을 구한 후, 기수별 인원수도 구한 다음 2기의 레코드만 표시해 보자.

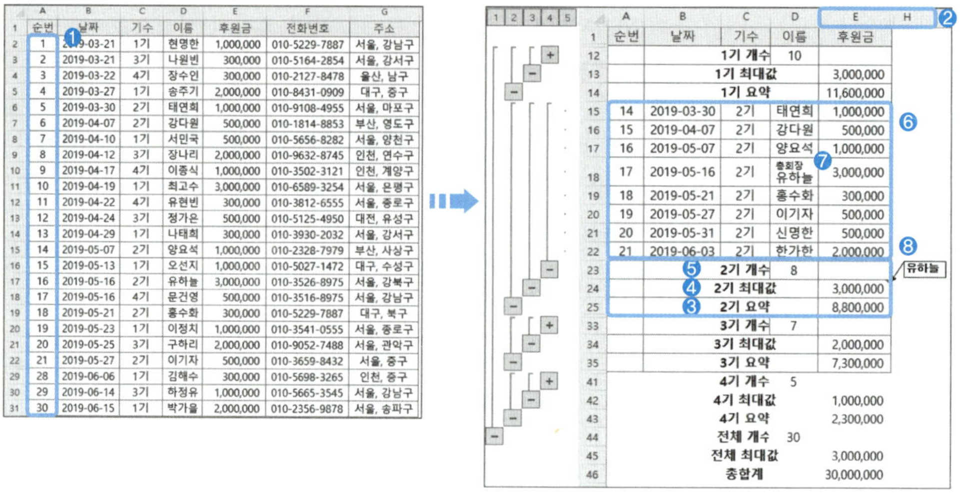

	A	B	C	D	E	F	G
1	순번	날짜	기수	이름	후원금	전화번호	주소
2	1	2019-03-21	1기	현명한	1,000,000	010-5229-7887	서울, 강남구
3	2	2019-03-21	3기	나원빈	300,000	010-5164-2854	서울, 강서구
4	3	2019-03-22	4기	장수인	300,000	010-2127-8478	울산, 남구
5	4	2019-03-27	1기	송주기	2,000,000	010-8431-0909	대구, 중구
6	5	2019-03-30	2기	태연희	1,000,000	010-9108-4955	서울, 마포구
7	6	2019-04-07	2기	강다원	500,000	010-1814-8853	부산, 영도구
8	7	2019-04-10	1기	서민국	500,000	010-5656-8282	서울, 양천구
9	8	2019-04-12	3기	장나리	2,000,000	010-9632-8745	인천, 연수구
10	9	2019-04-17	4기	이종식	1,000,000	010-3502-3121	인천, 계양구
11	10	2019-04-19	1기	최고수	3,000,000	010-6589-3254	서울, 은평구
12	11	2019-04-22	4기	유현빈	300,000	010-3812-6555	서울, 종로구
13	12	2019-04-24	3기	정가은	500,000	010-5125-4950	대전, 유성구
14	13	2019-04-29	1기	나태희	300,000	010-3930-2032	서울, 강서구
15	14	2019-05-07	2기	양요석	1,000,000	010-2328-7979	부산, 사상구
16	15	2019-05-13	1기	오선지	1,000,000	010-5027-1472	대구, 수성구
17	16	2019-05-16	2기	유하늘	3,000,000	010-3526-8975	서울, 강북구
18	17	2019-05-16	4기	문건영	500,000	010-3516-8975	서울, 강남구
19	18	2019-05-21	2기	홍수화	300,000	010-5229-7887	대구, 북구
20	19	2019-05-23	1기	이정치	1,000,000	010-3541-0555	서울, 종로구
21	20	2019-05-25	3기	구하리	2,000,000	010-9052-7488	서울, 관악구
22	21	2019-05-27	2기	이기자	500,000	010-3659-8432	서울, 중구
29	28	2019-06-06	1기	김해수	300,000	010-5698-3265	인천, 중구
30	29	2019-06-14	3기	하정유	1,000,000	010-5665-3545	서울, 강남구
31	30	2019-06-15	1기	박가을	2,000,000	010-2356-9878	서울, 송파구

	A	B	C	D	E
1	순번	날짜	기수	이름	후원금
12			1기 개수	10	
13			1기 최대값		3,000,000
14			1기 요약		11,600,000
15	14	2019-03-30	2기	태연희	1,000,000
16	15	2019-04-07	2기	강다원	500,000
17	16	2019-05-07	2기	양요석	1,000,000
18	17	2019-05-16	2기	총회장 유하늘	3,000,000
19	18	2019-05-21	2기	홍수화	300,000
20	19	2019-05-27	2기	이기자	500,000
21	20	2019-05-31	2기	신명한	500,000
22	21	2019-06-03	2기	한가한	2,000,000
23			2기 개수	8	
24			2기 최대값		3,000,000
25			2기 요약		8,800,000
33			3기 개수	7	
34			3기 최대값		2,000,000
35			3기 요약		7,300,000
41			4기 개수	5	
42			4기 최대값		1,000,000
43			4기 요약		2,300,000
44			전체 개수	30	
45			전체 최대값		3,000,000
46			총합계		30,000,000

❶~❷ 정렬 등의 작업으로 목록의 레코드 순서가 변해도 순번은 언제나 1, 2, 3 값이 되도록 수식을 작성한 후, [F:G] 열을 숨기시오. (순번은 ROW 함수를 이용하여 '=현재 셀의 행 번호 – '순번' 셀([A1])의 행 번호'로 구한다.)

❸~❹ 기수별 후원금의 합을 구한 후, 기수별 후원금의 최고액을 구하시오.

❺~❻ 기수별 인원수를 [D] 열에 구한 다음 2기의 레코드만 표시하시오.

❼ 윗주로 '총회장'을 표시하시오. (1) 윗주 입력: [D18] 셀 클릭, [홈] 탭–[글꼴] 그룹–(윗주 필드 표시/숨기기)의 –[윗주 편집] 클릭, 총회장 입력 후 〈Enter〉 키, (2) 윗주 표시: [D18] 셀 클릭, [홈] 탭–[글꼴] 그룹–(윗주 필드 표시/숨기기)의 –[윗주 필드 표시] 클릭

❽ 메모를 삽입하여 표시한 후 메모도 인쇄되도록 설정하시오. (1) 메모 삽입: [E24] 셀 클릭, 마우스 오른쪽 버튼 클릭 후 팝업메뉴 [메모 삽입] 클릭, 메모 내용으로 '유하늘' 입력, (2) 메모 표시: 팝업메뉴 [메모 표시/숨기기] 클릭, (3) 메모 인쇄: [파일] 탭–[인쇄]–[페이지 설정] 클릭, [페이지 설정] 대화 상자–[시트] 탭–[메모]를 '시트에 표시된 대로'로 설정

5.2

피벗 테이블을 이용한 데이터 집계 및 분석

피벗 테이블은 많은 양의 데이터를 빨리 요약할 때 사용할 수 있는 대화형 테이블이다. 즉 데이터베이스로부터 관련된 레코드의 특정 필드에 대한 합계, 평균, 최댓값과 같은 정보를 요약한 테이블이다. 테이블의 행과 열을 중심축으로 하여 원본 데이터를 다르게 요약하여 보거나, 다른 페이지를 표시하여 데이터를 필터링하거나, 관심 있는 영역의 하위 수준을 나타낼 때 사용되는 기능으로 피벗(Pivot)은 말 그대로 중심축을 의미한다. 피벗 테이블을 이용하면 데이터베이스의 필드를 다양하게 구성하여 데이터 집계표를 만들 수 있다.

피벗 테이블을 만들기 위해서는 데이터베이스의 임의의 셀을 선택한 후 [삽입] 탭–[표] 그룹–[피벗 테이블]을 클릭하여 피벗 테이블 보고서를 삽입할 수 있다. 피벗 테이블 대화 상자가 표시되면 표 또는 범위 선택이 맞는지 확인하고, 보고서를 넣을 위치로 새 워크시트 또는 기존(현재 사용 중인) 워크시트를 선택하고 [확인]을 클릭한다. 새 워크시트에 피벗 테이블을 삽입하면 'Sheet1'에 [피벗 테이블1] 보고서가 표시되며 피벗 테이블을 클릭하면 [피벗 테이블 필드] 작업창이 오른쪽에 표시된다. 피벗 테이블은 테이블의 각 영역을 이해하면 쉽게 만들 수 있다. 피벗 테이블은 [그림 5–3]과 같이 크게 필터, 행, 열, 값의 4개의 영역으로 표시되는데, 피벗 테이블 필드 작업창에서 보고서에 추가할 필드를 원하는 영역으로 드래그하여 끌어다 놓거나 체크하여 보고서를 구성한다. 원본 데이터베이스의 필드를 다양한 구성으로 테이블을 쉽게 작성할 수 있을 뿐 아니라, 여러 종류의 함수를 적용하여 다양한 형태의 집계표를 만들 수 있다.

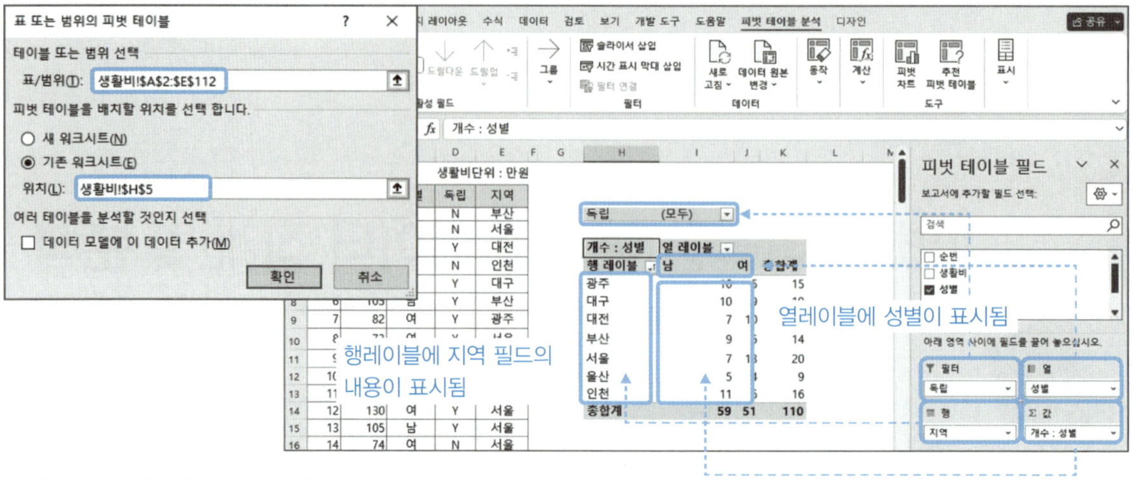

그림 5-3 피벗 테이블 삽입 및 구성요소

데이터양이 많은 경우 효과적인 비즈니스 의사 결정을 내리기 위해서 피벗 테이블을 만들어야 할 때 [그림 5-4]와 같이 추천 피벗 테이블을 활용할 수 있다. 데이터베이스 안의 임의의 셀을 선택한 후 [삽입] 탭-[표] 그룹-[추천 피벗 테이블]을 클릭한다. [권장 피벗 테이블] 대화 상자에 있는 추천 피벗 테이블 중 하나를 선택하여 간단하게 데이터를 요약, 분석, 탐색, 표시할 수 있다. 그러나 원 하는 형태의 보고서가 없다면 피벗 테이블을 직접 만들거나 추천 피벗 테이블을 변경하는 방법을 알아야 한다. 예제를 통하여 피벗 테이블을 삽입하고 다양한 데이터 집계표를 작성해 보자.

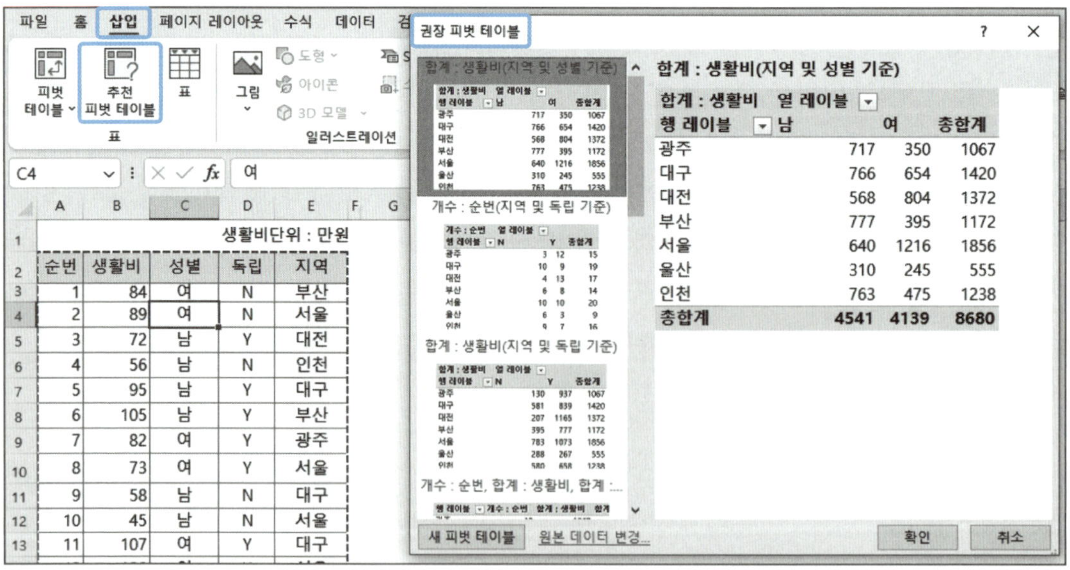

그림 5-4 추천 피벗 테이블의 사용

예제 5-3

예제 3-3에서는 함수 수식을 활용하여 부모와의 동거 유무에 따른 생활비 지출 비율, 지역별 평균 생활비 등의 자료를 만들어 보았다. 주어진 데이터베이스에서 피벗 테이블을 이용하여 남녀 구성비 및 평균 생활비의 요약자료를 만들어보자.

준비파일 ch5_2.xlsx '생활비' 시트

완성시트

성별	구성비	평균 생활비
남	53.6%	77.0
여	46.4%	81.2
총합계	**100.0%**	**78.9**

남여 성별에 대한 구성비 및 평균 생활비의 요약 자료

01 피벗 테이블 삽입 및 필드 지정하기

❶ 데이터베이스의 임의의 셀에서 ❷~❸ [삽입] 탭-[표] 그룹-[피벗 테이블]을 선택한다. ❹ [피벗 테이블 만들기] 대화 상자에서 표/범위는 기본값으로 자동 완성된다. ❺ [기존 워크시트]를 클릭하고 ❻ 임의의 위치([H4])를 지정한 후 ❼ [확인]을 클릭하면 피벗 테이블 빈 윤곽과 [피벗 테이블 필드] 작업 창이 실행된다.

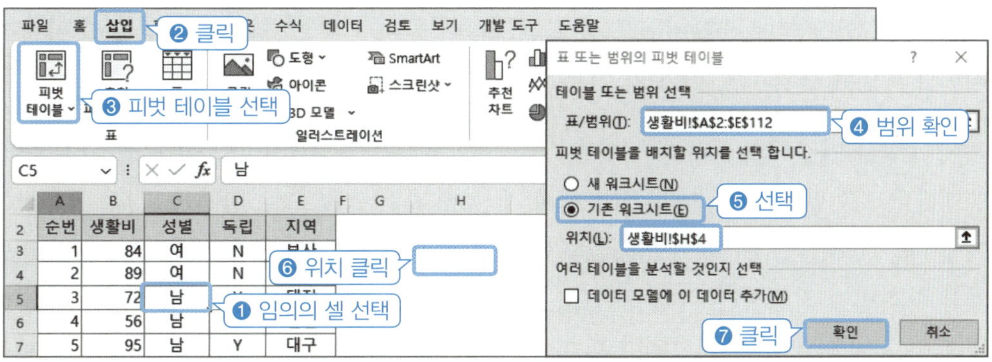

Tip 피벗 테이블의 표/범위를 한 번 지정하면 피벗 테이블을 다른 시트나 통합문서로 복사해가도 데이터 원본 범위가 새 시트나 통합문서로 자동 업데이트되지 않는다. 이 경우에는 [피벗 테이블 도구]-[분석] 탭-[데이터] 그룹-[데이터 원본 변경]을 클릭해 데이터 원본 범위를 변경해 줘야 한다.

[피벗 테이블 필드] 작업 창의 필드 목록에는 원본 데이터의 필드, 즉 순번, 생활비, 성별, 독립, 지역 필드가 표시된다. 남여의 성별 필드에 대한 구성비를 구하기 위해서는 먼저 남여 인원수를 알아야 한다. 따라서 성별 필드를 [행] 영역에 드래그하여 끌어다 놓고, 값으로는 성별의 개수를 구하도록 성별 필드를 드래그하여 [값] 영역에 끌어다 놓으면 피벗 테이블이 차례대로 채워진다.

테이블의 행 레이블에는 성별 필드의 값으로 중복된 값이 제거되어 표시되며 값 영역에는 성별 필드가 '남', '여'의 텍스트 정보이므로 성별의 집계 결과가 개수로 표시된다.

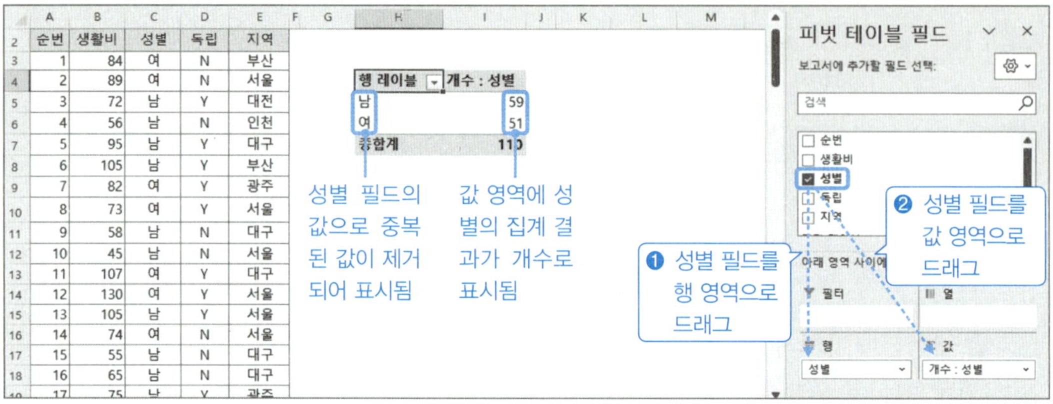

02 Σ 값 추가하기 및 계산 유형 변경하기

테이블의 [값] 영역에 생활비 필드를 드래그하여 끌어다 놓으면 열 영역에 'Σ 값'이 추가되며 테이블의 열에 생활비의 '합계'가 기본적으로 추가된다.

계산 유형을 변경하기 위해서는 마우스 오른쪽 버튼을 클릭하여 [값 필드 설정] 대화 상자를 실행한다. [값 필드 설정] 대화 상자에서 계산 유형을 '평균'으로 변경하고 [값 필드 설정] 창에서 [표시형식]을 클릭하여 평균값의 소수 자릿수를 지정한다. 피벗 테이블 내 값의 표시형식을 한꺼번에 지정하기 위해서는 [값 필드 설정] 대화 상자에서 표시형식을 지정하거나 피벗 테이블 내 임의의 값을 선택한 후 마우스 오른쪽 버튼을 클릭하면 나타나는 팝업 메뉴에서 [필드 표시 형식]으로 지정해야 한다.

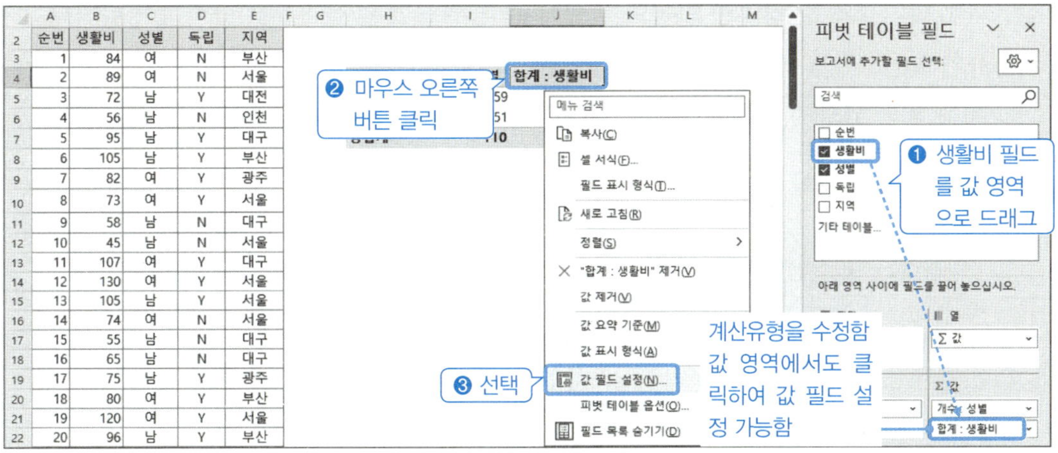

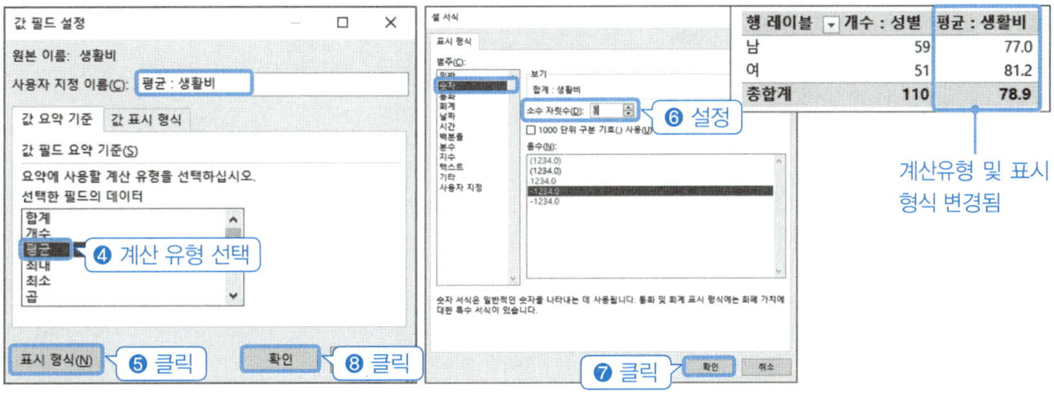

Tip 외부 [값 필드 설정] 대화 상자 실행 방법은 다음과 같이 4가지 방법이 있다.

방법 1: [피벗 테이블 필드] 작업 창에서 [값] 영역의 [합계 : 생활비]를 클릭하면 나타나는 팝업 메뉴에서 [값 필드 설정]을 클릭

방법 2: 금액의 임의의 셀을 선택하여 팝업메뉴를 실행하고 [값 필드 설정]을 클릭한다.

방법 3: 피벗 테이블의 [합계 : 생활비]를 더블클릭한다.

방법 4: 피벗 테이블의 [합계 : 생활비]의 임의의 셀을 클릭한 후 메뉴 상단에서 [피벗 테이블 도구]-[분석] 탭-[활성 필드] 그룹-[필드 설정]을 클릭한다.

03 남녀 구성비 구하기

피벗 테이블의 값 영역에서 행 또는 열의 값에 대한 다양한 비율을 구할 수 있다. 성별 개수를 백분율로 표시하여 보자.

- 피벗 테이블의 값 영역의 임의의 셀에서 ❶ 마우스 오른쪽 버튼을 클릭하여 나타나는 팝업메뉴의 ❷ [값 필드 설정] 대화 상자에서 ❸~❹[값 표시형식]을 '열 합계 비율'로 변경한다. 이는 각 열 또는 범주에 있는 값을 해당 열 또는 범주의 합계에 대한 백분율로 표시한다.
- 값 필드 설정 대화 상자의 ❺~❽ [표시형식]을 클릭하여 소수 자릿수를 1로 지정한다.

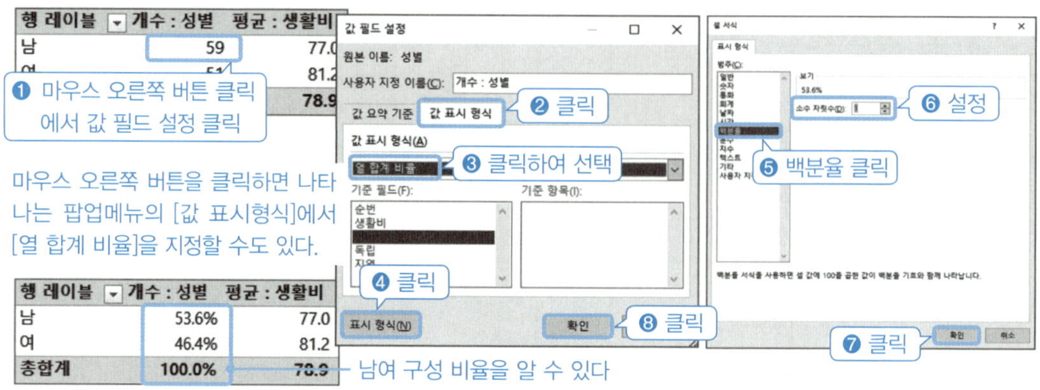

Tip [값 필드 설정] 대화 상자에서 [값 표시형식]은 행 또는 열 방향의 합계 비율뿐 아니라 다양한 종류의 계산이 가능하다.

계산 옵션	결과
계산 없음	필드에 입력된 대로 값을 표시
총 합계 비율	값을 보고서의 모든 값이나 데이터 요소의 총 합계에 대한 백분율로 표시
열 합계 비율	각 열 또는 계열에 있는 모든 값을 해당 열 또는 계열의 합계에 대한 백분율로 표시
행 합계 비율	각 행 또는 범주에 있는 값을 해당 행 또는 범주의 합계에 대한 백분율로 표시
[기준값]에 대한 비율	값을 기준 필드에 있는 기준 항목 값에 대한 백분율로 표시
상위 행 합계 비율	(항목에 대한 값)/(행의 상위 항목에 대한 값)
상위 열 합계 비율	(항목에 대한 값)/(열의 상위 항목에 대한 값)
상위 합계 비율	(항목에 대한 값)/(선택한 기준 필드의 상위 항목에 대한 값)
[기준값]과의 차이	값을 기준 필드에 있는 기준 항목 값과의 차이로 표시
[기준값]에 대한 비율의 차이	값을 기준 필드에 있는 기준 항목 값과의 백분율 차이로 표시
누계	기준 필드에 있는 연속 항목에 대한 값을 누계로 표시
누계 비율	기준 필드에 있는 누계로 표시되는 연속 항목에 대한 값을 백분율로 계산
오름차순 순위 지정	특정 필드에 있는 선택한 값의 순위를 오름차순으로 표시. 예를 들어 필드의 가장 작은 항목을 1로 표시하고 그보다 큰 값은 각각 더 높은 순위 값을 사용하여 표시
내림차순 순위 지정	특정 필드에 있는 선택한 값의 순위를 내림차순으로 표시. 예를 들어 필드의 가장 큰 항목을 1로 표시하고 그보다 작은 값은 각각 더 높은 순위 값을 사용하여 표시
지수(index)	((셀에 있는 값)×(총합계의 총합)) / ((행 총합계)×(열 총합계))

04 피벗 테이블 행 레이블, 열 레이블 수정하기

피벗 테이블에 추가된 행과 열의 내용은 원하는 값으로 수정 편집이 가능하다. 행 레이블과 열 레이블을 클릭하여 '성별', '구성비', '평균 생활비'로 수정한다.

성별	구성비	평균 생활비
남	53.6%	77.0
여	46.4%	81.2
총합계	**100.0%**	**78.9**

❶ 행 레이블, 열 레이블 각각 클릭하여 수정

예제 5-4

생활비 시트에서 지역별 남녀 구성비 및 평균 생활비의 요약 및 집계표를 만들어보자.

준비파일 ch5_2.xlsx '생활비' 시트

완성시트

독립	Y		
		성별	
지역	값	남	여
광주			
	개수 : 성별	8	4
	평균 : 생활비	80.3	73.8
대구			
	개수 : 성별	6	3
	평균 : 생활비	88.8	102.0
	[illegible]생활비	[illegible]	[illegible]
울산			
	개수 : 성별	2	1
	평균 : 생활비	92.5	82.0
인천			
	개수 : 성별	3	4
	평균 : 생활비	85.0	100.8

지역별 독립한 남녀 인원수 및 평균생활비의 집계표

01 피벗 테이블 삽입 및 필드 구성하기

위와 같은 방법으로 임의의 위치([H15])에 피벗 테이블을 삽입하고 [피벗 테이블 필드] 작업 창에서 지역별 남녀 평균 생활비의 테이블에 필요한 필드를 각 영역에 드래그한다.

지역 필드는 행 영역에, 성별 필드는 열 영역에, 성별 필드와 생활비 필드는 값 영역에 드래그하여 각 지역의 남녀 구성 인원과 평균 생활비를 피벗 테이블에 표시한다.

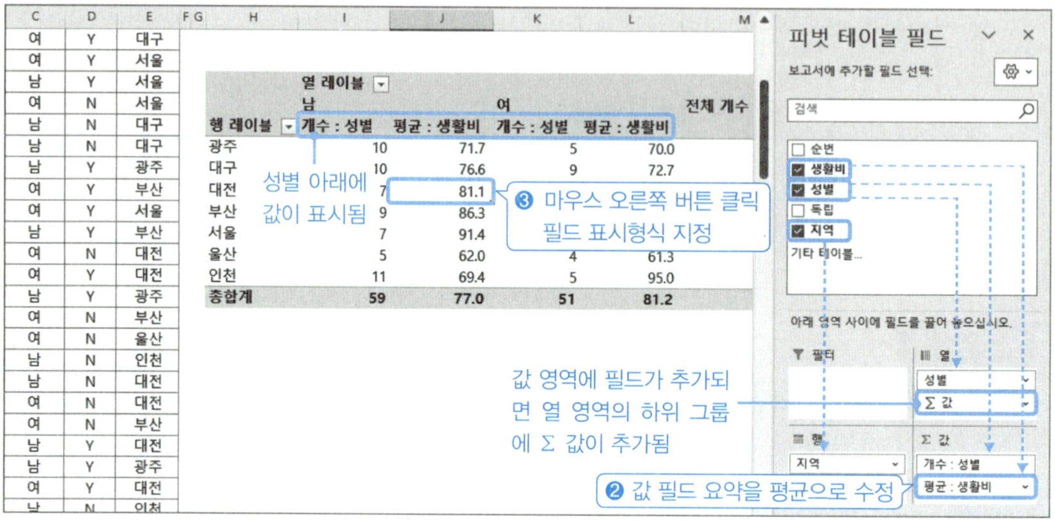

02 값 필드 요약의 위치 바꾸기

피벗 테이블의 값 영역에 표시되는 값이 추가되면 열 영역의 성별 하위 그룹에 'Σ 값'이 추가된다.

열 영역에서 Σ 값을 드래그하여 성별 위로 옮기면 피벗 테이블에서 성별 개수와 생활비 평균 열이 성별의 상위 그룹으로 이동한다.

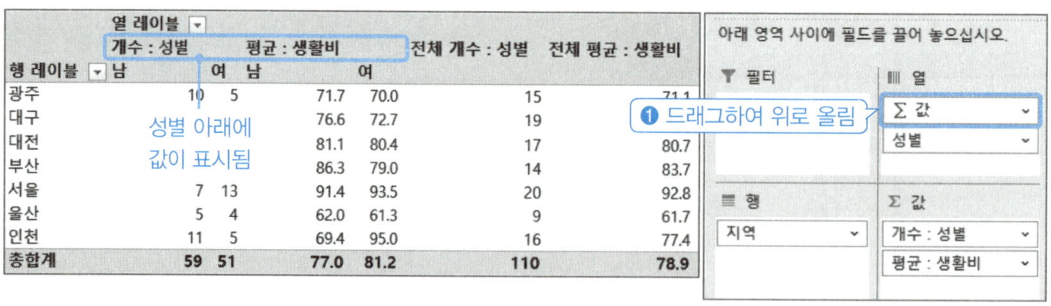

열 영역의 Σ 값을 드래그하여 행 영역의 지역 아래로 이동하면 성별 개수와 생활비 평균 요약 행이 지역의 하위 그룹으로 이동한다.

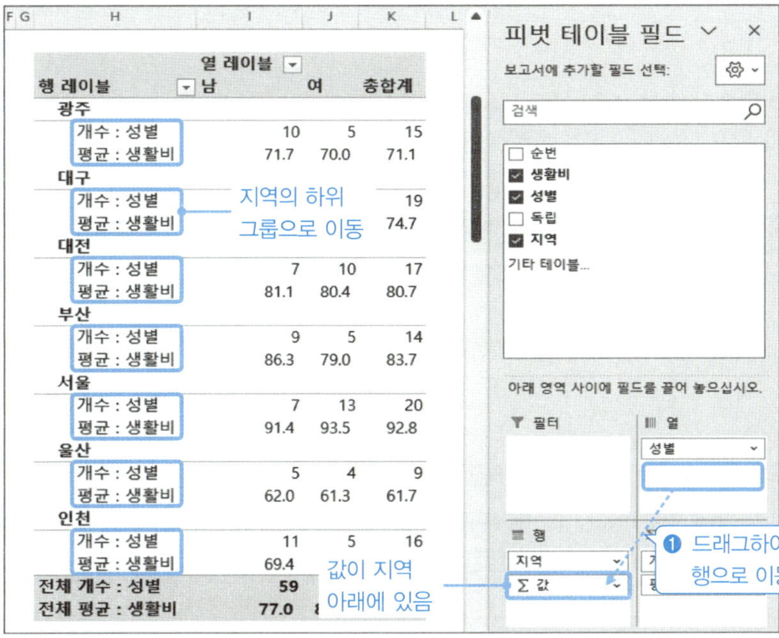

03 필터 추가하여 혼자 사는 학생의 평균 생활비 확인하기

독립 필드를 필터 영역으로 드래그하여 추가한다. 그리고 피벗 테이블의 필터 영역의 드롭다운 단추를 클릭하여 독립 필드의 'Y'를 선택하고 확인을 클릭한다.

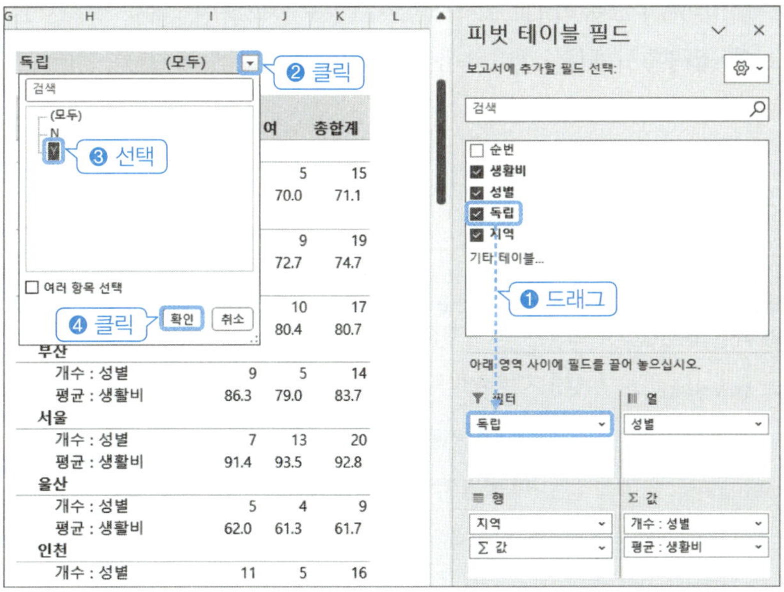

04 피벗 테이블 디자인하기

- [디자인] 탭에서 피벗 테이블의 스타일을 수정하거나 옵션을 추가할 수 있으며 피벗 테이블의 레이아웃을 설정할 수 있다.

- 위에서 만든 피벗 테이블 스타일을 '피벗 스타일 보통 7'로 지정하고, 보고서를 개요 형식으로 표시하고 행과 열의 총합계를 해제하여 보자.

❶~❷ [디자인] 탭–[피벗 테이블 스타일] 그룹–[중간]에서 '연한 녹색, 피벗 스타일 보통 7'을 선택한다.

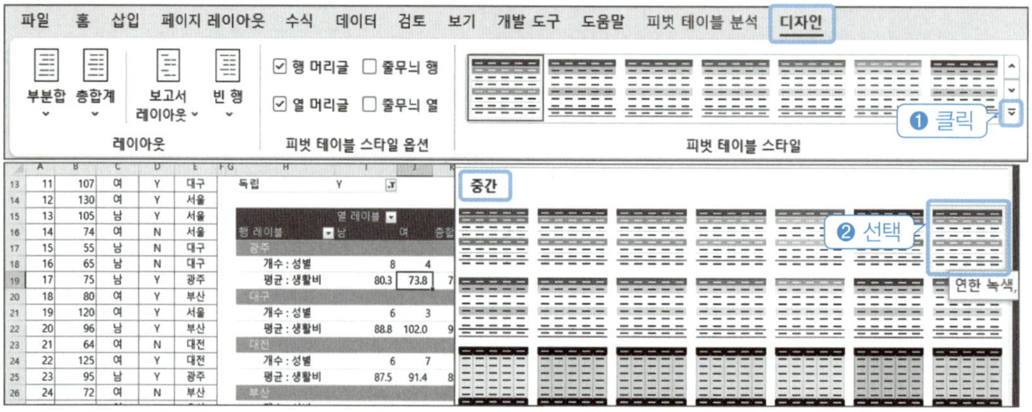

❸~❹ [디자인] 탭–[레이아웃] 그룹의 [보고서 레이아웃]을 클릭하여 [개요 형식으로 표시]를 설정한다. 그리고 ❺~❻ [총합계]를 클릭하여 [행 및 열의 총합계 해제]를 선택하여 피벗 테이블의 총합계를 해제한다.

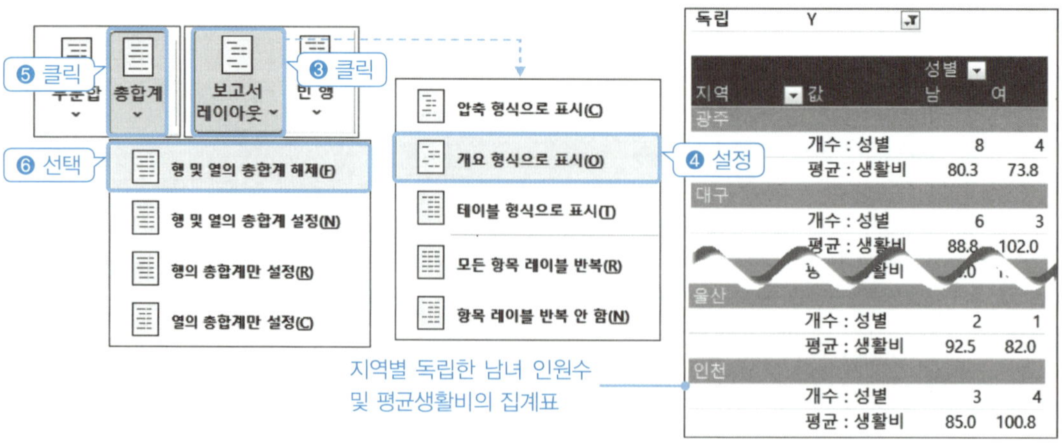

Tip	피벗 스타일 옵션에서 행과 열의 머리글에 스타일을 해제할 수 있으며 각 행 또는 열에 줄무늬 옵션을 추가할 수 있다.

Tip	보고서 레이아웃을 테이블 형식으로 설정하면 표 형태의 피벗 테이블을 만들 수 있다. 또한, [피벗 테이블 분석] 탭-[표시]의 [필드 머리글]을 클릭하면 피벗 테이블에서 행과 열에 추가된 필드의 머리글을 해제할 수 있다.

예제 5-5

ch5_2.xlsx의 '주문및재고' 시트는 어느 회사의 상품 주문 및 재고 관리 데이터이다. 피벗 테이블을 이용하여 월별 및 연도별 구매와 판매의 집계표를 만들어 보자. 그리고 업체별 필터링 결과를 보고서에 나타내어 보자.

준비파일 ch5_2.xlsx '주문및재고' 시트

완성시트 ch5_2.xlsx '피벗테이블_주문및재고

합계 : 주문량	열 레이블		
행 레이블	구매	판매	총합계
⊟2017년			
⊞4사분기	730	212	942
2017년 요약	730	212	942
⊟2018년			
⊟1사분기			
⊞1월	80	153	233
1사분기 요약	80	153	233
2018년 요약	80	153	233
총합계	810	365	1175

데이터 그룹화 및 요약

원하는 업체를 선택하여 필터링 가능

01 피벗 테이블 삽입 및 필드 지정하기

❶ 데이터베이스의 임의의 셀에서 ❷~❸ [삽입] 탭–[표] 그룹–[피벗 테이블]을 선택한다. ❹ [피벗 테이블 만들기] 대화 상자에서 범위를 확인하고 피벗 테이블 보고서의 위치를 ❺ [새 워크시트]로 하고 ❻ [확인]을 클릭한다. 'Sheet1'의 새로운 시트에 피벗 테이블 빈 윤곽과 [피벗 테이블 필드] 작업창이 실행된다. 시트명을 '피벗테이블_주문및재고'로 수정한다.

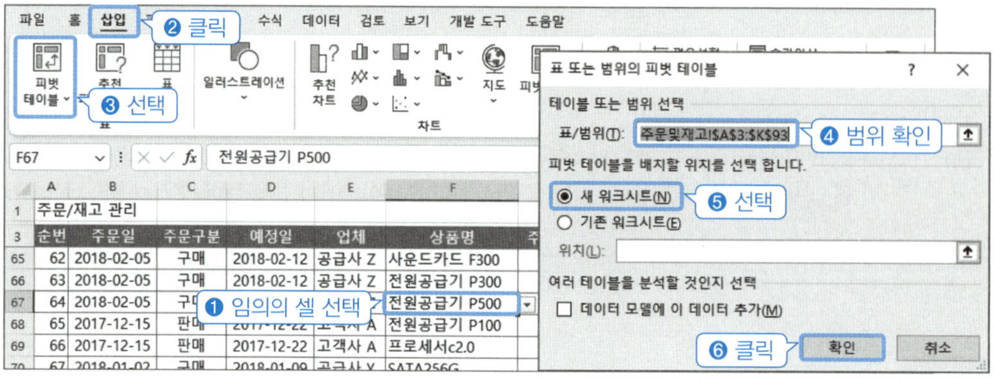

- 월별 구매와 판매의 집계표에는 행 영역에 날짜를, 열 영역에는 구매와 판매, 즉 주문구분을 그리고 값 영역에 주문량의 합계를 표시한다. [피벗 테이블 필드] 작업 창의 필드 목록에서 주문일 필드를 행 영역에, 열 영역에는 주문 구분 필드를 끌어다 놓고, 값으로는 주문량 필드를 드래그하여 값 영역에 추가한다.

- 주문일과 같은 날짜 데이터의 경우 개월, 분기, 년으로 날짜가 자동으로 그룹화되어 개월(주문일), 분기(주문일), 년(주문일) 필드가 추가된다. 추가된 필드는 하위 그룹을 포함하기 때문에 +/− 단추가 표시되며 하위 집합을 표시하거나 해제할 수 있다. 필요 없는 그룹을 해제하려면 피벗 테이블 필드 창에서 행 영역의 필드를 제거하거나 날짜의 임의의 셀에서 마우스 오른쪽 버튼의 팝업메뉴 [그룹]에서 '월, 분기, 연'의 단위를 직접 지정할 수도 있다.

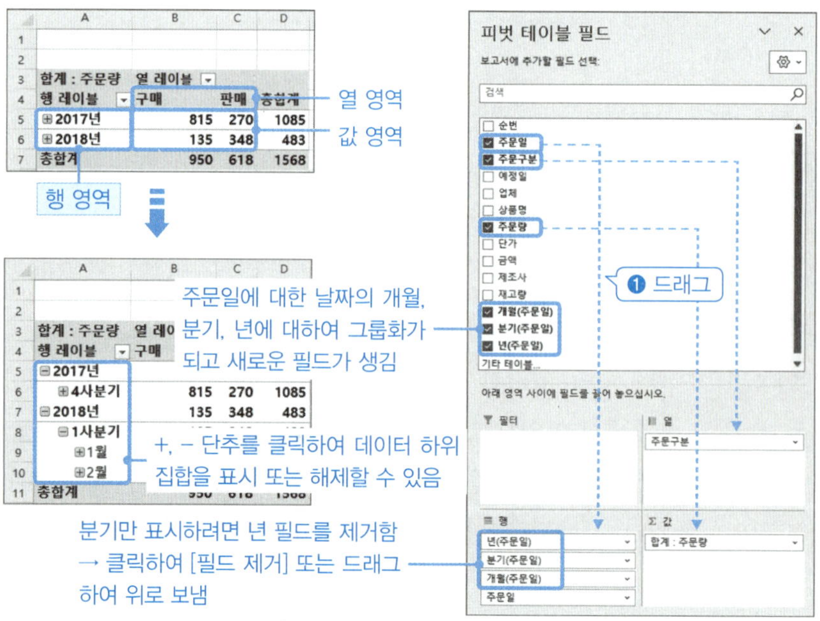

Tip 행 또는 열 영역에 숫자 데이터를 범위로 그룹화하여 표시할 수 있다. 이 경우 그룹으로 표시할 ❶~❷ 임의의 셀에서 마우스 오른쪽 버튼을 클릭하여 나타나는 팝업 메뉴에서 [그룹]을 클릭하여 ❸ 그룹화 대화상자에서 시작과 끝, 단위를 설정하여 숫자를 범위로 표시할 수 있다. 그룹화는 [피벗 테이블 분석] 탭-[그룹]-[선택 항목 그룹화]를 클릭하여 설정할 수도 있다.

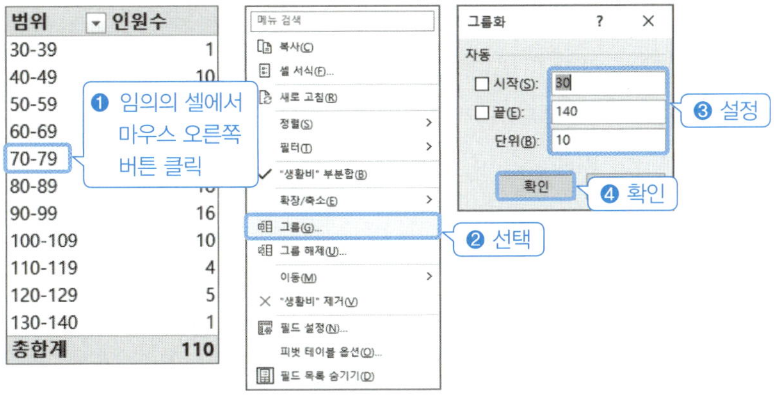

02 피벗 테이블 부분합 레이아웃 설정하기

피벗 테이블에서 ❶~❷ [디자인] 탭-[레이아웃] 그룹의 [부분합] 옵션을 선택하여 ❸ 그룹 상단이나 하단에 부분합 요약 행을 추가한다.

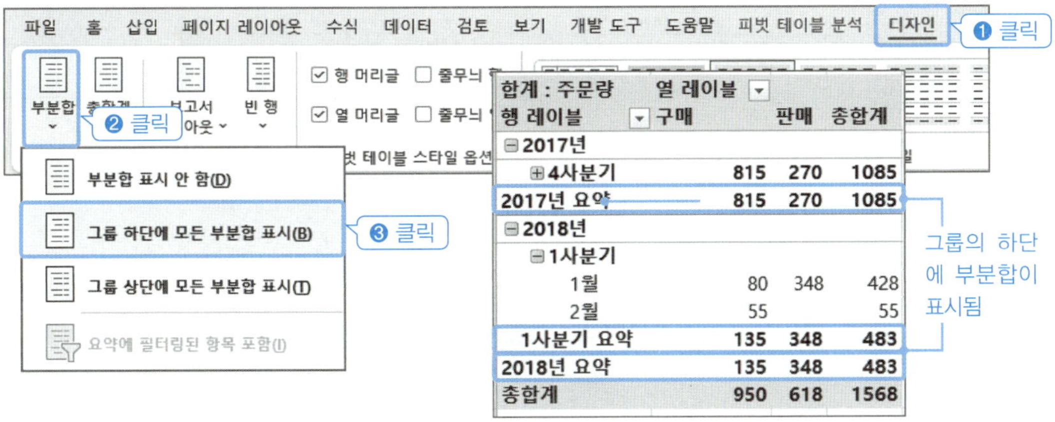

03 슬라이서 삽입하기

슬라이서는 여러 단추가 포함되어 있어 사용하기 쉬운 필터링 구성요소로, 드롭다운 목록을 열어 필터링할 항목을 찾지 않고도 피벗 테이블 보고서의 데이터를 빠르게 필터링하는 데 사용할 수 있다. 일반 피벗 테이블 필터를 사용하여 여러 항목을 필터링하는 경우 필터에는 여러 항목이 필터링되었다는 것만 나타나며 필터링 세부 정보를 찾으려면 드롭다운 목록을 열어야 한다. 그러나 슬라이서는 적용되는 필터에 알아보기 쉬운 레이블을 지정하고 세부 정보를 제공하므로 필터링된 피벗 테이블 보고서에 표시되는 데이터를 쉽게 알 수 있다.

❶ 피벗 테이블의 임의의 셀을 선택하고 ❷~❸ [분석] 탭–[필터] 그룹–[슬라이서 삽입]을 클릭하여 슬라이서 삽입 대화상자를 실행한다. 슬라이서에 포함할 필드명으로 ❹ '업체'를 선택한 후 ❺ [확인]을 클릭한다.

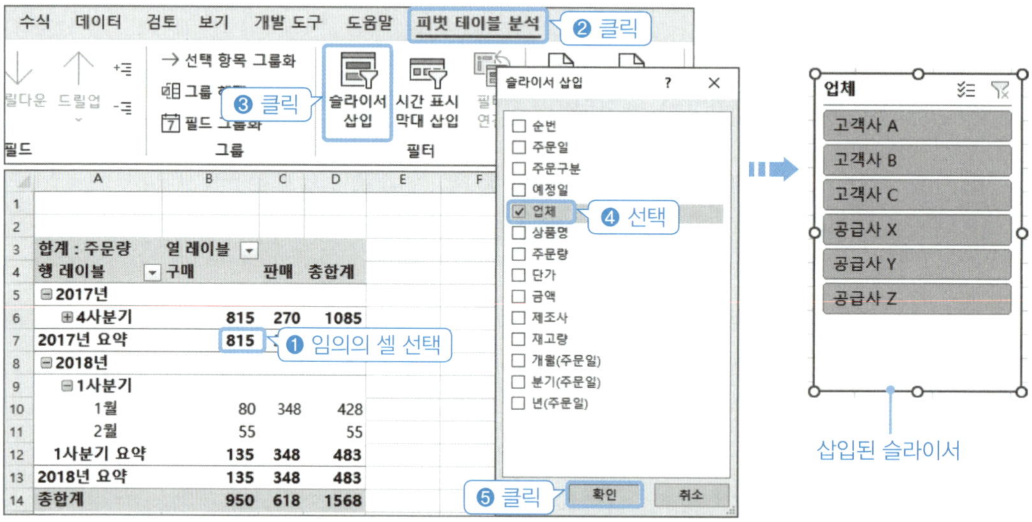

Tip 슬라이서 제거는 슬라이서를 클릭한 후 〈Delete〉키를 눌러서 제거할 수 있다.

04 슬라이서 모양 편집하기 및 다중 선택으로 필터링하기

슬라이서가 삽입된 상태에서 ❶~❷ [슬라이서] 탭–[단추] 그룹에서 열 크기, 즉 한 행에 표시될 버튼 수를 수정하고 슬라이서의 전체 크기를 조정한다.

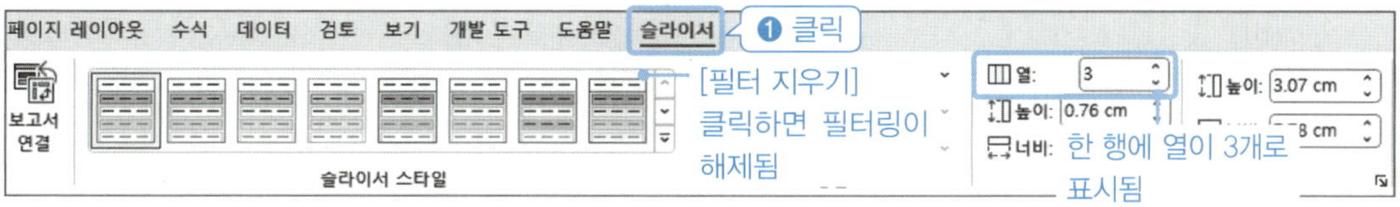

슬라이서를 클릭하면 활성화된 버튼을 기준으로 필터링되며, 〈Ctrl〉 키를 사용하여 다중 선택으로 필터링할 수 있다. 고객사 A를 클릭한 후 〈Ctrl〉 키를 누르고 고객사 B, 공급사 X, 공급사 Y를 선택하여 구매와 판매의 주문량을 확인한다.

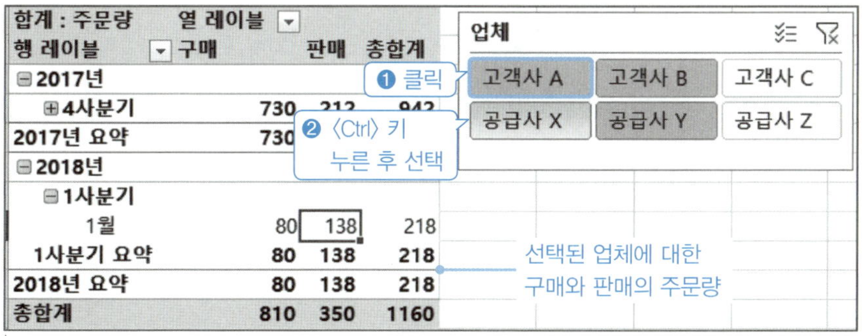

05 피벗 테이블 업데이트하기

데이터베이스의 내용이 변경되면 피벗 테이블이 자동으로 업데이트되지 않는다. [피벗 테이블 분석] 탭–[데이터] 그룹–[새로 고침]을 클릭하거나 피벗 테이블의 임의의 셀에서 마우스 오른쪽 버튼을 누른 후 팝업메뉴의 [새로 고침]을 클릭하면 피벗 테이블을 업데이트할 수 있다.

❶ 2018년 1월 15일 주문량을 20으로 수정한 후 ❷~❸ 피벗 테이블에서 [새로 고침]을 클릭하여 수정된 데이터에 대하여 피벗 테이블이 업데이트됨을 확인한다.

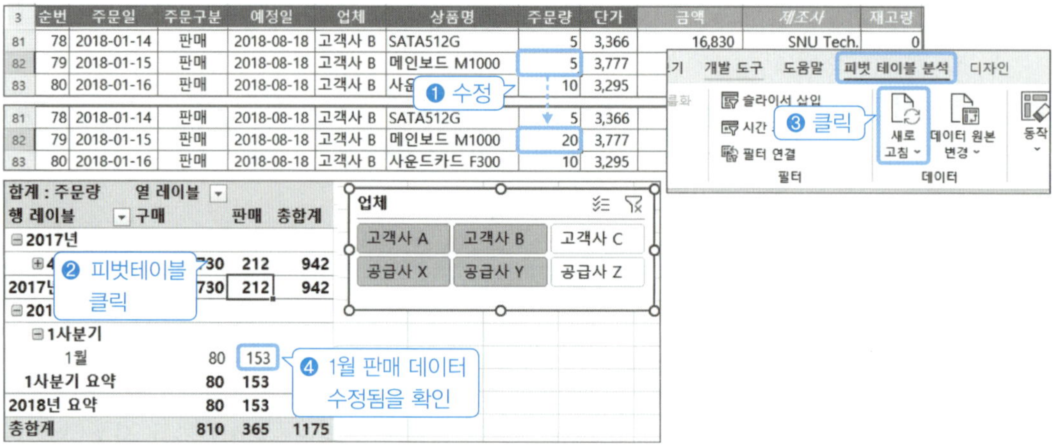

Tip 만약 데이터가 지정된 범위 밖에서 추가되는 경우는 [새로 고침] 기능으로 피벗 테이블이 자동 업데이트되지 않는다. 이 경우에는 [피벗 테이블 분석] 탭–[데이터] 그룹–[데이터 원본 변경]을 클릭해 데이터 원본 범위를 변경해 줘야 한다.

연습문제

'ch5_2_연습문제.xlsx'의 통합문서를 열어 다음 각 문제를 해결하시오.

01

'대리점' 시트에서 각 대리점의 월 품목별 매출 총합계를 나타내는 피벗 테이블을 만들어 보자.

합계 : 매출		품목 ⑤			
❶ 대리점	❸ 개월(날짜)	건강	컴퓨터	패션	총합계
⊟ ❹ 대전	5월	8,375,100	7,958,600	4,534,500	20,868,200
	6월	1,051,200	11,699,700	9,026,400	21,777,300
대전 요약		**9,426,300**	**19,658,300**	**13,560,900**	**42,645,500**
⊟ 부산	5월	5,818,200	8,964,000	14,953,000	29,735,200
부산 요약		**5,818,200**	❷ **8,964,000**	**14,953,000**	**29,735,200**
⊟ 서울	5월	19,609,500	14,649,100	11,379,000	45,637,600
	6월	5,600,000		5,020,000	10,620,000
서울 요약		**25,209,500**	**14,649,100**	**16,399,000**	**56,257,600**
⊟ 수원	5월	3,834,000	3,879,800	9,424,000	17,137,800
	6월	2,246,400	6,225,800	8,648,500	17,120,700
수원 요약		**6,080,400**	**10,105,600**	**18,072,500**	**34,258,500**
총합계		**46,534,400**	**53,377,000**	**62,985,400**	**162,896,800**

❶ 피벗 테이블을 [J5]의 위치에 삽입하고 위 그림을 참고하여 해당 영역에 필드를 추가하여 작성하시오.

❷ 필드 값의 표시형식을 그림과 같이 회계로 지정하시오.

❸ 피벗 테이블 디자인에서 보고서 레이아웃은 테이블 형식으로 지정하고 일(날짜)와 날짜 필드는 제거하시오.

❹ 월 영역은 피벗 테이블 옵션에서 '레이블이 있는 셀 병합 및 가운데 맞춤'으로 지정하시오.

❺ 피벗 테이블 스타일을 피벗 스타일 밝게 20으로 지정하시오.

02 ‘금전출납부’ 시트는 어느 회사의 연간 수입과 지출 내역이다. 피벗 테이블을 이용하여 월별 및 분기별 수입과 지출의 요약보고서를 만들어 보자.

❶ 피벗 테이블을 [I5]의 위치에 삽입하고 위 그림을 참고하여 해당 영역에 필드를 추가하여 작성하시오. (데이터 선택이 잘못된 경우 [피벗 테이블 분석] 탭–[데이터] 그룹–[데이터 원본 변경]으로 범위를 수정한다.)

❷ 행 영역에 추가된 날짜를 그룹하여 월 단위 및 분기별로 지정하시오.(행 영역의 팝업메뉴에서 [그룹]선택하여 ‘월’, ‘분기’ 지정)

❸ 필드 값의 표시형식 및 레이블, 디자인 등을 그림과 같이 수정하시오.

❹ ‘구분’ 필드의 슬라이서를 삽입하여 세금계산서의 수입과 지출내역만 필터링하시오.

03 ‘주문 및 재고’ 시트에서 각 업체별 구매와 판매의 주문 건수 및 주문량의 합계를 파악할 수 있는 매출 집계표를 아래 그림을 참고하여 피벗 테이블을 이용하여 만들어 보자.

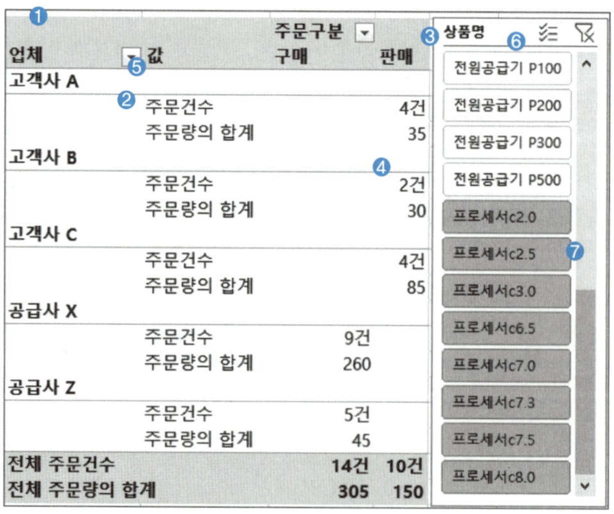

❶ 피벗 테이블을 [M5]의 위치에 삽입하고 해당 영역에 필드를 추가하여 작성하시오.

❷ 주문건수와 주문량의 합계를 구하도록 [값 필드 설정]에서 계산 유형을 수정하시오.

❸ 피벗 테이블의 행의 총합계를 숨기시오.

❹ 필드 값의 표시형식 및 레이블 등을 그림과 같이 수정하시오.

❺ 피벗 테이블의 레이아웃을 개요 형식으로 변경하시오.

❻ '상품명' 필드에 대한 슬라이서를 삽입하고 슬라이스 글자 크기를 9pt로 수정하시오. 슬라이스의 글자 크기는 직접 수정할 수 없으므로 슬라이스 스타일의 [서식]을 수정하여 변경한다.

힌트 [슬라이서 스타일] 그룹의 '슬라이서 스타일 밝게 1' 아이콘에서 팝업 메뉴 [중복]을 클릭하여 [슬라이서 스타일 수정] 대화상자를 나타낸다. [이름]에 '글자 크기 9' 이름 을 입력하고 [슬라이서 요소] 목록에서 [전체 슬라이서]를 선택한 후 [서식] 버튼을 클릭한다. [글꼴] 탭에서 [크기]를 9로 설정하고 [확인]을 클릭하여 시트로 돌아온다. [슬라이서 스타일] 그룹의 갤러리에서 [사용자 지정] 영역에 방금 추가된 '글자 크기 9'을 클릭하면 새 스타일이 적용된다.

❼ 주어진 그림을 참고하여 상품명에서 프로세서 c 시리즈만 비교할 수 있도록 필터링하시오.

06

데이터 분석 및 시각화

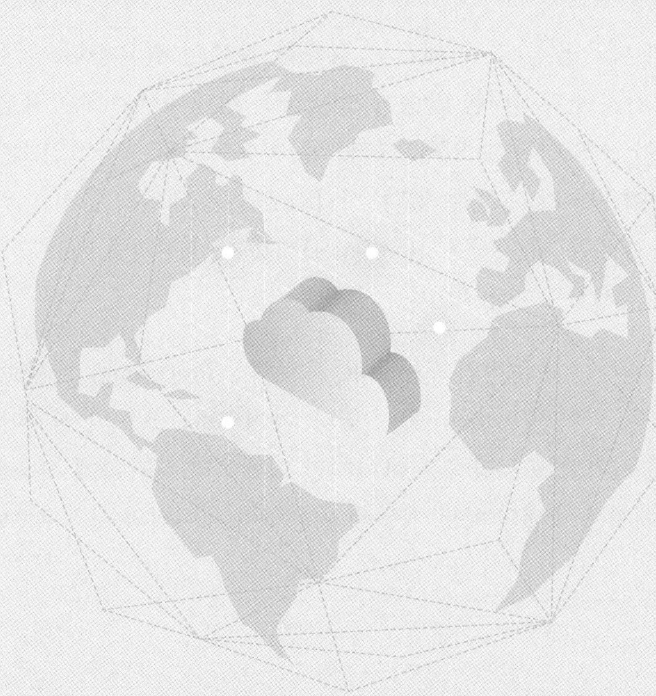

6.1

차트를 이용한 데이터 분석 및 시각화

데이터로부터 목적한 예측을 하기 위해서는 정확한 분석이 필요하다. 적절한 데이터 시각화(visualization) 과정을 거치면 데이터를 단순히 모아 놓은 상태에서는 보이지 않는 추세, 서로 간의 관계, 규칙의 패턴 등이 잘 드러날 수 있다. 그러므로 빅데이터의 주목적인 통찰력(insight)을 얻기 위해서는 시각화 작업이 필수라고 할 수 있다. 시각화 작업은 데이터 분석을 위해서도 필요하지만 경영자나 정책 결정자와 같은 최종 사용자(end-user)에게 분석 결과를 빠르고 쉽게 이해할 수 있도록 표현하여 전달하기 위해서도 필수적이다.

빅데이터 시각화를 지원하는 전문적인 도구로 R, 프로세싱(Processing), 태블로(Tableau) 등이 있으며, 프로그래밍 언어로는 파이썬(Python) 등이 있다. 마이크로소프트의 엑셀이나 구글의 스프레드시트는 빅데이터 전문 시각화 도구만큼은 아니지만 빅데이터 시각화에 사용할 수 있는 대표적인 기본 도구이다. 이 장에서는 엑셀의 차트 기능을 이용하여 데이터와 분석 정보를 시각화하는 방법을 소개한다.

예제 6-1

차트의 기본

전체 팀의 연간 분기별 평균 판매 실적의 변화와 특정 팀의 판매 실적 변화를 한꺼번에 보여줌으로써 해당 팀의 실적과 평균을 비교할 수 있는 묶은 세로 막대형과 표식이 있는 꺾은선형 혼합 차트를 만들어 보자. 차트의 기본 기능을 익히기 위해 세로 막대형 차트를 만든 후, 그림을 배경으로 넣은 혼합 차트로 변경한다.

준비파일 ch6_1.xlsx '팀별실적' 시트

완성시트

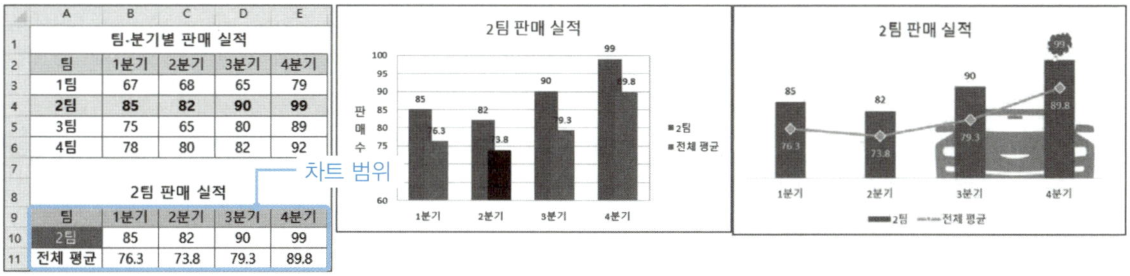

01 막대형 차트 만들기

❶ 차트에 사용할 데이터 원본을 선택한 후 ❷~❹ [삽입] 탭–[차트] 그룹– (세로 또는 가로 막대형 차트 삽입)– (2차원 묶은 세로 막대형)을 클릭하여 차트를 삽입한다. 묶은 세로 막대형 차트를 삽입하는 단축키는 〈Alt〉 + 〈F1〉 키이다.

차트의 데이터 원본 범위에는 막대로 나타날 값뿐만 아니라 범례에 나타날 계열 이름과 가로 축(가로 막대형이라면 세로 축)에 나타날 항목 레이블까지 포함해야 한다. 아래 그림에서 범위의 좌측 상단에 있는 [A9] 셀은 차트에 전혀 사용되지 않는 셀이지만 반드시 범위에 포함해야 한다(차트 범위는 모든 열의 행수가 같아야 한다).

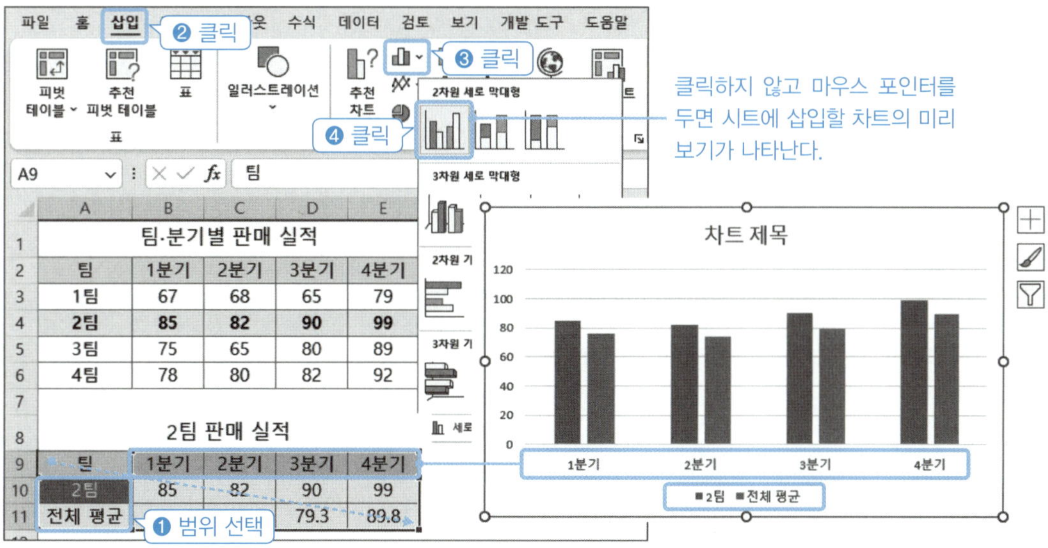

Tip 차트를 처음 만들 때는 차트 범위를 선택한 후 [삽입] 탭–[차트] 그룹–[추천 차트]를 클릭하면 추천 차트가 나타난다. [추천 차트] 탭에서는 미리 만들어 둔 차트 중 한 개를 골라 차트를 삽입할 수 있다
차트 종류를 변경하기 위해서는 삽입된 차트를 선택한 상태에서 [차트 디자인] 탭–[종류] 그룹–[차트 종류 변경]을 클릭하여 [차트 종류 변경] 대화 상자에서 차트 종류를 선택하여 변경한다.

Tip 차트를 클릭하면 테두리가 선으로 바뀌고, 차트 네 모서리와 테두리 중간 지점에 핸들이 생긴다. 이 핸들을 드래그하여 크기를 변경할 수 있다. 차트의 위치는 차트 테두리나 차트 영역 중 구성 요소가 없는 빈 곳에 마우스 포인터를 두어 이동 표식(✥)이 나타나면 드래그하여 옮길 수 있다.

Tip 삽입된 차트는 기본값으로 차트 제목과 가로 세로축의 값들만 표시되므로 차트 오른쪽 상단의 ⊞ 버튼 즉 차트 요소를 클릭하여 필요한 요소들을 추가하여 표시한다. 여기서 차트 요소는 차트의 제목, 레이블, 범례, 축 제목 등의 차트를 구성하는 요소를 말하여 다음 그림과 같다.

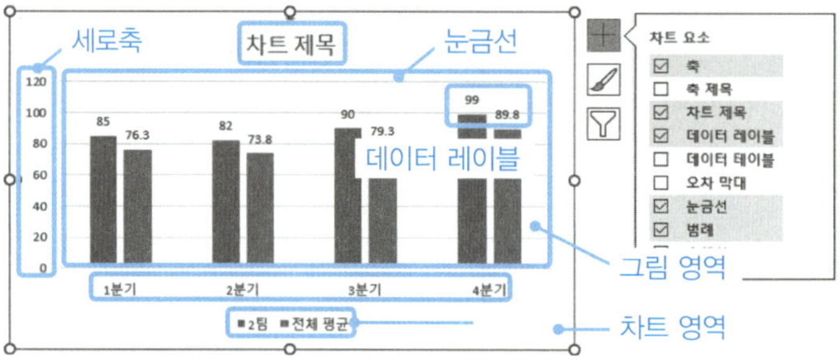

Tip 삽입된 차트에서 [차트 디자인] 탭–[데이터] 그룹–[행/열 전환]을 클릭하면 차트 데이터 원본 범위의 첫 행과 첫 열이 나타나는 위치를 전환하여 세로축과 가로축에 표시할 값을 변경할 수 있다.

02 차트 제목을 셀 참조로 설정하기

- 현재 시트에는 [A10] 셀의 팀이 바뀌면 [A8:E8] 병합셀의 제목도 바뀌게 되어 있다. 차트 제목이 [A8:E8] 병합 셀을 참조하게 하면 차트 제목도 선택한 팀에 맞게 자동으로 변한다.

- ❶차트 종류를 묶은 세로 막대형으로 변경 후 변경된 차트에서 ❷~❸차트 제목을 클릭한 후 [A8] 셀이 참조되도록 ❹ =[A8]을 입력한다.

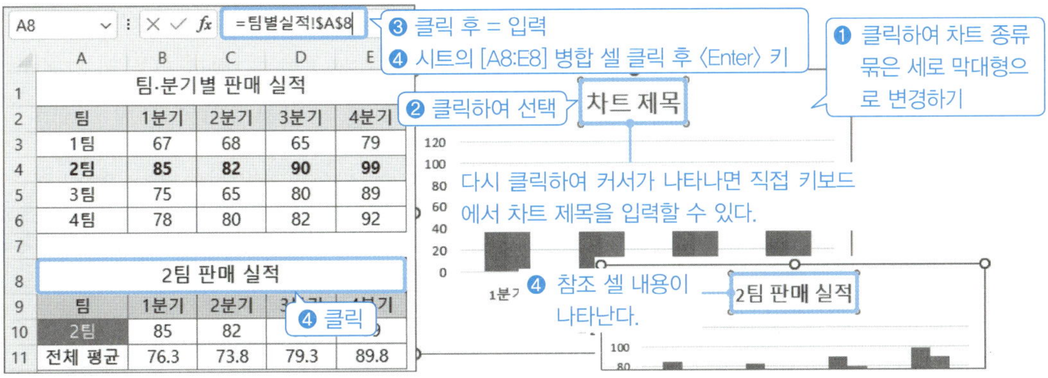

03 세로 축 제목에 판매수를 표시하기: ⊞(차트 요소) 사용하기

차트에 구성 요소를 추가/제거할 때는 차트를 선택하면 우측 상단에 나타나는 ⊞(차트 요소)나 [차트 디자인] 탭–[차트 레이아웃] 그룹–[차트 요소 추가]를 이용한다.

그림과 같이 ⊞(차트 요소)를 클릭하면 차트에 추가/제거할 수 있는 구성 요소를 포함한 갤러리가 나타난다. 이름 왼쪽에 체크가 되어 있으면 이 요소가 현재 차트에 포함되어 있는 상태이며, 이때 요소 이름을 클릭하면 체크가 해제되고 요소가 차트에서 제거된다.

구성 요소 추가/제거가 아닌 위치 이동 등 세부적인 옵션을 설정하려면 요소 이름을 클릭하지 않고 마우스 포인터를 요소 이름 옆에 두어 › 가 나타나면 › 를 클릭한다. 하위 옵션이 나타나면 이 중에서 원하는 것을 선택한다.

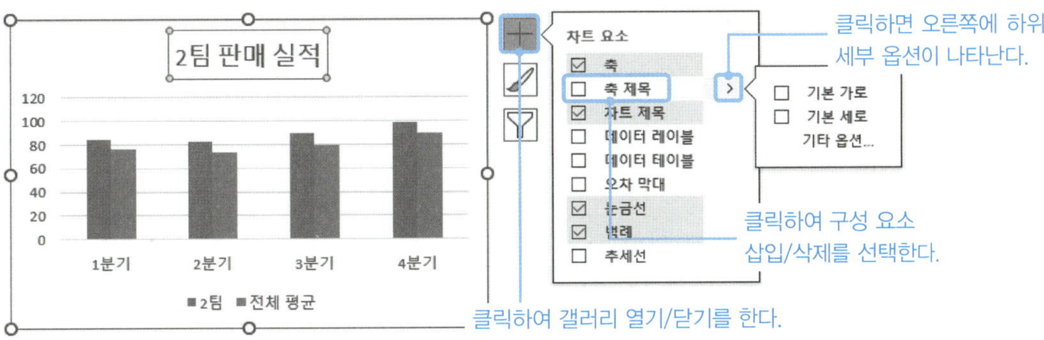

차트를 선택하고 ❶~❷ ⊞(차트 요소)-[축 제목]을 클릭하여 가로/세로 축 제목을 추가한 후 ❸ 가로 축 제목은 제거하고 ❹~❺ 세로 축 제목은 새로 입력한 후 세로 쓰기로 설정한다. 처음부터 세로 축 제목만 추가하려면 ❷ 대신 옆의 > 를 클릭한 후 [기본 세로]에만 체크를 한다.

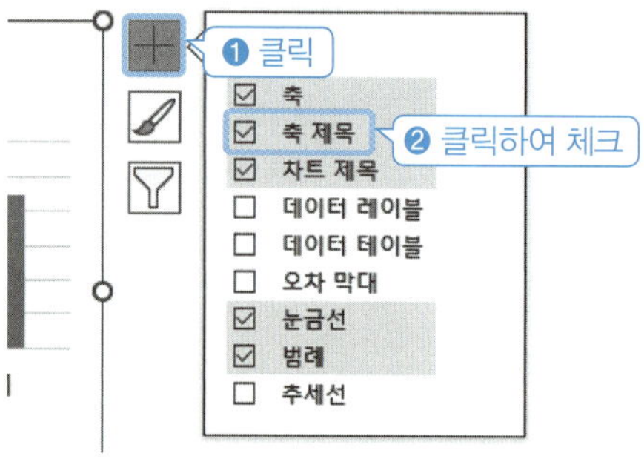

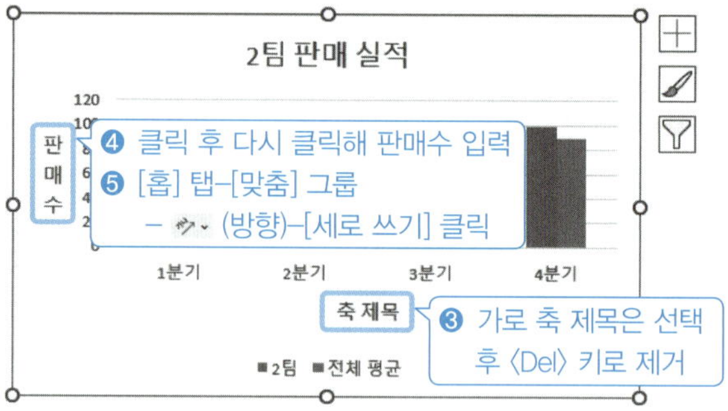

04 데이터 레이블 추가 후 범례를 차트 오른쪽으로 이동하기

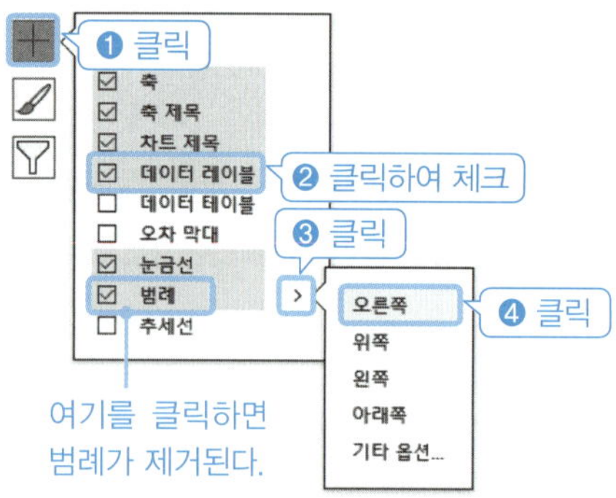

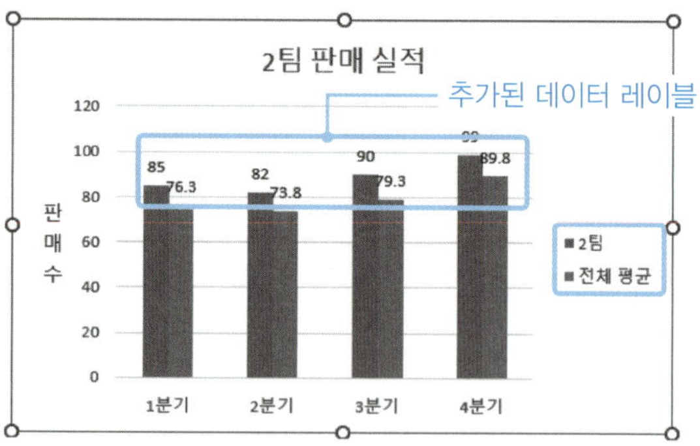

05 그림 영역에 테두리 선 넣기

차트 특정 영역에 마우스 포인터를 두면 해당 요소의 이름이 나타난다. ❶ 차트의 그림 영역을 클릭하여 선택한 후 ❷~❹ [서식] 탭에서 도형 윤곽선을 회색으로 설정한다.

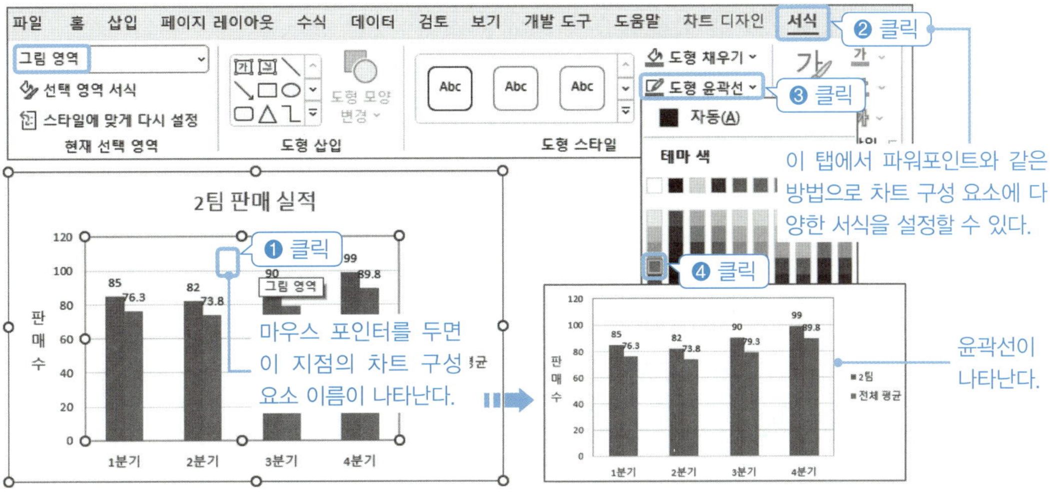

06 세로 축 설정하기: 서식 작업창 사용하기

- 차트 어디서든 더블클릭을 하면 시트 오른쪽에 서식 작업 창이 나타난다. 서식 작업 창을 이용하면 차트의 세부적인 서식 및 옵션을 설정할 수 있다. 일단 서식 작업 창이 나타나 있는 상태에서는 차트의 다른 요소 · 영역을 클릭하면 해당 요소 · 영역의 서식 작업 창 이름으로 바뀐다.

- 같은 데이터지만 세로 축의 범위를 조절하여 막대 크기의 차이를 강조할 수 있다. ❶~❷ 세로 축의 값이 60~100까지 5 단위마다 나타나게 설정한다.

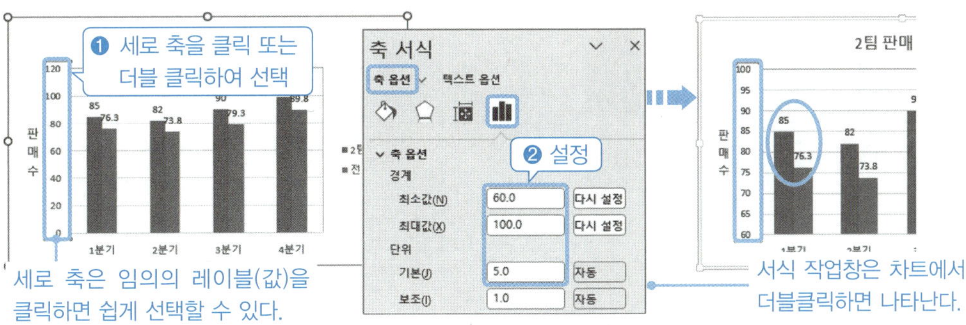

07 계열 막대를 30% 겹치고 항목 사이를 막대 간격 100%로 띄우기

06 단계에서 서식 작업 창을 표시한 상태이므로 ❶ 임의의 막대를 클릭하여 [데이터 계열 서식] 작업 창으로 바꾼 후 ❷ 계열 막대 겹치기를 30%로, ❸ 항목 사이 간격을 막대의 너비 100%로 설정한다.

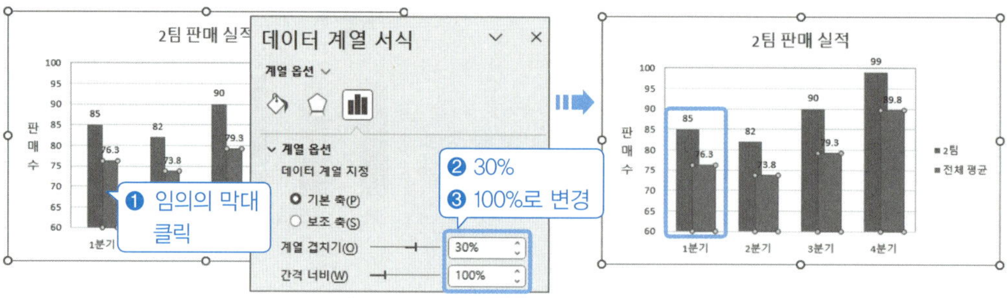

08 판매수가 최저인 전체 평균의 2분기 막대만 진회색으로 채운 후 투명도 설정하기

임의의 막대를 클릭하면 해당 계열의 모든 막대가 자동으로 선택되며 이 중 특정 막대를 한 번 더 클릭하면 해당 막대(데이터 요소)만 선택된다. ❶ 2분기의 전체 평균 막대만 한 번 더 클릭하여 해당 요소를 선택한 후 ❷~❺ [데이터 요소 서식] 작업 창에서 서식을 설정한다.

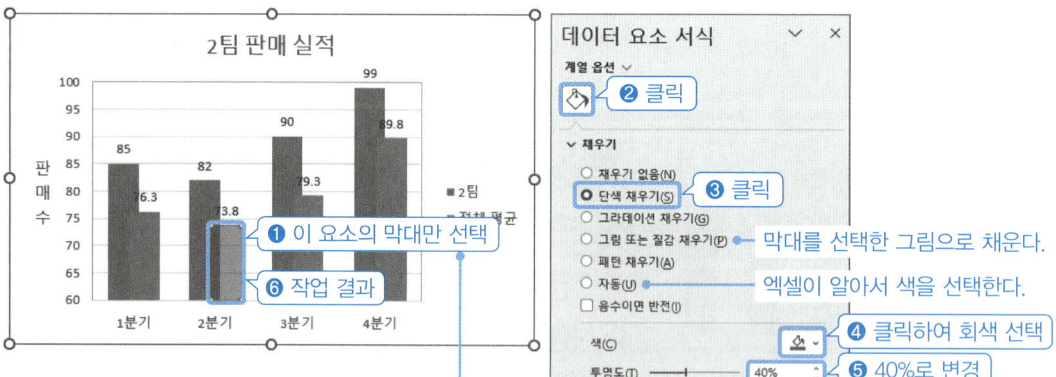

요소만 선택된 상태에서 <Esc> 키를 누르거나 다른 구성 요소를 클릭하면 요소 한 개 선택 상태에서 벗어난다.

09 범례를 아래로 옮긴 후 차트 종류를 혼합형으로 변경하기

❶ 04 단계와 같은 방법으로 범례를 아래쪽으로 옮긴 후 ❷ 차트의 빈 곳에서 마우스 오른쪽 버튼을 클릭한 후 팝업 메뉴 [차트 종류 변경]을 클릭한다. ❸~❹ [혼합] 형을 선택하면 계열마다 차트 종류를 다르게 설정할 수 있다. ❺~❼ 2팀 계열은 묶은 세로 막대형 그대로 두고, 전체 평균 계열만 (표식이 있는 꺾은선형)으로 변경한다.

특정 계열만 차트 종류를 변경할 때, 차트에서 계열을 선택한 후 [삽입] 탭-[차트] 그룹에서 차트 종류를 선택해도 된다.

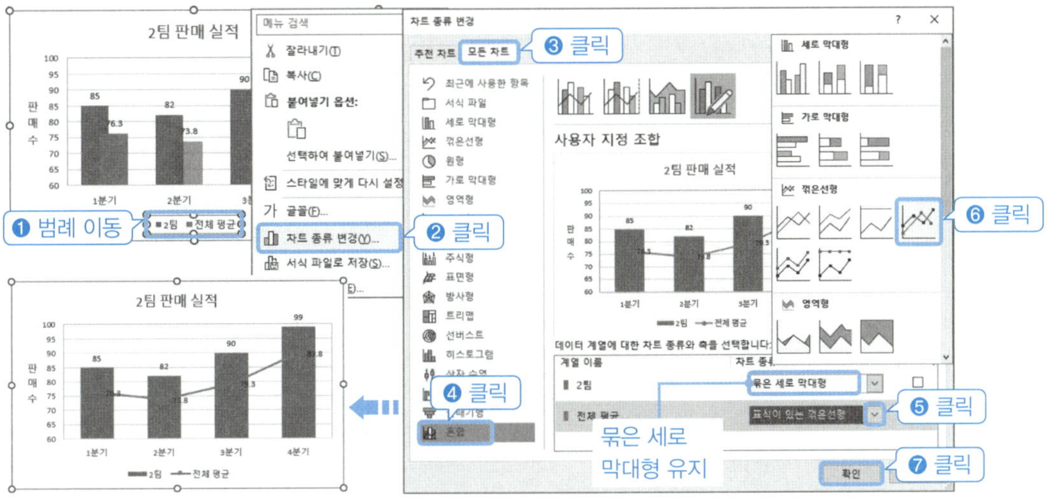

10 전체 평균 계열만 데이터 레이블을 표식 아래에 표시하고 흰색으로 바꾸기

❶ 전체 평균 계열의 데이터 레이블 중 하나를 클릭하여 이 계열의 모든 레이블을 선택한 후 ❷~❹ 레이블을 아래로 이동한다. ❺ 현재 전체 평균 계열의 데이터 레이블이 선택된 상태에서 [홈] 탭-[글꼴] 그룹-가 (글꼴 색)의 ⌄을 클릭하여 흰색을 선택한다.

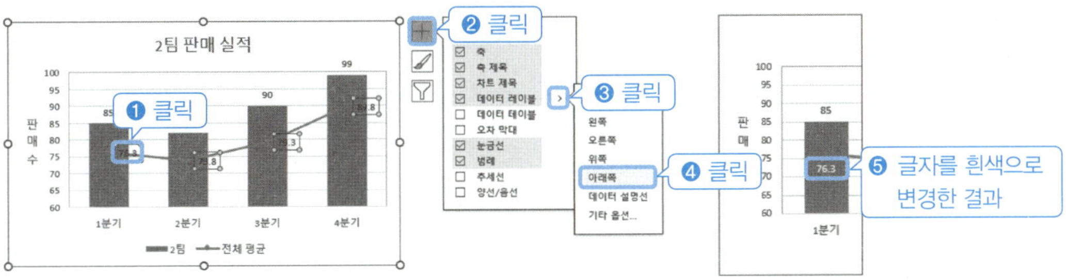

11 꺾은선과 표식의 서식 설정하기

❶~❺ 꺾은선은 황금색으로, ❻~⓬ 표식은 다이아몬드 모양(크기 10, 황금색, 흰색 테두리)으로 서식을 변경한다.

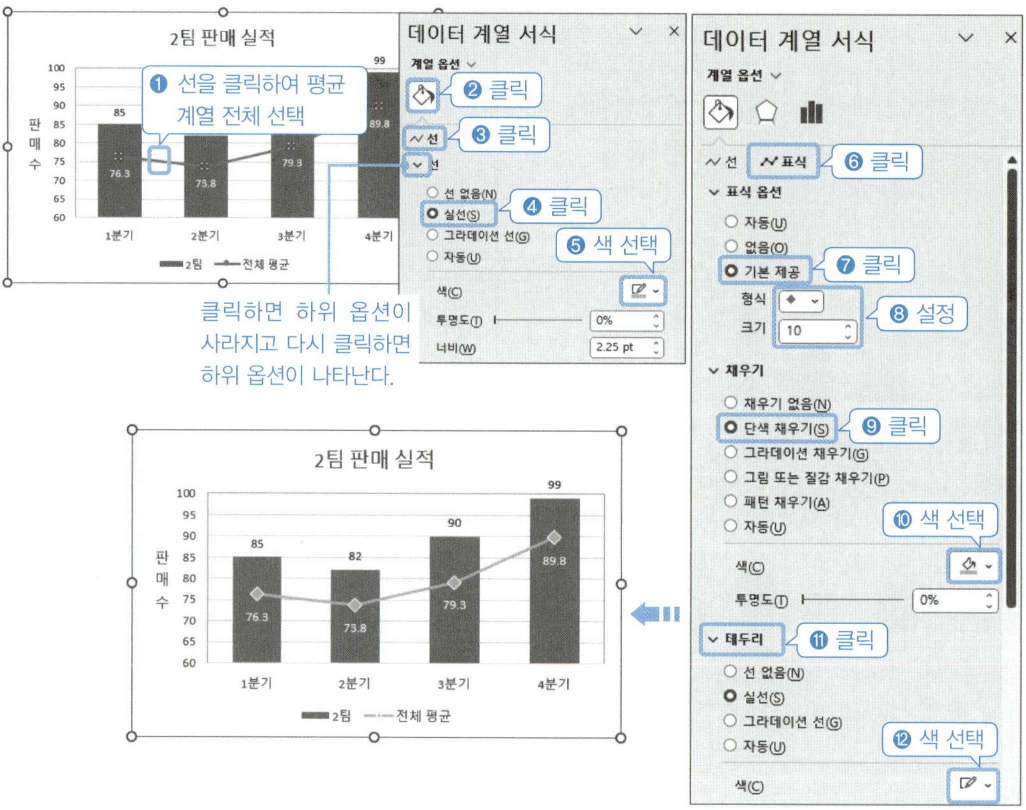

12 주 가로 눈금선, 그림 영역 테두리, 세로 축과 제목 제거 후 막대 간격 늘이기

다양한 방법으로 구성 요소를 제거하고 서식을 설정할 수 있다.

추가하려는 구성 요소 중 ⊞(차트 요소) 갤러리에 나타나지 않는 것은 [차트 디자인] 탭–[차트 레이아웃] 그룹–[차트 요소 추가]를 이용한다.

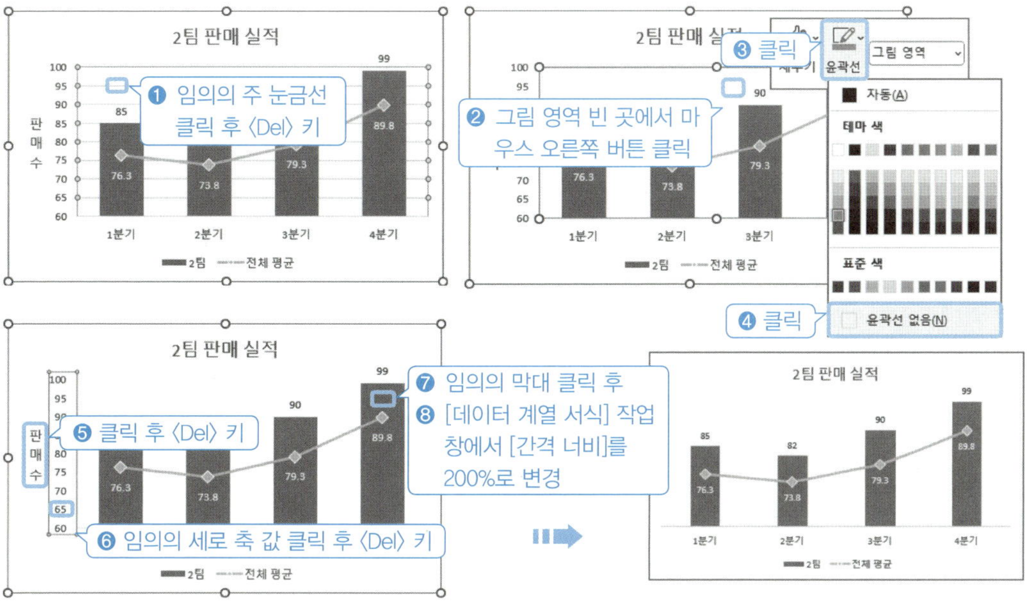

13 4분기 판매수 데이터 레이블을 도형에 표시하고 도형에 빠른 스타일 설정하기

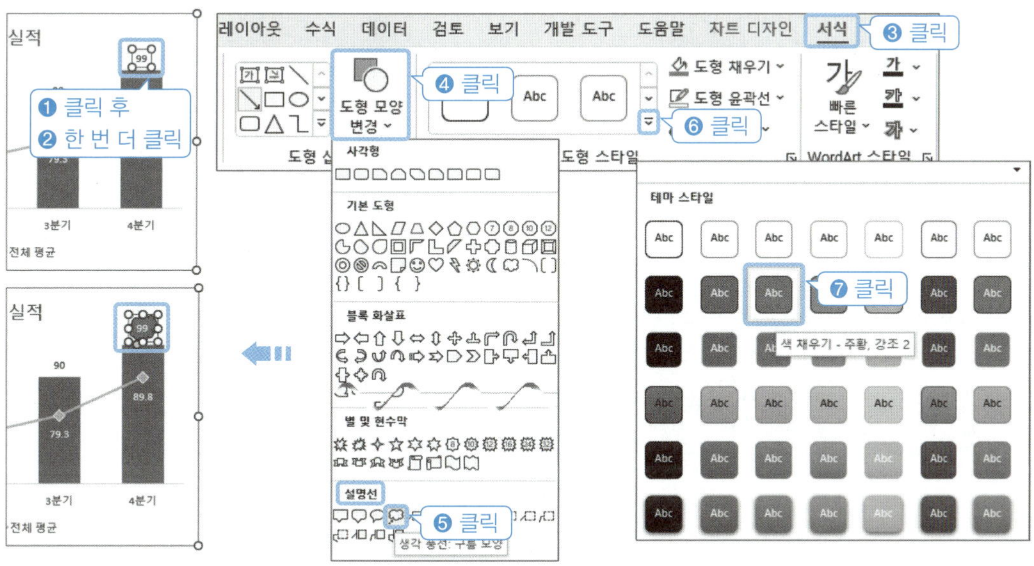

14 그림 영역의 배경으로 그림 넣기

그림 영역의 빈 곳에서 클릭하여 그림 영역을 선택한 후 ❶~❸ [그림 영역 서식] 작업 창에서 시트에 있는 왼쪽의 자동차 그림으로 채우기 한다. [채우기]–[그림 또는 질감 채우기]를 클릭하면 기본으로 지정된 질감으로 채워지며 클립보드는 비활성화 되어 있다. 시트에 있는 그림으로 삽입하기 위해서는 먼저 그림을 〈Ctrl〉+〈C〉 키로 복사한 후 채우기를 한다. ❹활성화된 [클립보드] 버튼을 클릭하여 그림 영역을 복사한 그림으로 채운 후 ❺~❻ 그림을 조금 투명하게 한 후 오프셋을 설정하여 그림 영역의 오른쪽 하단에 그림이 나타나게 한다.

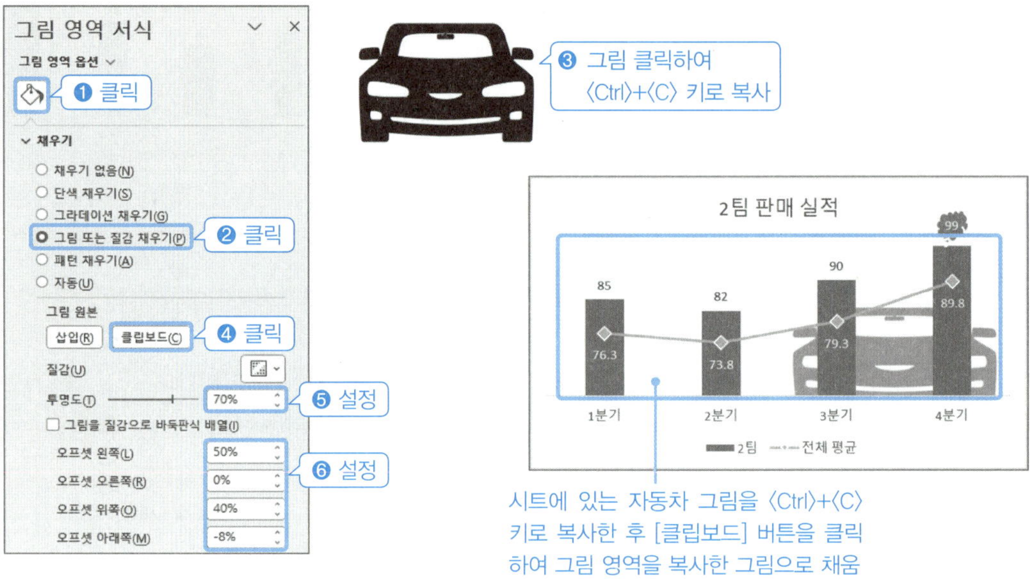

Tip 그림 영역에서 온라인으로 그림을 검색하여 삽입하는 경우 그림 영역 서식 작업창에서 [채우기]–[그림 또는 질감 채우기]–[삽입]을 한다. [그림 삽입] 대화 상자의 [온라인 그림]에서 '자동차'로 검색하여 원하는 그림을 선택하고 [삽입] 버튼을 클릭하면 선택 영역이 그림으로 채워진다. 온라인 그림을 삽입할 때는 라이선스를 확인해야 한다.

예제 6-2

보조축을 사용하는 차트

직원들의 근무 기간과 불량률의 관계를 분석하기 위해 보조 축을 사용하는 혼합 차트를 만들어보자. 근무 연수는 3~25 범위이고 불량률은 0.011(1.1%)~0.045(4.5%) 범위이다. 이처럼 두 계열의 값 차이가 심할 때 아주 작은 값의 불량률은 차트에 제대로 나타나지 않는다. 이러한 문제는 축의 값 범위를 다르게 한 보조 축을 이용하여 해결할 수 있다.

준비파일 ch6_1.xlsx '불량률' 시트

완성시트

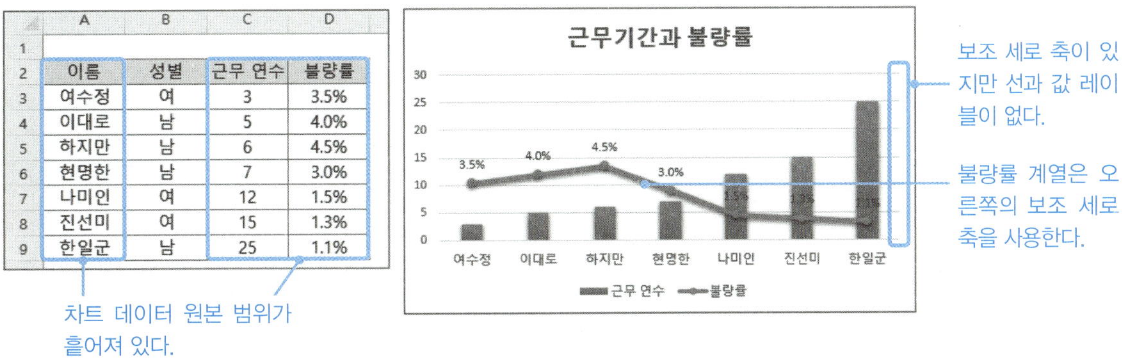

01 흩어진 차트 원본 범위를 선택 후 묶은 세로 막대형 차트 만들기

❶ 이름 [A2:A9] 셀을 드래그 후, ❷ 흩어진 범위는 〈Ctrl〉 키를 누른 채 [C2:D9] 범위를 선택해야 한다. ❸ 〈Alt〉 + 〈F1〉 키를 눌러 묶은 세로 막대형 차트를 만든다.

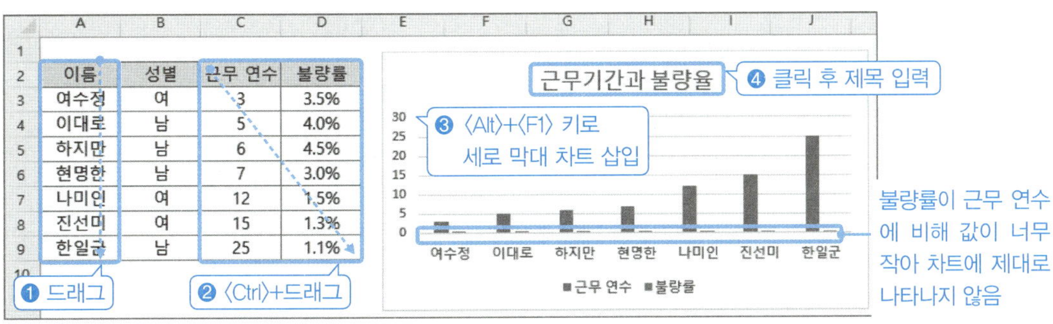

02 불량률 계열을 보조 세로 축을 사용하는 꺾은선형 차트로 변경하기

불량률 계열이 그림 영역에 제대로 나타나도록 기본 세로 축(왼쪽 축)을 사용하지 않고 보조 세로 축(오른쪽 축)을 사용하게 한다.

'방법1'은 차트를 선택한 후 [차트 디자인] 탭–[종류] 그룹–[차트 종류 변경]을 클릭한 후 ❶ [혼합] 형을 선택하고 ❷ 불량률 계열의 차트 종류를 변경하고 ❸ [보조 축]을 사용하도록 체크를 하면 미리보기로 결과를 확인할 수 있다.

'방법2'는 차트의 구성 요소를 차트에서 직접 클릭하여 선택하기 어려울 때 사용할 수 있는 방법이다. 일단 차트에서 더블클릭하여 서식 작업 창을 나타낸 후 ❶ [옵션 ⌄]의 ⌄ 을 클릭하여 ❷ 선택할 구성 요소를 클릭하면 서식 작업 창이 바뀐다. ❸ (계열 옵션)을 클릭한 후 ❹ [보조 축]을 사용하도록 설정한다.

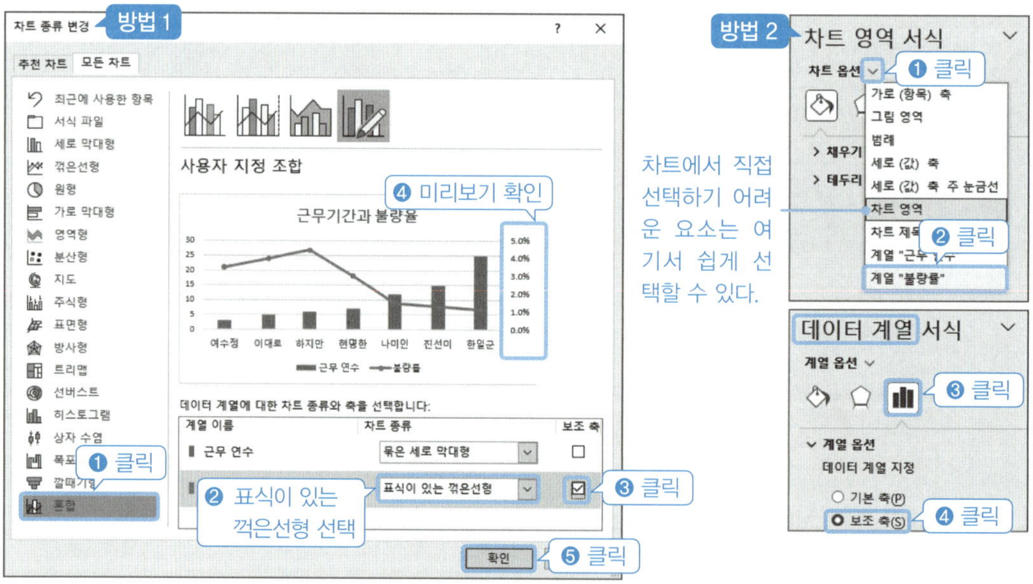

Tip 차트의 구성 요소를 선택하는 또 다른 방법은 [서식] 탭–[현재 선택 영역] 그룹–[계열 "불량률" ⌄](차트 요소)에서 ⌄ 를 클릭한 후 구성 요소를 선택하는 것이다.

Tip 특정 계열의 차트 종류만 변경할 때는 ❶ 차트 종류를 변경할 계열을 먼저 선택한 후 ❷ 새로 차트를 삽입하는 방법과 같이 리본 메뉴의 [삽입] 탭–[차트] 그룹에서 차트 종류를 선택해도 된다.

03 보조 세로 축 경계 범위, 차트 스타일, 불량률 계열의 데이터 레이블 설정하기

❶~❸ 불량률의 꺾은선이 완만하도록 보조 세로축의 경계를 0%(0)~10%(0.1)로 설정한다. ❹~❺ (차트 스타일)을 이용하여 차트에 '스타일 8'을 적용한다. ❻ 차트에서 불량률 선을 클릭하여 불량률 계열을 선택한 후 ❼~❾ 데이터 레이블을 위쪽에 표시한다.

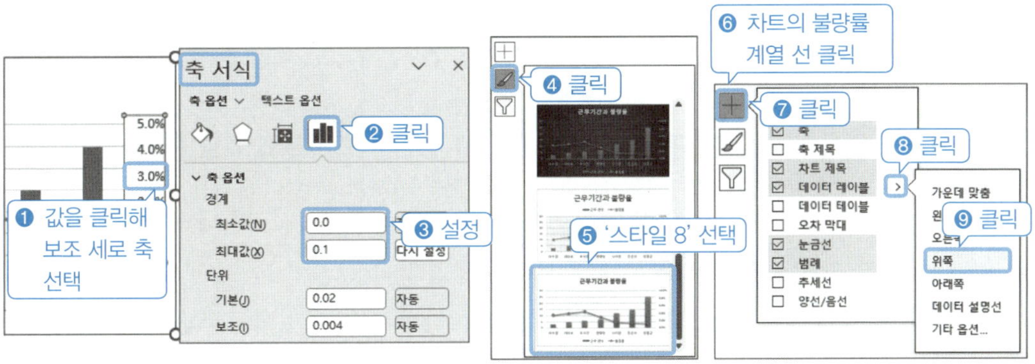

04 보조 세로 축의 값 레이블을 없애기

보조 세로 축을 선택하여 〈Del〉 키로 제거하면, 불량률 계열은 자동으로 기본 축을 사용하게 되어 다시 가로 축 바닥에 표시된다. 그러므로 ❶ 값 중 하나를 클릭하여 보조 세로 축을 선택한 후 ❷~❺ 보조 세로 축의 [레이블 위치]를 '없음'으로 설정한다.

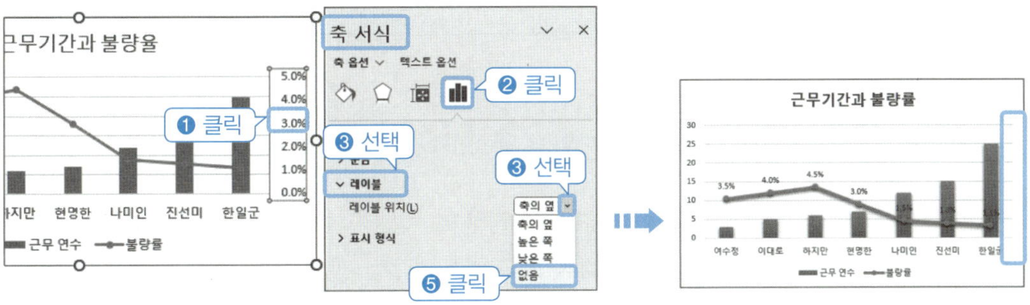

예제 6-3

차트 원본 범위 고치기

차트 원본 범위의 첫 행이나 첫 열이 모두 숫자이면서 범위의 첫 셀에 내용이 있다면, 잘못된 차트가 만들어진다. 이를 해결하는 방법을 알아보자.

준비파일 ch6_1.xlsx '근무연수' 시트

01 근무 연수 증가에 따른 불량률의 변화를 확인하기 위한 꺾은선형 차트 만들기(잘못된 결과)

- [A2:B9] 범위로 꺾은선형 차트를 만들면 그림과 같이 잘못된 차트가 나타난다. 그 이유는 차트를 클릭하면 시트의 데이터 원본에 표시되는 빨강과 파랑 박스를 보면 알 수 있다. 데이터 원본 범위의 첫 열이 모두 숫자인데 범위 첫 셀 [A2]에 내용이 있으므로 [A2]를 계열 이름으로, [A3:A9] 범위의 숫자를 그림 영역에 나타낼 계열 값으로 간주하기 때문이다. 즉, 이런 현상은 차트 원본 범위의 첫 행 또는 첫 열이 모두 숫자이면서 범위의 첫 셀에 내용이 있을 때 일어난다.

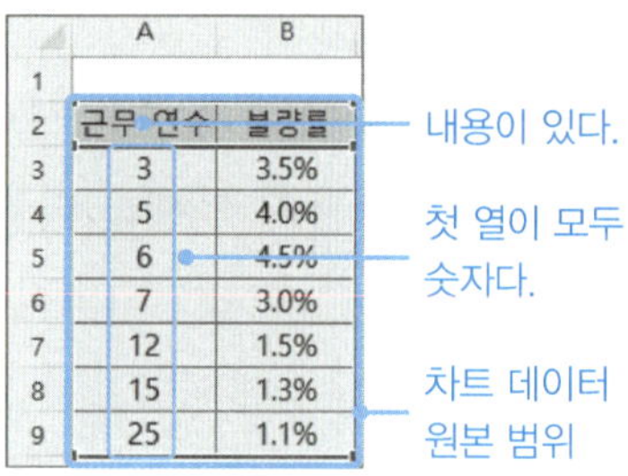

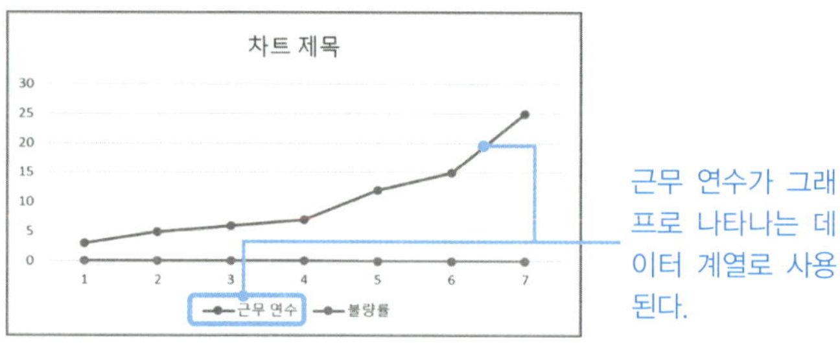

02 해결 방법 1: 범위의 첫 셀 내용을 지워서 해결하기

- 아주 간단한 방법은 첫 셀 내용을 없애서 엑셀이 계열 이름으로 오인할 여지를 없애는 것이다. 그림과 같이 첫 셀 내용을 지우고 차트를 만든 후, 첫 셀 내용을 다시 입력하면 된다.

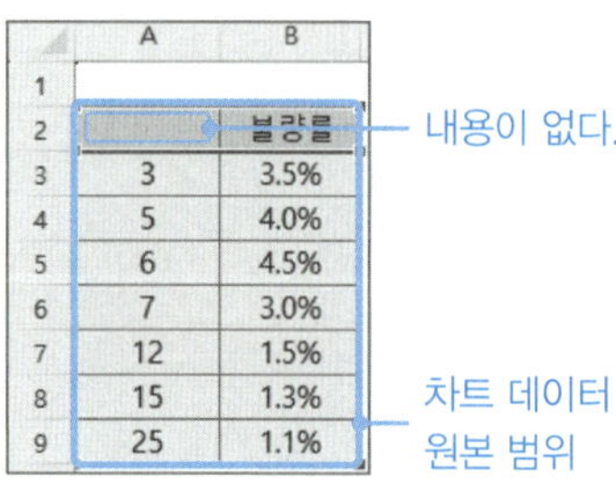

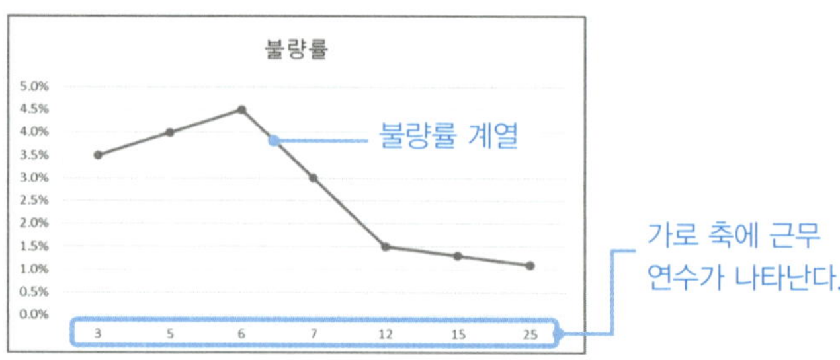

03 해결 방법 2: 차트 데이터 원본 범위를 다시 설정하기

01 단계와 같이 잘못된 차트가 만들어졌을 때 이를 해결하는 또 다른 방법은 차트의 데이터 원본 범위를 직접 변경하는 것이다.

차트를 선택하고 ❶[차트 디자인] 탭-[데이터] 그룹-[데이터 선택]을 클릭한다. [데이터 원본 선택] 대화 상자에서 ❷~❺ 잘못된 가로(항목) 축 레이블 범위를 근무 연수로 수정한다.

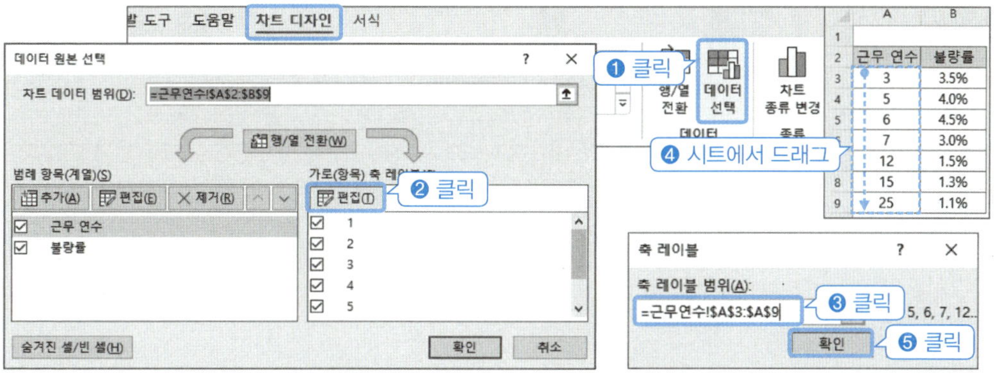

다음으로 잘못 추가된 '근무 연수' 계열을 제거한다. ❶ [범례 항목(계열)] 목록에 포함된 [근무 연수]에 체크를 하고 ❷ [제거] 버튼을 클릭한 후 ❸ [확인] 버튼을 클릭하면 제대로 된 차트가 나타난다.

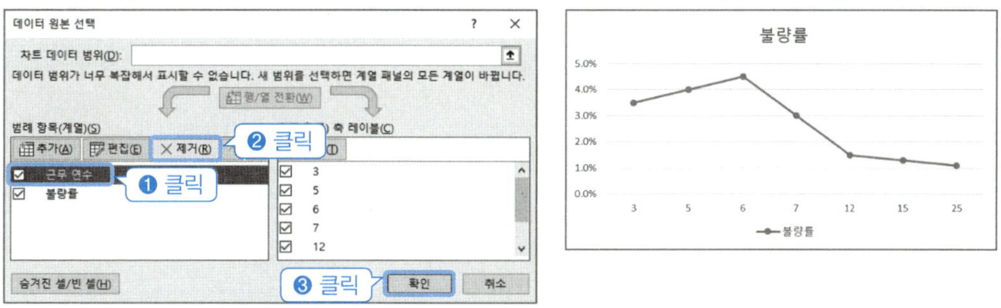

다음 그림은 원본 범위 첫 셀에 내용이 있고 첫 행이 모두 숫자일 때 잘못 만들어진 차트이다. 이 경우는 데이터 원본을 직접 변경할 때 [범례 항목(계열)]에 포함된 '계열1'과 '계열2' 각각에 대해 [편집] 버튼을 클릭하여 [계열 이름]과 [계열 값] 범위를 수정해야 한다.

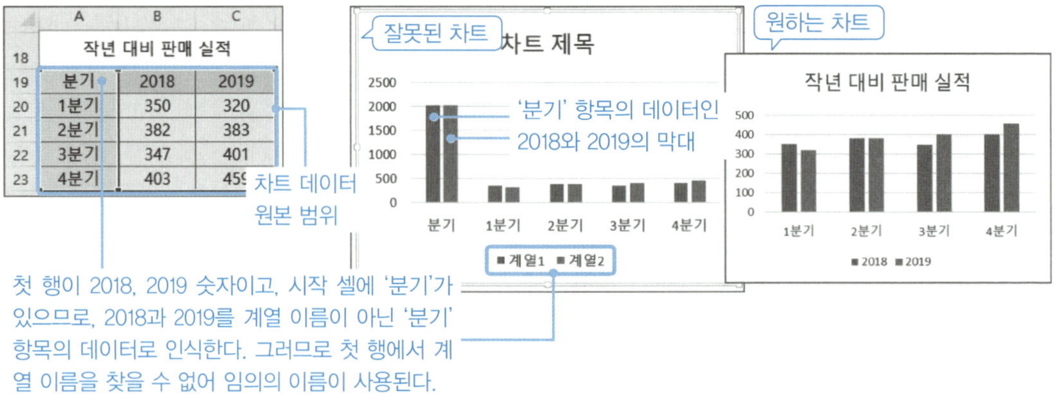

예제 6-4

원형 대 가로 막대형 차트

원형 차트는 값보다는 비율을 강조하는 데 많이 사용한다. 후보가 많을 때 지지율이 낮은 파이 조각의 크기 비교를 잘 할 수 있도록 원형 대 가로 막대형 차트를 만들어 보자.

준비파일 ch6_1.xlsx '설문조사' 시트

완성시트

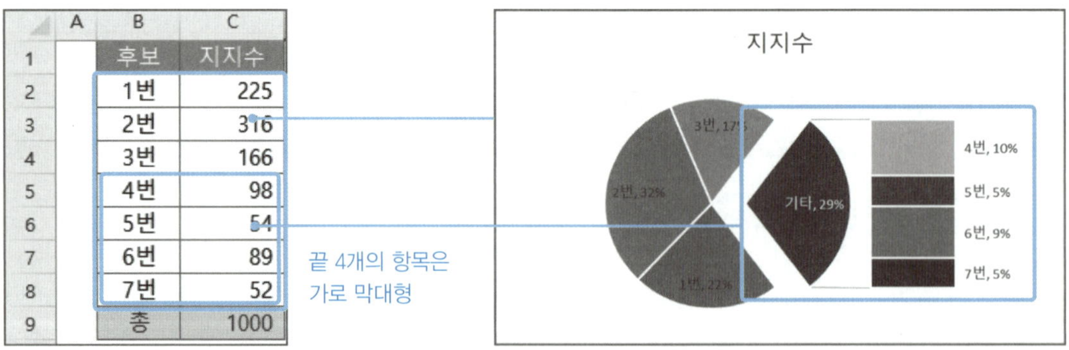

01 원형 대 가로 막대형 차트 만들기

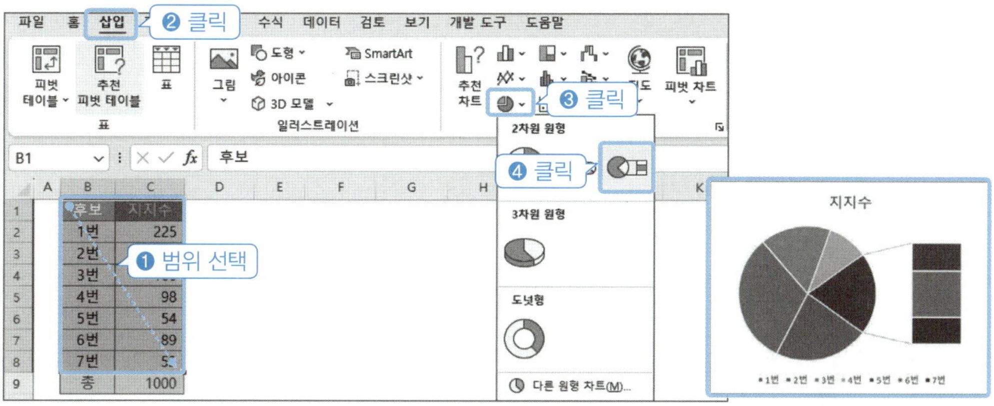

02 데이터 레이블을 '항목 이름, 백분율'로 표시하기

❶~❷ 차트에서 범례를 클릭하여 선택한 후 〈Del〉 키로 제거한다. ❸ 임의의 파이 조각 위에서 마우스 오른쪽 버튼을 클릭하여 ❹ 팝업 메뉴 [데이터 레이블 추가]를 클릭하여 데이터 레이블을 추가한다. ❺ 방금 추가한 데이터 레이블 중 하나를 클릭하여 전체 데이터 레이블을 선택한 후 ❻ [데이터 레이블 서식] 작업 창에서 ❼ [항목 이름]을 체크하고, [값]은 체크를 해제하고, [백분율]에는 체크를 한다. ❽ 방금 추가한 항목 이름과 백분율을 쉼표로 구분하기 위해 구분 기호를 ' , '로 선택한다.

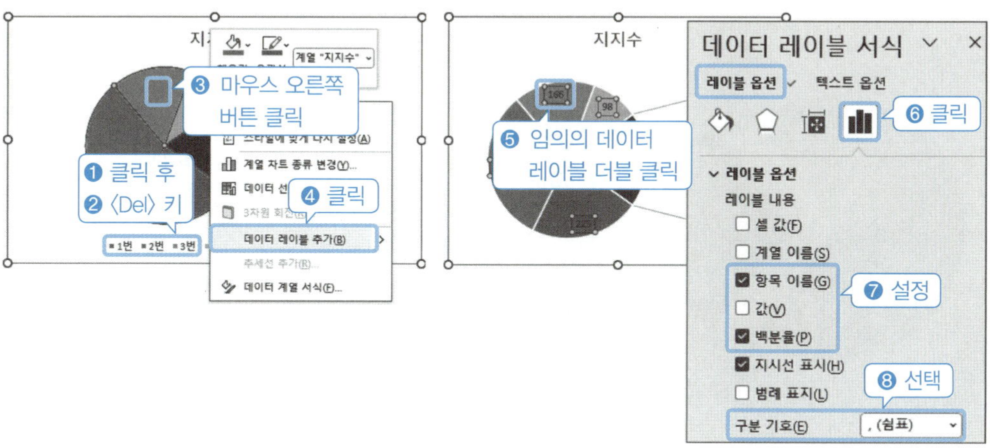

Tip	항목 이름과 백분율 구분 기호를 ,로 지정하는 ⑧ 과정에서 ,를 선택해도 차트에 바로 적용되지 않고 줄 바꿈으로 나타나는 것은 엑셀의 오류 때문이다. 이런 경우 일단 차트에서 다른 곳을 클릭하여 데이터 레이블 선택 상태에서 벗어난다. 그리고 다시 데이터 레이블을 선택하고 [데이터 레이블 서식] 작업 창에서 ,(쉼표) 구분 기호를 지정하면 제대로 적용된다.

03 가로 막대형에는 끝에서 4개의 항목을 나타내고, 크기를 80%로 확대하기

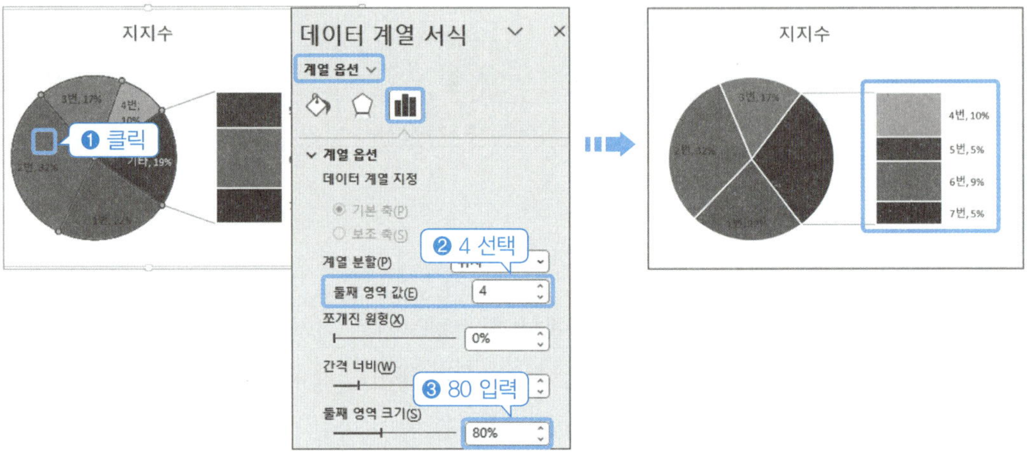

04 '기타'의 데이터 레이블을 흰색으로 변경하고, 파이 조각을 분리하기

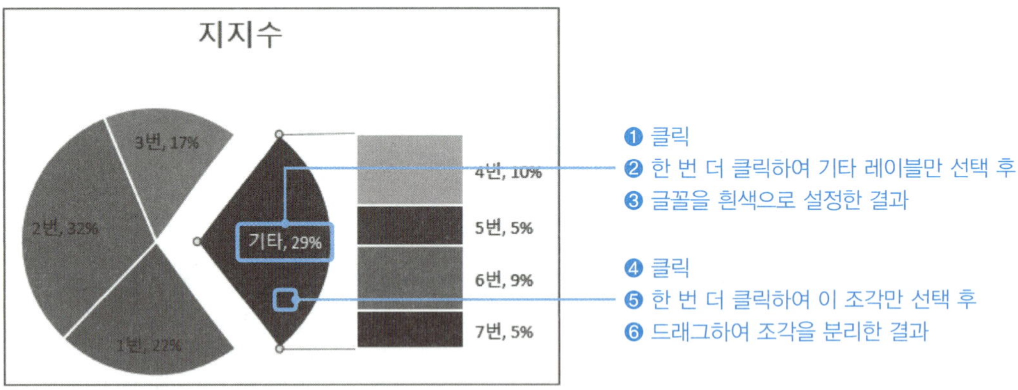

'ch6_1_연습문제.xlsx'의 통합문서를 열어 다음 각 문제를 해결하시오.

01 '여론조사' 시트에서 다음과 같은 묶은 세로 막대형 차트를 만들어 보자.

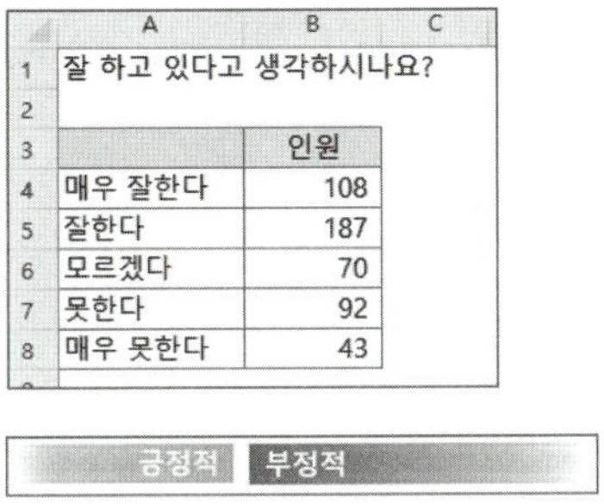

잘 하고 있다고 생각하시나요?

	인원
매우 잘한다	108
잘한다	187
모르겠다	70
못한다	92
매우 못한다	43

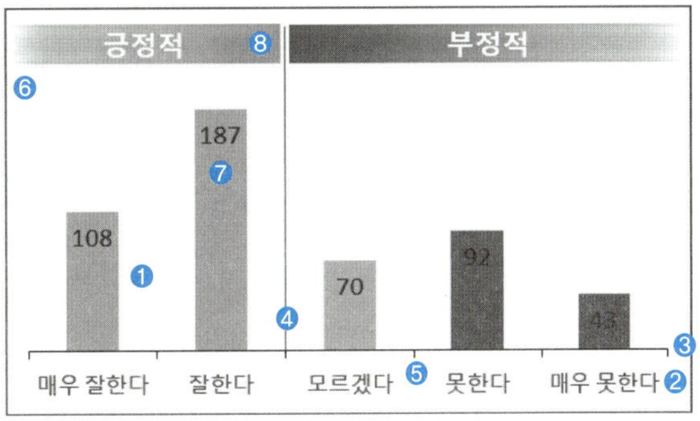

❶ 막대 간격을 150%로 줄이고, 막대 한 개씩 선택하여 녹색, 녹색, 황금색, 진회색, 진회색 순서로 변경하시오.

❷ 가로 축 항목의 글꼴 크기를 11로 설정하시오.

❸ 가로 축 선 색을 진회색으로 설정하시오.

❹ 가로 축의 세 번째 항목인 '모르겠다'에서 세로 축을 교차시키시오. 가로 축을 선택한 후 [축 서식] 작업창의 [축 옵션]–[세로 축 교차]의 [항목 번호]를 '3'으로 설정한다.

❺ 주 눈금을 가로 축 바깥쪽에 나타내시오. 가로 축에서 세로 축이 교차하는 지점을 설정해야 하므로, [축 옵션]–[눈금]–[주 눈금]을 '바깥쪽'으로 설정한다.

❻ 세로 축을 0~250 범위로 설정하고, 축 옆에 값 레이블이 보이지 않게, 축 선은 회색으로 설정한 다음, 가로 주 눈금선과 차트 제목을 제거하시오.

❼ 막대 안쪽 끝에 데이터 레이블을 표시한 후 글꼴 크기를 14로 설정하시오.

❽ 시트에 포함된 그라데이션이 들어간 도형(긍정적)을 차트에 복사해 넣으시오. 차트를 클릭하여 선택한 상태에서 복사한 도형을 붙여 넣어야 차트와 도형이 자동으로 그룹이 된다. 그룹이 되지 않으면 차트를 이동하거나 축소·확대해도 도형은 변하지 않는다.

02 01에서 작업한 '여론조사' 시트에 다음과 같은 자료와 도넛형 차트를 만들어 보자.

	A	B	C
1	잘 하고 있다고 생각하시나요?		
2			
3		인원	
4	매우 잘한다	108	
5	잘한다	187	
6	모르겠다	70	
7	못한다	92	
8	매우 못한다	43	
9			
10	분류	인원	
11	긍정	295	
12	부정	135	❶
13	모름	70	
14	총	500	

❶ [A4:B5] 범위의 잘한다는 긍정, [A7:B8]의 못한다는 부정으로, [A6:B6]의 모르겠다는 모름으로 처리한 인원을 구한 후 도넛형 차트를 만드시오.

❷~❸ 범례는 제거하고, 차트 영역을 연회색으로 채우고, 차트 제목은 언제나 [A1] 셀 내용으로 굵게 설정하시오.

❹ 차트 제목 위에 직사각형 도형을 추가하고, 채우기 색은 '황금색 강조4, 25% 더 어둡게'로, 투명도는 85%로 지정하여 뒤의 차트 제목이 보이게 하시오. 차트를 클릭하여 선택한 후 ⓐ [서식] 탭–[도형삽입] 그룹–□(직사각형) 선택 후 차트에서 드래그하여 도형 삽입 ⓑ [도형 서식] 탭–[도형 스타일] 그룹–↘ 클릭하여 도형서식 창에서 [도형 옵션]–◇에서 채우기 색은 '황금색 강조4, 25% 더 어둡게' 선택, 투명도는 85%로 설정, 선 색은 [선 없음]을 선택한다

❺ 도넛에 데이터 레이블을 그림과 같이 추가하고, 글꼴 크기를 12로 설정하시오.

❻ 데이터 레이블의 백분율의 글꼴 크기를 20으로 수정하시오. 그리고 데이터 레이블을 각 도넛 조각 바깥으로 옮기시오. 데이터 레이블의 일부만 설정을 변경하려면 다음 그림과 같이 작업한다. 데이터 레이블을 도넛 조각 밖으로 옮기려면 테두리에서 직접 드래그하여 옮긴다.

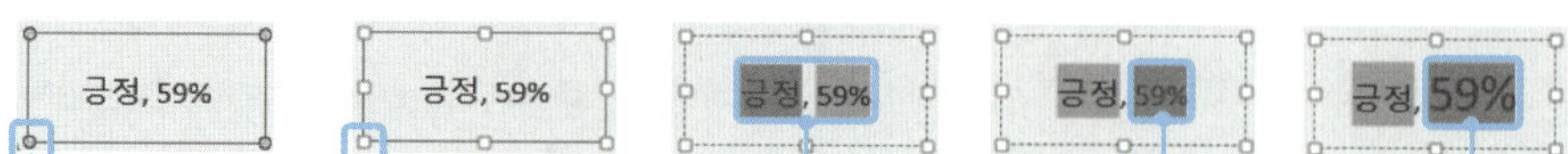

데이터 레이블 임의의 위치에서 한 번 클릭하여 계열의 모든 데이터 레이블이 선택된 상태

한 번 더 클릭하여 이 데이터 레이블만 선택된 상태

한 번 더 클릭하여 이 데이터 레이블의 내용만 선택된 상태

한 번 더 클릭하여 내용 중 백분율만 선택된 상태

리본 메뉴에서 글꼴 크기를 20으로 설정하여 커진 상태

❼ 부정 도넛 조각은 진회색, 모름 조각은 황금색, 두 조각의 테두리는 '윤곽선 없음'으로 설정 하시오.

❽ 긍정 도넛 조각은 녹색 채우기와 굵기 6의 녹색 테두리로 설정하시오.

❾ 도넛 구멍 크기는 70%로 변경하고, 도넛 구멍 위치에 도형(텍스트 상자)을 추가하여 문장을 나타내시오. 차트를 클릭한 후 ⓐ 도넛 구멍 위에 직사각형 도형(▭)을 넣은 후 ⓑ 도형을 선택한 상태에서 키보드에서 문장을 입력한다. ⓒ [도형 서식] 탭– [도형 채우기] 색은 [채우기 없음], [도형 윤곽선] 색은 [윤곽선 없음] 선택 ⓓ 도형 안의 텍스트가 세로로 가운데 오도록 [홈] 탭–[맞춤] 그룹–☰(세로로 가운데 맞춤) 설정 ⓔ 도형 테두리에서 드래그하여 위치 변경 ⓕ 도형 테두리에 있는 핸들에서 드래그하여 크기를 적당히 변경한다.

03 '차주분석' 시트에서 다음과 같은 혼합 차트를 만들어 보자.

	A	B	C
1	자동차주 월소득과 나이 분석		
2			
3	배기량(cc)	월소득	평균나이
4	800	1,500만원	31세
5	1,000	2,000만원	33세
6	1,500	2,500만원	37세
7	2,000	3,000만원	40세
8	2,500	3,500만원	42세
9	3,000	4,000만원	45세
10	3,500	4,500만원	48세
11	4,000	5,000만원	50세
12	4,500	5,500만원	52세

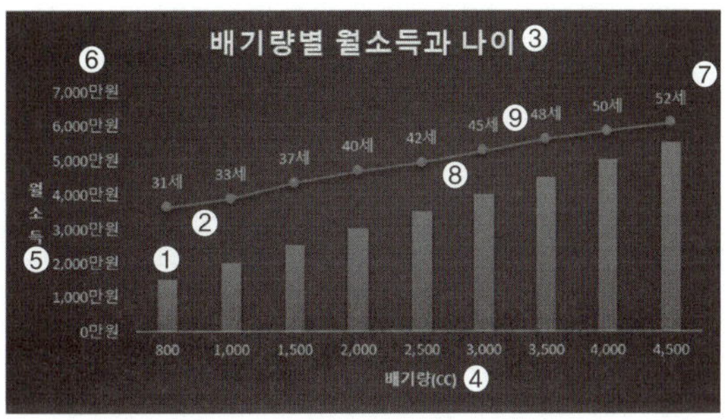

❶ 일단 가로 축에는 배기량(cc) 항목이, 월소득과 평균나이 계열은 묶은 세로 막대형으로 나타나는 차트를 만드시오. (첫 열의 배기량이 모두 숫자이고 범위 첫 셀 [A3]에 내용이 있어서 차트에 배기량(cc) 계열이 추가되므로 주의한다.)

❷ 평균나이 계열은 표식이 있는 꺾은선형이며 보조 세로 축을 사용하는 혼합 차트로 변경한 후 차트 스타일 중 '스타일 6'을 적용하시오.

❸~❻ 차트 제목, 가로 축, 기본 세로 축에 제목을 입력하고, 범례를 제거하시오. 그리고 기본 세로 축에 7,000만 원까지 나타내시오.

❼ 보조 세로 축의 값 레이블이 보이지 않게 하시오. (보조 세로 축 선택, [축 서식] 작업창 –[축 옵션]–[레이블]의 [레이블 위치]를 '없음'으로 설정)

❽~❾ 나이의 꺾은선 두께를 1 포인트로 줄인 후 데이터 레이블을 표시하시오.

04 '기온분석' 시트에는 조건부 서식에서 사용했던 2009년~2017년 최고 기온 데이터를 이용하여 5월~7월까지 매달마다 최고 기온이 30도 이상인 일수를 구한 자료와 이를 분석하기 위해 만든 꺾은선형 차트가 있다. 차트를 다음과 같이 완성해보자.

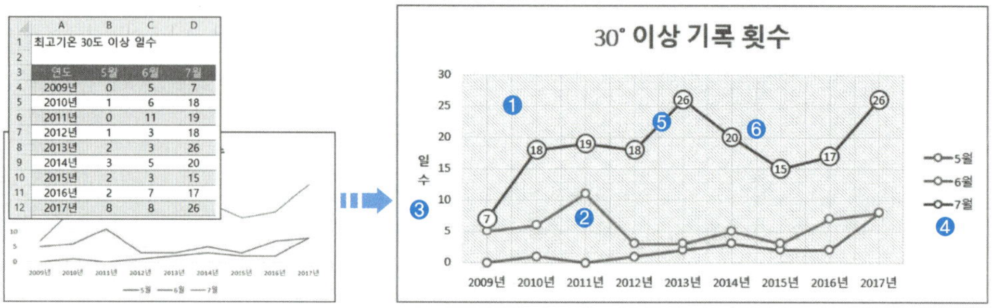

❶ 차트 스타일 중 '스타일 5'를 적용하시오. (차트 선택 후 [차트 도구:디자인] 탭–[차트 스타일] 그룹–'스타일 5' 선택)

❷ 차트 종류를 '표식이 있는 꺾은선형'으로 변경하시오.

❸ 세로 축 제목을 추가한 후 세로 쓰기로 설정하시오.

❹ 범례를 오른쪽으로 이동하시오.

❺ 7월 계열의 표식 크기는 13으로, 표식의 테두리는 녹색으로 설정한 후, 꺾은선의 색도 녹색으로 설정하시오.

❻ 7월 계열에만 데이터 레이블을 표식 가운데 표시하시오.

6.2

데이터 가상분석

엑셀은 단순한 연산만이 아니라 데이터를 활용해 가상으로 최종 데이터나 데이터의 흐름을 분석할 수 있는 기능을 가지고 있다. 증권이나 영업실적, 성적 등 변동 흐름과 관련된 문서나 보고서를 작성할 때 손쉬운 예측이 가능할 뿐만 아니라 현재 상황을 분석하여 향후 어떤 흐름이 될지에 대한 예측까지 가능하다.

엑셀에서 이루어지는 대부분 작업은 이미 입력된 데이터를 수식에 적용하여 결과를 계산하는 방식이다. 가상 분석도구를 이용하면 수식의 결과를 먼저 설정하고 결과에 영향을 주는 데이터를 찾을 수 있다.

엑셀에서 제공하는 가상분석 도구로 목표값 찾기, 시나리오 관리자, 데이터 표 기능을 사용하여 하나 이상의 수식을 근거로 다양한 값 집합을 사용하여 향후 변동값을 예측하여 보자.

(1) 목표값 찾기

수식에서 원하는 결과를 알고 있지만, 그 결과를 얻기 위해 수식에 필요한 입력값이 확실하지 않으면 목표값 찾기 기능을 사용할 수 있다. 즉 수식의 결과를 기준으로 수식에 적용된 입력값을 탐색하는 방법이다. 예를 들어 돈을 빌려야 한다고 가정했을 때 대출받을 금액과 상환 기간, 월별 상환액은 알고 있다면 목표값 찾기를 사용하여 대출 목표를 충족하기 위한 이자율이 얼마여야 하는지 예측할 수 있다. 즉 가상의 결과값을 나타내기 위해 특정 값을 역으로 추산하는 방법이다.

목표값 찾기는 셀 값의 변경으로 워크시트의 수식 결과에 어떤 영향을 줄지 확인하기 위한 과정으로 수식의 결과값을 기반으로 수식에 필요한 입력값을 변경하여 새로운 결과값을 예측하고자 할 때 목표값 찾기 기능을 사용할 수 있다.

다시 말해 목표값 찾기 기능이란 다른 한 셀의 값을 조정하여 셀에 대한 특정 값을 찾는 방법으로 목표값을 찾을 때는 해당 셀을 참조하는 수식에서 원하는 결과를 반환하게 될 때까지 지정한 셀 값이 계속 바뀌게 된다.

예제 6-5

추가 수량 목표값 찾기

거래처에서 금액 합계가 250만 원이 되도록 투명 36 mm 라벨테이프를 추가로 공급해주기를 요청했다고 가정하자. 목표값 찾기 기능을 이용해 부가세가 없는 금액 합계가 250만 원이 되기 위한 투명 36 mm 라벨테이프의 추가 수량 구하기

- ❶ 목표값을 찾을 수식이 있는 [F13]셀을 선택한 후 ❷~❹[데이터]탭–[데이터 도구]그룹–[가상분석]–[목표값 찾기]를 클릭한다.
- 목표값 찾기 대화상자에서 ❺ 목표값 찾기 설정을 하고 ❻ [확인] 버튼을 클릭하면 [목표값 찾기] 대화상자 안의 [현재값:]이 빠르게 변하는 것을 확인할 수 있다.

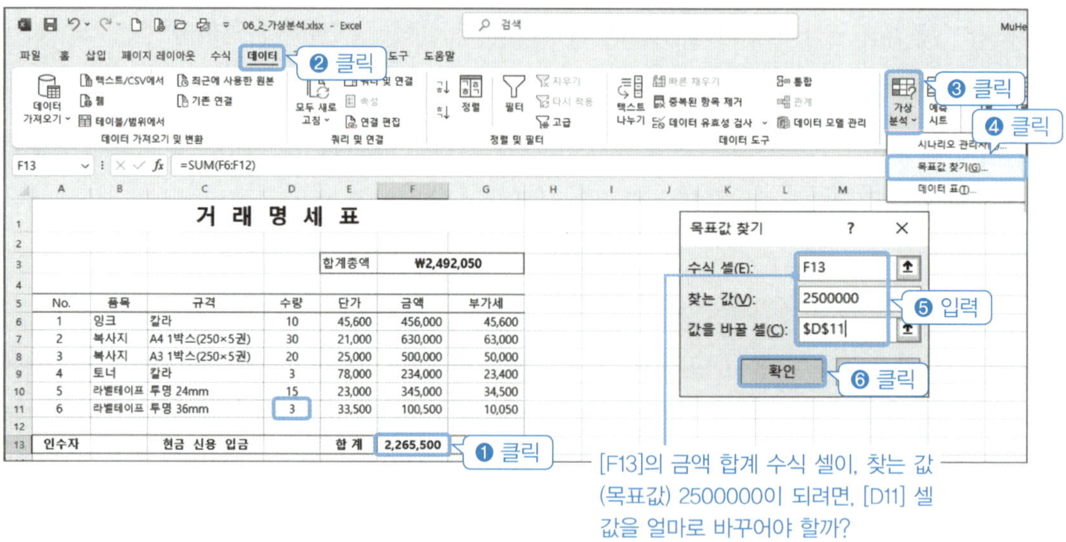

- 목표값을 찾으면 그림과 같이 [목표값 찾기 상태] 대화상자가 결과를 알려준다. 시트의 수량에는 새로운 값이 표시된다. 결과를 확인하고 ❼ [확인] 버튼을 클릭하면 실제 시트 내용이 현재 화면과 같이 바뀌며, [취소] 버튼을 클릭하면 목표값 찾기 이전의 시트 내용으로 되돌아간다.

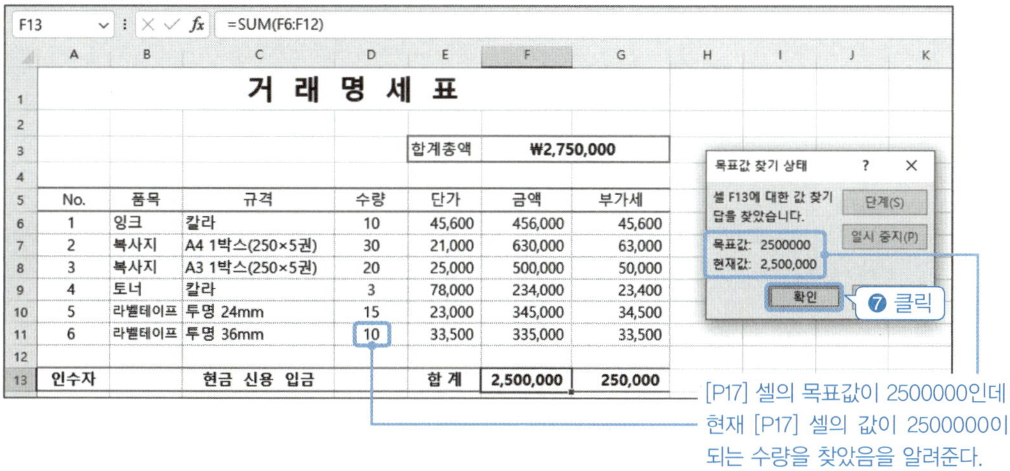

💡 목표값을 찾지 못하면 가장 비슷한 값이 되도록 찾으며, 수식이 잘못 되었거나 대화상자 내용을 잘못 설정하여 전혀 찾을 수 없을 때는 찾을 수 없다고 알려준다.

■ 목표값 찾기 기능을 사용하려면 다음 조건을 만족해야 한다.

- [수식 셀], 즉 목표값을 찾을 셀([F13])은 반드시 수식이어야 한다.
- [값을 바꿀 셀]은 [수식 셀]의 수식에서 참조하는 셀이어야 하며, 값이 입력된 셀이어야 하므로 수식이 입력되어 있으면 사용할 수 없다. 대신 [수식 셀]에서 간접 참조하는 셀은 가능하다. 그래서 이 예의 경우 금액 합계 수식은 =SUM(F6:F12)이므로 수량 [D11]셀을 참조하지 않지만 금액 [F11] 셀의 수식이 =D11*E11로 수량 [D11]셀을 참조하므로 값을 바꿀 셀로 사용할 수 있다.
- [값을 바꿀 셀]인 [D11] 셀을 비워 둔 채로 목표값 찾기를 해도 되지만, 수식의 정확성을 확인하기 위해 목표값 찾기를 하기 전에 수식에서 참조할 모든 내용을 입력해두는 것이 좋다. 다만 [값을 바꿀 셀]은 목표값 찾기를 통해 정확한 값을 구할 것이므로 임의의 값으로 입력해서 수식을 확인하면 된다.

■ 36mm 라벨테이프의 부가세가 5만 원이기 위한 수량을 구하기 위한 목표값 찾기

대화상자의 설정은 다음과 같다.

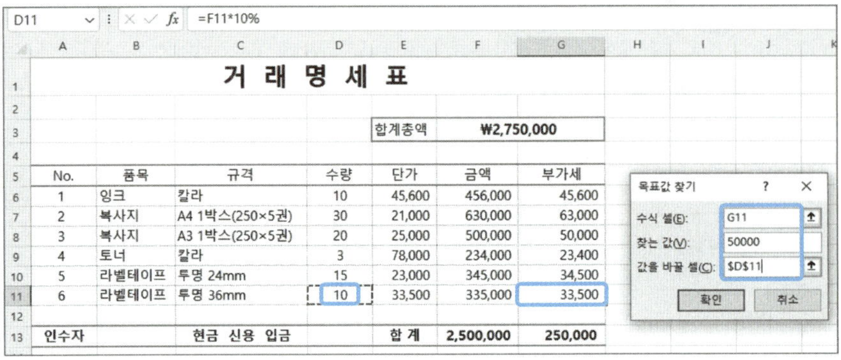

예제 6-6

월 납입액과 목표값 찾기

대학생활 4년 동안 작심하여 5백만원을 모으려고 계획을 세운다. 연이율이 4.02%라고 했을 때 매월 얼마를 납입을 해야 하는가? 매월 납입금액을 구한 후 매월 납입금액을 100,000원으로 변경하면 목돈이 얼마가 될지 '목표값 찾기'를 통하여 구해보자.

01 PMT 함수를 사용하여 월납입액 구하기

다음과 같이 월납입액과 목표값을 구하기 위한 데이터를 시트에 입력한다. ❶ [B4]셀을 클릭한 후 월납입액을 구하기 위해 ❷ 함수 마법사를 사용하여 PMT 함수를 불러온다.

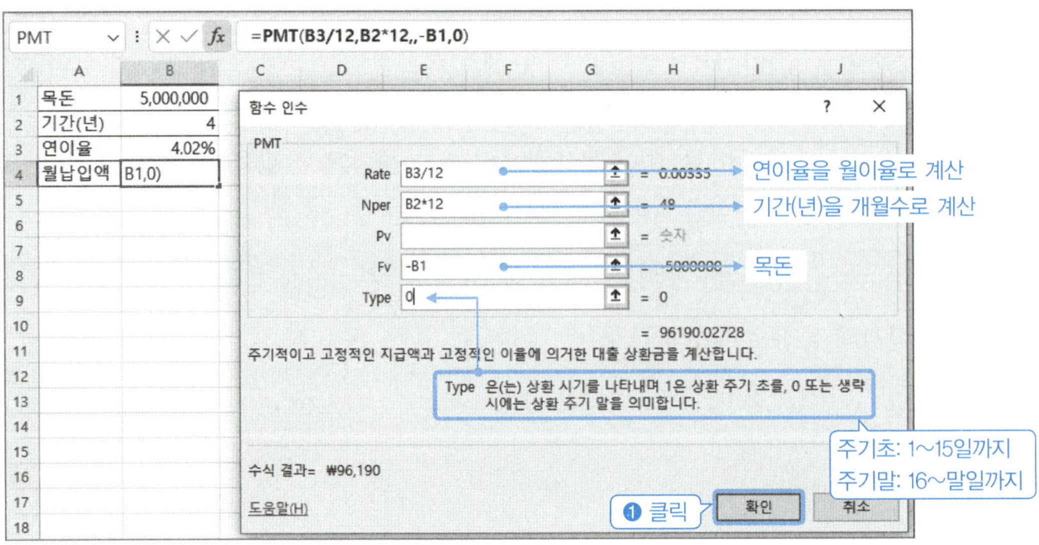

※ PMT함수 알아보기

재무함수 중 하나로 일정 금액을 정기적으로 납입하고 일정한 이자율이 적용되는 대출상환금을 계산한다. PMT 함수의 사용형식은 다음과 같다.

PMT(rate, nper, pv, [fv], [type])
– **rate** (이율) : 고정된 대출 이자율 – **nper** (납입 기간) : 총 상환 기간 (이율과 기간 단위를 일치시켜야 함) – **pv** (현재 자산) : 대출인의 현재 자산 즉 대출금 대출금이지만 상환을 시작하는 현재 시점에 납입자가 가지고 있는 자산이므로 + 값이며, 함수 결과인 상환액은 납입자가 내는 자산이므로 – 값 – **fv** (미래 자산) : 납입 기간 후의 자산으로 대출의 경우 모두 상환해야 하므로 0(생략 가능) 양수 값을 사용하면 납입 기간 후의 저금액을 의미 – **type** (납입 시점) : 상환 주기(1년 또는 1개월)의 시작일마다 납입한다면 1, 마지막 일마다 납입한다면 0(생략 가능)

※ PMT 함수로 반환되는 납입액에는 세금, 납입 보증금, 기타 수수료는 포함되지 않고 원금과 이자만 포함되며, 이자율(rate)와 기간(nper)을 지정할 때는 동일한 단위를 사용해야 한다. 즉, 납입 기간이 월 단위이면 이율도 월이율이 되어야 한다.

02 월 납입액을 변경하여 목표값 구하기

❶~❷ 메뉴에서 [데이터]탭–[데이터도구]그룹–[가상분석]–[목표값 찾기] 를 선택한다.

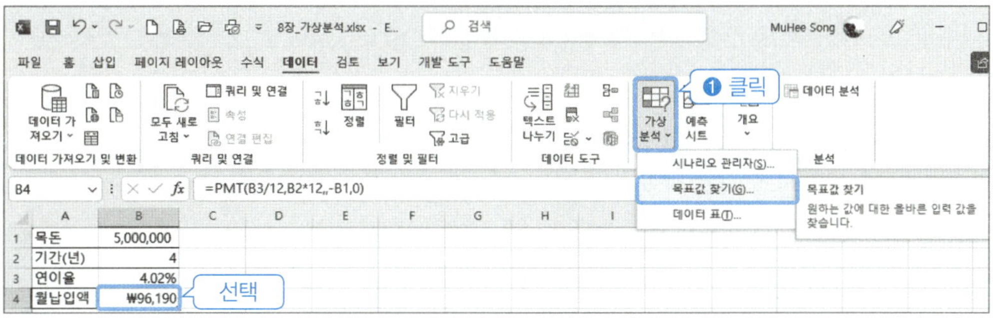

목표값 찾기 대화상자에 다음과 같이 지정한 후 [확인] 버튼을 클릭한다.

수식 셀 : 결과 값이 출력되는 셀 주소로 해당 셀에는 반드시 수식이 있어야 한다

찾는 값 : 목표값을 구하기 위해 주어진 고정값을 입력한다.

값을 바꿀 셀 : 목표값을 구하기 위해 변경되는 값이 들어 있는 셀 주소로 해당 셀에는 수식이 아닌 수치데이터가 있어야 한다.

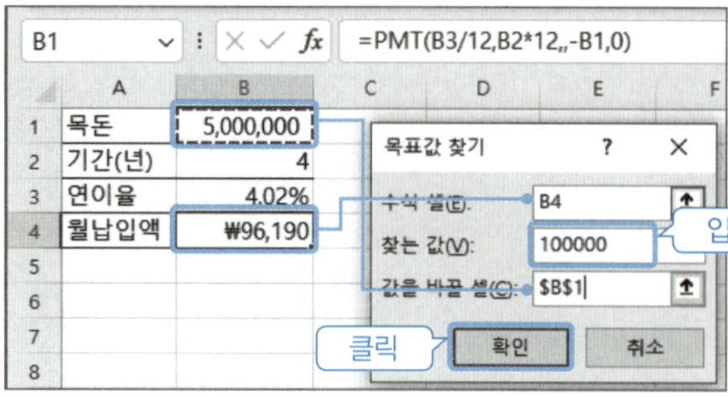

다음과 같이 목표값을 찾은 결과 화면으로 변경된다. '목표값 찾기 상태' 대화상자에서 [확인] 버튼을 클릭하면 [B1]셀의 값은 목표값으로 변경되고, [취소] 버튼을 클릭하면 원래의 값으로 돌아온다.

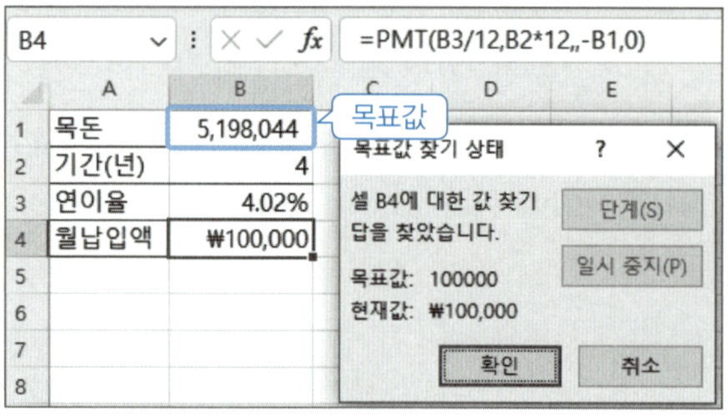

결과가 매월 100,000원을 납입했을 때는 목돈 5,198,044원을 목표값으로 찾은 것을 알 수 있다.

(2) 시나리오

데이터 분석도구 중 하나인 시나리오는 워크시트의 셀을 자동으로 대체할 수 있는 값 집합으로 워크시트에 다양한 값 그룹을 만들어 저장한 다음, 이러한 새 시나리오 중 원하는 시나리오로 전환하여 다양한 결과를 확인할 수 있다. 목표값 찾기에서는 하나의 값만 구할 수 있지만, 시나리오에서는 변동되는 값에 따라서 여러 가지 시나리오가 있을 수 있으며 여러 개의 예상치를 알아볼 수 있다. 시나리오는 결과를 예측하기 어려운 경우, 여러 가지 가상 상황에 따른 결과값을 비교 분석해보고 계획을 세우기 위해 사용한다. 각 가상 상황에 따른 변수의 입력값을 시나리오로 저장 할 수 있으며, 이러한 변수의 입력값을 그룹 변경 셀이라고 한다. 하나의 시나리오에는 32개까지 변경 셀을 설정할 수 있다. 시나리오 기능 역시 목표값 찾기와 같이 결과 셀은 수식 셀이어야 하며, 변경 셀은 결과 셀에서 직접 참조하는 셀 뿐만 아니라 간접적으로 결과 셀 값을 결정하는 데 이용되는 셀도 가능하다.

예제 6-7

시나리오를 이용한 인원배치 계획

현재의 인원수가 각각 총무부, 영업부, 개발부 순으로 15, 155, 35로 배치되어 있으나 구조조정으로 인하여 인원을 변경하고자 한다. 계획1(10, 45, 32)와 계획2(10, 65, 15)와 계획3(5, 20, 9) 인원으로 변경했을때 소요되는 인건비총계 어떻게 달라지는지 시나리오 요약보고서를 만들어 확인하여 보자.

01 인건비 합계와 인건비총계 구하기

기본데이터를 입력한 후 각 부서별 인건비 합계와 인건비총계를 구한다.

	A	B	C	D
1	인원배치 계획			
2				
3		인건비	인원수	합계
4	총무부	25,000	15	
5	영업부	35,000	55	
6	개발부	55,000	35	
7			인건비총계	

	A	B	C	D	
1	인원배치 계획				
2					
3		인건비	인원수	합계	
4	총무부	25,000	15	375,000	=B4*C4
5	영업부	35,000	55	1,925,000	
6	개발부	55,000	35	1,925,000	
7			인건비총계	4,225,000	=SUM(D4:D6)

02 시나리오 관리자 선택하기

❶ 변경사항이 사람수이기에 [C4:C6]를 드래그하여 셀범위를 지정한다. ❷~❹리본 메뉴에서 [데이터]탭–[데이터 도구] 그룹–[가상분석]–[시나리오관리자]를 선택한다.

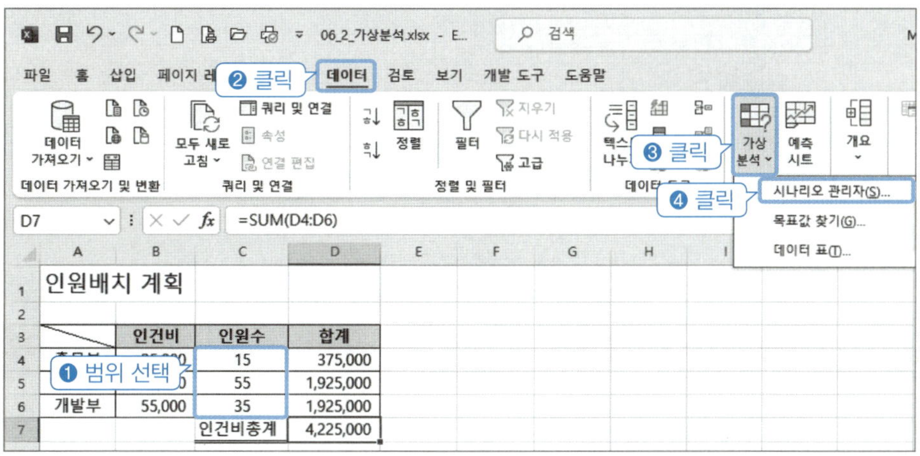

❺ [추가] 버튼을 클릭한다.

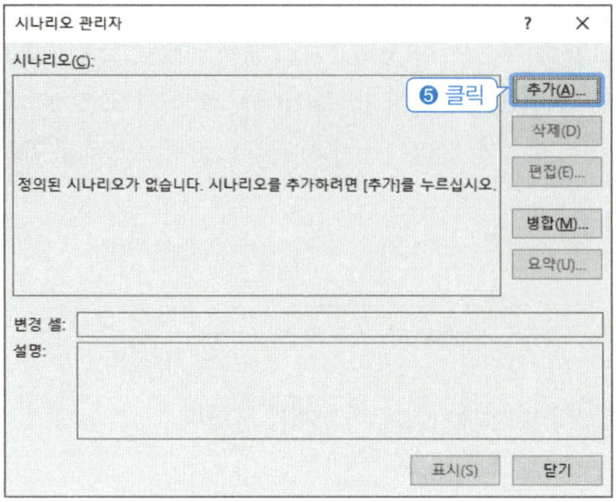

03 시나리오 만들기

❶-❷ 시나리오 이름을 입력하고 값을 변경할 셀을 확인한다. 이름은 사용자 임의로 지정하면 된다. 변경 셀에서는 이미 범위를 지정하였기에 변경 셀이 지정되어 있다. '확인' 버튼을 클릭한다.

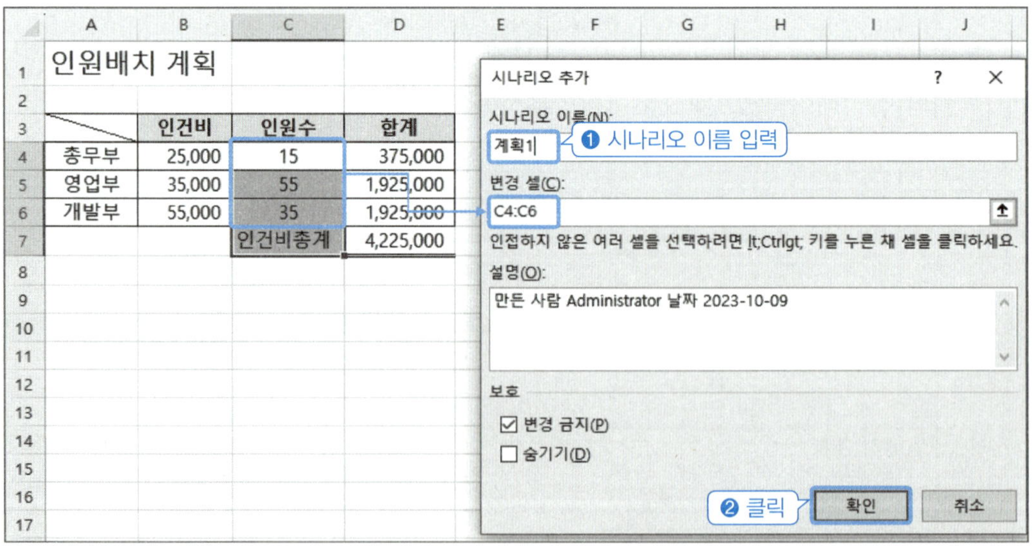

❸–❹ 시나리오 입력창에서 계획1(10, 45, 32)의 인원수를 입력한다. '추가' 버튼을 클릭하여 주어진 계획2(10, 65, 15), 계획3(5, 20, 9)의 인원수를 입력한다.

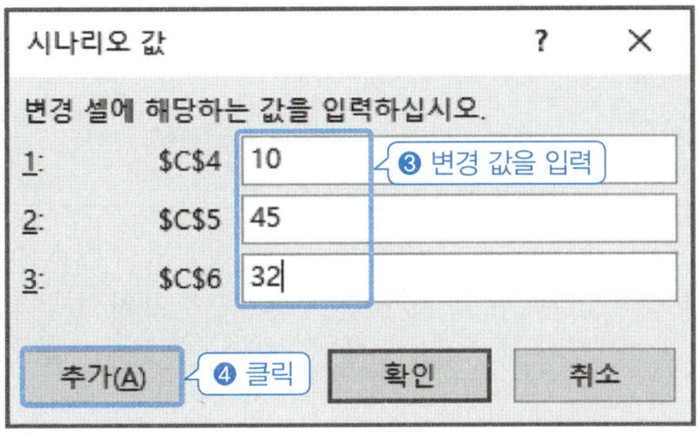

위의 ❶~❹까지 과정을 반복하여 계획3까지 입력을 마치면 '확인' 버튼을 클릭한다. 다음과 같이 시나리오관리자 화면에서 '요약'을 선택한다.

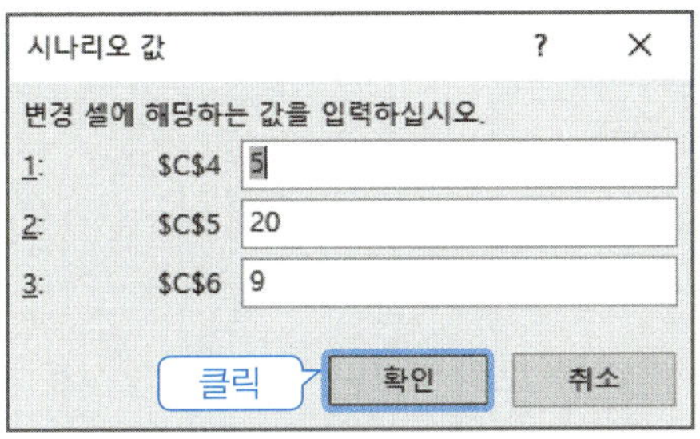

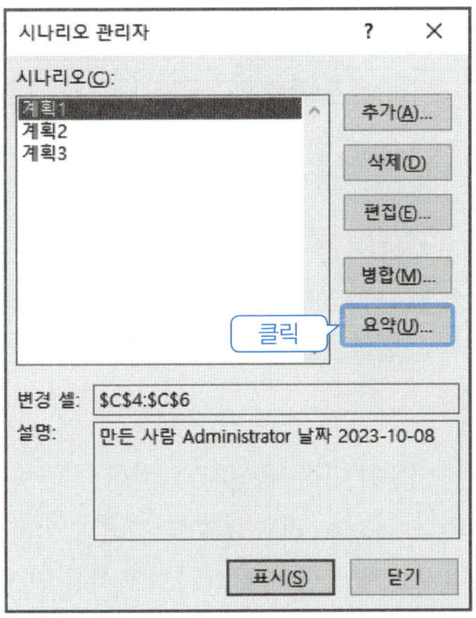

04 시나리오 요약보고서 만들기

시나리오 요약 대화상자에서 보고서 종류를 '시나리오 요약'을 선택하고 결과 셀은 전체 인건비총계가 어떻게 달라질 것인가를 알려고 하니까 인건비총계를 지정한다.

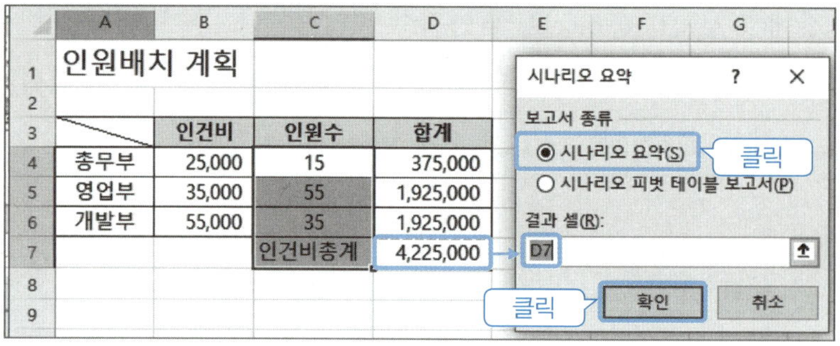

❽ 시나리오 요약이 최종적으로 나왔다. [C6], [C6], [C8], [C10]셀의 이름을 각각 총무부, 영업부, 개발부, 인건비총계로 변경한다.

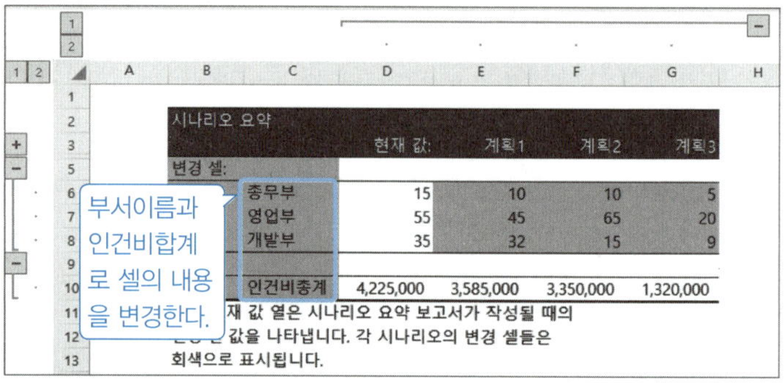

시나리오 값이 많을 경우 행이 너무 길어 한 눈에 결과를 보기 어려운 경우 해당시트의 좌측에 있는 +와 – 단추를 클릭하여 그룹화 된 행을 숨기거나 나타나게 할 수 있다.

예제 6-8

'특별상여율' 변동에 따른 '총급여액' 변화

다음과 같이 사원별 급여현황에서 특별상여율이 30%, 10% 변동에 따른 총급여액의 합계가 어떻게 달라지는지 시나리오 요약보고서를 만들어보자.

01 이름 정의하기

[예제6–3]에서는 시나리오 보고서에서 직접 이름을 변경하였는데 이번에는 시나리오 보고서에 이름이 바로 표시되도록 [J13] 셀을 선택 후 '총급여액', [C15] 셀을 선택 후 '특별상여율'로 각각 이름을 정의한다.

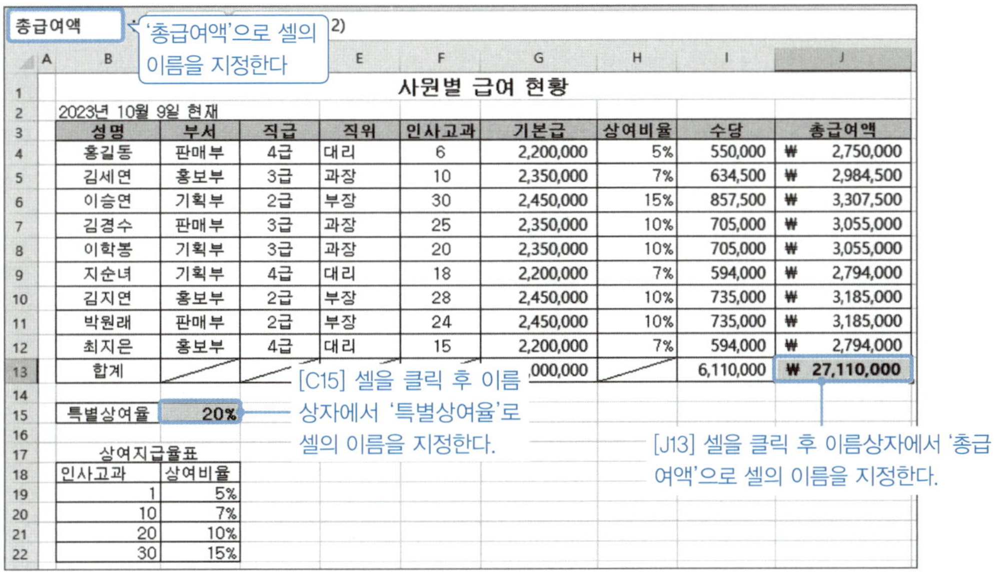

사원별 급여 현황

2023년 10월 9일 현재

성명	부서	직급	직위	인사고과	기본급	상여비율	수당	총급여액
홍길동	판매부	4급	대리	6	2,200,000	5%	550,000	₩ 2,750,000
김세연	홍보부	3급	과장	10	2,350,000	7%	634,500	₩ 2,984,500
이승연	기획부	2급	부장	30	2,450,000	15%	857,500	₩ 3,307,500
김경수	판매부	3급	과장	25	2,350,000	10%	705,000	₩ 3,055,000
이학봉	기획부	3급	과장	20	2,350,000	10%	705,000	₩ 3,055,000
지순녀	기획부	4급	대리	18	2,200,000	7%	594,000	₩ 2,794,000
김지연	홍보부	2급	부장	28	2,450,000	10%	735,000	₩ 3,185,000
박원래	판매부	2급	부장	24	2,450,000	10%	735,000	₩ 3,185,000
최지은	홍보부	4급	대리	15	2,200,000	7%	594,000	₩ 2,794,000
합계					,000,000		6,110,000	₩ 27,110,000

특별상여율	20%

상여지급율표

인사고과	상여비율
1	5%
10	7%
20	10%
30	15%

02 시나리오 추가하기

메뉴에서 [데이터]탭-[데이터 도구] 그룹-[가상분석]-[시나리오관리자]를 선택한다. 다음과 같이 시나리오 이름을 지정하여 시나리오를 추가한다.

– 특별상여율이 30% 일 경우의 '특별상여인상' 시나리오 추가
- 시나리오 이름 : 특별상여인상
- 변경 셀 : [C15]
- 시나리오 값(특별상여율) : 30%

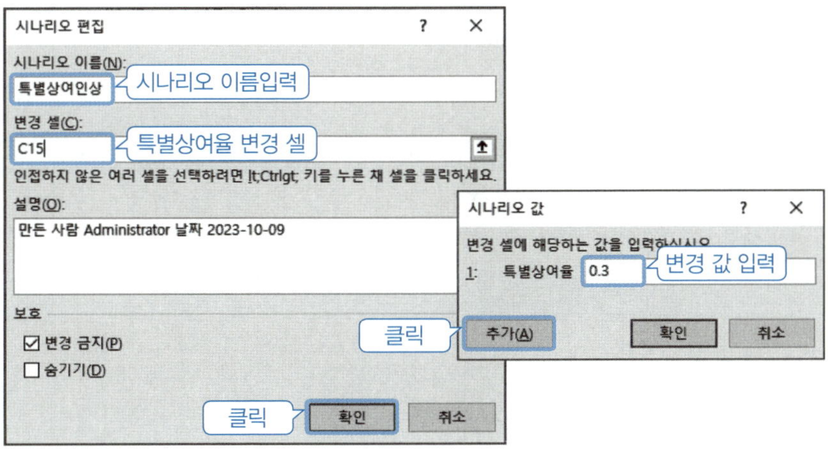

– 특별상여율이 10% 일 경우의 '특별상여 감소' 시나리오 추가

- 시나리오 이름 : 특별상여감소
- 변경 셀 : [C15]
- 시나리오 값(특별상여율) : 10%

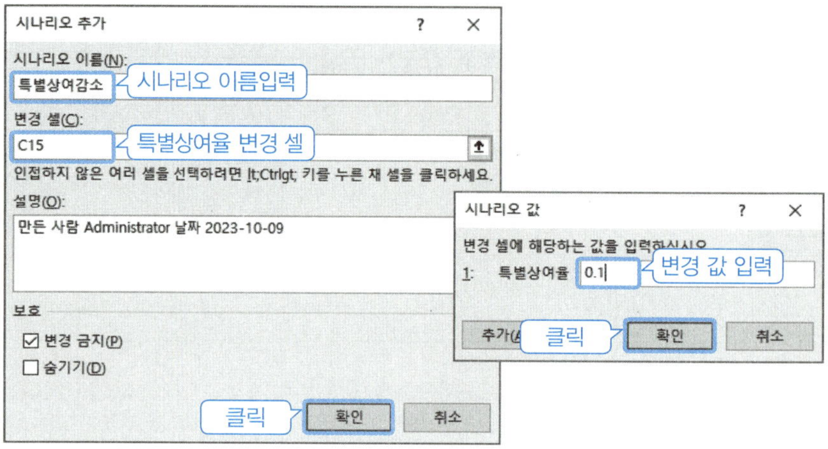

03 시나리오 요약보고서 만들기

위 두 시나리오에 의한 '시나리오 요약' 보고서 작성한다.

– 보고서 종류 : 시나리오 요약

– 결과 셀 : [J13]

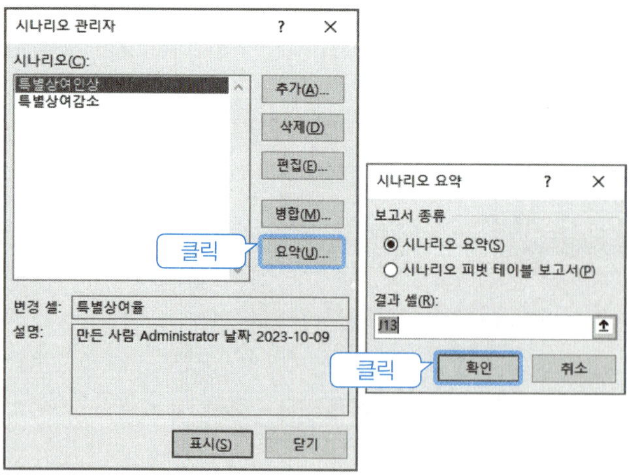

04 시나리오 완성

- 특별상여율 변경에 대한 시나리오 요약보고서가 새 시트에 완성된다.

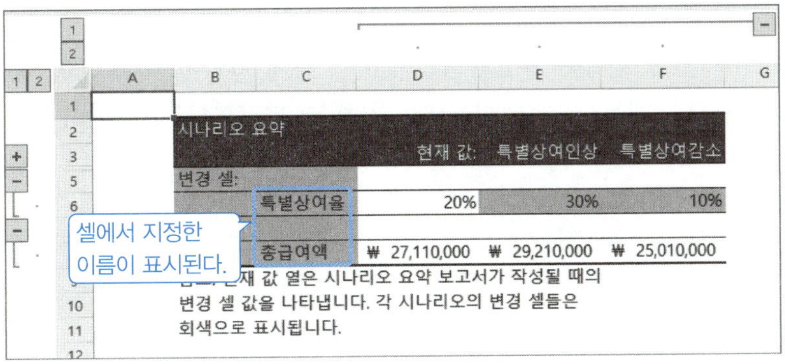

(3) 데이터 표로 값 예측하기

데이터 표는 가능한 결과 집합을 탐색할 수 있도록 한다는 점에서 시나리오와 동일하지만 모든 결과를 워크시트의 표 하나에 나타낸다는 점에서는 시나리오와 다르다. 데이터 표를 사용하면 가능한 결과 범위를 한눈에 쉽게 살펴볼 수 있다. 수식에서 한 개 또는 두 개의 변수를 변경할 경우 수식 결과에 미치는 영향을 보여 주는 셀 범위이다. 데이터 표를 사용하면 여러 결과를 한 번의 연산으로 빠르게 계산할 수 있으며, 변수 값의 변화에 따라 달라지는 결과를 워크시트에서 한 번에 보고 비교할 수 있다

한 개 또는 두 개의 변수에만 집중할 수 있으므로 결과를 쉽게 읽고 테이블 형식으로 공유할 수 있는 장점이 있다. 데이터 표에는 세 개 이상의 변수를 포함할 수 없다. 세 개 이상의 변수를 분석하려면 데이터 표 대신 시나리오를 사용해야 한다.

예제 6-9

이자율 변동에 따른 대출액 알아보기

기간과 이자, 대출액이 주어졌을 때 월 대출 상환금을 구한 후 이를 바탕으로 이자율이 달라졌을 때 월상환금이 어떻게 되는지 알아본다.

변수가 하나인 데이터 표에서는 열 방향, 단일 열 또는 행 (행 방향)의 입력된 값이 포함된다.

변수가 하나인 데이터 테이블의 모든 수식을 한 개만 입력 셀 참조할 수 있다.

01 대출액 목록 메뉴 만들기

- [B1:C3] 열에 시트와 같이 데이터를 입력하고 [E1:F7] 셀 범위에서 [E]열([E2:E7])에서는 이자율의 변동데이터를 작성한다.
- 대출액 [C3] 셀에 대출액의 변동에 따른 월상환액을 구하기 위해 500000, 10000000, 20000000, 30000000로 값 목록을 만든다. 메뉴에서 [데이터]탭-[데이터 도구]그룹-[데이터 유효성 검사]를 선택한다.

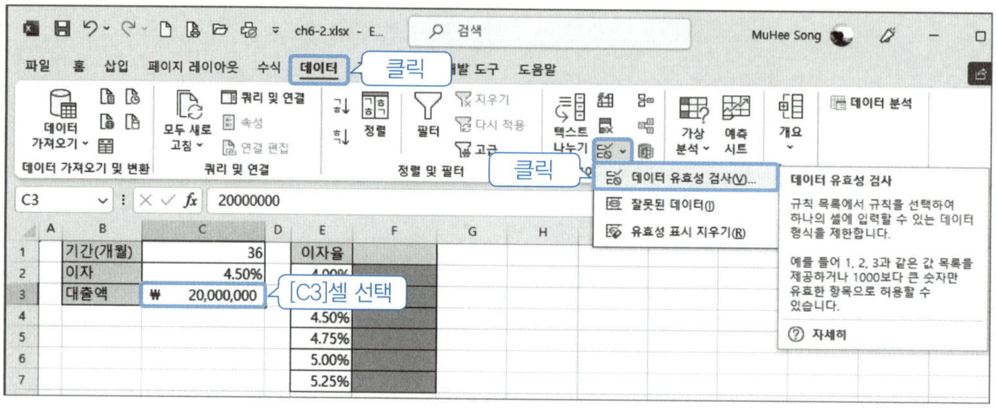

- 데이터 유효성 대화상자에서 제한대상을 '목록'을 선택하고, 원본 영역에서 5000000, 10000000, 20000000, 30000000를 입력한다. '확인' 버튼을 클릭한다.

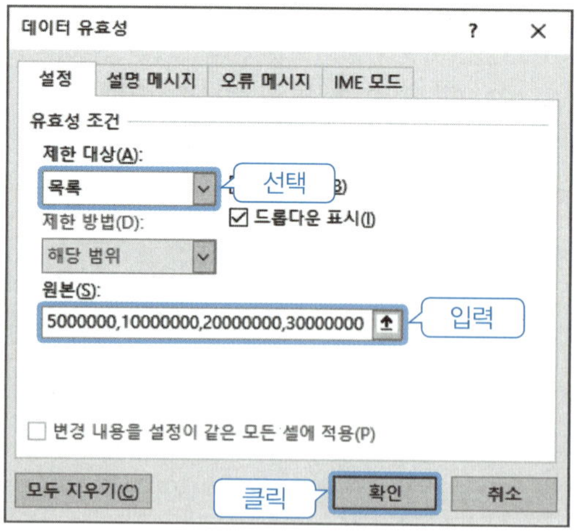

02 월 대출 상환금 구하기

- [F1] 셀을 클릭한 후 PMT 함수를 사용하여 월대출 상환금을 구한다.
- 다음 단계를 실행한다.

❶ [B1:C3] 열에 시트와 같이 데이터를 입력하고 [E1:F7] 셀 범위에서 [E]열에서는 이자율의 변동 데이터를 작성하고 [F1] 셀에 PMT 함수를 사용하여 월 대출 상환금을 계산한다.

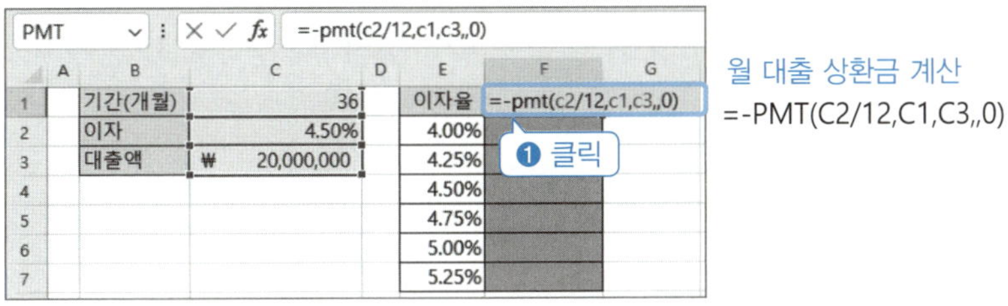

❷ [E1:F7] 셀 범위를 지정한 후 리본메뉴에서 [데이터]탭–[데이터 도구]그룹–[가상분석]–[데이터 표]를 선택한다.

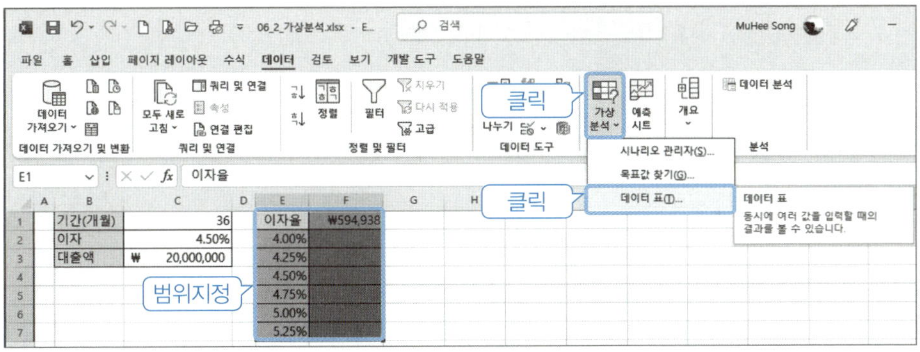

❸ 데이터 표 대화상자에서 열 방향으로 이자율이 변경되기에 열 입력셀 위치에서 커서를 두고 [C2] 셀을 클릭하여 선택한다. '확인' 버튼을 클릭한다.

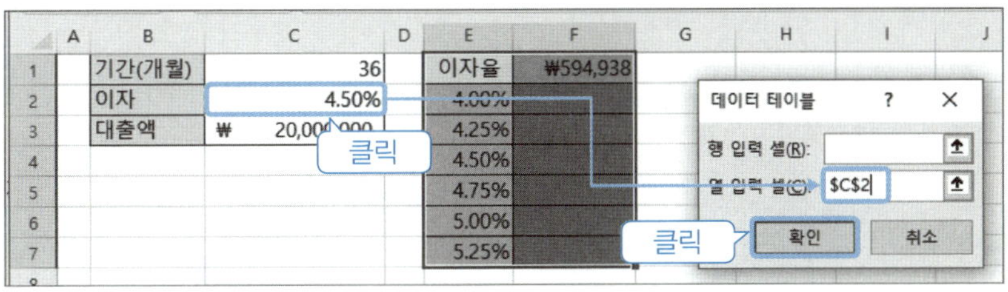

❹ 이자율에 따른 결과값이 표에 나타난다.

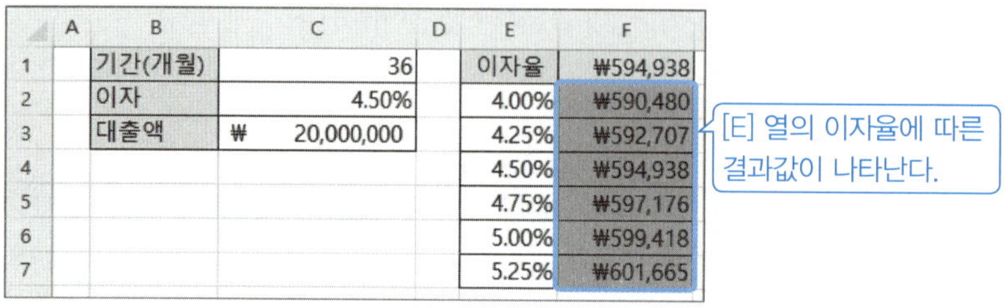

❺ 대출액을 변경하면 자동으로 데이터표의 결과 값도 달라진다. 대출액 [C3] 셀에서 값목록을 선택하여 데이터표에서 결과값이 변동되는 것을 확인하여 보자.

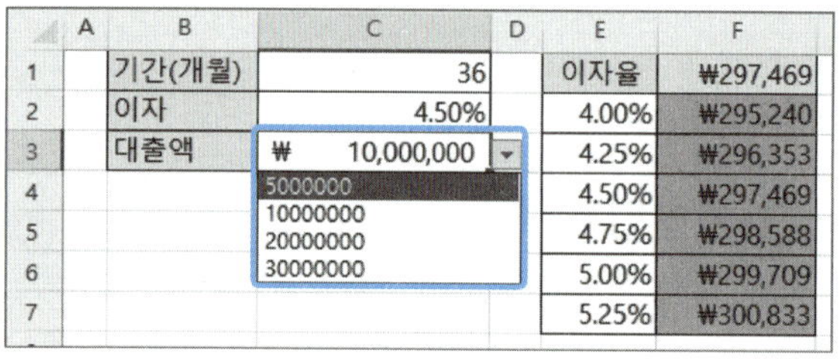

연습문제

'ch6_2_연습문제.xlsx' 통합문서를 열어 그림과 같은 시트가 되도록 실습해보자.

01 목표값 찾기를 통하여 상환기간 알아보기

다음과 같이 주어진 데이터의 대출상환에서 대출금액1,000만원과 상환기간 60개월, 그리고 이자율(연) 4.75%를 이용하여 월상환액을 계산하고, 월상환액을 152,000으로 조정하려면 상환기간를 얼마로 하여야 하는지 목표값 찾기 기능을 이용하여 계산하여보자.

❶ PMT 함수를 사용하여 월상환액 구하기

함수 마법사를 선택하여 [재무] 범주에서 PMT함수를 선택하거나, 메뉴에서 [수식]탭−[함수 라이브러리]그룹−[재무] 범주에서 PMT함수를 선택하여 다음과 같이 지정한다.

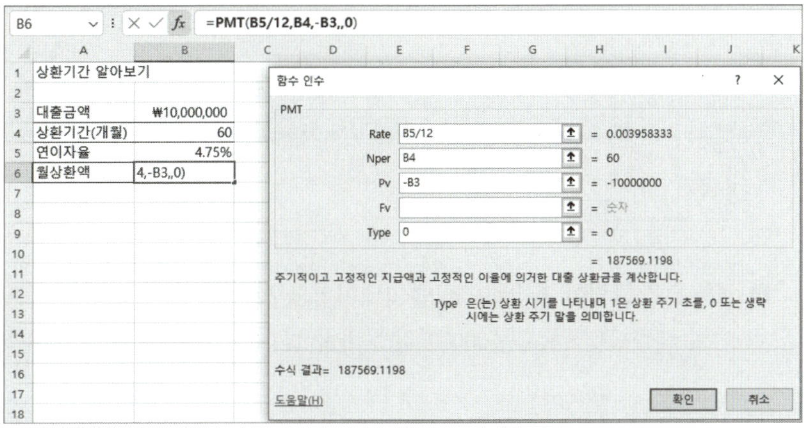

❷ 상환기간 구하기

메뉴에서 [데이터]탭−[데이터도구]그룹−[가상분석]−[목표값 찾기]를 선택하여 다음과 같이 입력하여 목표값을 찾기 위해 '확인' 버튼을 클릭한다.

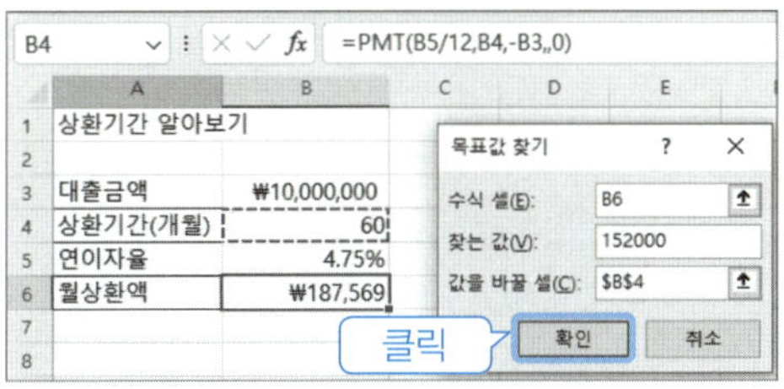

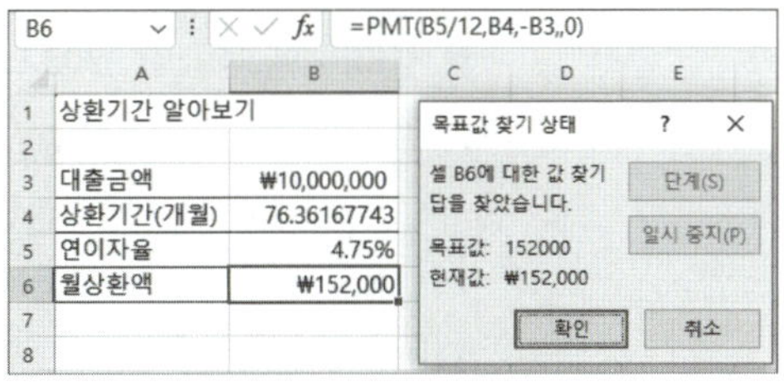

❸ 상환기간 [B4]셀에서 목표값을 찾은 것을 알 수 있다.

02 환율과 구매물품 환산가격

다음과 같이 구매한 물품의 합계가 환산가격(원)으로 60만원을 초과하는 경우 관부가세가 부과된다면 관부가세를 피하려면 환율(원/달러)이 얼마일 때 물품을 구매해야 하는지 계산하여보자.

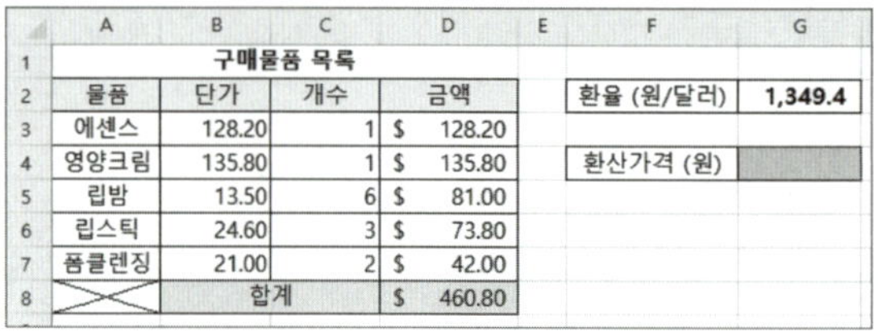

❶ [G4]셀의 환산가격은 [G2]셀의 환율을 적용하여 계산하도록 한다.

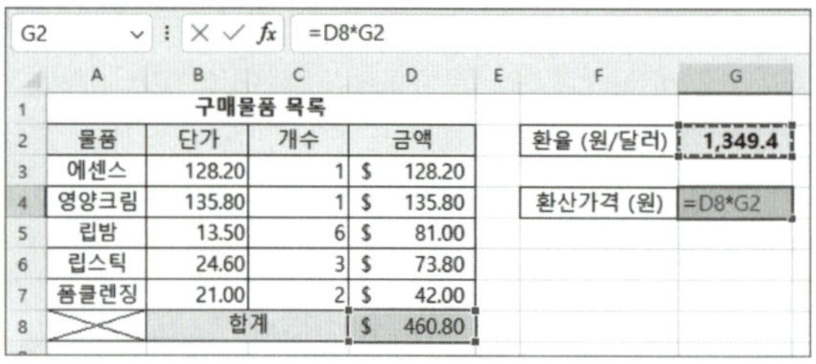

❷ [G4]셀을 클릭한 후 [데이터]탭–[데이터도구]그룹–[가상분석]–[목표값찾기]를 클릭하여 수식셀 G4, 찾는 값 600000, 값을 바꿀 셀 G2를 클릭 한후 '확인' 버튼을 클릭한다.

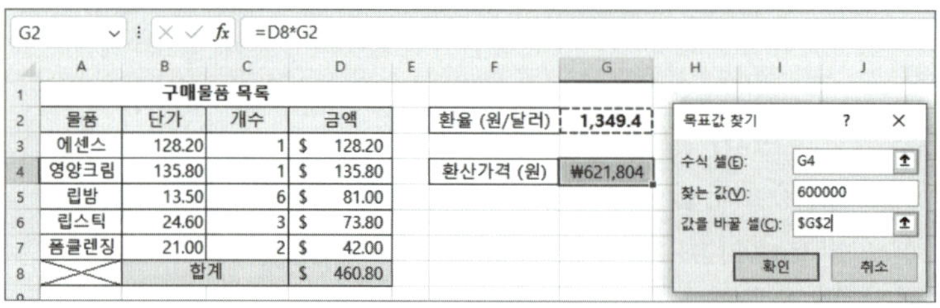

❸ [G2]셀에 목표값 1302.1을 찾는다.

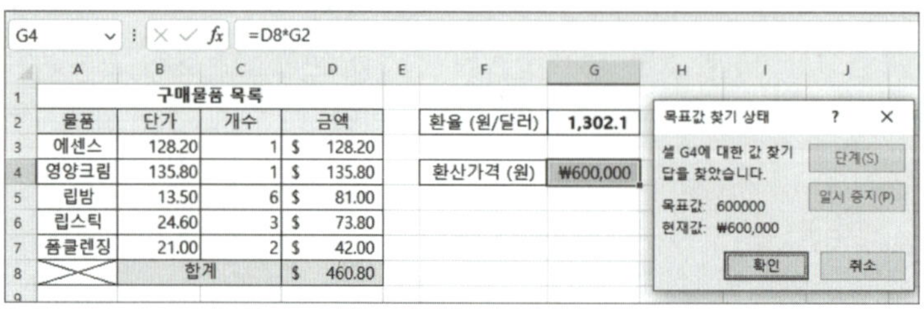

03 환율 변동에 따른 총구매액 변화

'목표값 찾기'에서 사용한 '환율과 구매물품 환산가격' 예제에서 이번에는 환율이 1,300원일 때, 환율이 1,325원일 때, 환율이 1,350원일 때의 세 가지 시나리오를 고려하여 환율 변동에 따른 총구매액(원)에 대한 시나리오 요약보고서를 다음 그림과 같이 작성하시오.

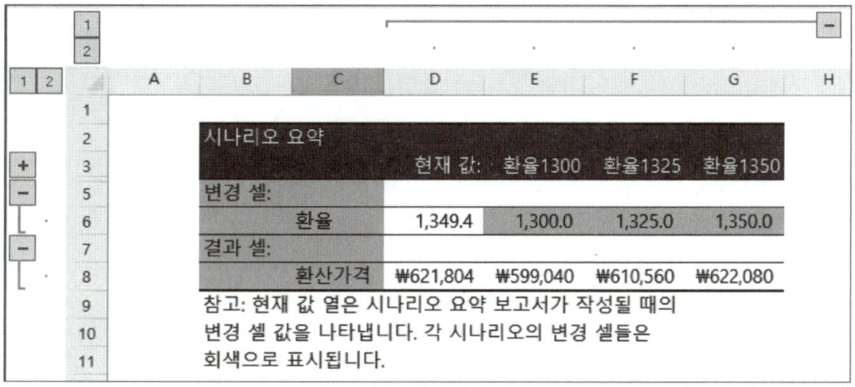

시나리오 요약	현재 값:	환율1300	환율1325	환율1350
변경 셀:				
환율	1,349.4	1,300.0	1,325.0	1,350.0
결과 셀:				
환산가격	₩621,804	₩599,040	₩610,560	₩622,080

참고: 현재 값 열은 시나리오 요약 보고서가 작성될 때의 변경 셀 값을 나타냅니다. 각 시나리오의 변경 셀들은 회색으로 표시됩니다.

❶ 환율이 1300원 일 경우의 시나리오 추가
- 시나리오 이름 : 환율1300
- 변경 셀 : [G3]
- 시나리오 값(환율) : 1300

❷ 환율이 1325원 일 경우의 시나리오 추가
- 시나리오 이름 : 환율1325
- 변경 셀 : [G3]
- 시나리오 값(환율) : 1325

❸ 환율이 1350원 일 경우의 시나리오 추가
- 시나리오 이름 : 환율1350
- 변경 셀 : [G3]
- 시나리오 값(환율) : 1350

시나리오의 값을 변경하면 해당 변경 내용이 기존 요약보고서에 자동으로 다시 계산되지 않아 다시 시나리오 요약보고서를 작성해야 한다.

04 적금 만기액 알아보기

'시나리오' 시트에 적금 만기액을 구하는 수식을 입력한 후 시나리오 요약 보고서를 만들어보자.

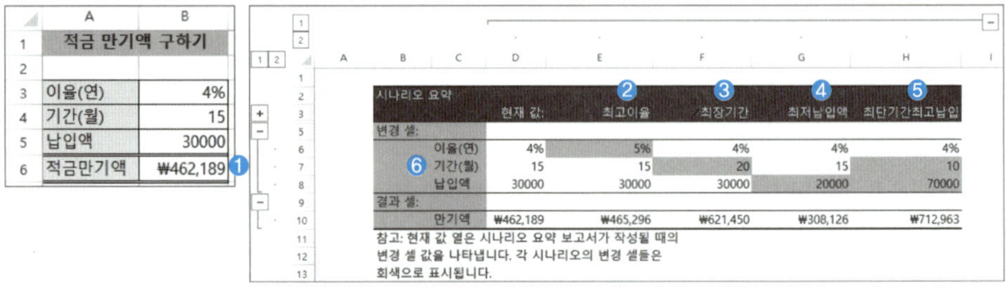

❶ 시트에 입력된 연이율, 기간, 납입액에 따른 적금 만기액을 구하는 수식을 입력한다. (납입액이 양수이므로 FV 함수의 세 번째 인수를 -B5로 사용한다.)

❷~❺ 표시된 이름의 4가지 시나리오로 구성된 시나리오 요약 보고서를 만든다.

시나리오이름	변경셀	변경값
최고이율	B5	5%
최장기간	B4	20
최저납입액	B5	20000
최단기간최고납입	B4:B5	10, 70000

❻ 셀 주소 대신 텍스트를 입력한다.

※ FV함수 알아보기

FV 함수는 이율이 고정되어 있으며 일정액을 특정 기간 동안 정기적으로 투자했을 때 기간 만료 후 찾는 금액(미래 가치)을 구한다. 대표적인 예로 적금 만기액을 구하는 데 사용한다.

FV(rate, nper, pmt, [pv], [type])

- **rate** (이율) : 고정된 이자율
  납입 기간이 연 단위이면 이율도 연이율, 납입 기간이 월 단위이면 이율도 월이율이 되어야 함.
- **nper** (납입 기간) : 총 납입 기간 (이율과 기간 단위를 일치시켜야 함)
- **pmt** (납입액) : 한 번에 납입할 금액(– 금액)
  기본적으로 납입액은 납입자에게서 나가는 금액으로 자산 가치가 떨어지는 것이므로 음수 값이며, 함수 결과값은 납입자에게 들어오는 금액이므로 양수 값이다. 반대 입장으로 은행 측을 기준으로 한다면 함수 결과값이 음수 값이고 납입액이 양수 값이다. 이 함수를 사용할 때는 납입자 또는 은행 측 한 측을 기준으로 음수와 양수를 결정한다.
- **pv** (현재 자산) : 투자 시작 시 투자한 금액(– 금액) 또는 지급 받은 금액(+ 금액)으로 0원이면 생략 가능
- **type** (납입 시점) : 납입 주기(1년 또는 1개월)의 시작일마다 납입한다면 1, 마지막 일마다 납입한다면 0(생략 가능)

05 '판매이익분석' 시트에서 판매수량에 따른 판매이익을 한눈에 파악하기 위해 데이터 표 기능을 사용하여 판매이익 열을 완성하시오.

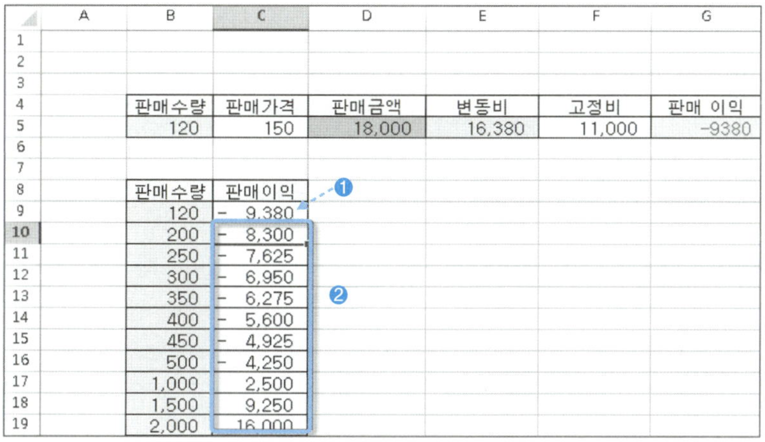

❶ 판매 이익(=G5)을 참조한다. 여기서의 변수는 판매수량이 된다. 즉 몇 개를 팔아야 이익이 되는지 구한다. 여기서 한 가지 중요한 것은 고정비와 변동비가 각각 따로 있는 것이다. 변동비는 판매수량에 따라 바뀌는 금액이고, 고정비는 언제나 같은 금액이 지출되는 것을 의미한다.

❷ 판매 수량에 따른 판매 이익을 데이터 표로 구한다. 1000대를 팔았을 때부터 이익이 된다는 것을 알 수 있다.

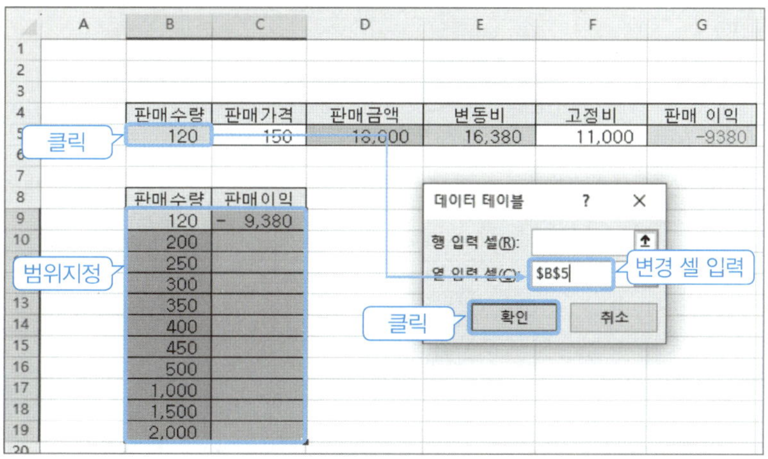

06 기간과 이자율의 변동에 따른 대출액 알아보기

한 수식에서 두 변수의 값을 다르게 지정함에 따라 해당 수식의 결과가 어떻게 달라지는지 확인하려면 변수가 두 개인 데이터 표를 사용한다. 예를 들어 변수가 두 개인 데이터 표를 사용하면 이자율과 대출 기간의 다양한 조합에 따라 월별 대출 상환액이 어떻게 달라지는지 확인할 수 있다.

❶ 가상분석할 데이터 표를 선택한다. 이때 데이터를 입력할 때는 반드시 왼쪽 위에는 식을 적고 행과 열에 변수 값 들을 입력한다.

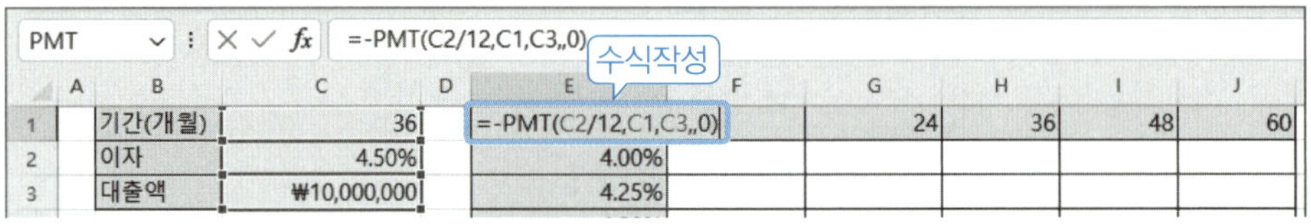

❷ [E1:F7]까지 드래그하여 셀범위를 지정한 후, [데이터] 탭 – [데이터 도구] 그룹에서 [가상분석] – [데이터 표] 명령을 선택한다.

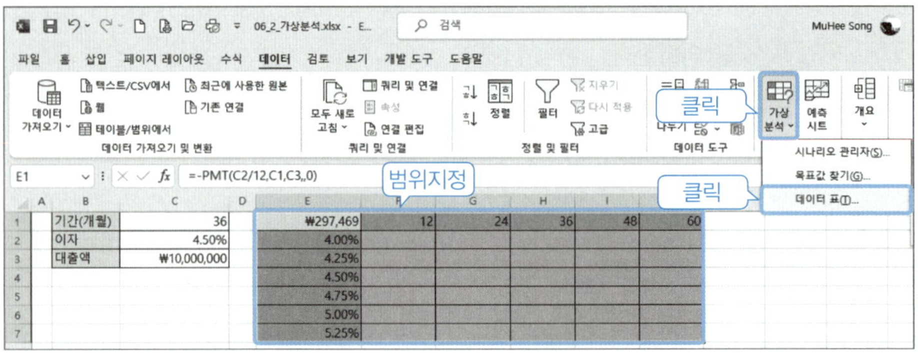

❸ 데이터 표를 실행하고 [행 입력 셀]과 [열 입력 셀]에 각각 기간, 이자의 셀주소를 지정한다.

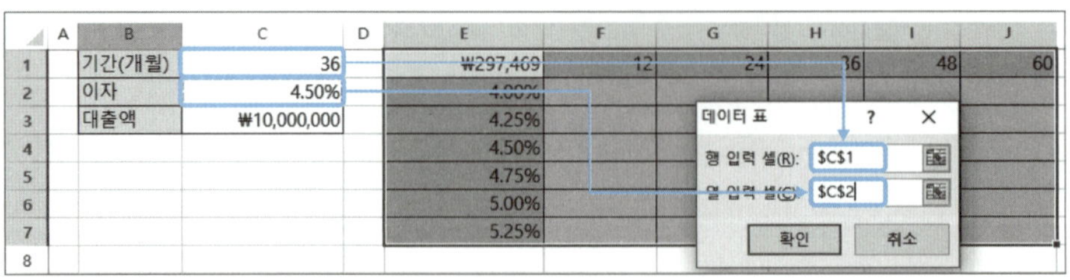

④ 셀에 배열 수식 '{=TABLE(C1,C2)}'이 자동으로 추가되어 데이터 표가 완성된다.

F2 | {=TABLE(C1,C2)}

	A	B	C	D	E	F	G	H	I	J
1		기간(개월)	36		₩297,469	12	24	36	48	60
2		이자	4.50%		4.00%	851,499	434,249	295,240	225,791	184,165
3		대출액	₩10,000,000		4.25%	852,642	435,363	296,353	226,911	185,296
4					4.50%	853,785	436,478	297,469	228,035	186,430
5					4.75%	854,930	437,595	298,588	229,162	187,569
6					5.00%	856,075	438,714	299,709	230,293	188,712
7					5.25%	857,221	439,834	300,833	231,427	189,860

07

데이터 통계분석 및 예측

7.1

데이터 기술통계분석

빅데이터의 활용은 기술혁신이나 산업구조의 변화를 촉진하고, 실생활에서의 응용 분야도 커지고 있다. 특히, 데이터의 통계분석은 실생활에 많은 영향을 끼치고 있으며, 미래를 예측하기 위해 매우 중요한 역할을 한다. 수집된 자료를 요약하여 신뢰할 수 있는 객관적인 결과를 얻기 위한 통계분석 방법은 다양하다. 통계분석 방법에는 수집한 자료를 단순히 요약 정리하여 기술하는 기술통계(descriptive statistics)와 표본 집단에서 얻어진 통계치를 통해 모집단의 특성을 파악하는 추리통계(inferential statistics)로 구분된다. 따라서 수집한 자료의 특성과 목적에 적합한 방법을 찾아 자료를 분석하는 것이 중요하다.

엑셀에서는 데이터 분석 도구를 사용하여 통계적 분석을 할 수 있다. 복잡한 통계 또는 공학 분석을 위해 분석 도구를 사용하면 많은 시간과 단계를 절약할 수 있다. 각 분석에 데이터와 매개 변수를 제공하기만 하면 데이터 분석 도구에서 통계 또는 공학용 매크로 함수를 사용하여 결과를 계산하고 출력 테이블에 표시한다. 또한, 일부 도구에서는 출력 테이블에 차트를 만들기도 한다. 본 절에서는 기술통계량과 히스토그램 등에 관한 정의를 살펴보고 예제를 통하여 기술통계량, 히스토그램 등을 구하여 데이터 분포 특성을 분석해 본다.

(1) 기술통계량

기술통계량(descriptive statistics)은 주어진 자료를 요약 및 기술하여 자료의 전반적인 특성을 파악할 수 있는 통계 수치들을 말하며 기술측도(descriptive measure)라고도 한다. 주어진 자료가 모집단의 특성을 잘 반영하는 경우 이에 기초하여 모집단 추론에 많이 사용된다. 이는 관찰된 자료가 어느 위치에 집중되어 있는지, 데이터의 퍼짐 정도나 또는 데이터 분포의 형태와 대칭성을 나타낼 수 있는 통계량들이다. 즉 기술통계량은 단일변수에 대해서 평균, 중앙값, 최빈값, 범위, 분산, 표준편차, 최대, 최소, 왜도, 첨도 등을 보여주는데 이를 통해 분포의 형태를 추측하는 등 데이터 특성 중 많은 부분을 알아낼 수 있다.

중심위치 주변에 데이터들이 얼마나 분포되어 있는지 판단하기 위해서는 평균이나 중앙값 등을 알아야 한다. 또한, 표준편차나 분산 등의 측도를 이용하면 주어진 자료의 산포도, 즉 어떻게 흩어져 있는지를 분석할 수 있다. 그리고 첨도나 왜도 등을 통해 중앙값 주위에 얼마나 모여 있는가 또는 분포의 좌우 대칭 정도를 파악할 수 있다. 일반적으로 데이터의 분포를 간략화하고 적절하게 요약하여 데이터의 분포 특성을 조사하기 위한 기술통계량들은 [표 7-1]과 같다.

표 7-1 기술 통계량

통계량	설명
평균(mean)	전체 자료의 값을 모두 더한 후 자료의 수로 나눈 값
중앙값(median)	최솟값에서 최댓값까지 크기순으로 나열했을 때 중앙에 위치한 값
최빈값(mode)	분포에서 가장 많은 도수를 갖는 변수값
표준편차(standard deviation)	평균과 각 변수값의 차이인 편차들의 평균
분산(variance)	편차를 제곱하여 모두 더한 후 자료의 총 개수로 나눈 값. 표준편차의 제곱
최댓값(maximum)	가장 큰 값
최솟값(minimum)	가장 작은 값
범위(range)	최솟값과 최댓값의 차이
첨도(kurtosis)	데이터의 뾰족한 정도를 나타내며 분포의 모양이 중앙값 주위에 얼마나 모여 있는가를 알 수 있음. 양의 첨도는 상대적으로 더 뾰족하고 음의 첨도는 덜 뾰족함
왜도(skewness)	데이터 분포의 기울어진 정도, 즉 평균에 대한 분포의 비대칭 정도를 나타냄. 양수이면 분포의 비대칭 꼬리가 양의 값 쪽으로 치우치며 음수이면 음의 값 쪽으로 치우침

(2) 히스토그램과 도수분포표

히스토그램(histogram)은 주어진 자료가 연속형일 때 변수 값을 몇 개의 구간으로 나눈 후, 각 구간에 속하는 자료의 도수 또는 상대도수를 막대그림으로 나타낸 것으로 도수분포표에 기초하여 작성할 수 있다. 도수분포표(frequency distribution table)란 조사된 관측 값을 적당한 크기의 구간으로 나누어 각 구간에 속하는 도수, 상대도수, 누적상대도수 등을 계산하여 정리한 표이다. 도수란 각 구간에 속한 값들의 양이며, 상대도수란 각 구간의 도수를 전체 도수로 나눈 값이다. 상대도수는 한 집단 내에서 각 구간에서의 도수 비교뿐만 아니라, 자료의 수가 다른 두 집단의 분포상태를 비교할 때 유용하게 쓰인다.

도수분포표는 모든 데이터에 대한 도수를 구하면 자료를 한눈에 파악하기 힘들다. 도수분포표를 작성하기 위해서는 먼저 도수를 구하기 위한 전체 자료를 동일한 간격으로, 또한 중복되지 않도록 구간을 나누어야 한다. 그리고 각 구간에 속한 자료의 개수를 세어 표를 만들면 된다. 여기서 구간의 수는 적절한 값으로 선택해야 하는데, 자료의 수가 n개일 때 구간 수의 근사값은 Sturges 공식인 $1 + 3.3\log_{10}n$에 기초하여 정할 수 있다. 하지만 일반적으로 자료의 수가 100~200개이면 8~9, 200~500개이면 9~10, 500~1000개이면 10~11로 구간의 수를 정한다.

도수분포표를 작성하는 방법

- 적당한 구간의 수를 정한다.
- 자료의 최댓값, 최솟값을 이용하여 구간의 크기(폭)을 결정한다. 구간의 크기는 (최댓값–최솟값)/구간의 수로 정할 수 있다. 그러나 자료의 특성이나 목적에 따라 구간의 크기나 경계는 임의로 정할 수도 있다.
- 계산된 구간의 크기에 따라 자료의 구간을 설정한다.
- 각 구간에 속하는 자료의 개수를 세어 표를 만든다.

예제 7-1

ch7_1.xlsx의 '키' 시트는 D회사 직원 100명의 키 데이터이다. 주어진 자료의 특성을 파악하기 위해 기술통계량을 구하여 보자. 또한, 직원들의 키 분포를 도수분포표로 작성하고, 도수분포표를 바탕으로 히스토그램으로 표현해 보자.

준비파일 ch7_1.xlsx '키' 시트

완성시트

함수를 이용한 통계량구하기	
평균	173.6
중앙값	174.5
최빈값	179
표준 편차	8.205689083
분산	67.33333333
첨도	-0.727035916
왜도	-0.244946656
최소값	153
최대값	189

데이터분석도구이용하기	
키	
평균	173.6
표준 오차	0.820568908
중앙값	174.5
최빈값	179
표준 편차	8.205689083
분산	67.33333333
첨도	-0.727035916
왜도	-0.244946656
범위	36
최소값	153
최대값	189
합	17360
관측수	100

범위		빈도수	상대도수
151~	155	1	0.01
156~	160	5	0.05
161~	165	16	0.16
166~	170	12	0.12
171~	175	23	0.23
176~	180	25	0.25
181~	185	12	0.12
186~	190	6	0.06

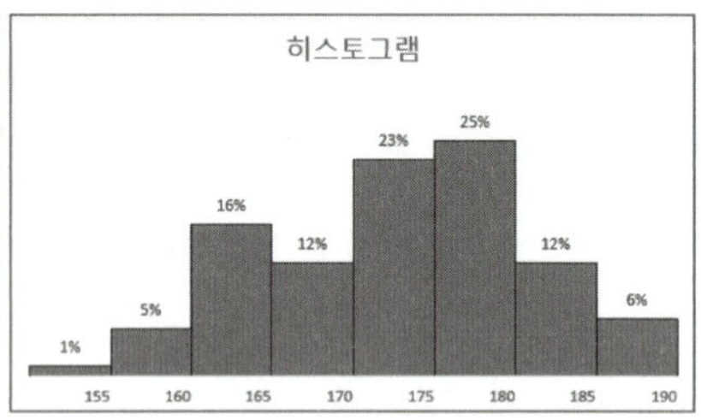

01 함수를 이용한 통계량 구하기

앞에서 살펴본 여러 가지 측도들은 통계 함수를 이용하여 구할 수 있다. 기술통계량과 관련된 함수들은 [수식] 탭–[함수 라이브러리] 그룹–[기타함수]의 하위메뉴 중에서 [통계]영역에서 찾을 수 있다. '키' 시트의 [F3:F11]에 다음의 표와 같이 함수를 직접 입력하여 구한다. 100명의 키 데이터에 대한 통계량을 구하므로 [B2:B101]의 범위에 대하여 '키'로 이름을 정의하여 다음 함수를 적용하면 편리하다.

기술통계량	함수
평균	=AVERAGE(키)
중앙값	=MEDIAN(키)
최빈값	=MODE.SNGL(키)
표준 편차	=STDEV.S(키)
분산	=VAR.S(키)
첨도	=KURT(키)
왜도	=SKEW(키)
최소값	=MIN(키)
최대값	=MAX(키)

함수를 이용한 통계량구하기	
평균	173.6
중앙값	174.5
최빈값	179
표준 편차	8.205689083
분산	67.33333333
첨도	-0.727035916
왜도	-0.244946656
최소값	153
최대값	189

02 데이터 분석도구 이용하기

먼저 데이터 분석 도구를 활성화해 보자. [파일] 탭–[옵션]을 클릭하여 [Excel 옵션] 창을 실행한다. ❶ [Excel 옵션] 창의 [추가 기능]에서 ❷ [Excel 추가 기능]을 선택하고 ❸ [이동]을 클릭하면 [추가 기능] 대화 상자가 실행된다. ❹ [분석 도구 팩]를 선택하고 ❺ [확인]을 클릭하면 [데이터] 탭–[분석] 그룹에 [데이터 분석] 명령이 추가된다.

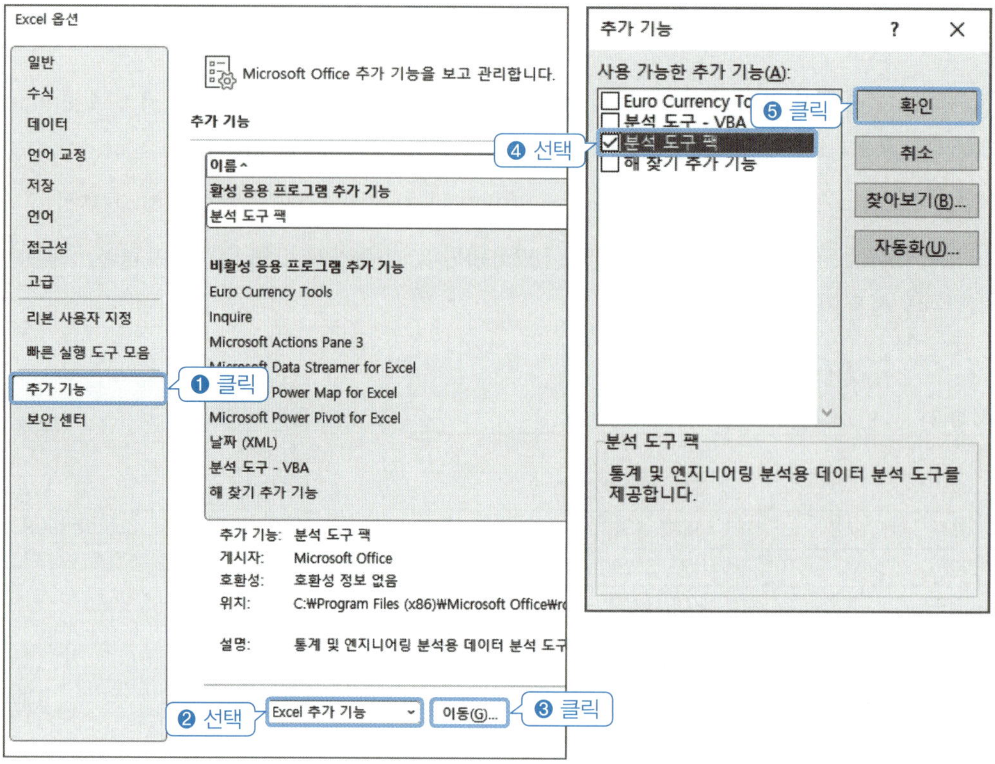

❶ [데이터] 탭–[분석] 그룹의 ❷ [데이터 분석]을 클릭하여 [통계 데이터 분석] 창을 실행한다. [통계 데이터 분석] 창에서 ❸~❹ [기술 통계법]을 선택하면 [기술 통계법] 창이 실행된다.

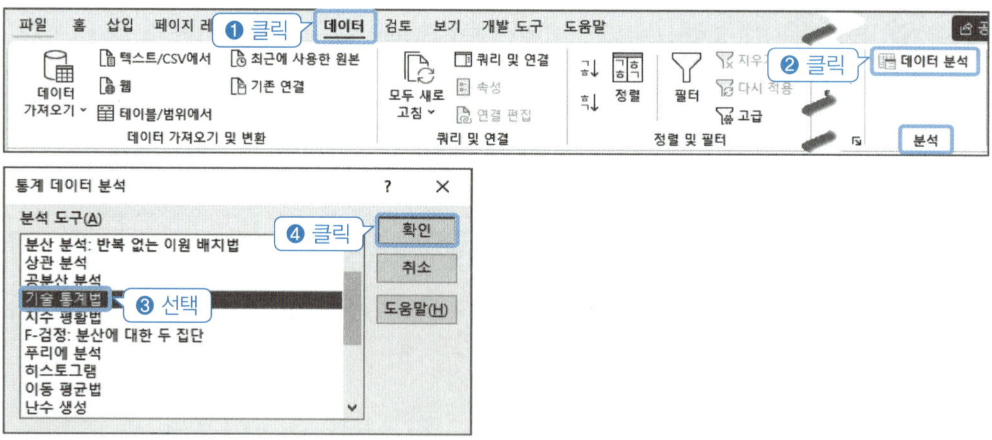

[기술 통계법] 창의 [입력]의 ❶ [입력범위]에는 키 데이터가 있는 [B1:B101]의 영역을 선택하여 지정하고 ❷ [첫째 행 이름표 사용] 옵션을 클릭하여 기술통계량의 출력에 이름이 표시되

도록 한다. [출력 옵션]에서 ❸ [출력 범위]에 출력할 셀의 위치를 클릭하여 지정하고 ❹ [요약 통계량]을 클릭하여 지정하고 ❺ [확인]을 클릭한다.

- 기술통계량은 01에서와 같이 통계함수를 이용하여 직접 입력하여 구할 수도 있지만 데이터 분석도구의 [기술 통계법]으로 한꺼번에 구하여 전체적인 데이터의 분포나 형태 등을 간단히 수치적으로 분석할 수 있다. 그러나 원본 데이터가 계속 수정이 되는 경우라면 함수를 이용하여 통계량이 자동으로 수정되도록 하는 것이 편리하다.

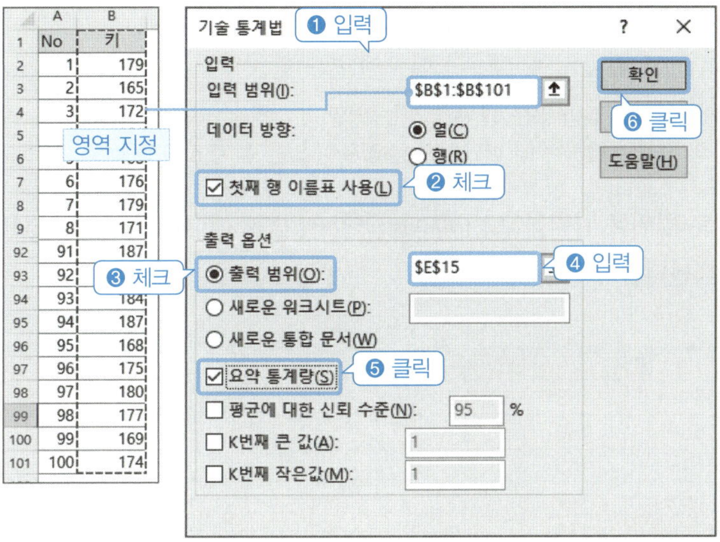

데이터분석도구이용하기	
키	
평균	173.6
표준 오차	0.820568908
중앙값	174.5
최빈값	179
표준 편차	8.205689083
분산	67.33333333
첨도	-0.727035916
왜도	-0.244946656
범위	36
최소값	153
최대값	189
합	17360
관측수	100

03 도수분포표 작성하기

- 먼저 도수분포표를 작성하기 위해서는 구간의 수를 정해야 한다. 즉 각 구간별로 관측된 값이 몇 개인지를 표시한다. 구간의 수는 일반적으로 데이터의 특성이나 목적에 따라 임의로 정할 수 있지만 여기서는 Sturges 공식을 적용해 보자. 즉, $1 + 3.3\log_{10}$(자료의 개수)의 수식에서 100개 데이터에 대하여 수식을 계산하면 7.6이 된다.

- 다음으로 구간의 크기는 '(자료의 최댓값−자료의 최솟값)/구간의 수'를 이용하여 구하여 보자. 즉 02에서 구한 기술통계량에 의하면 주어진 자료의 최댓값은 189, 최솟값은 153이므로 구간의 크기는 (189−153)/7.6의 값을 계산하면 4.7368이 된다.

구간의 수	7.6	❶ = 1+3.3*LOG10(100)
계급구간의 크기	4.7368421	❷ = (F11−F10)/7.6 ← (최댓값−최솟값)/구간의 수

- 앞에서 구한 구간의 수, 구간의 크기를 반올림하면 8과 5이다. 즉, 8개의 구간, 각 구간의 크기는 5단위로 하여 도수분포표에 범위를 만든다.

- 각 구간에 속하는 자료의 개수(도수)는 COUNTIFS 함수를 이용하여 구할 수 있지만 여기서는 FREQUENCY 함수로 구해 보자. FREQUENCY 함수는 단어의 의미대로 빈도수를 구하는 함수이며 데이터 배열에서 각 구간에 해당하는 값의 발생 빈도수를 계산하여 세로 배열 형태로 결과 값을 반환한다. 따라서 수식을 작성할 때 배열 수식으로 입력해야 하며 사용 방법은 다음과 같다.

FREQUENCY(data_array, bins_array) : 도수분포의 세로 배열형태를 구함
- **data_array:** 빈도수를 계산하려는 값이 있는 셀 주소 또는 배열 - **bins_array:** data_array의 값을 분류하는 데 필요한 구간 값들이 있는 셀 주소 또는 배열

- 도수분포표에 각 구간별로 범위를 입력하고 빈도수를 구할 첫 번째 셀 [J18]에서 =FREQUENCY(키, I18:I24)을 입력한 후 엔터를 한다.

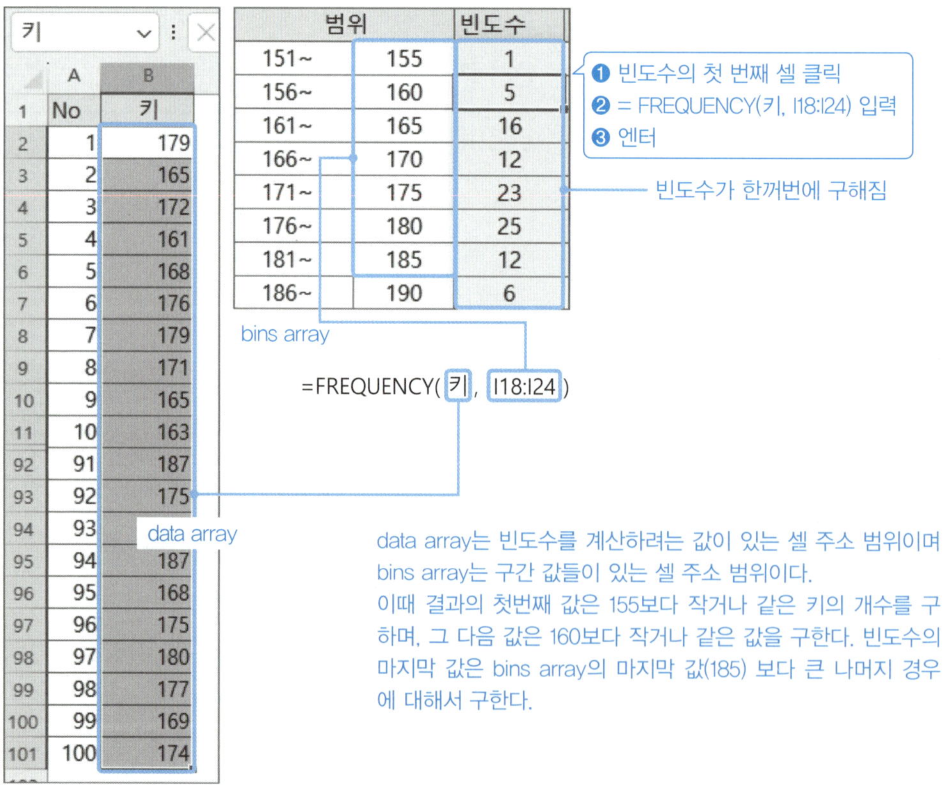

Tip FREQUENCY 함수는 배열 수식을 사용하므로 수식을 입력한 후 기존 버전에서 사용한 〈Ctrl〉+〈Shift〉+〈Enter〉를 하여도 된다. 오피스 2021 버전에서는 수식을 입력 후 〈Enter〉만 하여도 된다. 〈Enter〉키로 수식의 결과를 구하는 경우 Excel에서 출력 범위의 크기를 동적으로 조정하고 결과를 해당 범위 내의 각 셀에 배치한다.

Tip 기존 버전을 사용하여 구하는 경우는 먼저 [J18:J25]의 범위를 선택한 후 수식 입력줄에서 =FREQUENCY(키, I18:I24)를 입력한 후 〈Ctrl〉+〈Shift〉+〈Enter〉로 빈도수를 구한다.

도수분포표에서 상대도수는 각 구간의 도수를 전체 도수로 나눈 값이다. =J18/SUM($J$18#)를 입력한 후 나머지 구간도 자동 채우기를 한다. 여기서 전체 도수를 지정하기 위해 SUM()의 수식에 범위를 [J18:J25]를 드래그하면 [J18#]의 형태로 지정이 된다. [J18]의 주소를 절대주소로 변경한 후 첫 번째 셀의 상대도수를 구한 후 나머지 값도 자동 채우기로 구한다.

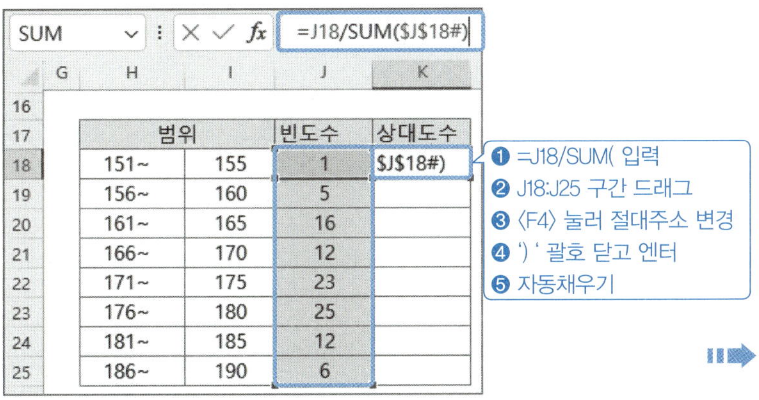

상대도수
0.01
0.05
0.16
0.12
0.23
0.25
0.12
0.06

Tip 배열 수식을 사용하여 수식을 입력하는 경우 〈Ctrl〉+〈Shift〉+〈Enter〉를 사용하지 않고 〈Enter〉로 입력하면 출력 범위가 정해져 있기 때문에 엑셀 테이블의 수식 참조 방법인 구조적 참조 방법으로 자동 변경된다.

Tip 상대도수를 구하는 수식은 =J18/SUM($J$18:$J$25)이다. 이때 $J$18:$J$25는 동적배열 수식 결과의 범위이다. 이와 같이 배열 수식의 결과 범위를 참조할 때 범위의 첫 번째 셀 주소에 '#'을 붙여 참조가능하다. 수식 작성시 해당 범위의 구간을 드래그하면 #이 자동으로 적용된다.

04 히스토그램 작성하기

도수분포표에 기초하여 도수나 상대도수를 히스토그램으로 표현하여 데이터 분포를 시각화해 보자. 03에서 만든 도수분포표에서 [차트]를 삽입하여 작성하거나 [데이터 분석] 도구에서 [히스토그램]을 작성할 수 있다.

먼저 도수분포표에서 [차트]를 삽입하여 상대도수의 값을 히스토그램으로 작성해 보자.

- 먼저 차트에 사용할 ❶ 데이터 범위를 선택한 후 히스토그램을 나타내기 위해 ❷~❸ [삽입] 탭–[차트] 그룹–[세로 막대형 차트 삽입]–[묶은 세로 막대형]을 선택한다. 데이터 범위는 구간 범위의 최댓값([I18:I25])을 드래그한 후 〈Ctrl〉 키를 누르고 상대도수([K18:K25])를 선택한다.

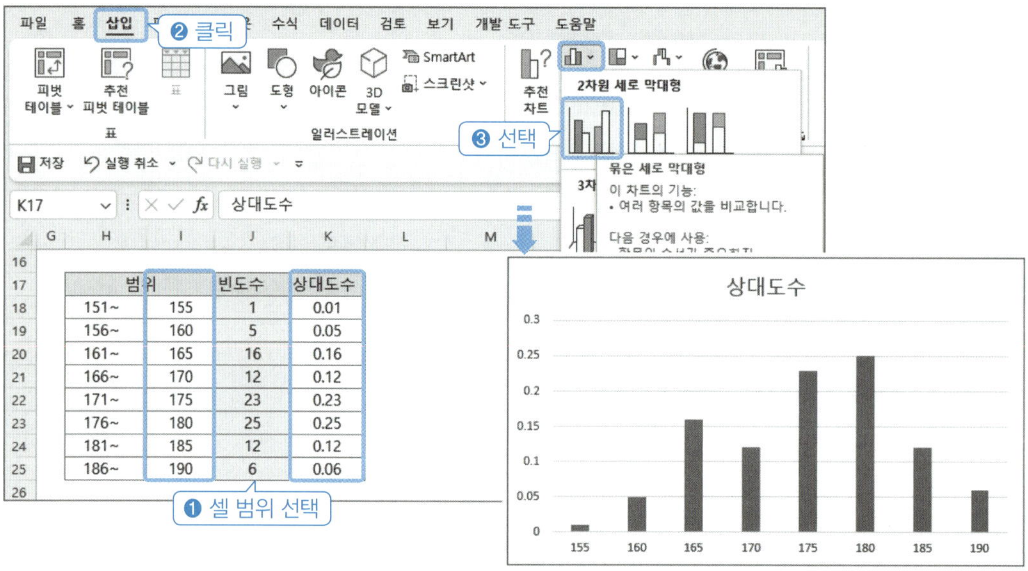

- 히스토그램에서는 계급의 크기가 모두 같으므로 직사각형 가로의 길이는 모두 같고, 계급이 연속되어 있으므로 직사각형을 연속적으로 붙여서 그린다. [묶은 세로 막대형 차트]에서 상대도수의 계열을 더블클릭하여 [계열 옵션]에서 [간격 너비]를 0%로 조정하여 막대가 붙게 한다. 그리고 테두리선 색을 지정하여 경계를 표시한다.
- 전체적인 데이터 분포의 이해를 돕기 위해 상대도수의 값을 백분율로 표시해 보자. 차트를 클릭하여 ⊞ 버튼에서 [데이터 레이블] 요소를 추가한다. 그리고 데이터 레이블을 선택한 후 [데이터 레이블 서식]에서 [표시 형식]을 백분율로 지정한다.

- 마지막으로 세로축, 눈금선을 제거하고 차트의 제목 영역을 클릭하여 '히스토그램'으로 수정한다. 가로축 구간의 값도 막대의 가장자리에 값이 보이게 오른쪽 정렬을 지정한다.
- 완성된 히스토그램은 주어진 키 데이터의 전체적인 분포를 파악할 수 있다. 같은 방법으로 각 구간별 빈도수를 이용하여 히스토그램을 작성할 수도 있다.

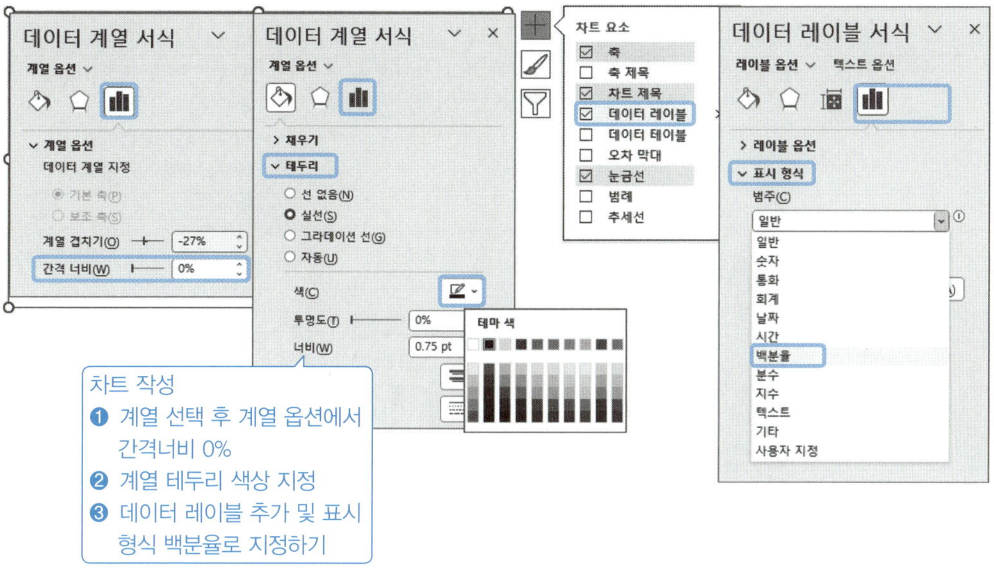

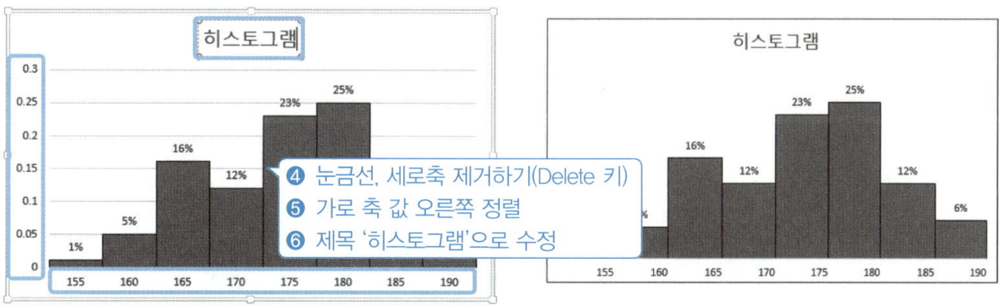

[통계 데이터 분석] 도구의 [히스토그램] 분석 방법을 사용하여 히스토그램을 작성해 보자.

- [데이터] 탭-[분석] 그룹의 [데이터 분석]을 클릭하여 [통계 데이터 분석] 창을 실행한다. ❶~❷ [통계 데이터 분석] 창에서 [히스토그램]을 선택한 후 [확인]을 클릭한다.
- 히스토그램 대화 상자에서 ❸ [입력 범위]에 주어진 키의 데이터 범위를 선택하고 ❹ [계급 구간]은 03에서 작성한 도수분포표의 구간([I18:I25])을 지정한다. 대화 상자의 ❺~❼ [출력 옵션]에서 출력할 위치를 지정하고 [차트 출력]을 선택한 후 [확인]을 클릭한다. 지정된 출력 위치에 도수분포표와 함께 히스토그램을 출력한다.

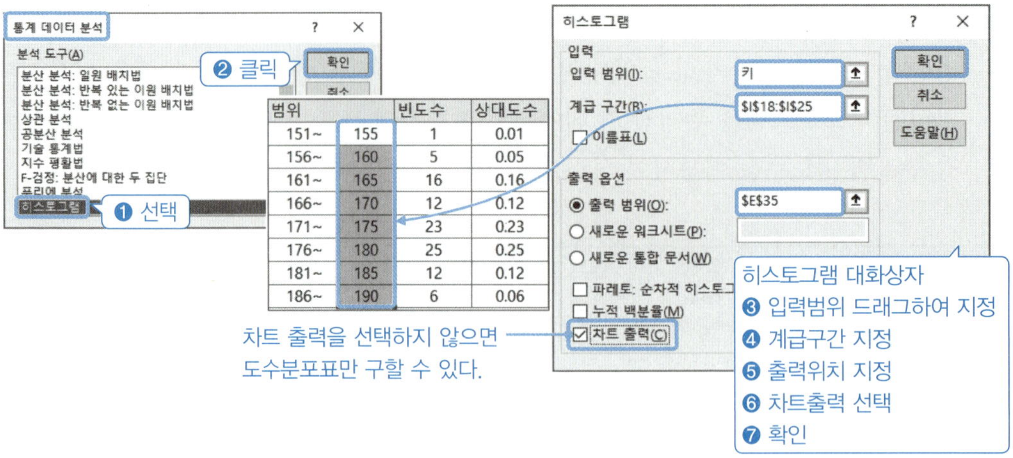

계급	빈도수
155	1
160	5
165	16
170	12
175	23
180	25
185	12
190	6
기타	0

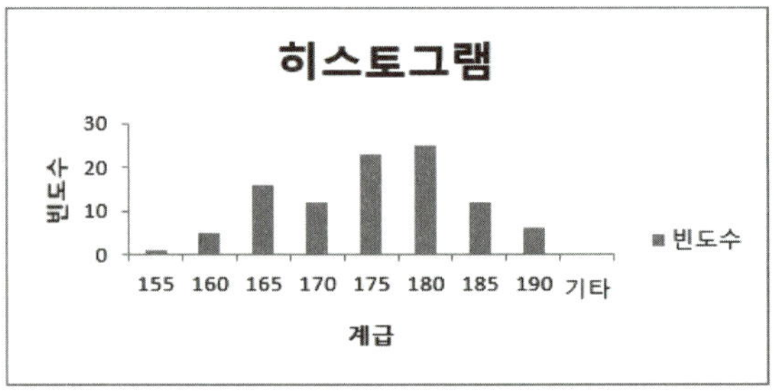

- 출력된 히스토그램은 구간별로 막대가 떨어져 있으므로 연속형 데이터를 나타내기에 적합하지 않다. 따라서 ❶~❷ 막대 계열을 더블클릭하여 [데이터 계열 서식]의 [계열 옵션]에서 간격 너비를 0%로 조정하고 ❸ 테두리 색을 지정하여 히스토그램을 완성한다.

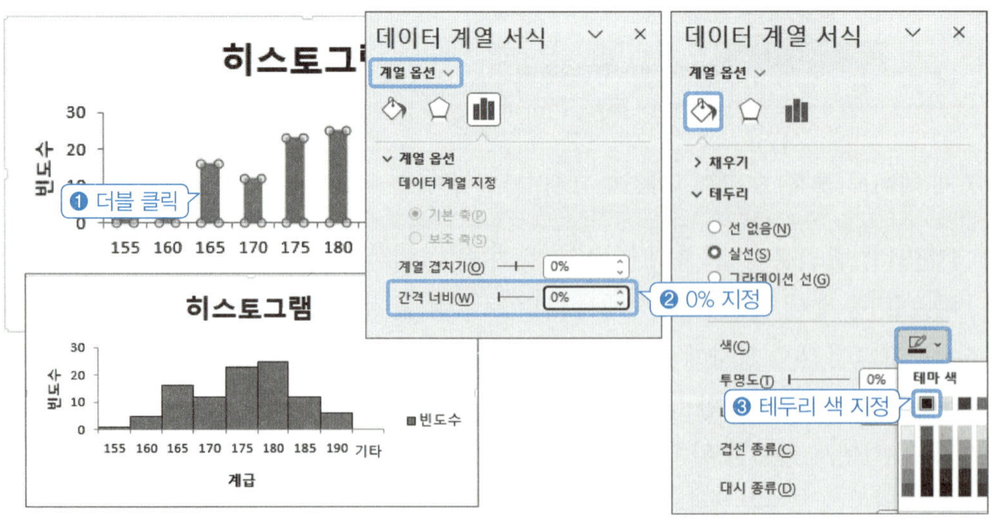

Tip 참고로 히스토그램 대화 상자에서 파레토는 빈도수가 높은 계급부터 내림차순으로 정렬하여 출력하며, 누적백분율은 누적값의 백분율을 계산하여 도수분포표 및 차트에 함께 출력한다.

계급	빈도수	계급	빈도수
155	1	180	25
160	5	175	23
165	16	165	16
170	12	170	12
175	23	185	12
180	25	190	6
185	12	160	5
190	6	155	1
기타	0	기타	0

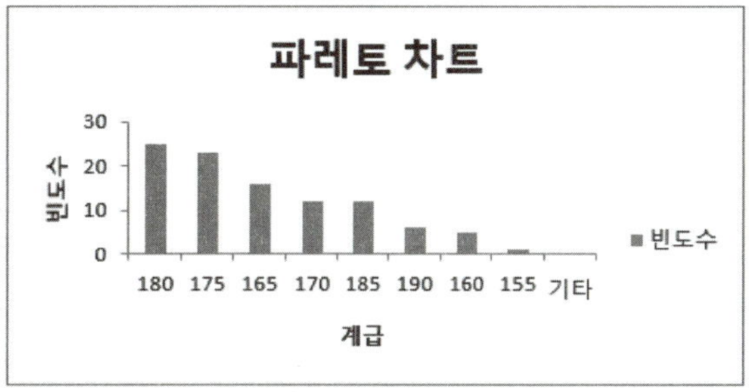

계급	빈도수	누적 %
155	1	1.00%
160	5	6.00%
165	16	22.00%
170	12	34.00%
175	23	57.00%
180	25	82.00%
185	12	94.00%
190	6	100.00%
기타	0	100.00%

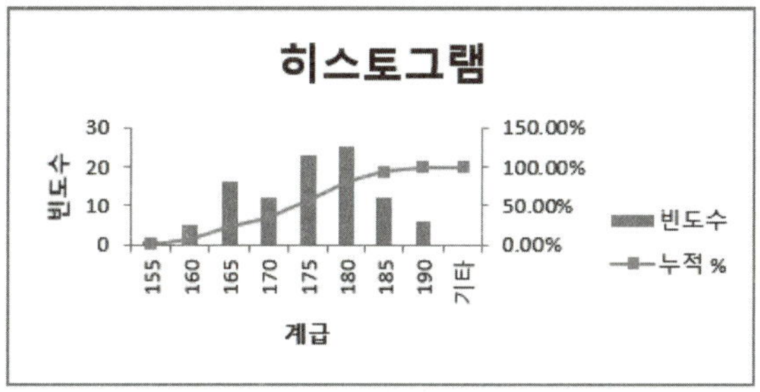

Tip 도수분포표의 구간을 직접 정하지 않고 엑셀에서 제공하는 기본 값을 이용하여 히스토그램을 작성할 수도 있다. 위에서 공식을 사용하여 구한 결과와 비슷한 분포를 가짐을 알 수 있다.

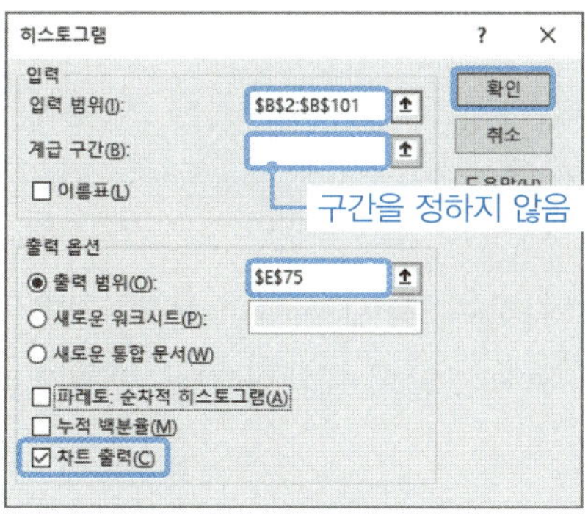

계급	빈도수
153	1
156.6	0
160.2	5
163.8	8
167.4	10
171	13
174.6	13
178.2	14
181.8	21
185.4	9
기타	6

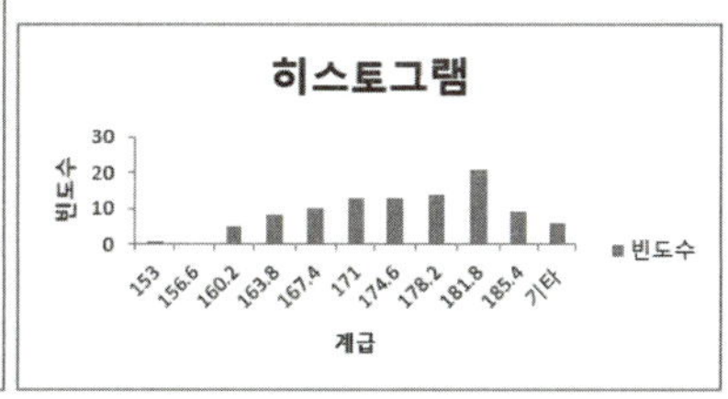

예제 7-2

ch7_1.xlsx의 '기후' 시트는 2017년 서울의 연간 기후 자료이다. 주어진 자료는 하루 평균기온, 하루 중 최고기온, 최저기온 및 강수량과 습도를 1년간 기록한 데이터이다. 통계 데이터 분석 도구의 기술 통계법으로 평균기온, 최고기온, 최저기온 및 강수량과 습도의 연간 데이터의 분포 특성을 요약해 보자. 그리고 주어진 자료를 이용하여 월별 요약자료를 만들어보고 연중 가장 더운 날과 가장 추운 날을 검색하여 보자.

준비파일 ch7_1.xlsx '기후' 시트

완성시트

평균기온		최고기온		최저기온		강수량		상대습도	
평균	13.07342	평균	18.11205	평균	8.845205	평균	8.563889	평균	[illegible]
표준 오차	0.574917	표준 오차	0.57976	표준 오차	0.58578	표준 오차	1.932888	표준 오차	
중앙값	15.1	중앙값	20.6	중앙값	10.5	중앙값	0.85	중앙값	
최빈값	14.4	최빈값	27.6	최빈값	23.9	최빈값	0	최빈값	
표준 편차	10.98377	표준 편차	11.07629	표준 편차	11.19131	표준 편차	23.19466	표준 편차	
분산	120.6432	분산	122.6843	분산	125.2455	분산	537.9923	분산	
첨도	-1.22886	첨도	-1.17422	첨도	-1.22757	첨도	19.16348	첨도	
왜도	-0.28329	왜도	-0.38086	왜도	-0.15937	왜도	4.259495	왜도	
범위	40.8	범위	40.8	범위	40.8	범위	144.5	범위	
최소값	-9.4	최소값	-5.4	최소값	-12.6	최소값	0	최소값	
최대값	31.4	최대값	35.4	최대값	28.2	최대값	144.5	최대값	
합	4771.8	합	6610.9	합	3228.5	합	1233.2	합	
관측수	365	관측수	365	관측수	365	관측수	144	관측수	

월별 요약자료

월	평균 기온	최고 기온	최소 기온	총강수량(mm)
⊞1월	-1.8	11.4	-12.6	14.9
⊞2월	-0.2	12.3	-9.3	11.1
⊞3월	6.3	18.9	-5.3	7.9
⊞4월	13.9	27.8	3.1	61.6
⊞5월	19.5	30.3	10	16.1
⊞6월	23.3	34.1	14.5	66.6
⊞7월	26.9	35.4	21.9	621
⊞8월	25.9	35.3	16.1	297
⊞9월	22.1	31.4	11.2	35
⊞10월	16.4	29.4	2.5	26.5
⊞11월	5.6	18.4	-6.6	40.7
⊞12월	-1.9	8.7	-12.3	34.8
총합계	13.1	35.4	-12.6	1233.2

01 통계 데이터 분석 도구를 이용하여 항목별 기술통계량 구하기

- [데이터] 탭–[분석] 그룹의 [데이터 분석]을 클릭하여 [통계 데이터 분석] 창을 실행한다. [통계 데이터 분석] 창에서 ❶ [기술 통계법]을 선택한다. 앞의 예제와 같은 방법으로 기술통계량의 요약 자료를 얻을 수 있다.

- [기술 통계법] 대화 상자에서 입력 범위를 평균 기온부터 습도의 범위까지 선택하여 연속된 자료의 기술통계량을 한 번에 구한다. ❷ [입력 범위]에 [$B$3:$F$368], ❸ [첫째 행 이름표 사용]에 체크, ❹ [출력 범위] 지정, ❺~❻ [요약 통계량] 체크한 후 [확인]을 클릭한다. 입력범위 지정 시 연간 자료이기 때문에 자료의 범위가 방대하므로 단축키 〈Shift〉 + 〈Ctrl〉 + → + ↓를 이용하면 편리하다.

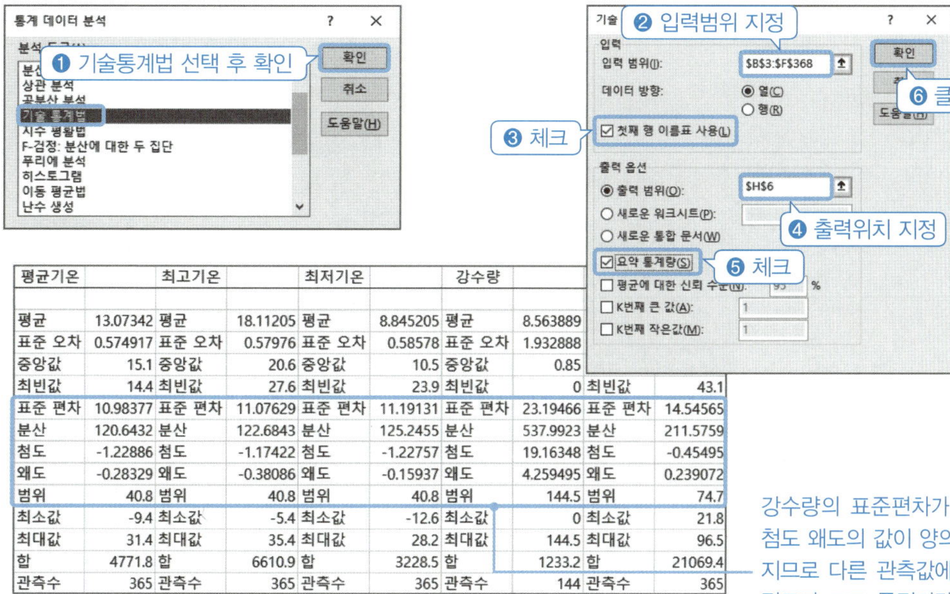

평균기온		최고기온		최저기온		강수량			
평균	13.07342	평균	18.11205	평균	8.845205	평균	8.563889		
표준 오차	0.574917	표준 오차	0.57976	표준 오차	0.58578	표준 오차	1.932888		
중앙값	15.1	중앙값	20.6	중앙값	10.5	중앙값	0.85		
최빈값	14.4	최빈값	27.6	최빈값	23.9	최빈값	0	최빈값	43.1
표준 편차	10.98377	표준 편차	11.07629	표준 편차	11.19131	표준 편차	23.19466	표준 편차	14.54565
분산	120.6432	분산	122.6843	분산	125.2455	분산	537.9923	분산	211.5759
첨도	-1.22886	첨도	-1.17422	첨도	-1.22757	첨도	19.16348	첨도	-0.45495
왜도	-0.28329	왜도	-0.38086	왜도	-0.15937	왜도	4.259495	왜도	0.239072
범위	40.8	범위	40.8	범위	40.8	범위	144.5	범위	74.7
최소값	-9.4	최소값	-5.4	최소값	-12.6	최소값	0	최소값	21.8
최대값	31.4	최대값	35.4	최대값	28.2	최대값	144.5	최대값	96.5
합	4771.8	합	6610.9	합	3228.5	합	1233.2	합	21069.4
관측수	365	관측수	365	관측수	365	관측수	144	관측수	365

강수량의 표준편차가 가장 크고 첨도 왜도의 값이 양의 큰값을 가지므로 다른 관측값에 비해 왜곡 정도가 크고 특정기간에만 큰 값이 관측되었음을 알 수 있다.

- 분석된 요약 통계량을 보면 평균기온, 최고기온, 최저기온 자료의 분포 특성은 비슷한 반면에 강수량은 표준편차도 크고 첨도와 왜도가 다른 관측값에 비해 큰 값을 가지는 것을 알 수 있다. 첨도의 값이 양의 큰 값을 가지므로 강수량의 데이터 분포는 상대적으로 많이 뾰족한 모양, 즉 강수량이 어느 기간에 집중되어 있음을 알 수 있다.

02 월별 요약 분석자료 만들기

- 주어진 연간 기후 자료를 월별 자료로 요약해 보자. 월별 평균기온, 최고기온, 최저기온, 강수량의 합계 등의 요약자료를 만들려고 한다. 이는 조건이 참인 경우에만 평균, 최댓값, 최솟값, 합 등을 구하는 AVERAGEIF, MAXIF, MINIF, SUMIF 함수를 사용하여 해당 월의 평균 기온과 강수량의 합을 구할 수 있으나 여기서는 피벗테이블을 이용하여 요약자료를 만들어보자.

- ❶[삽입] 메뉴–[표] 그룹에서 [피벗테이블]을 클릭하여 창을 실행한다. 표 또는 범위의 피벗테이블 대화 상자에서 ❷~❸ 범위를 지정하고 새 워크시트에 삽입한다.

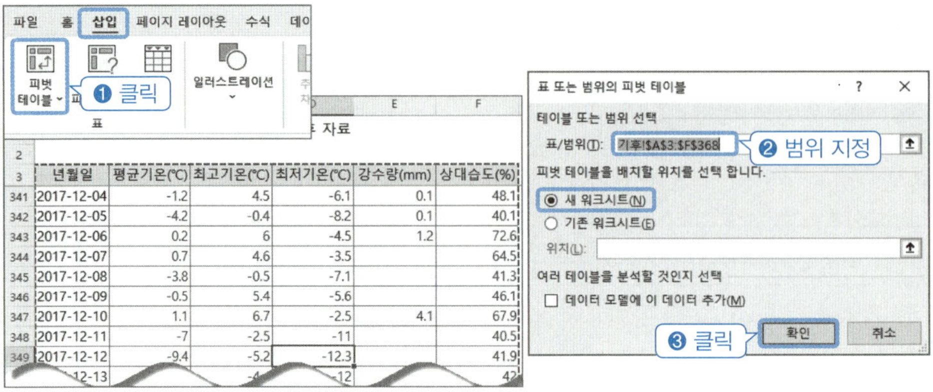

월별 요약자료를 만들기 때문에 행영역에 월정보를 표시한다. 삽입된 워크시트의 피벗테이블에서 [피벗 테이블 필드] 도구에서 년월일 필드를 드래그하여 행영역에 끌어다 놓는다. 그리고 평균기온, 최고기온, 최저기온, 강수량 필드를 값 영역에 끌어다 놓는다.

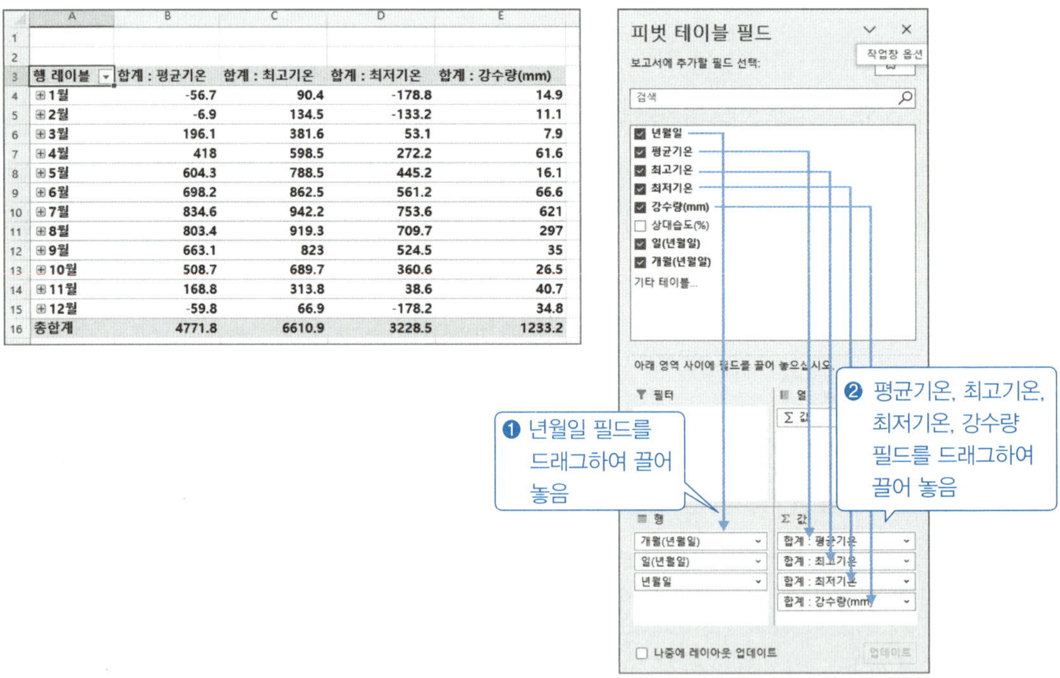

행 레이블	합계 : 평균기온	합계 : 최고기온	합계 : 최저기온	합계 : 강수량(mm)
⊞1월	-56.7	90.4	-178.8	14.9
⊞2월	-6.9	134.5	-133.2	11.1
⊞3월	196.1	381.6	53.1	7.9
⊞4월	418	598.5	272.2	61.6
⊞5월	604.3	788.5	445.2	16.1
⊞6월	698.2	862.5	561.2	66.6
⊞7월	834.6	942.2	753.6	621
⊞8월	803.4	919.3	709.7	297
⊞9월	663.1	823	524.5	35
⊞10월	508.7	689.7	360.6	26.5
⊞11월	168.8	313.8	38.6	40.7
⊞12월	-59.8	66.9	-178.2	34.8
총합계	4771.8	6610.9	3228.5	1233.2

피벗 보고서에 추가된 값은 모두 합계이므로 각 필드에 대해서 분석하고자 하는 통계값을 구한다. 즉 평균기온은 월별 평균기온을 구하면 되므로 평균을 지정한다. 최고기온은 해당 월의 최대, 최저기온은 해당 월의 최소 그리고 강수량은 해당월의 합계가 의미 있는 자료가 되므로 각각에 대하여 [값 필드 설정]에서 계산 유형을 지정한다.

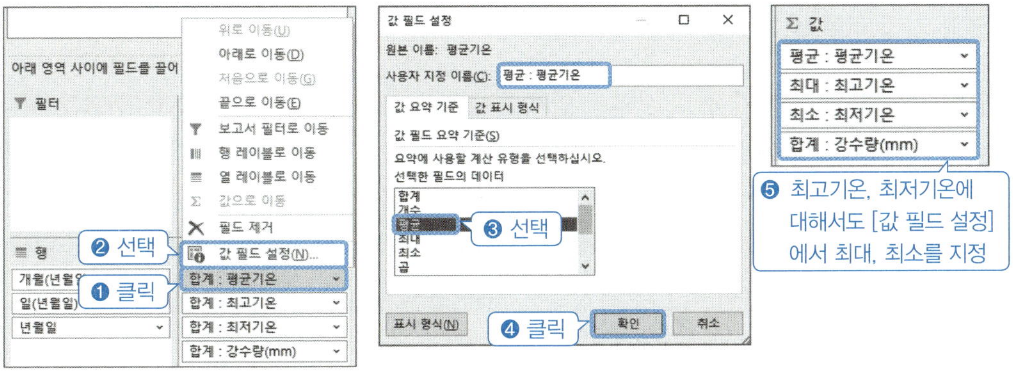

평균 기온 필드의 표시형식을 지정하여 소숫점 한자리까지 표시한다.

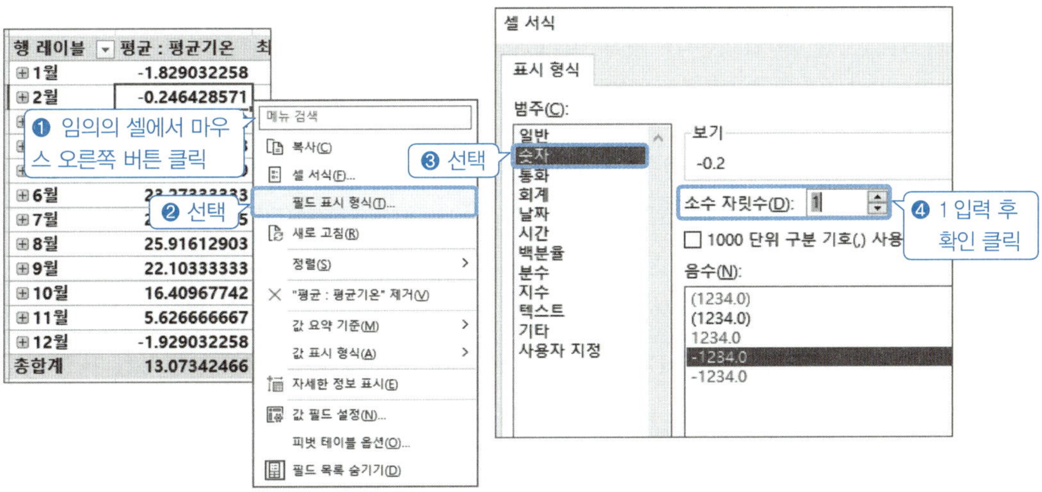

피벗 테이블의 행레이블, 열레이블을 수정하여 다음과 같이 요약자료를 만들고 시트명을 '월별요약자료'로 수정한다.

월	평균 기온	최고 기온	최소 기온	총강수량(mm)
⊞1월	1.8	11.4	-12.6	14.9
⊞2월	[illegible]	[illegible]	-9.3	11.1
⊞3월	6.3	18.9	-5.3	7.9
⊞4월	13.9	27.8	3.1	61.6
⊞5월	19.5	30.3	10	16.1
⊞6월	23.3	34.1	14.5	66.6
⊞7월	26.9	35.4	21.9	621
⊞8월	25.9	35.3	16.1	297
⊞9월	22.1	31.4	11.2	35
⊞10월	16.4	29.4	2.5	26.5
⊞11월	5.6	18.4	-6.6	40.7
⊞12월	-1.9	8.7	-12.3	34.8
총합계	13.1	35.4	-12.6	1233.2

❶ 클릭하여 수정
❷ 클릭하여 수정

03 연중 가장 더운 날과 가장 추운 날 검색하기

- 연중 가장 더운 날과 가장 추운 날이 언제인지 검색해 보자. 앞에서 배운 INDEX 함수를 이용하여 검색할 수 있지만 여기서는 데이터베이스 함수인 DGET 함수를 적용하여 구하여 본다. DGET 함수는 데이터베이스에서 조건을 만족하는 레코드를 찾아 추출 필드의 값을 구한다. 이때 해당 조건을 별도의 셀에 작성하고 작성된 조건 범위를 이용하여 구한다. 조건을 작성할 때는 4.3절의 고급필터의 조건을 작성하는 것과 같은 방법으로 표현한다.

- [C]열의 최고기온과 [D]열의 최저기온 범위에 대하여 먼저 이름을 정의한다.

- 기후 데이터베이스에서 가장 더운 날과 가장 추운 날은 '최고기온' 범위에서 최댓값과 '최저 기온' 범위에서 최솟값을 말한다. 이를 DGET 함수로 원하는 값을 추출하기 위해 먼저 [H26:I27]에 조건을 입력한다. 기후 데이터의 필드 이름을 이용하여 최고기온과 최저기온 중에서 최댓값(=MAX(최고기온))과 최솟값(=MIN(최저기온))을 구한다.

- 가장 더운 날과 가장 추운 날을 전체 데이터베이스에서 [H26:I27]의 조건을 만족하는 레코드 에서 '년월일' 필드의 값으로 구한다. ❶[K42] 셀에 =DGET( ) 함수의 첫 번째 인자인 데이터베이스를 선택([$A$3:$G$368])하여 입력한다. ❷ 두 번째 인자에는 가져올 필드, 즉 '년월일' 필드를 클릭한다. ❸ 마지막 인자에는 입력한 조건이 있는 범위를 지정하여 수식을 완성한다. 즉 가장 더운날은 =DGET($A$3:$F$368, $A$3, H26:H27) , ❹~❻ 가장 추운날은 =DGET($A$3:$G$368, $A$3, J41:J42)의 수식으로 구한다.

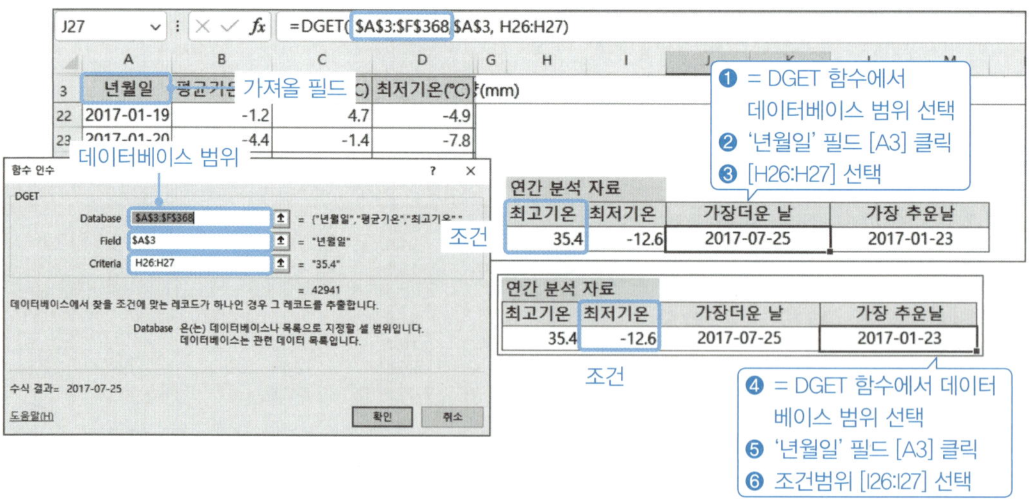

'ch7_1_연습문제.xlsx'의 통합문서를 열어 다음 각 문제를 해결하시오.

01

'평균기온' 시트는 연간 일일 평균기온의 자료이다. 여름 날씨에 대한 기술통계량을 조사하고 분석하여 보자.

	A	B	C	D	E	F	G	H	I	J	K	L	M
1	평균기온												
2		1월	2월	3월	4월	5월	6월	7월	8월	9월	10월	11월	12월
3	1일	2.7	-4	5	9	20.1	23.3	25.					
4	2일	5	-2.7	1.8	9	20.7	20.5	24.					
5	3일	2	1.5	3.3	11.4	21.5	20.5	24.					
6	4일	3.9	0.9	5.7	14.1	21	21.7	26.					
7	5일	3.8	1.2	5.2	12	20.9	24.2	27.					
8	6일	5.4	-1.7	0.1	10.4	14.9	19.4	27.					
9	7일	4.6	-2	-1.3	14.5	16.6	17.6	26.					
		6.5	-2.2		13	17.9							

❶

6월		7월		8월	
평균	23.27333	평균	26.96333	평균	26.04
표준 오차	0.423177	표준 오차	0.287097	표준 오차	0.567584
중앙값	23.55	중앙값	26.9	중앙값	26.3
최빈값	20.5	최빈값	27.6	최빈값	24.8
표준 편차	2.317837	표준 편차	1.572497	표준 편차	3.108786
분산	5.372368	분산	2.472747	분산	9.664552
첨도	-0.41659	첨도	-0.49136	첨도	-0.42348
왜도	-0.52188	왜도	0.138709	왜도	-0.35739
범위	9.1	범위	5.9	범위	11.9
최소값	17.6	최소값	24	최소값	19.5
최대값	26.7	최대값	29.9	최대값	31.4
합	698.2	합	808.9	합	781.2
관측수	30	관측수	30	관측수	30

❷

❶ 여름(6월~8월)의 평균기온에 대하여 [데이터] 탭−[분석] 그룹−[데이터 분석]을 클릭하여 월별 기술통계량을 조사하시오.

❷ 월별 최고기온, 최저기온, 표준편차 등을 확인하여 기온을 분석하시오.

02

'생활비' 시트는 대학생들의 한 달 생활비를 조사하기 위해 대학생 110명을 표본으로 추출하여 조사하였다. 대학생 110명에 대한 생활비의 도수분포표를 구하고 히스토그램을 나타내보자.

❶ 생활비	
평균	78.90909
표준 오차	2.056035
중앙값	78
최빈값	55
표준 편차	21.56388
분산	465.0008
첨도	-0.50842
왜도	0.153337
범위	95
최소값	35
최대값	130
합	8680
관측수	110

도 수 분 포 표

계급	❷ 빈도수
45만원까지	9명
55만원까지	10명
65만원까지	13명
75만원까지	21명
85만원까지	15명
95만원까지	19명
105만원까지	11명
115만원까지	6명
125만원까지	5명
135만원까지	1명

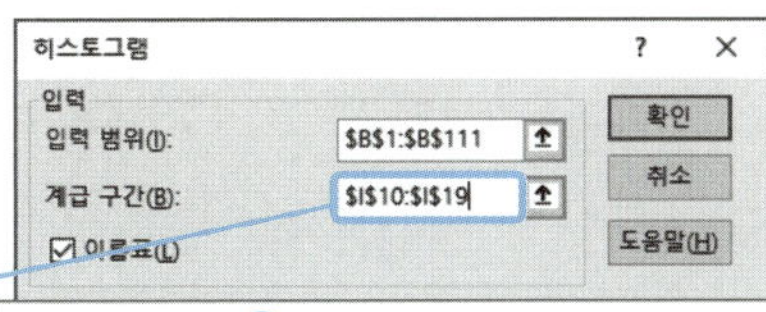

❸

계급	빈도수
45	9
55	10
65	13
75	21
85	15
95	19
105	11
115	6
125	5
135	1
기타	0

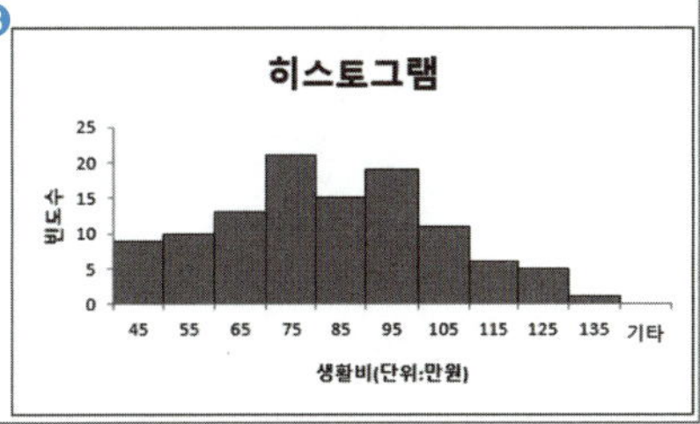

❶ [데이터 분석]의 [기술통계법]으로 기술통계 요약자료를 만드시오.

❷ 주어진 데이터의 최댓값과 최솟값을 이용하여 계급의 구간을 10만원 단위로 구간을 정하여 구간별 빈도수를 구하시오. 이때 빈도수는 FREQUENCY 함수를 사용하여 구하여 보자. FREQUENCY 함수는 구간에서의 빈도수를 구하며, 이때 구간의 최댓값을 사용하여 구한다.

❸ [데이터] 탭–[분석] 그룹–[데이터 분석]–[히스토그램]을 삽입하여 히스토그램 차트를 그림과 같이 수정하시오. ([데이터 계열 서식]에서 테두리는 검정, 계열 옵션에서 간격 너비를 0%로 지정한다.)

03 '성적'시트는 미적분학 과목의 시험 점수이다. 주어진 자료에 대하여 다음을 구하시오.

❶

평균	77.013
중앙값	78.5
분산	170.29
표준편차	13.05
최고점수	98
최저점수	51
범위	47

❷

점수	인원수
50-59	14명
60-69	9명
70-79	19명
80-89	22명
90-100	16명
총합계	**80명**

❸

계급	빈도수
59	14
69	9
79	19
89	22
100	16
기타	0

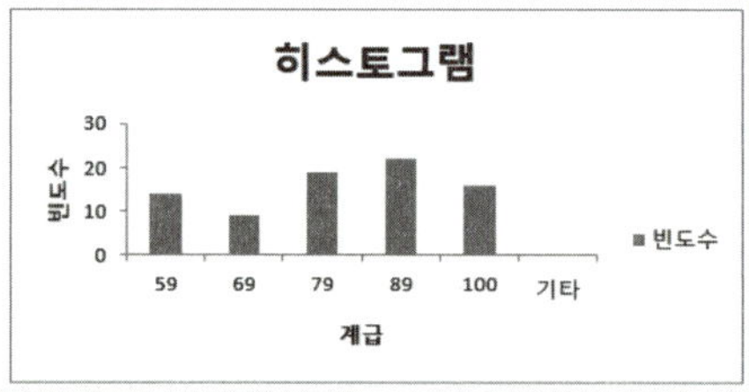

❶ 주어진 자료에서 점수의 평균, 중앙값, 표준편차, 최고점수, 최저점수, 범위(최고점수–최저점수)를 구하시오. 단, 함수를 사용하여 구하시오.

❷ [삽입] 메뉴–[표] 그룹]–[피벗테이블]을 [G4]에 삽입하여 도수분포표를 작성하시오. 이때 점수의 분포는 그림과 같이 10단위로 그룹화하시오.

❸ ❷번의 피벗테이블 점수 구간의 최댓값을 이용하여 [J5:J9]에 계급을 작성하고 이를 이용하여 [데이터 분석]–[히스토그램]을 클릭하여 [L4]의 위치에 히스토그램 차트를 삽입하시오. ❷에서 구한 도수분포표의 빈도수와 동일한지 확인한다.

7.2

통계분석을 이용한 데이터 예측

상관관계는 연속적 속성을 갖는 두 변수들간 상호 연관성에 대한 기술통계 정보를 제공해준다. 현실에서는 다양한 현상들이 서로 간에 특정한 관계를 맺고 있으며, 상관분석은 이런 사회 현상 간의 관계를 밝혀줄 수 있는 통계적 분석이다. 예를 들어 병의원에서 처방되는 의약품 종류와 질병 간의 상관관계를 분석하면 어느 지역에 어떤 질병이 퍼지는지를 알 수 있으며 이로 인해 위기에 대응할 수 있다. 그리고 기상청의 기후 정보와 질병과의 상관관계를 분석함으로 날씨에 따라 발생할 확률이 높은 질환을 예측할 수도 있다.

이와같이 상관분석은 두 변수 간의 상관관계가 존재하는지를 파악하고 상관관계의 정도를 측정하는 것이다. 또한, 두 변수 간의 관계가 있는 경우 어느 한 변수의 값이 주어지면 다른 변수의 값을 예측할 수 있다. 변수를 기초로 하여 알려지지 않는 변수의 값을 예측하는 통계적 분석을 회귀분석이라 한다. 본 절에서는 엑셀의 데이터 분석 도구에서 상관분석, 회귀분석 등을 이용하여 데이터의 연관관계 및 데이터 예측 방법을 알아본다.

(1) 상관분석

상관분석은 두 변수 간의 상관관계(correlation)를 파악하여 서로 얼마나 밀접한 관계를 가지고 있는지 또는 어떤 선형적 관계를 갖고 있는지를 분석하는 통계적 분석 방법이다. 두 변수 간의 관련성을 가장 쉽게 파악할 수 있는 방법은 [그림 7-1]과 같이 산점도(scatter plot)를 이용하여 자료를 표현해보는 것이다. 즉 좌표 평면상에 해당 변수의 관측 값을 표현하여 시각적으로 판단할 수 있다. 산점도를 통해서 두 변수 사이의 관계가 선형적인 관계인지 곡선적인 관계에 있는지 대략적으로 파악할 수 있다. 빅데이터의 활용은 기술혁신이나 산업구조의 변화를 촉진하고, 실생활에서의 응용 분야도 커지고 있다. 특히, 데이터의 통계분석은 실생활에 많은 영향을 끼치고 있으며, 미래를 예측하기 위해 매우 중요한 역할을 한다. 수집된 자료를 요약하여 신뢰할 수 있는 객관적인 결과를 얻기 위한 통계분석 방법은 다양하다. 통계분석 방법에는 수집한 자료를 단순히 요약 정리하여 기술하는 기술통계(descriptive statistics)와 표본 집단에서 얻어진 통계치를 통해 모집단의 특성을 파악하는 추리통계(inferential statistics)로 구분된다. 따라서 수집한 자료의 특성과 목적에 적합한 방법을 찾아 자료를 분석하는 것이 중요하다.

그림 7-1 산점도를 이용한 관련성 유형

두 변수 X, Y 사이의 관련 정도를 수치로 표현하는 측도로 상관계수(correlation coefficient)가 있다. 상관계수는 다음과 같이 정의되며 −1과 1 사이의 값을 갖는다.

$$\rho = \frac{\sigma_{XY}}{\sigma_X \sigma_Y} \; (\sigma_X : X\text{의 표준편차}, \ \sigma_Y : Y\text{의 표준편차}, \ \sigma_{XY} : \text{공분산})$$

상관계수가 1에 가까운 값을 가질수록 양의 상관관계가 강하며 −1에 가까울수록 음의 상관관계가 강하다고 할 수 있다. 그리고 상관계수가 0에 가깝다면 선형의 관계가 없음을 의미한다.

예제 7-3

ch7_2.xlsx의 '상관분석' 시트는 A 제품을 생산하는 공장의 월별 생산량 및 불량품 수를 조사한 결과이다. 월별 평균 기온이 생산량과 불량품에 미치는 영향을 알아보기 위해 데이터 분석 도구의 상관분석을 통하여 관계를 조사하고 산점도를 그려 보자.

준비파일 ch7_2.xlsx '상관분석' 시트

완성시트

	평균기온	생산량	불량품수
평균기온	1		
생산량	0.883641	1	
불량품수	-0.45002	-0.63373	1

상관분석 결과

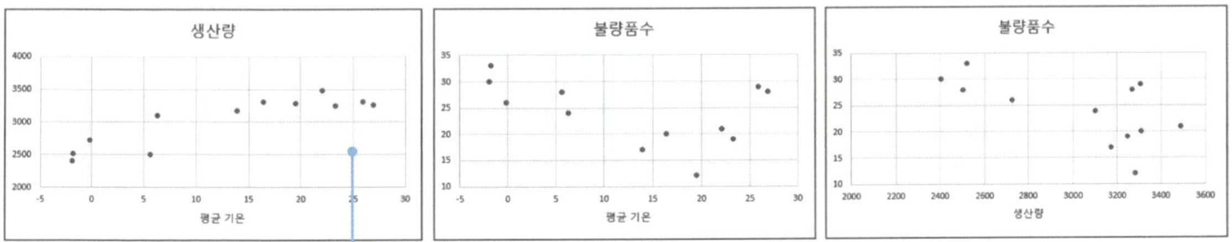

평균 기온과 생산량의 관계 (산점도로 표현)

01 월별 평균기온과 생산량 및 불량품수와의 상관계수 구하기

❶ [데이터] 탭-[분석] 그룹의 ❷ [데이터 분석]을 클릭하여 [통계 데이터 분석] 창을 실행한다. [통계 데이터 분석] 창에서 ❸ [상관 분석]을 선택한 후 ❹ [확인]을 클릭한다.

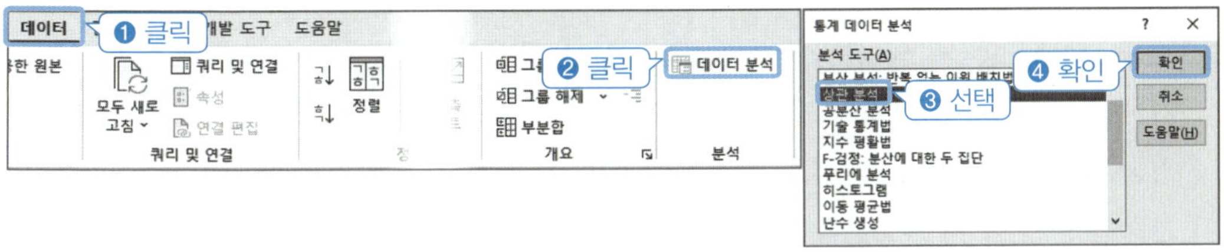

[상관 분석] 대화 상자에서 [입력]의 ❶ [입력범위]에는 상관관계를 조사할 데이터 [B3:D15]의 영역을 선택하여 지정하고 ❷ [첫째 행 이름표 사용] 옵션을 클릭하여 결과에 이름이 표시되도록 한다. [출력 옵션]에서 ❸ [출력 범위]에 출력할 셀의 위치를 클릭하여 지정하고 ❹ [확인]을 클릭한다.

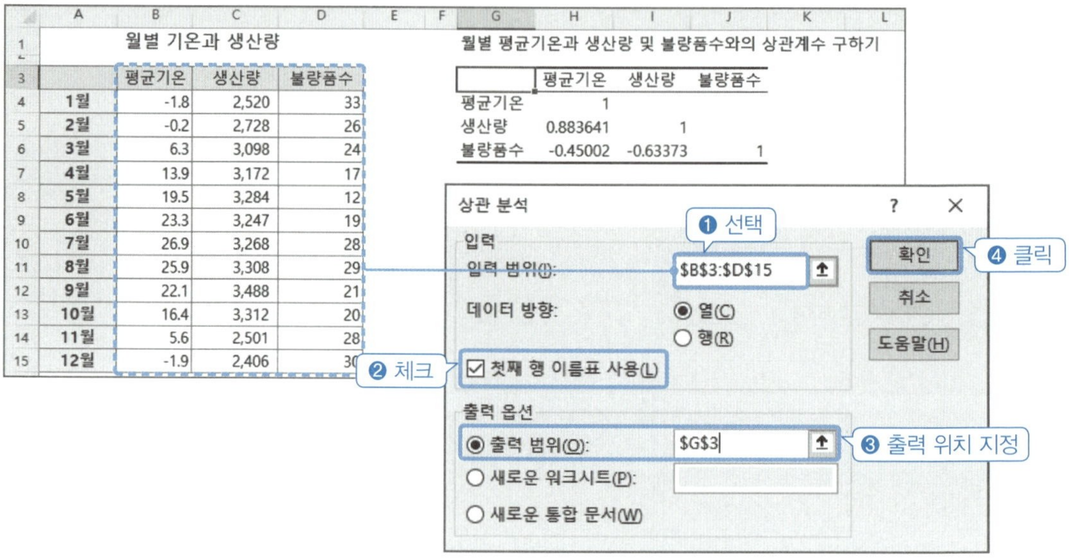

Tip 통계 데이터 분석 도구 외에도 =CORREL(B4:B15,C4:C15) 함수의 수식으로도 두 데이터 집합 사이의 상관계수를 구할 수 있다.

Tip 상관계수의 값이 1에 가까울수록 양의 상관관계, –1에 가까울수록 음의 상관관계가 크고 선형관계가 아주 강하다. 그리고 상관계수의 절댓값이 0.7~1 사이이면 강한 선형관계, 0.3~0.7 사이의 값이면 뚜렷한 선형관계, 0.1~0.3 이면 약한 선형관계에 있다고 할 수 있다. 그리고 –0.1~0.1 사이인 경우 거의 무시될 수 있는 선형관계라 할 수 있다.

평균 기온과 생산량의 상관계수는 0.883641로 상당히 강한 양의 상관관계가 보인다. 따라서 기온이 올라가면 생산량이 많으며 기온이 낮은 겨울에는 생산량이 적음을 알 수 있다. 그리고 평균 기온과 불량품 수의 상관계수는 -0.4500233으로 음의 상관관계이며 기온이 낮은 겨울에 불량품 수가 좀 더 많음을 알 수 있다. 또한, 생산량과 불량품 수의 상관관계도 음수의 값으로 -0.63373이다. 이는 생산량이 많을수록 불량품 수가 줄어들고 음의 선형관계가 형성됨을 알 수 있다. 이들의 관계를 산점도를 통해서 확인해 볼 수 있다.

02 산점도로 표현하기

- 평균 기온과 생산량의 관계, 평균 기온과 불량품 수, 생산량과 불량품 수의 관계를 산점도로 각각 표현해 보자. 두 데이터 집합 사이의 관계를 표시하는 산점도는 분산형 차트로 표현할 수 있다.

- 평균기온과 생산량의 ❶ 데이터 범위를 선택한 후 ❷~❹ [삽입] 탭-[차트] 그룹의 (분산형 차트)을 클릭하여 차트를 삽입한다.

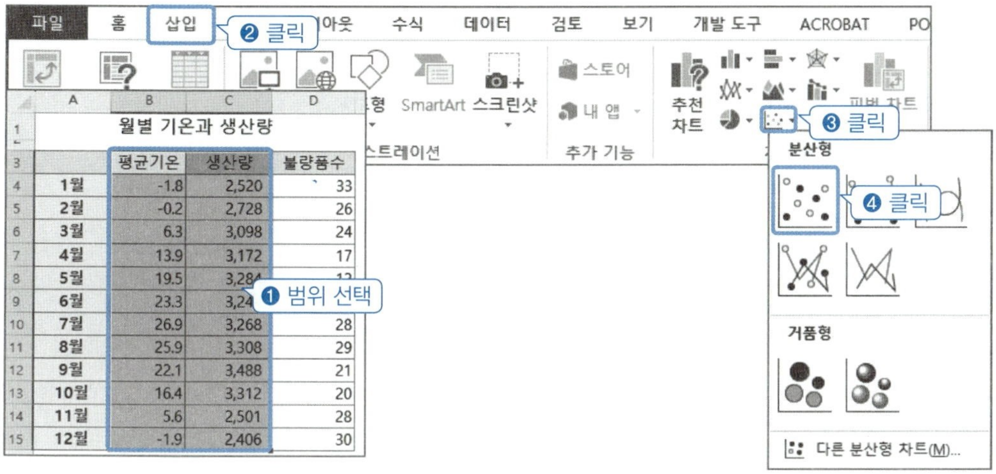

- 삽입된 차트에서 ❶~❸ [가로 축 제목]의 차트요소를 추가하고 ❹[축 제목]에 '평균기온'을 입력한다. ❺~❻ 세로 축을 더블클릭하여 서식 작업 창의 [축 옵션]에서 세로 축 경계 범위를 최솟값 2000, 최댓값 4000으로 조정한다. ❼~❽ 가로 축을 클릭하여 [축 옵션]에서 세로 축 교차의 축 값을 '-5'로 지정하여 -5에서 세로 축이 교차되도록 한다.

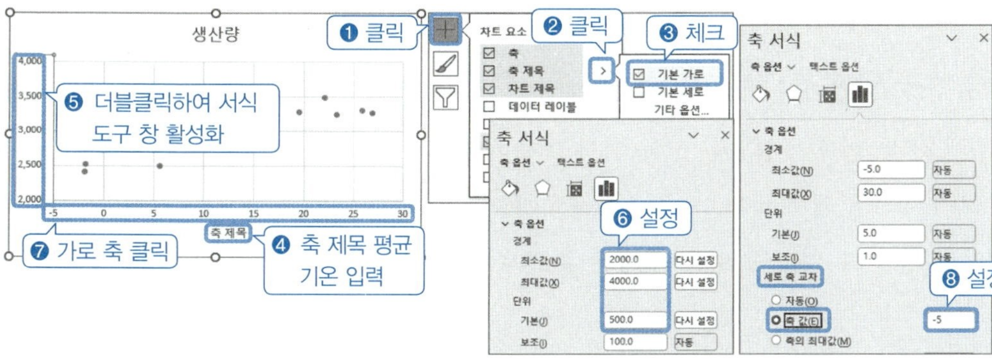

- 같은 방법으로 평균기온과 불량품수, 생산량과 불량품수에 대하여 분산형 차트를 이용하여 산점도를 완성한다.

- 01에서 구한 상관계수와 아래의 산점도를 조사해보면 두 변수 간의 선형성의 정도를 파악할 수 있다.

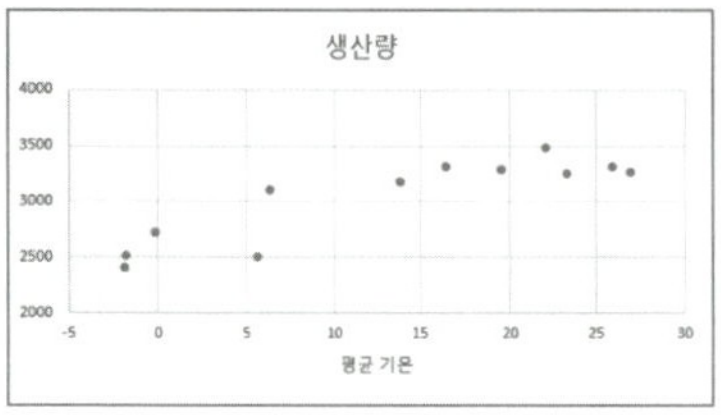

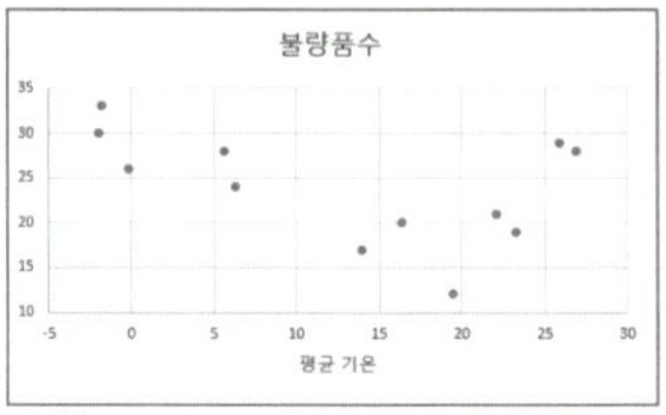

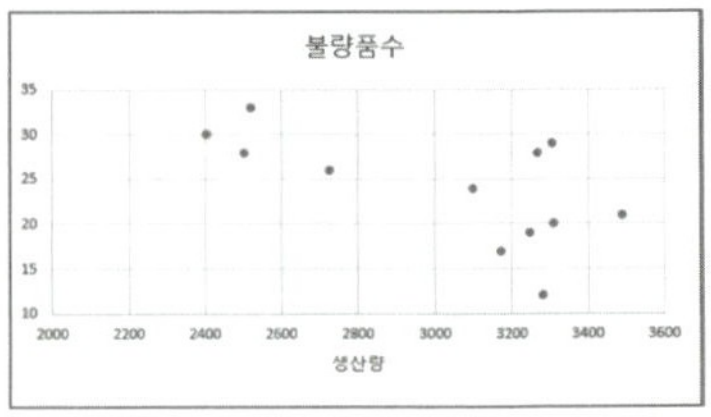

(2) 회귀분석

상관분석은 변수들 간의 단순한 관련성의 정도를 파악하는 것이고, 회귀분석은 함수적인 관계를 파악하여 변수 간의 인과 관계를 분석하는 방법이다. 일반적으로 독립변수에 대하여 종속변수로 지정한 다른 변수 사이의 관계를 수학적인 모형으로 설정하여 두 변수 사이의 관계를 파악하고 예측하는 경우에 주로 사용된다. 두 변수 사이의 관계가 선형이면 선형회귀(linear regression)라 하고 비선형 함수 관계인 경우 비선형회귀(nonlinear regression)라고 한다. 그리고 독립변수가 하나이고 종속변수와의 관계가 선형인 경우를 단순선형회귀(simple linear regression)이라 한다. 여기서는 독립변수가 하나인 단순선형회귀분석에 대해서 알아보기로 한다.

X_i를 i번째 독립변수의 값, X_i에서 관측된 종속변수의 값을 Y_i라 할 때 단순선형 회귀분석의 수학적 모형은 다음과 같다.

$$\widehat{Y_i} = \alpha + \beta X_i + \epsilon_i, \quad i = 1, \cdots, n$$

여기서 α, β는 모집단에 대한 회귀식의 절편과 기울기이며 ϵ_i는 i번째 관측된 오차를 나타낸다. Y_i의 실제 값과 i번째 독립변수 X_i를 통해 예측된 $\widehat{Y_i}$ 사이의 차이를 최소화하는 회귀식을 산출한다. 즉, 오차의 제곱 합(SSE, Sum of Squares for Error)이 최소가 되게 하는 α(절편)와 β(회귀계수, 기울기)를 추정한다. 실제 값 Y_i와 추정된 값 $\widehat{Y_i}$와의 차이를 잔차(residual)라고 한다. 즉,

$$\epsilon_i = Y_i - \widehat{Y_i} = Y_i - (a + bX_i)$$

이다. 회귀분석에서 궁극적으로 얻고자하는 것은 에 대한 제곱 합을 최소로 만드는 회귀 계수 α와 β를 찾는 것이다. 이와 같이 측정값을 기초로 해서 적당한 제곱 합을 만들고 그것을 최소로 하는 값을 구하여 측정결과를 처리하는 방법을 최소자승화 방법이라고 한다.

최소자승화 방법으로 추정된 회귀 직선은 독립변수 X와 종속변수 Y 사이의 관계를 얼마나 잘 설명해 주고 있는가를 확인해야 한다. 이는 결정계수(R^2, coefficient of determination)를 이용하거나 추정된 표준 오차를 이용하는 방법이 있다. 결정계수는 추정된 회귀 직선이 종속변수 Y의 변동을 얼마나 잘 설명하는가를 하나의 수치로 나타내는 값이며 0에서 1사이의 값을 가진다. 1에 가까운 값일수록 추정된 회귀 직선의 설명력이 높다는 것을 의미한다.

추정된 표준 오차는 잔차 $\epsilon_i = Y_i - \widehat{Y_i}$ 에 관한 값으로 만약 실제 값 Y_i가 회귀 직선 주변에 모여 있다면 잔차의 크기는 작고, 반대로 실제 값 Y_i가 회귀 직선으로부터 많이 떨어져 있다면 잔차의 크기는 크다. 이와 같은 잔차의 표준오차를 추정치의 표준오차라 하며 이 값이 작을수록 추정된 회귀 직선은 독립변수 X와 종속변수 Y 사이의 관계를 잘 설명해 준다고 할 수 있다.

여기서는 수학적인 해석 및 유도 과정은 생략하고 엑셀의 회귀분석 기능을 이용하여 회귀직선을 찾아보고 분석 결과를 요약해 본다. 다음의 예제를 통하여 회귀분석 결과를 조사하고 데이터 예측 방법을 살펴보자.

예제 7-4

ch7_2.xlsx의 '회귀분석' 시트는 A 회사의 연간 광고비 지출에 따른 매출 금액 데이터이다. 광고비가 매출액에 영향을 준다고 할 때 두 변수 간의 함수관계를 회귀분석 방법으로 파악하여 회귀직선과 결정계수를 계산하고 광고비에 따른 매출액을 예측해 보자. 그리고 광고비에 따른 매출액을 산점도로 표현하고 회귀직선을 표시해 보자.

준비파일 ch7_2.xlsx '회귀분석' 시트

완성시트

	A	B	C
1	광고비와 매출액		
2			(단위: 백만원)
3		광고비	매출액
4	2001년	25	521
5	2002년	32	720
6	2003년	30	831
7	2004년	41	910
8	2005년	55	1023
9	2006년	60	1010
10	2007년	80	1210
11	2008년	150	2109
12	2009년	140	2410
13	2010년	145	2590
14	2011년	170	3045
15	2012년	200	4010
16	2013년	210	4210
17	2014년	305	6102
18	2015년	320	7400
19	2016년	370	8090
20	2017년	410	9550

X축 : 독립변수 Y축 : 종속변수

요약 출력

회귀분석 통계량	
다중 상관계수	0.988838
결정계수	0.9778
조정된 결정계	0.97632
표준 오차	441.5908
관측수	17

독립변수가 하나이므로 상관분석의 상관계수와 같음

1에 가까우므로 추정된 회귀직선의 계수는 광고비에 대한 매출액의 회귀직선에 의해 잘 설명됨을 의미

분산 분석

	자유도	제곱합	제곱 평균	F 비	유의한 F
회귀	1	1.29E+08	1.29E+08	660.6653	8.1E-14
잔차	15	2925036	195002.4		
계	16	1.32E+08			

0에 가까울수록 회귀 모형의 적합함을 의미

	계수	표준 오차	t 통계량
Y 절편	-375.095	177.9887	-2.107
광고비	22.64587	0.881045	25.703

회귀직선의 Y 절편

회귀직선의 기울기

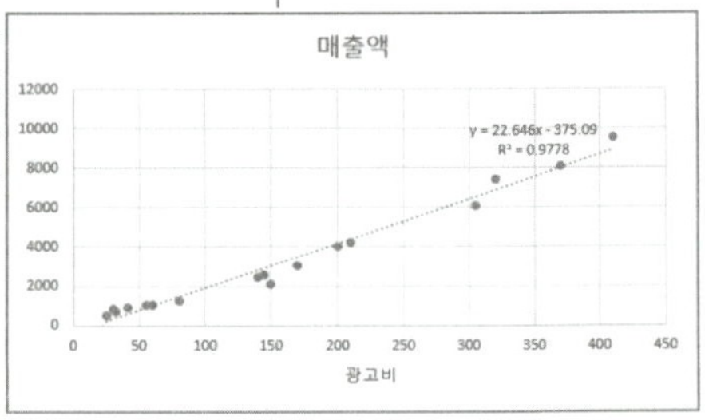

01 회귀 분석으로 요약자료 만들기

❶~❷ [데이터] 탭–[분석] 그룹의 [데이터 분석]을 클릭하여 [통계 데이터 분석] 창을 실행한다. [통계 데이터 분석] 창에서 ❸ [회귀분석]을 선택한 후 ❹ [확인]을 클릭한다.

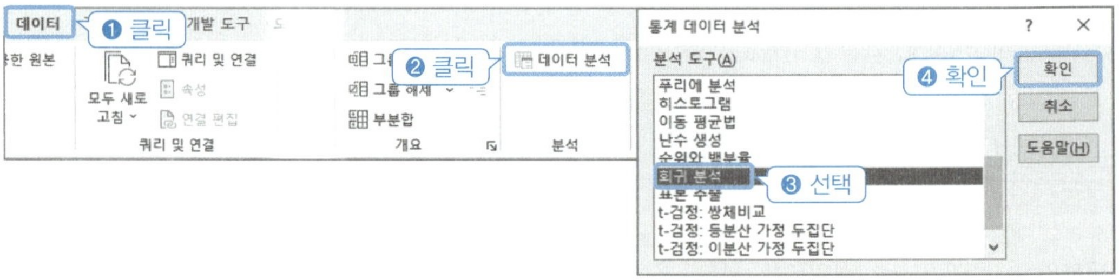

[회귀 분석] 창에서 [입력]의 ❶ [Y축 입력범위]에는 매출액을 [X축 입력범위]에는 광고비를 지정한다. 즉 X축에는 독립변수, Y축에는 종속변수로 할 데이터 범위를 지정한다. ❷ [이름표] 옵션을 클릭하고 [출력 옵션]에서 ❸ [출력 범위]에 출력할 셀의 위치를 클릭하여 지정하고 ❹ [확인]을 클릭한다.

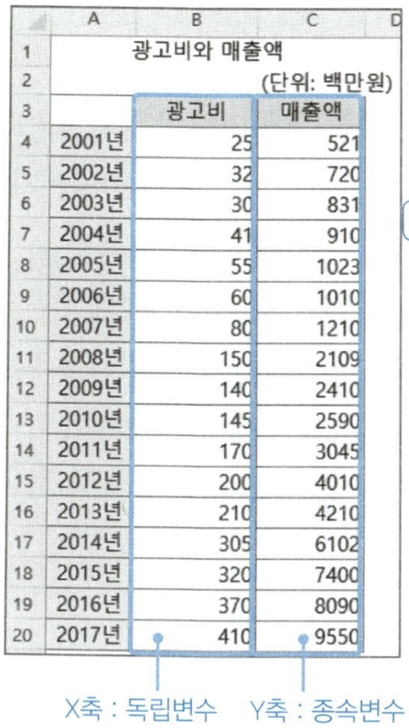

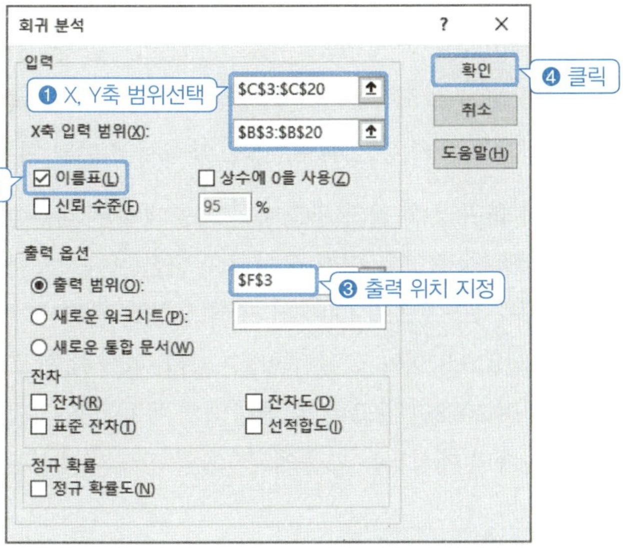

회귀 분석의 결과는 다음과 같다. 회귀분석 통계량의 다중 상관계수는 광고비, 즉 독립변수가 하나인 경우에 대한 단순 회귀 분석으로 상관 분석의 상관계수와 값이 같다. 상관계수가 0.988838로 매우 강한 양의 관계가 있음을 알 수 있다. 그리고 결정계수는 0.9778로 광고비 즉 X의 값으로 추정되는 Y의 값을 결정하는 정도가 97%로 매우 높음을 설명한다. 이 결정계수는 분산분석의 결과, 즉 회귀 제곱합을 잔차의 제곱합으로 나눈 값으로 계산된다.

요약 출력

회귀분석 통계량	
다중 상관계수	0.988838
결정계수	0.9778
조정된 결정계	0.97632
표준 오차	441.5908
관측수	17

다중 상관계수 0.988838: 독립변수가 하나이므로 상관분석의 상관계수와 같음

결정계수 0.9778: 1에 가까우므로 추정된 회귀직선의 계수는 광고비에 대한 매출액의 회귀직선에 의해 잘 설명됨을 의미

분산 분석

	자유도	제곱합	제곱 평균	F 비	유의한 F
회귀	1	1.29E+08	1.29E+08	660.6653	8.1E-14
잔차	15	2925036	195002.4		
계	16	1.32E+08			

유의한 F 8.1E-14: 0에 가까울수록 회귀모형의 적합함을 의미

	계수	표준 오차	t 통계량	P-값	하위 95%	상위 95%	하위 95.0%	상위 95.0%
Y 절편	-375.095	177.9887	-2.10741	0.052321	-754.469	4.279319	-754.469	4.279319
광고비	22.64587	0.881045	25.70341	8.1E-14	20.76796	24.52377	20.76796	24.52377

-375.095: 회귀직선의 Y 절편

22.64587: 회귀직선의 기울기

02 2018년 광고비와 매출액 예측하기

- 01의 회귀 분석 결과 Y 절편은 −375.095이고 독립변수인 광고비에 대해 추정된 값, 즉 회귀 직선의 기울기는 22.64587이다. 따라서 추정된 회귀직선은 $\hat{Y_i}$ = 22.64587X − 375.095이다.

- 01의 회귀 분석 결과 광고비와 매출액의 관계는 매우 강한 상관관계이며 회귀식의 결정 정도가 매우 높으므로 미래 데이터에 대한 예측값도 선형관계가 유지된다고 가정한다. 2017년 광고비가 410이므로 450부터 50씩 상향된 광고비에 대해 위 회귀식을 이용하면 매출액의 예측값을 [B25:B29]와 같이 구할 수 있다. 따라서 광고비 지출에 따른 매출액의 예측 데이터를 참고하여 2018년 광고비 및 매출액의 목표값을 정할 수 있다. 만약 2018년에 5억의 광고비를 지출한다면 예상되는 매출액은 109억 정도가 예상된다.

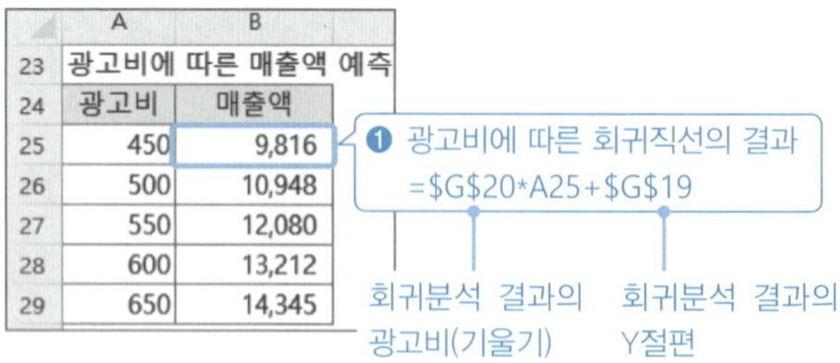

Tip 이와 같이 회귀 분석은 수집된 데이터를 기초로 임의의 모르는 값에 대해서 예측이 가능하다. 그러나 데이터 값을 예측할 때는 일반적으로 독립변수의 범위 안에서 유효함에 주의해야 한다. 예를 들면 본 예제의 광고비의 범위는 25~410이다. 이 범위 내 임의의 모르는 값에 대해서 예측하는 값의 유효성은 보장되지만 범위 밖의 값에 대한 예측은 함수 관계가 선형이라는 가정이 따라야 한다.

Tip 엑셀의 차트에서 추세선을 표시하면 데이터에 적합한 회귀모형을 간단하게 선택할 수 있다.

03 산점도에서 회귀직선 표현하기

- 광고비와 매출액의 ❶ 데이터 범위 [B3:C20]를 선택한 후 ❷~❹ [삽입] 탭–[차트] 그룹의 [분산형]을 클릭하여 차트를 삽입한다.

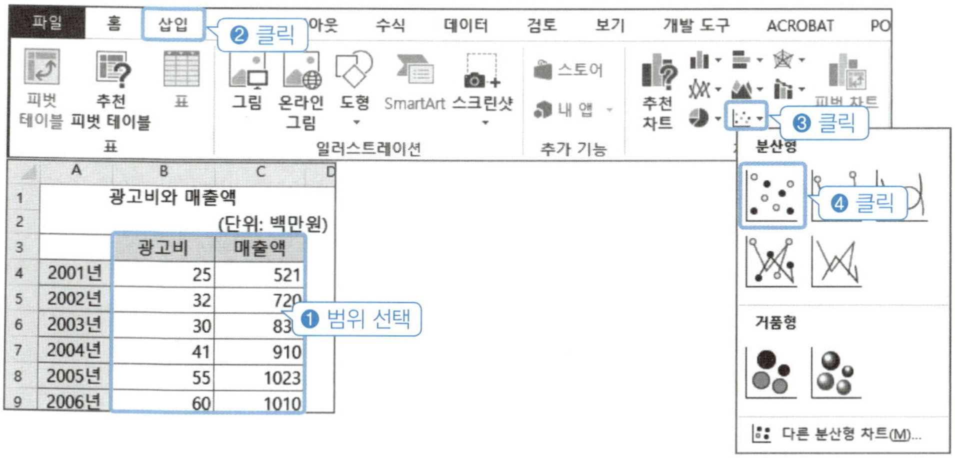

❶~❸ 가로 축 제목의 차트 요소를 추가하고 축 제목에 '광고비'를 입력한다. ❹ ⊞를 클릭하고 [추세선]을 체크하여 추가한다. ❺ 차트에 추가된 [추세선]을 더블클릭하여 추세선 서식 작업창을 활성화한다. ❻ (추세선 옵션)에서 [수식을 차트에 표시], [R−제곱 값을 차트에 표시]를 체크한다. 삽입된 추세선 옆에 회귀 직선 식과 결정계수의 값이 추가됨을 확인한다.

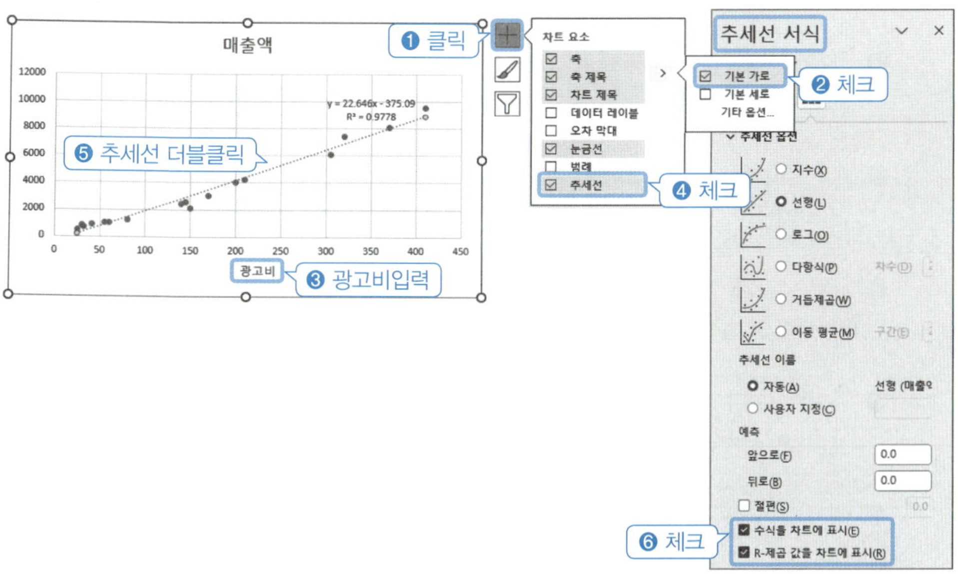

Tip 만약 두 변수 간의 관계가 선형관계가 약한 경우 추세선 옵션에서 지수, 로그, 다항 등의 옵션에 서 적합한 회귀모형을 선택할 수 있다. 다항함수의 경우는 차수를 지정하여 간단하게 회귀 모형 을 구할 수 있다. 또한 [추세선 옵션]에서 [예측]의 [앞으로] 몇 구간을 지정하여 추세선을 확장할 수 있다.

'ch7_2_연습문제.xlsx'의 통합문서를 열어 다음 각 문제를 해결하시오.

01 '공부시간' 시트는 학생 60명의 공부시간 대비 점수 결과 자료이다. 공부시간과 점수가 서로 관련성이 있는지 상관계수를 구하여 확인해 보시오. 그리고 두 변수(공부시간, 점수)를 이용하여 산점도를 표현하시오.

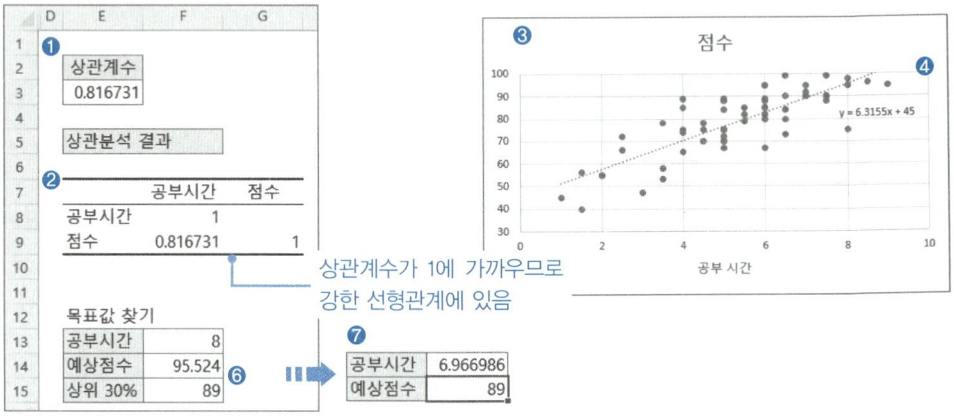

❶ 공부시간과 점수의 연관성 조사를 위해 [E3] 셀에 CORREL 함수를 사용하여 상관계수를 구하시오.

❷ [데이터] 탭–[분석] 그룹–[데이터 분석]에서 [상관 분석]을 클릭하여 [E7]에 결과를 출력 하시오.

❸ 공부시간과 점수의 분포를 산점도로 나타내어 상관관계를 조사하여 보자. 가로축에는 공부시간, 세로축에는 점수를 나타내는 분산형 차트를 삽입하시오.

❹ 차트에서 [추세선]을 추가하고 추세선 서식 작업창에서 [추세선 옵션]의 [수식을 차트에 표시]을 설정하여 회귀식을 차트에 삽입하시오.

❺ 위에서 구한 결과를 참고하여 주어진 데이터 즉 공부시간과 점수와의 관계를 분석하시오.

❻ 공부시간과 점수와의 관계가 강한 양의 상관관계를 가지므로 ❹의 회귀식이 유의하다고 가정했을 때 ❹의 식을 사용하여 공부시간 [F13]에 대한 예상점수를 [F14]에 수식으로 구하시오.

❼ [F14]의 예상점수가 상위 30%에 들려면 몇 시간 정도의 공부시간을 투자해야 하는지 [목표값 찾기]를 이용하여 조사하시오.(힌트, 상위 30%의 값은 =LARGE(점수범위, COUNT(점수범위)*0.3)으로 구할 수 있다.)

02 '판매예측' 시트에 두 상품의 판매 실적 및 선형 예측을 포함한 차트를 만들어 보자. 그리고 이 예측선의 수식을 이용하여 4분기 예측 판매수를 구해 보자.

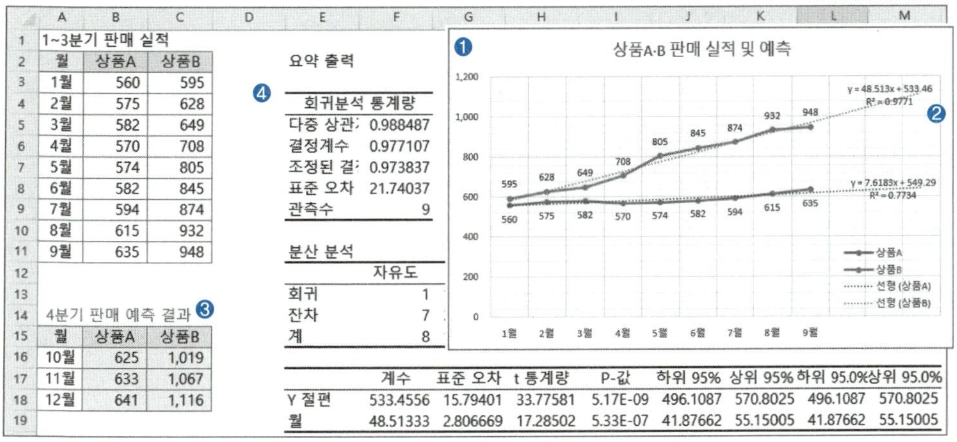

❶ 1~3분기 판매 실적을 이용해 꺾은선형 차트를 삽입하시오. 위 삽입된 차트를 보고 차트 제목, 데이터 레이블, 눈금선 등 필요한 차트요소를 추가하시오.

❷ 상품A와 상품B의 4분기 판매수를 예측하기 위해 추세선을 추가하고 회귀직선의 수식과 결정계수를 추가하시오. [추세선 서식] 작업창–[추세선 옵션]–[예측]의 [앞으로]를 3으로 지정하여 4분기 데이터를 예측한다.

❸ ❷에서 삽입된 수식을 이용하여 4분기의 예측 판매 수를 구하시오.

❹ [E4]의 위치에 월에 대한 상품 B의 회귀분석 결과를 출력하여 ❷의 수식 및 결정계수가 같음을 확인하시오. (힌트, [데이터] 탭–[분석] 그룹–[데이터 분석]을 클릭하여 [통계 데이터 분석]에서 [회귀 분석]을 선택한다. 그리고 [회귀 분석] 창에서 월은 독립변수 즉 X축의 범위로, 상품 B의 데이터는 종속 변수 즉 Y축의 범위로 한다.)

08

R 프로그래밍 기초

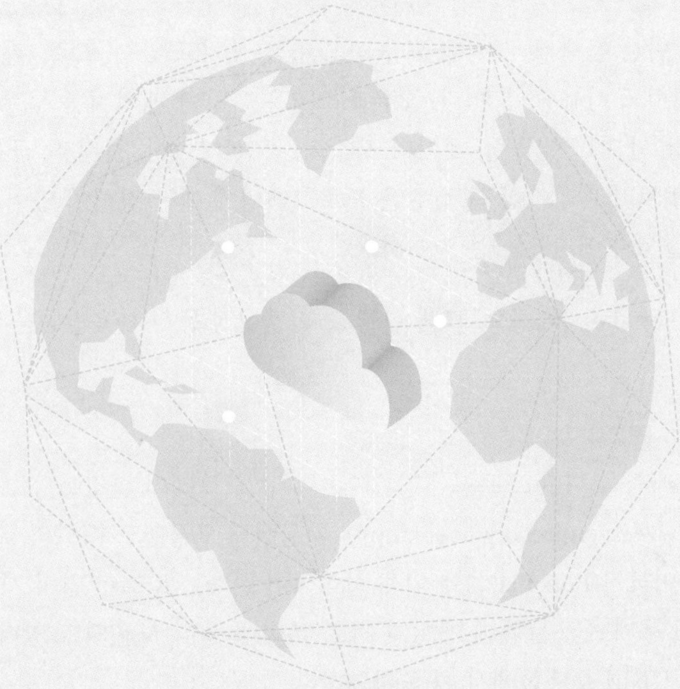

8.1

R과 RStudio 설치 및 실행

R은 데이터 분석을 위한 통계 및 시각화 도구로 많이 사용되고 있는 프로그래밍 언어로 빅데이터 처리를 위한 환경에서도 사용할 수 있다. 오픈소스 R은 다양한 패키지를 무료로 제공하여 데이터 로드, 데이터 모델링, 데이터 핸들링, 데이터 시각화, 공간 데이터, 시계열, 금융 데이터 분석 등에 활용할 수 있다. 무엇보다 R의 가장 큰 장점은 프로그래밍에 대한 경험이 없어도 기초부터 쉽게 배울 수 있는 환경이 잘 갖추어져 있다는 것이다.

이번 절에서는 R과 RStudio 설치, 프로그램 실행 및 환경설정 등의 사용방법을 알아본다.

(1) R과 RStudio 설치

R은 통계 계산과 그래픽을 위한 프로그래밍 언어이자 소프트웨어 환경이다. 오픈소스로 쓰여졌으며 무료이다(https://www.r-project.org/about.html). 뉴질랜드 오클랜드 대학의 로버트 젠틀맨(Robert Gentleman)과 로스 이하카(Ross Ihaka)에 의해 시작되어 현재는 R 코어 팀이 개발하고 있다. R은 패키지 개발이 용이해 통계 소프트웨어 개발과 자료 분석에 널리 사용되고 있다. MS 윈도우, 맥 OS 및 리눅스를 포함한 UNIX 플랫폼에서 이용 가능하다.

R은 오픈소스로 R 사이트(www.r-project.org)에서 최신 버전을 다운로드 후 설치하여 무료로 사용할 수 있다. R을 실행하여 프로그래밍을 할 수 있으나 콘솔 명령창으로구성되어, DOS나 Linux를 경험해보지 않은 사용자에게는 익숙하지 않은 화면이다. 이를 위해 최적화된 통합 개발환경(IDE)을 제공하는 RStudio를 추가 설치하면 자동 코드완성, 스마트 들여쓰기, R코드 단위 실행 등 좀 더 편리하게 사용자들이 작업할 수 있다. RStudio 사이트(posit.co)에서 최신 버전을 무료로 다운로드 후 설치한다.

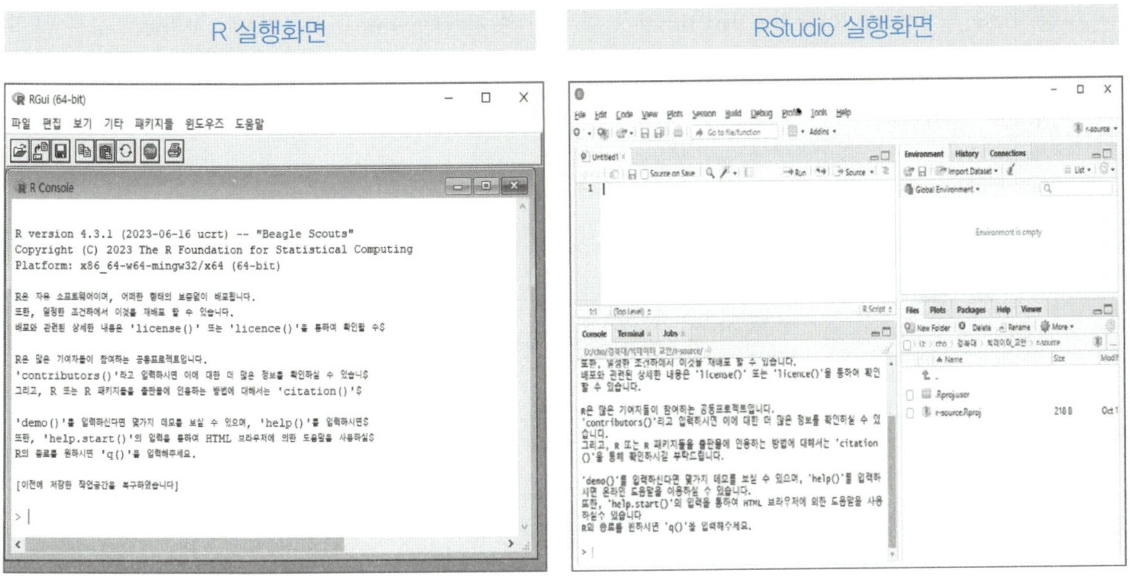

그림 8-1 R과 RStudio 실행화면

01 다운로드 및 설치하기

- R 사이트(www.r-project.org)에 접속하고 ❶ [Download]의 [CRAN]을 클릭한다. ❷ [CRAN]을 클릭하면 다양한 나라가 나타나며, 각 나라별 사이트는 미러 사이트로 어떤 나라를 선택해도 동일한 페이지가 나온다. 여기에서는 [Korea]에서 [https://cran.yu.ac.kr/] 사이트를 선택한다. ❸ 윈도우즈용 설치 파일을 다운로드 하기 위한 [Download R for Windows]를 클릭한다.

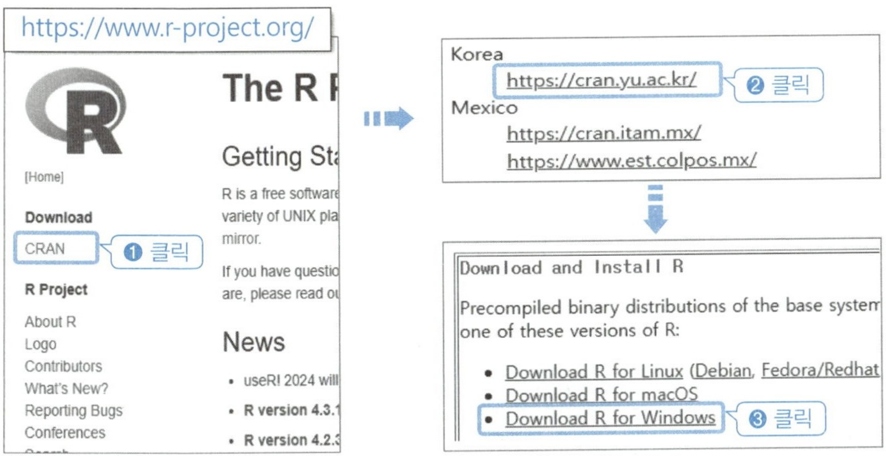

그림 8-2 윈도우즈용 R 다운로드 웹 사이트 접속

❶ [base]의 [install R for the first time]을 클릭한다. ❷ [Download R 4.3.2 for Windows]를 클릭하여 지정된 폴더에 설치 프로그램을 다운로드 한다. 설치 프로그램을 더블클릭하여 기본 설정으로 설치한다.

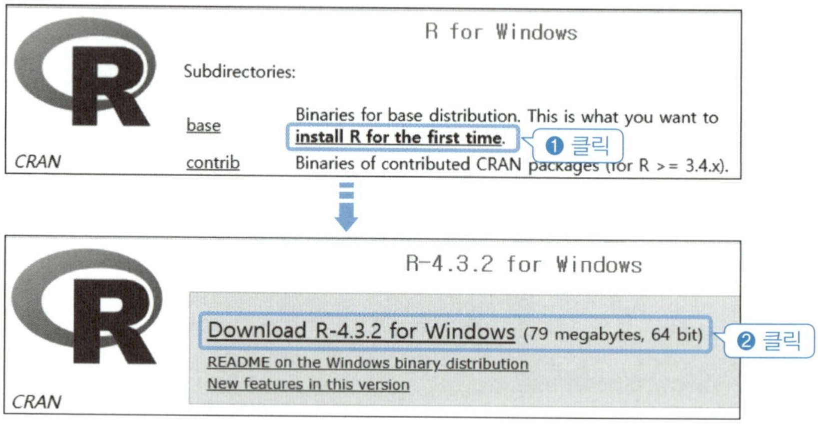

그림 8-3 최신 윈도우즈용 R 다운로드

02 RStudio 다운로드 및 설치하기

RStudio 사이트(posit.co)에 접속하면, ❶ 우측 상단에 [DOWNLOAD RSTUDIO]를 클릭한다. ❷ RStudio Desktop에서 [DOWNLOAD RSTUDIO]을 클릭한다. ❸ Install RStudio에서 윈도우즈용 설치 파일을 다운로드 하기 위한 [DOWNLOAD RSTUDIO DESKTOP FOR WINDOWS]를 클릭하여 지정된 폴더에 설치 프로그램을 다운로드 한다. 설치 프로그램을 더블클릭하여 기본 설정으로 설치한다.

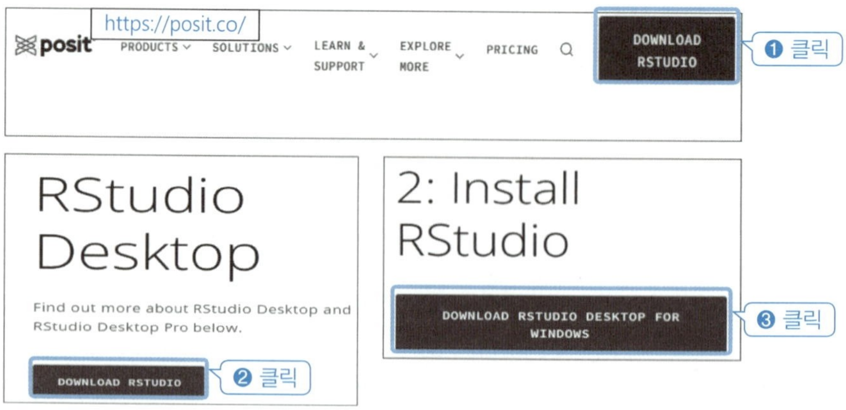

그림 8-4 RStudio 다운로드 웹 사이트 접속

(2) 실행 및 환경설정

R과 RStudio가 설치되었다면, RStudio를 관리자 권한으로 실행한다. 환경설정을 통해 한글 인코딩 오류 방지 및 글꼴과 테마 변경 등을 할 수 있으며, 자주 사용하는 단축키를 확인할 수 있다.

01 RStudio 실행하기

- RStudio 프로그램을 이용하여 소스코드를 작성하고 실행할 때, 소스코드에 오류가 없는데도 불구하고 실행이 정상대로 되지 않는 경우가 있다. 이렇게 프로그램이 예상대로 작동하지 않는 경우를 사전에 예방하기 위해 RStudio 프로그램을 관리자 권한으로 실행한다.
- 관리자 계정은 시스템 설정을 구성하고 일반적으로 운영 체제의 제한된 부분에 액세스 할 수 있다. 관리자로 앱을 실행하는 것은 앱에 제한이 없는 Windows 시스템의 제한된 부분에 액세스 할 수 있는 특별한 권한을 부여한다는 의미이다.
- ❶ [시작]−[RStudio]−[마우스 오른쪽 클릭]−[관리자 권한으로 실행]을 클릭한다.

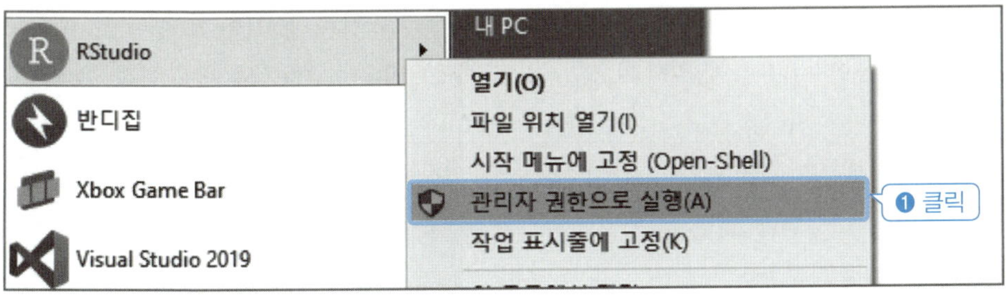

그림 8−5 RStudio 관리자 권한으로 실행

02 RStudio 기본 설정 적용하기

- RStudio는 사용할 때, 소스코드 속에 한글이 포함되면 인코딩 문제로 한글 깨짐 현상이 발생하는 경우가 있다. 이를 방지하지 위해 사전에 환경설정을 한다. ❶ [Tools]−[Global Options]를 클릭한다. ❷ [Code]−[Saving]−[Default text encoding]−[Change...]를 클릭한다. ❸ [Choose Encoding]−[UTF−8]을 선택하고, [OK] 버튼을 클릭한다. ❹ [Global Options]−[OK] 버튼을 클릭한다. ❺ RStudio를 종료하고, 다시 관리자 권한으로 시작하면 한글 인코딩 오류를 방지할 수 있다.

- 기본 세팅을 이용해도 되지만, 개인의 취향에 맞게 글꼴, 글자크기, RStudio 테마, Editor 테마 등을 변경할 수 있다. ❶ [Tools]−[Global Options]를 클릭한다. ❷ [Appearance]를 클릭한다. ❸ RStudio theme, Zoom, Editor font, Editor font size, Editor theme를 개인의 취향에 맞게 선택하고, [OK] 버튼을 클릭한다.

03 RStudio 기본 단축키 확인하기

- RStudio를 사용할 때 단축키를 이용하면 유용하다. RStudio 단축키는 RStudio를 실행하고, 메뉴에 있는 [Help]−[Keyboard Shortcut Quick Reference]를 선택해 확인할 수 있으며, 많은 단축키 중 자주 사용하는 것들은 기억하여 사용하면 편리하다.

- 단축키 중 소스코드 실행과 [Console] 창 지우기는 많이 사용하는 단축키이다. 왼쪽 상단의 [Source] 창에서 실행하고자 하는 소스코드의 해당 라인에 커서를 두고 [Ctrl] +[Enter]를 사용하여 소스코드를 실행할 수 있다. 코드가 실행되면 왼쪽 하단의 [Console] 창에 코드와 실행결과가 나타난다.

- [Console] 창에 코드와 실행결과가 계속 누적되어 결과보기가 용이하지 않다면, [Console] 창 지우기 단축키 [Ctrl] +[L]을 사용하여, [Console] 창의 내용을 깨끗하게 삭제할 수 있다.

8.2

기본 데이터형

변수는 데이터를 담는 그릇의 역할을 하며 자연어에서 사람의 이름, 건물의 이름 등과 같은 고유명사에 해당하는 것으로, 새로운 값을 여러 번 담을 수 있다. 변수명 생성규칙을 알아보고 규칙에 맞추어 변수명을 생성해보자. 변수와 함께 R의 기본명령어 중 기본 디렉터리 설정을 위해 `setwd( )`, `getwd( )` 함수를 익히고, 사용빈도가 높은 기본명령어 `print( )`, `help( )`, `class( )`, `str( )`, `summary( )`, `ls( )`, `rm( )` 함수 등을 살펴본다.

프로그램에서 일정한 동작을 수행하는 소스코드를 미리 정의해 둔 것을 함수라고 한다. R에서 자주 사용하는 기본함수를 익히고, 산술연산자, 관계연산자, 논리연산자 등의 연산자를 적용해 보자.

이번 절에서는 변수, R의 기본명령어, 기본함수, 연산자 등의 사용방법을 알아본다.

(1) 변수

변수(variable)란 계속 변하는 값이면서, 그 값을 저장하는 공간이다(네이버 지식백과). 컴퓨터가 일을 하기 위해서는 무수히 많은 자료를 사용해야 하는데 그 자료들은 만질 수 있거나 눈에 보이는 것이 아니고 논리적인 형태로 컴퓨터 내부에만 존재한다. 이렇게 컴퓨터는 자료를 담아 두기 위해서 변수를 사용한다.

변수에 자료를 넣을 때는 '='이라는 명령어 기호를 사용하는데 수학의 '같다'의 의미와는 다르게 '변수이름' = '내용'으로 사용하며 기호 왼쪽(변수이름)에 오른쪽의 정보(내용)를 넣는다는 의미인 '할당한다'로 사용된다. R에서는 '='과 동일한 의미로 '<-'를 사용하며, 여기서는 '<-'로 사용한다.

예를 들어 코드를 'a <- 5'라고 작성하였다면, '변수 a에 숫자 5를 할당한다'는 의미이다. 또 변수에 있는 자료를 다른 변수에 넣을 수도 있는데 코드를 'a <- b'라고 작성하였다면, '변수 a에 변수 b에 있는 자료를 할당한다'는 의미이다.

변수명 생성규칙

계속 변하는 값을 저장하는 공간인 변수이름은 생성규칙을 지켜 사용자가 명명할 수 있다.

- 변수명에 영문자, 숫자, 언더바(_), 마침표(.)를 사용하여 작성할 수 있다.
- 첫 글자는 영문자나 마침표(.)로 시작해야 한다.
- 마침표가 첫 글자일 때는 그 뒤에 숫자가 바로 올 수 없다.
  - 변수명으로 '.happy'는 가능하지만, '.3happy'는 불가능하다.
- 대문자와 소문자를 구분한다.
  - 변수명 'age'과 'Age'은 서로 다른 변수이다.
- 변수명 중간에 빈칸을 넣을 수 없다. 대개 "_" 문자를 활용하여 빈칸을 표현한다.
  - 변수명으로 'a_happy'는 가능하지만, 'a happy'는 불가능하다.
- 이미 사용 중인 변수나 명령어는 피한다.

01 RStudio 실행하기

[시작]−[RStudio]−[마우스 오른쪽 클릭]−[관리자 권한으로 실행]을 클릭한다.

❶ [파일]−[New File]−[R Script]를 클릭하여 [Source] 창을 불러온다.

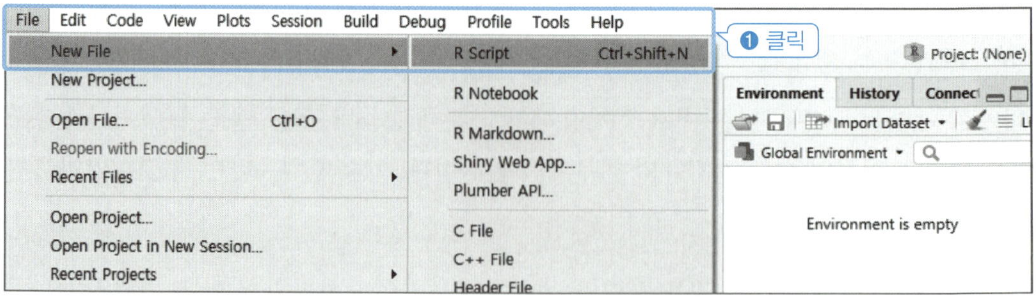

그림 8-6 RStudio 준비

02 R 실습 8.2.1 : [Source] 창, [Console] 창 실습하기

RStudio 프로그램의 [Console] 창에도 명령어를 입력하여 실행할 수 있지만 가능하면 스크립트(Script) 창을 이용하여 명령어를 실행하고 저장하는 것이 좋다. 여기서는 RStudio에서 제공하는 스크립트 창을 [Source] 창으로 설명한다.

- 변수할당 및 변수이름 규칙을 [Source] 창에서 실습해보자.

- 소스코드를 작성할 때는 ❶ [Source] 창에 `'a <- 5'`와 같이 소스코드를 작성하여 한 줄을 완성한다. ❷ [Source] 창의 위쪽에 있는 [Run]을 클릭(또는 [Ctrl] + [Enter])하여 실행한다. ❸ [Console] 창에서 실행결과를 확인하면, 정상적으로 소스코드가 실행되었을 경우 다음 소스코드 실행을 위한 준비상태인 `'>'`가 나타난다. 소스코드 1행은 정상적으로 실행되었다.

- [Source] 창 2행에 변수 `'a'`의 값을 출력하는 소스코드 `'a'`를 입력하고, [Run]을 클릭하여 실행하면, [Console] 창에서 `'a'`의 값을 출력하는 소스코드(`> a`)와 `'a'`의 값인 5가 출력되는 실행결과([1]5)를 확인할 수 있다. 다음 소스코드 실행을 위한 준비상태인 `'>'`가 나타나면 다음 작업을 진행할 수 있다.

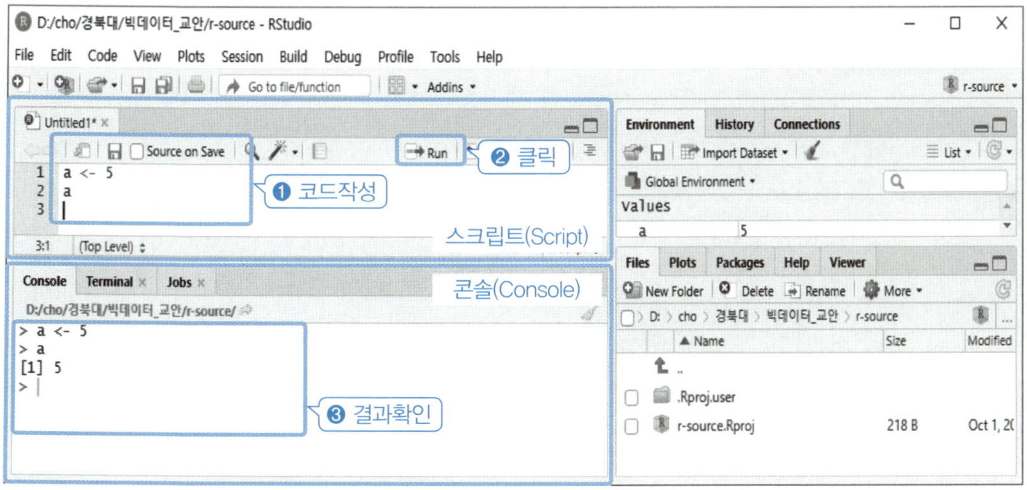

그림 8-7 소스코드 작성 및 실행

03 R 실습 8.2.2 : 변수 할당하기

- [Source] 창에 소스코드를 작성한다. ❶ 변수 'a'에 5를 할당한다. ❷ 변수 'a'를 출력한다.
- 변수에 다른변수의 값을 할당해보자. ❸ 변수 'b'에 변수 'a'의 값을 할당한다. ❹ 변수 'b'를 출력한다.
- 변수의 첫글자를 알파벳으로 시작하는 변수명을 사용해보자. ❺ 변수 'like'에 숫자 3을 할당한다. ❻ 변수 'like'를 출력한다.
- 변수의 첫글자를 마침표로 시작하는 변수명을 사용해보자. ❼ 변수 '.love'에 숫자 1004를 할당한다. ❽ 변수 '.love'를 출력한다.
- 변수의 첫글자를 숫자로 시작하는 변수명을 사용해보자. ❾ 변수 '2.happy'에 숫자 100을 할당한다.
- 소스코드를 작성하고 실행하면 ❶~❽까지는 정상적으로 실행되지만, ❾는 에러가 발생된다. 변수이름규칙 중 첫글자를 알파벳이나 숫자로 시작해야 하는 규칙에 위배되어, 변수 '2.happy'는 에러가 발생한다.

소스코드와 결과

```
> a <- 5                              # ❶ 변수 'a'에 5를 할당
> a                                   # ❷ 변수 'a' 출력
[1] 5
> b <- a                              # ❸ 변수 'b'에 변수 'a'를 할당
> b                                   # ❹ 변수 'b' 출력
[1] 5
> like <- 3                           # ❺ 변수 'like'에 3을 할당
> like                                # ❻ 변수 'like' 출력
[1] 3
> .love <- 1004                       # ❼ 변수 '.love'에 1004를 할당
> .love                               # ❽ 변수 '.love' 출력
[1] 1004
> 2.happy <- 100                      # ❾ 변수 '2.happy'에 100을 할당
에러: 예상하지 못한 기호(symbol)입니다. in "2.happy"
```

(2) R의 기본명령어

R의 기본명령어를 알아보자.

- **주석처리(#)** : 실행은 되지 않지만 프로그램 전반적인 내용, 명령어의 내용 등에 사용자가 설명을 달아주는 기능이다. '#' 뒤에 있는 한 줄이 주석으로 처리되며 R에서 지정된 문법을 검사하지 않는다. 단 한 줄만 주석으로 처리되므로 다른 줄도 하고 싶으면 해당 줄 앞에 '#'을 써 주어야 한다.
- **세미콜론(;)** : 하나의 명령어가 끝났음을 알려주는 기능이다. 하지만 한 줄에 하나의 명령어만 있다면 세미콜론을 생략해도 명령어가 끝났음을 인식한다.
- **Enter** : [Source] 창에서 다음 줄로 이동할 때 사용하며, [Console] 창에서 소스코드 입력하고 'Enter'를 하면 R의 명령어가 실행된다.
- **Ctrl + Enter** : [Source] 창에서 R의 명령어를 실행하는 기능이다. 명령어가 한 줄인 경우 마우스의 위치는 해당 줄의 어느 곳에 있어도 상관이 없다. 명령어가 두 줄 이상인 경우에는 반드시 해당 명령어가 있는 부분을 블록 처리하여 실행시켜야 한다.
- **대소문자** : R은 대소문자를 구별한다. 소문자 a와 대문자 A는 전혀 다른 것을 의미하기 때문에 주의해서 사용한다.
- **setwd(작업경로)** : 작업용 기본 디렉터리를 설정할 수 있다.
  - `setwd( "c:/" )` : 작업용 기본 디렉터리로 내컴퓨터의 c드라이브(c:\ )를 설정
- **getwd( )** : 현재 설정된 작업 디렉터리 확인할 수 있다.
- **print(출력하고 싶은 내용)** : print 괄호안에 출력하고 싶은 내용을 입력하면 입력한 내용이 출력된다. 하지만, `'print'`를 생략하고 '출력하고 싶은 내용'만 입력해도 결과는 동일하다.
  - `"경북대학교"` : `print( "경북대학교" )`와 결과가 동일하게 "경북대학교"가 출력된다.
- **help(함수명)** : 도움말 기능이며, 함수에 대한 도움말을 보고 싶을 때는 `'help( 함수명 )'`으로 사용하면 된다.
  - `?(print)` : `help( print )`와 동일하게 오른쪽 [Help] 창에 print에 대한 도움말이 나타난다.
- **기본적인 데이터 유형** : **수치형, 문자형, 논리형** 등이 있다. 수치형(numeric)은 숫자로 되어 있으며, 소수점 이하를 가지지 않는 숫자인 정수형(integer)과 소수점 이하를 가지는 숫자인 실수형(double)이 있다. 문자형(character)은 하나의 문자 또는 문자열로 구성되어 있으며, `' '` 또는 `" "`로 묶여 있다. 논리형(logical)은 참과 거짓의 논리값으로 TRUE(or T)나 FALSE(or F)를 가진다.
- **특수 형태의 데이터 유형** : **NA**는 Not Available의 약자로 데이터가 없다는 결측치(missing value)를 의미한다.

- **class( ) 함수** : 변수의 데이터 유형(수치형, 문자형, 논리형 등)을 판단하는 함수이다.
- **str( ) 함수** : 데이터에 구성된 변수의 속성을 파악하는 함수이다.
- **summary( ) 함수** : 변수의 값들을 요약해 주는 함수로 최솟값, 최댓값, 평균, 중앙값, 사분위수를 확인할 수 있다.
- **ls( ) 함수** : 현재까지 생성된 변수 목록을 파악하고자 할 때 사용하여 데이터에 포함된 변수들을 확인할 수 있고, 현재까지 생성된 변수를 삭제하고 싶으면 rm(list = ls( ))를 사용해서 변수들을 삭제할 수 있다.

01 R 실습 8.2.3 : R의 기본명령어 실습하기

[Source] 창에 소스코드를 작성한다. ❶ 주석을 이용하여 'R의 기본명령어'를 입력한다. ❷ 내 컴퓨터의 c드라이브(c:\ )를 작업용 기본 디렉터리로 설정한다. ❸ 현재 설정된 작업 디렉터리를 확인한다.

print( ) 함수를 사용해 보자. ❹ print( ) 함수를 이용하여 숫자 1을 출력한다. ❺ print( ) 함수 없이 숫자 1을 출력한다. ❻ print( ) 함수에 대한 도움말을 확인한다.

소스코드와 결과

```
> # R의 기본명령어                    # ❶ 주석으로 'R의 기본명령어' 입력
> setwd( "c:/" )                      # ❷ 작업용 디렉터리 c드라이브(c:\) 설정
> getwd( )                            # ❸ 현재 설정된 작업 디렉터리 확인
[1] "c:/"
```

```
> print( 1 )                          # ❹ print( ) 함수를 이용하여 숫자 1 출력
[1] 1
> 1                                   # ❺ print( ) 함수 없이 숫자 1 출력
[1] 1
> help( print )                       # ❻ print( ) 함수에 대한 도움말 확인
```

class( ) 함수를 사용해 보자. ❼ 숫자 1의 자료형을 출력한다. ❽ 문자 "1"의 자료형을 출력한다. ❾ 논리값인 TRUE의 자료형을 출력한다.

str( ), summary( ) 함수를 사용해 보자. ❿ 변수 'a'에 숫자 1~3을 할당한다. ⓫ 변수 'a'의 속성을 파악한다. ⓬ 변수 'a'의 값을 요약한 결과를 출력한다.

ls( ), rm( ) 함수를 사용해 보자. ⑬ 현재 생성된 변수를 출력한다. ⑭ 현재까지 생성된 변수를 삭제한다. ⑮ 변수 삭제후 현재 생성된 변수를 확인하면 변수가 하나도 없는 것을 확인할 수 있다.

소스코드와 결과

```
> class( 1 )                         # ⑦ 숫자 1의 자료형 출력
[1] "numeric"
> class( "1" )                       # ⑧ 문자 "1"의 자료형 출력
[1] "character"
> class( TRUE )                      # ⑨ 논리값 TRUE의 자료형 출력
[1] "logical"
```

```
> a <- 1:3                           # ⑩ 변수 'a'에 숫자 1~3을 할당
> str( a )                           # ⑪ 변수 'a'의 속성 파악
 int [1:3] 1 2 3
> summary( a )                       # ⑫ 변수 'a'의 정보 요약
 Min. 1st Qu. Median Mean 3rd Qu. Max.
  1.0   1.5    2.0    2.0   2.5    3.0
```

```
> ls( )                              # ⑬ 현재 생성된 변수 확인
[1] "a"
> rm( list = ls( ) )                 # ⑭ 현재까지 생성된 변수 삭제
> ls( )                              # ⑮ 변수 삭제후 현재 생성된 변수 확인
character(0)
```

(3) 기본함수

함수란 일정한 동작을 수행하는 소스코드들을 미리 정의해두고 필요한 경우 언제든지 호출해서 사용할 수 있는 것을 말하며, 기본적으로 포함되어 있는 **내장함수**, 사용자가 만들어 호출할 수 있는 **사용자정의함수**, 패키지에 속해 있는 **패키지함수** 등이 있다.

- **c( ) 함수** : 기본함수 중 많이 사용하는 두 개 이상의 데이터를 변수에 저장할 수 있다.
- **seq( ) 함수** : 초기값부터 종료값까지 데이터를 추출할 수 있다.
- **rep( ) 함수** : 데이터를 반복적으로 추출할 수 있다.
- **length( ) 함수** : 변수에 포함된 데이터의 개수를 확인할 수 있다.
- **sample( ) 함수** : 임의의 데이터를 추출할 수 있다.

01 R 실습 8.2.4 : 기본함수 실습하기

- [Source] 창에 소스코드를 작성한다. ❶ c( ) 함수를 이용하여 숫자 5, 2, 4를 출력한다. ❷ 문자 "진", "선", "미"를 출력한다.
- seq( ) 함수를 사용해 보자. ❸ 1부터 10까지 출력한다. ❹ 1부터 10까지 홀수를 출력한다. ❺ 1부터 10까지 3개를 출력한다.

소스코드와 결과

```
> c( 5,2,4 )                              # ❶ 5, 2, 4 출력
[1] 5 2 4
> c( "진","선","미" )                      # ❷ "진", "선", "미" 출력
[1] "진" "선" "미"
```

```
> seq( 1:10 )                             # ❸ 1에서 10까지 출력
 [1]  1  2  3  4  5  6  7  8  9 10
> seq( 1, 10, by=2 )                      # ❹ 1에서 10까지 홀수 출력
[1] 1 3 5 7 9
> seq( 1, 10, length.out=3 )              # ❺ 1에서 10까지 3개만 출력
[1]  1.0  5.5 10.0
```

- rep( ) 함수를 사용해 보자. ❻ 숫자 1, 2, 3을 두 번 반복한다. ❼ 숫자 1, 2, 3의 원소를 각각 두 번씩 반복 출력한다.
- length( ) 함수를 사용해 보자. ❽ c(5, 2, 4)의 데이터 개수를 확인한다.
- sample( ) 함수를 사용해 보자. ❾ 1~10개 중 5개의 숫자를 임의로 출력한다. ❿ 1~10개 중 중복이 허용되는 5개의 숫자를 임의로 출력한다.

소스코드와 결과

```
> rep( 1:3, times=2 )                     # ❻ 1에서 3까지 2번 반복 출력
[1] 1 2 3 1 2 3
> rep( 1:3, each=2 )                      # ❼ 1에서 3까지 각각 2번 반복 출력
[1] 1 1 2 2 3 3
```

```
> length( c(5,2,4) )                      # ❽ c(5,2,4)의 데이터 개수 출력
[1] 3
```

```
> sample( 1:10, 5 )                         # ⑨ sample 함수, 1~10개 중 5개 추출
[1] 2 1 8 4 9
> sample( 1:10, 5, replace = T )            # ⑩ sample 함수, 1~10개 중 5개 추출(중복허용)
[1] 5 2 2 3 5
```

(4) 산술연산자

산술연산자는 1개 이상의 수치에 대한 연산으로 더하기, 빼기, 곱하기, 나누기, 거듭제곱, 나머지, 몫을 구할 수 있다. 산술연산자의 우선순위는 괄호 (( ))가 가장 높고, 그 다음으로 거듭제곱(^, **), 그 다음으로 곱하기와 나누기(*, /), 마지막으로 더하기와 빼기(+, −)이다. 곱하기와 나누기는 우선순위가 동일하고, 더하기와 빼기도 동일하다. 동일한 우선순위를 가지는 산술연산자가 나열되어 있다면 왼쪽이 오른쪽보다 우선순위를 먼저 갖게 된다.

표 8-1 산술연산자

연산자	설명	예	결과
+	더하기	7 + 2	9
−	빼기	7 − 2	5
*	곱하기	7 * 2	14
/	나누기	7 / 2	3.5
^ or **	거듭제곱	7 ^ 2	49
x %% y	x를 y로 나눈 나머지	7 %% 2	1
x %/% y	x를 y로 나눈 몫	7 %/% 2	3

01 R 실습 8.2.5 : 산술연산자 실습하기

- [Source] 창에 소스코드를 작성한다. ❶ 숫자 7+2를 출력한다. ❷ 숫자 7−2를 출력한다. ❸ 숫자 7*2를 출력한다. ❹ 숫자 7/2를 출력한다.

- 거듭제곱, 나눈 나머지, 나눈 몫을 사용해 보자.❺ 숫자 7의 2승을 출력한다. ❻ 숫자 7을 2로 나눈 나머지 값을 출력한다. ❼ 숫자 7을 2로 나눈 몫을 출력한다.

소스코드와 결과

```
> 7 + 2                              # ❶ 7+2 출력
[1] 9
> 7 - 2                              # ❷ 7-2 출력
[1] 5
> 7 * 2                              # ❸ 7*2 출력
[1] 14
> 7 / 2                              # ❹ 7/2 출력
[1] 3.5
> 7 ** 2                             # ❺ 7의 2 승 출력
[1] 49
> 7 %% 2                             # ❻ 7을 2로 나눈 나머지 출력
[1] 1
> 7 %/% 2                            # ❼ 7을 2로 나눈 몫 출력
[1] 3
```

(5) 관계연산자

관계연산자는 두 개 값에 대한 비교로서 참이면 TRUE, 거짓이면 FALSE를 반환한다. 비교 연산의 최종적인 결과가 갖는 값이다. 관계연산자에는 크다(>), 작다(<), 크거나 같다(>=), 작거나 같다(<=), 같다(==), 같지 않다(!=)가 있다. 관계연산자를 사용할 때 연산자 안에 공백이 있으면 에러(error)가 발생한다. 즉 '크거나 같다'를 사용할 때 '> 공백='로 사용하면 안 된다.

표 8-2 관계연산자

연산자	설명	예제	결과
x 〈 y	x 는 y 보다 작다	7 〈 7	FALSE
x 〈= y	x 는 y 보다 작거나 같다	7 〈= 7	TRUE
x 〉 y	x 는 y 보다 크다	7 〉 7	FALSE
x 〉= y	x 는 y 보다 크거나 같다	7 〉= 7	TRUE
x == y	x 는 y 와 같다	7 == 7	TRUE
x != y	x 는 y 와 같지 않다	7 != 7	FALSE

01 R 실습 8.2.6 : 관계연산자 실습하기

- [Source] 창에 소스코드를 작성한다. ❶ 숫자 7은 숫자 7보다 크다. ❷ 숫자 7은 숫자 7보다 작다. ❸ 숫자 7은 숫자 7보다 크거나 같다. ❹ 숫자 7은 숫자 7보다 작거나 같다.
- 관계연산자 같다와 같지않다를 사용해 보자. ❺ 숫자 7은 숫자 7과 같다. ❻ 숫자 7은 숫자 7과 같지 않다.

소스코드와 결과

```
> 7 > 7                                  # ❶ 7은 7보다 크다
[1] FALSE
> 7 < 7                                  # ❷ 7은 7보다 작다
[1] FALSE
> 7 >= 7                                 # ❸ 7은 7보다 크거나 같다
[1] TRUE
> 7 <= 7                                 # ❹ 7은 7보다 작거나 같다
[1] TRUE
```

```
> 7 == 7                                 # ❺ 7은 7과 같다
[1] TRUE
> 7 != 7                                 # ❻ 7은 7과 같지 않다
[1] FALSE
```

(6) 논리연산자

논리연산자란 두 개 이상의 조건을 비교한다. 논리곱 &는 AND의 개념으로, 모든 조건이 참일 때만 결과가 TRUE가 되며, 논리합 |는 OR의 개념으로 조건 중에서 하나라도 참이면 결과가 TRUE가 된다. 데이터가 하나인 스칼라(scalar)나 데이터가 두 개 이상을 가지는 벡터(vector)인 경우에도 작동한다.

표 8-3 논리연산자

연산자	설명	예제	결과
x | y	x 와 y 중 하나만 참이면 참	1 | 0	TRUE
x & y	x 와 y 중 모두 참이면 참	1 & 0	FALSE

01 R 실습 8.2.7 : 논리연산자 실습하기

[Source] 창에 소스코드를 작성한다. ❶ 변수 'x'에 숫자 1을 할당한다. ❷ 변수 'y'에 숫자 0을 할당한다. ❸ 'x'와 'y'의 or 연산자 결과를 출력한다. ❹ 'x'와 'y'의 and 연산자 결과를 출력한다.

소스코드와 결과

```
> x <- 1                                # ❶ 변수 'x'에 숫자 1 할당
> y <- 0                                # ❷ 변수 'y'에 숫자 0 할당
> x | y                                 # ❸ 'x'와 'y'의 or 연산자 결과
[1] TRUE
> x & y                                 # ❹ 'x'와 'y'의 and 연산자 결과
[1] FALSE
```

벡터에 논리연산자를 사용해 보자. ❺ 변수 'x1'에 숫자 1, 1, 0을 할당한다. ❻ 변수 'y1'에 숫자 0, 1, 0을 할당한다. ❼ 'x1'과 'y1'의 or 연산자 결과를 출력한다. ❽ 'x1'과 'y1'의 and 연산자 결과를 출력한다.

논리연산자와 관계연산자를 같이 사용해 보자. ❾ 변수 'z'에 숫자 3을 할당한다. ❿ 'x > y'와 'x > z'의 or 연산자 결과를 출력한다. 'x > y'는 1>0으로 참이고, 'x > z'는 1>3으로 거짓이다. 참 | 거짓의 결과는 TRUE가 출력된다. ⓫ 'x > y'와 'x > z'의 and 연산자 결과를 출력한다. 참 &거짓의 결과는 FALSE가 출력된다.

소스코드와 결과

```
> x1 <- c( 1,1,0 )                      # ❺ 변수 'x1'에 숫자 1, 1, 0을 할당
> y1 <- c( 0,1,0 )                      # ❻ 변수 'y1'에 숫자 0, 1, 0을 할당
> x1 | y1                               # ❼ 'x1'과 'y1'의 or 연산자 결과
[1] TRUE  TRUE FALSE
> x1 & y1                               # ❽ 'x1'과 'y1'의 and 연산자 결과
[1] FALSE  TRUE FALSE
```

```
> z <- 3                                # ❾ 변수 'z'에 숫자 3 할당
> x > y | x > z                         # ❿ 'x > y'와 'x > z'의 or 연산자 결과
[1] TRUE
> x > y & x > z                         # ⓫ 'x > y'와 'x > z'의 and 연산자 결과
[1] FALSE
```

8.3

데이터 자료구조

기본적인 데이터 유형에는 수치형, 문자형, 논리형 등이 있다. 단일형이란 자료구조를 구성하는 데이터의 자료형이 하나의 유형으로만 구성되는 것을 말한다. R이 지원하는 단일형 자료구조는 벡터(vector), 요인(factor), 행렬(matrix), 배열(array)이 있다.

다중형이란 자료구조를 구성하는 데이터의 자료형이 두 개 이상의 유형으로 구성되는 것을 말한다. R이 지원하는 다중형 자료구조는 리스트(list), 데이터프레임(data.frame)이 있다. 이 중 대부분의 데이터는 데이터프레임으로 구성되어 있어 데이터프레임은 반드시 생성할 수 있어야 한다.

이번 절에서는 벡터, 요인, 행렬, 배열, 리스트, 데이터프레임 등의 사용방법을 알아본다.

(1) 벡터(vector)

벡터란 R에서 가장 기본이 되는 자료구조로 동일한 자료형의 데이터를 일렬로 나열한 형태이다. 동일한 자료형으로 구성되는 벡터에 다른 데이터 자료형을 섞어서 벡터를 생성하게 되면, 데이터 자료형 우선순위가 높은 순서대로 나머지 데이터의 자료형이 변경된다. 데이터 자료형 우선순위는 문자형 > 숫자형 > 논리형 순이다. 즉, 숫자형과 문자형을 섞어서 벡터를 생성하면, 우선순위가 높은 문자형으로 모든 데이터가 변경된다.

원소가 1개인 벡터를 스칼라라고 한다. 벡터는 스칼라의 확장으로 한 개 이상의 데이터를 갖는다. 벡터는 하나의 열로 되어 있으며, [Console] 창에 출력될 때 하나의 행으로 나타난다. 벡터는 데이터에 대한 통계 분석이나 그래프를 작성할 때 사용되는 데이터 형태로서 가장 많이 활용된다. 벡터의 원소에 접근하는 방법은 **벡터명**[index]로 가능하다.

01 R 실습 8.3.1 : 벡터 실습하기

- [Source] 창에 소스코드를 작성한다. ❶ 스칼라 'x1'에 숫자 5를 할당하고 출력한다. ❷ 벡터 'x2'에 숫자 1에서 10까지 할당하고 출력한다. ❸ 벡터 'x3'에 문자 "진", "선", "미"를 할당하고 출력한다. ❹ 벡터 'x4'에 숫자 1, 문자 "사랑해"를 할당하고 출력하면, 데이터 자료형 우선순위가 높은 문자형으로 모두 변경되어서 출력된다.

소스코드와 결과

```
> x1 <- 5 ; x1                          # ❶ 스칼라 'x1'에 숫자 5 할당하고 출력
[1] 5
> x2 <- c( 1:10 ) ; x2                  # ❷ 벡터 'x2'에 숫자 1~10까지 할당하고 출력
[1] 1 2 3 4 5 6 7 8 9 10
> x3 <- c( "진", "선", "미" ) ; x3      # ❸ 벡터 'x3'에 문자 "진", "선", "미" 할당하고 출력
[1] "진" "선" "미"
> x4 <- c( 1, "사랑해" ) ; x4           # ❹ 벡터 'x4'에 숫자 1, 문자 "사랑해" 할당하고 출력
[1] "1"     "사랑해"
```

- 벡터명[index]를 사용해 보자. ❺ 벡터 'x2'의 첫 번째 원소를 출력한다. ❻ 벡터 'x2'의 첫 번째 원소에 숫자 10을 할당한다. ❼ 벡터 'x2'를 출력한다. 'x2'의 첫번째 원소가 10으로 변경된 것을 확인할 수 있다.

- 벡터에서 원소를 출력해 보자. ❽ 벡터 'x2'의 2~4번째 원소를 출력한다. ❾ 벡터 'x2'의 2, 3번째 원소를 제외하고 출력한다. 제외할려면, c 함수 앞에 '–'를 붙이면 된다.

- 벡터에서 특정 원소를 제외하고 출력해 보자. ❿ 변수 x5에 1, 2, NA, 4를 할당하고 출력한다. ⓫ 변수 x5에서 NA를 제거하고 출력한다. is.na는 NA를 확인하는 것이고, '!'는 부정을 의미한다.

소스코드와 결과

```
> x2[ 1 ]                               # ❺ 벡터 'x2'의 첫 번째 원소 출력
[1] 1
> x2[ 1 ] <- 10                         # ❻ 벡터 'x2'의 첫 번째 원소에 숫자 10 할당
> x2                                    # ❼ 벡터 'x2'출력
[1] 10 2 3 4 5 6 7 8 9 10
```

```
> x2[ 2 : 4 ]                              # ❽ 벡터 'x2'의 2~4번째 원소 출력
[1] 2 3 4
> x2[ -c(2, 3) ]                           # ❾ 벡터 'x2'의 2, 3번째 원소 제외하고 출력
[1] 10 4 5 6 7 8 9 10
```

```
> x5 <- c( 1, 2, NA, 4 ) ; x5              # ❿ 변수 x5에 1, 2, NA, 4 할당하고 출력
[1] 1 2 NA 4
> x5[ !is.na( x5 ) ]                       # ⓫ 변수 x5에서 'NA' 제거하고 출력
[1] 1 2 4
```

(2) 요인(factor)

요인이란 문자형 변수로서 특정 수준 값만을 가질 수 있는 자료형을 의미한다. 예를 들어 성별을 나타내는 변수를 문자형 변수들로 정의할 때, 이 변수가 가질 수 있는 값은 "남", "여"의 두 가지 값만을 가져야 할 것이고, 다른 종류의 문자를 저장할 수 없도록 제한할 수 있다. 요인으로 처리되면 summary( ) 함수를 사용하여 그룹별 요약정보를 확인할 수 있다.

01 R 실습 8.3.2 : 요인 실습하기

- [Source] 창에 소스코드를 작성한다. ❶ 벡터 'v1'에 문자 "남", "여", "여", "남", "남"을 할당하고 출력한다. ❷ summary( ) 함수로 벡터 'v1'의 요약정보를 확인한다.

소스코드와 결과

```
> v1 <- c( "남", "여", "여", "남", "남" ) ; v1      # ❶ 벡터 'v1'에 문자 "남", "여",
                                                    "여", "남", "남" 할당하고 출력
[1] "남" "여" "여" "남" "남"
> summary( v1 )                                   # ❷ 벡터 'v1' 요약정보 확인
 Length     Class      Mode
    5    character  character
```

- 요인으로 할당하고 summary( ) 함수를 사용해 보자. ❸ 요인 'f1'에 문자 "남", "여", "여", "남", "남"을 할당하고 출력한다. ❹ 요인 'f1'의 요약정보를 확인한다.
- ❺ 요인 'f2'에 문자 "인사부", "생산부", "인사부", "영업부", "인사부", "영업부"를 할당하고 출력한다. ❻ summary( ) 함수로 요인 'f2'의 요약정보를 확인한다.

소스코드와 결과

```
> f1 <- factor( c("남","여","여","남","남") ) ; f1   # ❸ 요인 'f1'에 문자 "남", "여",
                                                       "여", "남", "남" 할당하고 출력
[1] 남 여 여 남 남
Levels: 남 여
> summary( f1 )                                     # ❹ 요인 'f1' 요약정보 확인
남  여
 3  2
```

```
> f2 <- factor( c("인사부", "생산부",               # ❺ 요인 'f2'에 문자 "인사부",
"인사부", "영업부", "인사부", "영업부") ) ; f2         "생산부", "인사부", "영업부",
                                                      "인사부", "영업부" 할당하고 출력
[1] 인사부 생산부 인사부 영업부 인사부 영업부
Levels: 생산부 영업부 인사부
> summary( f2 )                                     # ❻ 요인 'f2' 요약정보 확인
생산부 영업부 인사부
     1      2      3
```

(3) 행렬(matrix)

행렬은 행과 열에 데이터를 배열하여 2차원 형태로 만들어진 데이터의 집합이다. `matrix( )` 함수를 사용하여 만들며, 형식은 다음과 같다. **matrix(데이터, nrow=행의 수, ncol=열의 수)**. 데이터를 행우선으로 나열할려면 옵션을 `'byrow = T'`로 설정하면 된다. 행렬의 원소에 접근하는 방법은 **행렬명[행 번호, 열 번호]**로 가능하다.

01 R 실습 8.3.3 : 행렬 실습하기

- [Source] 창에 소스코드를 작성한다. ❶ 행렬 `'m1'`에 숫자 1~4를 2행, 2열로 할당한다. ❷ 행렬 `'m1'`을 출력한다.
- 2행 3열 행렬을 사용해 보자. ❸ 행렬 `'m2'`에 숫자 1~6을 2행, 3열로 할당한다. ❹ 행렬 `'m2'`를 출력한다.

소스코드와 결과

```
> m1 <- matrix( 1:4, nrow=2, ncol=2 )   # ❶ 행렬 'm1'에 1~4를 2행 2열 할당
> m1                                    # ❷ 행렬 'm1' 출력
```

```
     [,1] [,2]
[1,]    1    3
[2,]    2    4
```

```
> m2 <- matrix( 1:6, nrow=2, ncol=3 )  # ❸ 행렬 'm2'에 1~6을 2행 3열 할당
> m2                                   # ❹ 행렬 'm2' 출력
     [,1] [,2] [,3]
[1,]    1    3    5
[2,]    2    4    6
```

- 행우선으로 배치되는 행렬을 사용해 보자. ❺ 행렬 'm3'에 숫자 1~6을 2행, 3열(1행이 1, 2, 3이 되도록 행우선 배치)로 할당한다. ❻ 행렬 'm3'을 출력한다.
- 문자로 구성된 행렬을 사용해 보자. ❼ 행렬 'm4'에 문자 "a", "b", "c", "d"를 2행, 2열로 할당한다. ❽ 행렬 'm4'를 출력한다.
- 행렬의 원소를 사용해 보자. ❾ 행렬 'm3'의 1행, 1열 원소를 출력한다. ❿ 행렬 'm4'의 2행, 1열 원소를 출력한다.

소스코드와 결과

```
> m3 <- matrix( 1:6, nrow=2, ncol=3, byrow = T )  # ❺ 행렬 'm3'에 1~6을 2행 3열
                                                     할당 (1행이 1,2,3이 되도록)
> m3                                              # ❻ 행렬 'm3' 출력
     [,1] [,2] [,3]
[1,]    1    2    3
[2,]    4    5    6
```

```
> m4 <- matrix( c("a","b","c","d" ),              # ❼ 행렬 'm4'에 문자 "a", "b",
nrow=2, ncol=2 )                                    "c", "d"를 2행 2열 할당
> m4                                              # ❽ 행렬 'm4' 출력
     [,1] [,2]
[1,] "a"  "c"
[2,] "b"  "d"
```

```
> m3[ 1, 1 ]                                      # ❾ 행렬 'm3'의 1행, 1열 원소 출력
[1] 1
> m4[ 2, 1 ]                                      # ❿ 행렬 'm4'의 2행, 1열 원소 출력
[1] "b"
```

(4) 배열(array)

배열이란 행렬의 확장된 자료형으로 행, 열, 높이로 구성되어 있다. array( ) 함수를 사용하여 만들며, 형식은 다음과 같다. **array(데이터, dim=c(행의 수, 열의 수, 높이의 수))**. 배열의 원소에 접근하는 방법은 **배열명[행 번호, 열 번호, 높이 번호]**로 가능하다.

01 R 실습 8.3.4 : 배열 실습하기

[Source] 창에 소스코드를 작성한다. ❶ 배열 'a1'에 숫자 1~8을 2행, 2열, 2높이로 할당한다. ❷ 배열 'a1'을 출력한다.

소스코드와 결과

```
> a1 <- array( 1:8, dim=c(2, 2, 2) )     # ❶ 배열 'a1'에 숫자 1~8을 2행, 2열, 2높이로 할당
> a1                                      # ❷ 배열 'a1' 출력
, , 1
   [,1] [,2]
[1,]   1   3
[2,]   2   4
, , 2
   [,1] [,2]
[1,]   5   7
[2,]   6   8
```

2행 3열 2높이 배열을 사용해 보자. ❸ 배열 'a2'에 숫자 1~12를 2행, 3열, 2높이로 할당한다. ❹ 배열 'a2'를 출력한다.

소스코드와 결과

```
> a2 <- array( 1:12, dim=c(2, 3, 2) ) # ❸ 배열 'a2'에 숫자 1~12를 2행, 3열, 2높이로 할당
> a2                                  # ❹ 배열 'a2' 출력
, , 1
   [,1] [,2] [,3]
[1,]   1   3   5
[2,]   2   4   6
, , 2
   [,1] [,2] [,3]
[1,]   7   9  11
[2,]   8  10  12
```

- 문자로 구성된 배열을 사용해 보자. ❺ 배열 'a3'에 문자 "a", "b", "c", "d", "e", "f", "g", "h"를 2행, 2열, 2높이로 할당한다. ❻ 배열 'a3'을 출력한다.

- 배열의 원소를 사용해 보자. ❼ 배열 'a2'의 1행, 1열, 1높이 원소를 출력한다. ❽ 배열 'a3'의 2행, 1열, 2높이 원소를 출력한다.

소스코드와 결과

```
> a3 <- array( c("a", "b", "c", "d",          # ❺ 배열 'a3'에 문자 "a"~"h"를 2행,2열,
"e", "f", "g", "h"), dim=c(2, 2, 2) )             2높이로 할당
> a3                                           # ❻ 배열 'a3' 출력
, , 1
  [,1] [,2]
[1,] "a"  "c"
[2,] "b"  "d"
, , 2
  [,1] [,2]
[1,] "e"  "g"
[2,] "f"  "h"
```

```
> a2[ 1, 1, 1 ]                                # ❼ 배열 'a2'의 1행, 1열, 1높이 원소 출력
[1] 1
> a3[ 2, 1, 2 ]                                # ❽ 배열 'a3'의 2행, 1열, 2높이 원소 출력
[1] "f"
```

(5) 리스트(list)

리스트란 확장된 형태의 벡터이다. 단일한 자료형으로 구성해야 하는 벡터와 달리 어떠한 자료형(수치형, 문자형, 논리형 등)도 원소로 구성될 수 있으며, 모든 속성의 크기가 같을 필요가 없다. 리스트의 원소에 접근하는 방법은 **리스트명[[index]]**를 사용한다.

01 R 실습 8.3.5 : 리스트 실습하기

- [Source] 창에 소스코드를 작성한다. ❶ 스칼라 's1'에 문자 "진"을 할당하고 출력한다. ❷ 벡터 'v1'에 숫자 1~10을 할당하고 출력한다.

- 스칼라와 벡터로 구성된 리스트를 사용해 보자. ❸ 리스트 'result'에 스칼라 's1'과 벡터 'v1'을 할당한다. ❹ 리스트 'result'을 출력한다.

리스트의 원소를 사용해 보자. ❺ 리스트 'result'의 두 번째 원소를 출력한다.

소스코드와 결과

```
> s1 <- "진" ; s1                          # ❶ 스칼라 's1'에 문자 "진" 할당하고 출력
[1] "진"
> v1 <- 1:10 ; v1                          # ❷ 벡터 'v1'에 숫자 1~10 할당하고 출력
[1] 1 2 3 4 5 6 7 8 9 10
```

```
> result <- list( s1, v1 )                 # ❸ 리스트 'result'에 's1', 'v1' 할당
> result                                   # ❹ 리스트 'result' 출력
[[1]]
[1] "진"
[[2]]
[1] 1 2 3 4 5 6 7 8 9 10
```

```
> result[[2]]                              # ❺ 리스트 'result'의 두 번째 원소 출력
[1] 1 2 3 4 5 6 7 8 9 10
```

(6) 데이터프레임(data.frame)

데이터프레임이란 빅데이터에서 가장 많이 사용하는 데이터구조로 2차원 형태로 구성되어 있다. `str( )` 함수로 데이터프레임 구조를 확인할 수 있고, `summary( )` 함수로 데이터프레임 요약 정보를 확인할 수 있다. 데이터프레임은 데이터베이스에서 테이블의 형태와 같으며, 벡터들의 집합으로 각 벡터들은 데이터 프레임의 열을 구성한다. 데이터에 접근은 **'데이터프레임명$변수명'**, **'데이터프레임명[행의 수, 열의 수]'**로 정보를 추출할 수 있다.

01 R 실습 8.3.6 : 데이터 프레임 생성하기

[Source] 창에 소스코드를 작성한다. 데이터프레임을 구성할 변수를 생성한다. ❶ 벡터 'id'에 숫자 1~5를 할당한다. ❷ 벡터 'name'에 문자 "하나", "두나", "세나", "네나", "다나"를 할당한다. ❸ 요인 'sex'에 문자 "남", "여", "여", "남", "남"을 할당한다.

소스코드와 결과

```
> id <- c( 1:5 )                                        # ❶ 벡터 'id'에 숫자 1~5 할당
> name <- c( "하나", "두나", "세나", "네나", "다나" )   # ❷ 벡터 'name'에 문자 "하나", "두나",
                                                          "세나", "네나", "다나" 할당
> sex <- factor( c("남", "여", "여", "남", "남") )      # ❸ 요인 'sex'에 문자 "남", "여",
                                                          "여", "남", "남" 할당
```

벡터로 구성된 데이터프레임을 사용해 보자. ❹ 데이터프레임 'df1'에 id, name, sex를 할당한다. ❺ 데이터프레임 'df1'을 출력한다. 테이블 형태로 출력되는 것을 확인할 수 있다.

소스코드와 결과

```
> df1 = data.frame( id, name, sex )      # ❹ 데이터프레임 'df1'에 id, name, sex 할당
> df1                                    # ❺ 데이터프레임 'df1' 출력
  id name sex
1 1  하나 남
2 2  두나 여
3 3  세나 여
4 4  네나 남
5 5  다나 남
```

02 R 실습 8.3.7 : 데이터 프레임 정보확인하기

[Source] 창에 소스코드를 작성한다. ❶ str( ) 함수로 데이터프레임 'df1'의 구조를 확인한다.

소스코드와 결과

```
> str( df1 )                             # ❶ 데이터프레임 'df1' 구조 확인
'data.frame': 5 obs. of 3 variables:
 $ id  : int 1 2 3 4 5
 $ name: chr "하나" "두나" "세나" "네나" ...
 $ sex : Factor w/ 2 levels "남","여": 1 2 2 1 1
```

데이터 프레임의 요약정보 확인을 위해 summary( ) 함수를 사용해 보자. ❷ 데이터프레임 'df1'의 요약정보를 확인한다.

소스코드와 결과

```
> summary( df1 )                         # ❷ 데이터프레임 'df1' 요약정보 확인
       id         name              sex
 Min.   :1   Length:5           남:3
 1st Qu.:2   Class :character  여:2
 Median :3   Mode  :character
```

```
Mean    :3
3rd Qu.:4
Max.    :5
```

03 R 실습 8.3.8 : 데이터 프레임 데이터 접근하기

- [Source] 창에 소스코드를 작성한다. ❶ 데이터프레임 'df1'의 name 데이터를 출력한다. ❷ 데이터프레임 'df1'의 모든 행, 2열을 출력한다. ❸ 데이터프레임 'df1'의 2행, 모든 열을 출력한다.
- 데이터프레임의 원소를 사용해 보자. ❹ 데이터프레임 'df1'의 1행, 1열 원소를 출력한다. ❺ 데이터프레임 'df1'의 3행, 2열 원소를 출력한다.

소스코드와 결과

```
> df1$name                                  # ❶ 'df1'의 name 원소 출력
[1] "하나"  "두나"  "세나"  "네나"  "다섯나"
> df1[ , 2 ]                                # ❷ 'df1'의 모든 행, 2열 출력
[1] "하나"  "두나"  "세나"  "네나"  "다섯나"
> df1[ 2, ]                                 # ❸ 'df1'의 2행, 모든 열 출력
  id name sex
2  2 두나  여
```

```
> df1[ 1, 1 ]                               # ❹ 'df1'의 1행, 1열 원소 출력
[1] 1
> df1[ 3, 2 ]                               # ❺ 'df1'의 3행, 2열 원소 출력
[1] "세나"
```

04 R 실습 8.3.9 : 데이터 프레임 필드명 부여하기

- [Source] 창에 소스코드를 작성한다. ❶ 벡터 'id'에 숫자 1~3을 할당하고 출력한다. ❷ 벡터 'name'에 문자 "진", "선", "미"를 할당하고 출력한다. ❸ 요인 'sex'에 문자 "남", "여", "여"를 할당하고 출력한다. ❹ 벡터 'height'에 숫자 175, 165, 160을 할당하고 출력한다.

소스코드와 결과

```
> id <- c( 1:3 ) ; id                            # ❶ 벡터 'id'에 숫자 1~3을 할당하고 출력
[1] 1 2 3
> name <- c( "진", "선", "미" ) ; name            # ❷ 벡터 'name'에 문자 "진", "선", "미"
                                                   할당하고 출력
[1] "진" "선" "미"
> sex <- factor( c("남", "여", "여") ) ; sex      # ❸ 요인 'sex'에 문자 "남", "여", "여"
                                                   할당하고 출력
[1] 남 여 여
Levels: 남 여
> height <- c( 175, 165, 160 ) ; height          # ❹ 벡터 'height'에 숫자 175, 165, 160
                                                   할당하고 출력
[1] 175 165 160
```

벡터로 구성된 데이터프레임을 사용해 보자. ❺ 데이터프레임 'df1'에 id, name, sex, height를 할당한다. ❻ 데이터프레임 'df1'을 출력한다.

새로운 이름으로 필드명을 사용해 보자. ❼ 데이터프레임 'df2'에 id, name, sex, height를 새로운 필드명(ID, 이름, 성별, 키)로 할당한다. ❽ 데이터프레임 'df2'를 출력한다. 필드명이 ID, 이름, 성별, 키로 변경되었다.

소스코드와 결과

```
> df1 <- data.frame( id, name, sex, height )     # ❺ 데이터프레임 'df1'에 id, name,
                                                   sex, height를 할당
> df1                                             # ❻ 데이터프레임 'df1' 출력
  id name sex height
1  1   진  남    175
2  2   선  여    165
3  3   미  여    160
```

```
> df2 <- data.frame( ID=id, 이름=name,            # ❼ 데이터프레임 'df2'에 새로운 필드명
성별=sex, 키=height )                              (ID, 이름, 성별, 키)로 할당
> df2                                             # ❽ 데이터프레임 'df2' 출력
  ID 이름 성별  키
1  1   진   남 175
2  2   선   여 165
3  3   미   여 160
```

05 R 실습 8.3.10 : 데이터 프레임 실습하기

[Source] 창에 소스코드를 작성한다. 오른쪽 # 주석의 ❶~❼ 내용에 맞게 왼쪽의 소스코드를 완성한다. 변수는 no, name, age, gender, height로 구성되어 있으며, gender 변수는 요인으로 만들고, 나머지 변수는 벡터로 만든다. 변수 no, name, age, gender, height를 데이터프레임 'df1'에 할당하고 출력한다.

소스코드와 결과

```
                                             # ❶ 벡터 'no'에 숫자 1~5 할당
                                             # ❷ 벡터 'name'에 문자 "BAE", "LEE",
                                               "CHO", "PARK", "CHOI" 할당
                                             # ❸ 벡터 'age'에 숫자 19, 23, 21,
                                               24, 26 할당
                                             # ❹ 요인 'gender'에 문자 "F", "M",
                                               "M", "M", "F" 할당
                                             # ❺ 벡터 'height'에 숫자 168, 174,
                                               177, 179, 170 할당
> df1 <- data.frame( no, name, age, gender,  # ❻ 데이터프레임 'df1'에 no, name,
height )                                       age, gender, height 할당
> df1                                        # ❼ 데이터프레임 'df1' 출력
  no name age gender height
1  1  BAE  19      F    168
2  2  LEE  23      M    174
3  3  CHO  21      M    177
4  4 PARK  24      M    179
5  5 CHOI  26      F    170
```

연습문제

01 다음 순서대로 소스코드를 입력하고 결과를 확인하시오.

❶ 숫자 5를 변수 x1에 할당하고 출력하시오. `> x1 <- 5 ; x1`

❷ x1에 2를 곱한 후 x2에 할당하고 출력하시오. `> x2 <- x1 * 2 ; x2`

❸ x2 더하기 10 한 후 x3에 할당하고 출력하시오. `> x3 <- x2 + 10 ; x3`

❹ x3 나누기 2 한 후 x4에 할당하고 출력하시오. `> x4 <- x3 / 2 ; x4`

❺ x4 빼기 x1 한 후 x5에 할당하고 출력하시오. `> x5 <- x4 - x1 ; x5`

02 다음 순서대로 소스코드를 완성하고 결과를 확인하시오.

v1 = 1, 3, 5, 7, 9

❶ 벡터 v1에 위의 데이터를 할당하고 출력하시오.

❷ 벡터 v2에 v1의 각 데이터의 제곱을 할당하고 출력하시오.

❸ 벡터 v3에 v2의 각 데이터의 합을 할당하고 출력하시오(sum 함수).

❹ 벡터 v4에 v2의 각 데이터에서 2를 뺀 값을 할당하고 출력하시오.

❺ 벡터 v5에 v1의 최대값을 할당하고 출력하시오(max 함수).

❻ 벡터 v6에 v1의 최소값을 할당하고 출력하시오(min 함수).

❼ 벡터 v1에서 6보다 큰 값들로만 구성하여 벡터 v7에 할당하고 출력하시오.(소스코드에 'v1 > 6' 을 포함하여 작성하시오).

❽ 벡터 v1의 길이를 출력하시오(length 함수).

03 다음 순서대로 소스코드를 입력하고 결과를 확인하시오.

❶ 벡터 d1에 (3, 7, NA, 14) 데이터를 할당하시오. `> d1 <- c( 3, 7, NA, 14 )`

❷ 벡터 d2에 벡터 d1의 NA를 제거하여 할당하시오. `> d2 <- d1[ !is.na(d1) ]`

❸ 벡터 d3에 1~10 사이의 숫자에서 7개의 숫자를 임의로 추출(중복허용)하고, 정렬하여 출력하시오.(sample 함수, replace 옵션, sort 함수).

```
> d3 <- sample( 1:10, 7, replace=TRUE ) ; sort( d3 )
```

❹ 벡터 d4에 1~10 사이의 숫자에서 7개의 숫자를 임의로 추출(중복불가)하고, 정렬하여 출력하시오(sample 함수, replace 옵션, sort 함수).

```
> d4 <- sample( 1:10, 7, replace= FALSE ) ;sort( d4 )
```

❺ 벡터 d4의 데이터형을 확인하시오(class 함수). `> class( d4 )`

❻ 벡터 d4에서 홀수 번째의 자료를 추출하시오. `> d4[ seq(1, 7, 2) ]`

❼ 벡터 d4에서 1, 4, 7번째를 제외한 자료를 추출하시오. `> d4[ -seq(1, 7, 3) ]`

04 다음 결과를 보고, 문제를 해결하는 소스코드를 완성하시오.

```
> df1
 name kor eng
1 kim 85  70
2 cho 100  80
3 bae  90 100
```

❶ 벡터 name, kor, eng에 데이터를 할당하시오. 만들어진 벡터들을 데이터프레임 df1에 할당하고 출력하시오.

❷ 데이터프레임 df1에서 국어 성적(kor)을 추출하시오.

❸ df1에 수학 성적(math) 90, 85, 100점을 추가하고, df1을 출력하시오.

09

R 데이터 추출 및 정렬

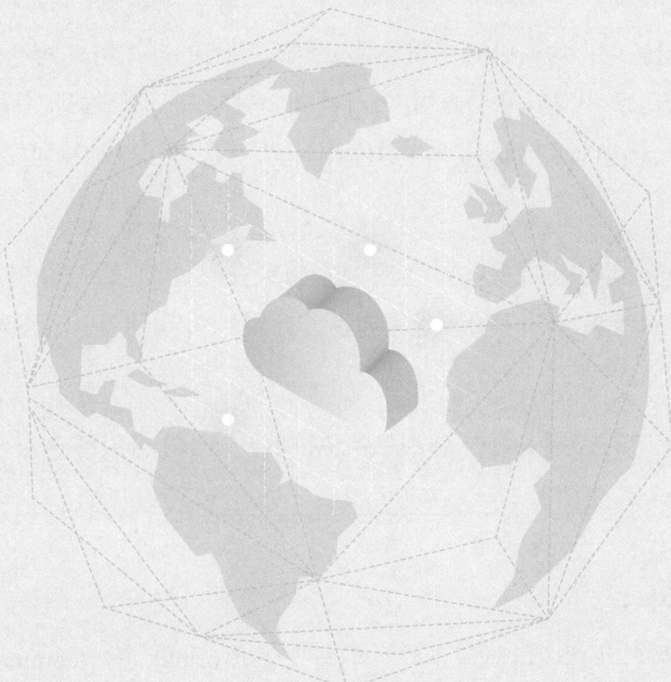

9.1

외부데이터 수집

R을 이용하여 데이터를 분석하려면 데이터가 필요하다. 하지만 분석하고 싶은 데이터는 일반적으로 R이 아닌 다른 파일로 저장되어 있으며, 이러한 파일들은 텍스트, 엑셀, 쉼표로 구분된 값 파일 형식인 CSV(comma–separated values), 오라클(Oracle)과 같은 데이터베이스(DataBase)로 구성되어 있다.

데이터는 정형 데이터, 비정형 데이터, 반정형 데이터로 구분할 수 있으며, 여기서는 일정한 구조 혹은 미리 정의된 규칙에 따라 저장되고 출력되는 형태의 데이터(네이버 지식백과)인 정형 데이터만 다룬다.

이번 절에서는 R프로그램을 활용하여 텍스트, CSV, 엑셀 형식의 파일로 저장되어 있는 외부 데이터를 불러오는 방법을 알아본다.

(1) 텍스트 데이터

텍스트 데이터는 데이터와 데이터를 구분하기 위해서 공백(blank), 콤마(comma), 탭(tab)과 같은 구분자(separator)를 사용한다. R에서 텍스트 데이터를 읽어오기 위해서 `read.table( )` 함수를 사용하며, 그 사용방법은 다음과 같다.

텍스트 데이터 불러오기

```
read.table( file="데이터 경로", header=TRUE, skip=숫자, nrows=숫자, sep = ",",
        col.names = ,  stringsAsFactors = )
```

표 9-1 read.table 함수 사용법

옵션	설명
file	외부 데이터가 있는 파일의 위치(경로)와 파일명(확장자 포함)을 문자형으로 지정
header	원시 데이터의 1행을 변수명으로 사용하려면 TRUE, 아니면 FALSE로 지정
sep	구분자를 문자형 형태로 지정 공백은 sep=" ", 콤마는 sep=",", 탭은 sep="\t"
skip	특정 행까지 제외하고 데이터를 추출
stringsAsFactors	문자형 데이터를 요인(factor)으로 자동 변경할 지를 설정하며, FALSE를 지정하면 문자형 데이터를 요인으로 변경하지 않고 문자형으로 불러옴

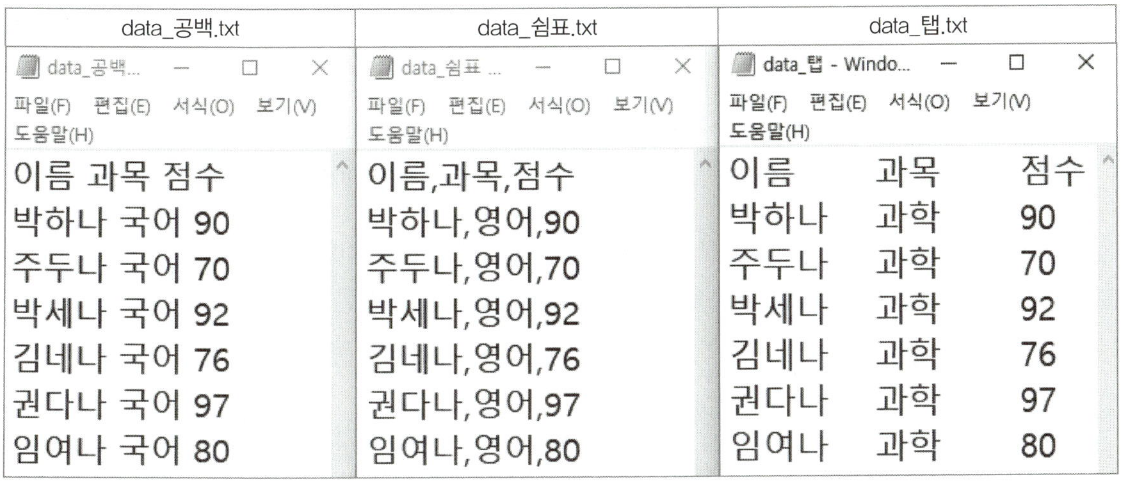

그림 9-1 텍스트 데이터

구분자가 공백으로 되어 있는 d:₩data.txt 데이터 불러오기

```
read.table( file = "d:/data.txt",  header = TRUE, sep = " " )
```

01 R 실습 9.1.1 : 텍스트 데이터 불러오기

- [Source] 창에 소스코드를 작성한다. ❶ "D:/"로 작업용 디렉터리 설정한다. ❷ 설정된 디렉터리를 출력한다.
- 공백으로 구분된 텍스트 파일을 사용해 보자. ❸ 데이터프레임 'df1'에 구분자가 "공백"으로 되어 있는 "data_공백.txt" 파일을 불러온다. ❹ 'df1'을 출력한다.

소스코드와 결과

```
> setwd( "D:/" )                                    # ❶ "D:/"로 작업용 디렉터리 설정
> getwd( )                                          # ❷ 설정된 디렉터리 출력
[1] "D:/"

> df1 <- read.table( file = "data_공백.txt",        # ❸ 'df1'에 구분자가 "공백"인
        header = TRUE, sep = " " )                  #    'data_공백.txt' 파일 불러옴
> df1                                               # ❹ 데이터프레임 'df1' 출력
  이름 과목 점수
1 박하나 국어  90
 ... 중략 ...
6 임여나 국어  80
```

쉼표로 구분된 텍스트 파일을 사용해 보자. ❺ 데이터프레임 'df2'에 구분자가 "쉼표"로 되어 있는 "data_쉼표.txt" 파일을 불러온다. ❻ 'df2'를 출력한다.

탭으로 구분된 텍스트 파일을 사용해 보자. ❼ 데이터프레임 'df3'에 구분자가 "탭"으로 되어 있는 "data_탭.txt" 파일을 불러온다. ❽ 'df3'을 출력한다.

소스코드와 결과

```
> df2 <- read.table( file = "data_쉼표.txt",        # ❺ 'df2'에 구분자가 "쉼표"인
        header = TRUE, sep = "," )                  #    "data_쉼표.txt" 파일 불러옴
> df2                                               # ❻ 데이터프레임 'df2' 출력
  이름 과목 점수
1 박하나 영어  90
 ... 중략 ...
6 임여나 영어  80

> df3 <- read.table( file = "data_탭.txt",          # ❼ 'df3'에 구분자가 "탭"인
        header =  TRUE, sep = "\t" )                #    "data_탭.txt" 파일 불러옴
> df3                                               # ❽ 데이터프레임 'df3' 출력
   이름   과목  점수
1 박하나  과학  90
 ... 중략 ...
6 임여나  과학  80
```

02 R 실습 9.1.2 : 텍스트 데이터를 요인으로 불러오기

[Source] 창에 소스코드를 작성한다. ❶ 데이터프레임 'df4'에 구분자가 "탭"으로 되어 있는 "data_탭.txt" 파일을 불러온다. 이때, 요인(factor)으로 자동 변경되도록 옵션 "stringsAsFactors = TRUE"를 지정하여 불러온다. ❷ 'df4'를 출력한다.

소스코드와 결과

```
> df4 <- read.table( file="data_탭.txt", header =       # ❶ 'df4'에 구분자가 "탭"인
         TRUE, sep = "\t", stringsAsFactors = TRUE )        "data_탭.txt" 파일 불러옴
                                                            (요인화 옵션 적용)
> df4                                                  # ❷ 데이터프레임 'df4' 출력
  이름 과목 점수
1 박하나 과학  90
 ... 중략 ...
6 임여나 과학  80
```

str( ) 함수를 사용해 보자. ❸ 데이터프레임 'df3'의 구조를 확인한다. ❹ 데이터프레임 'df4'의 구조를 확인한다.

소스코드와 결과

```
> str( df3 )                                        # ❸ 데이터프레임 'df3'의 구조 확인
'data.frame':   6 obs. of  3 variables:
 $ 이름: chr  "박하나" "주두나" "박세나" "김네나" ...
 $ 과목: chr  "과학" "과학" "과학" "과학" ...
 $ 점수: int  90 70 92 76 97 80
> str( df4 )                                        # ❹ 데이터프레임 'df4'의 구조 확인
'data.frame':   6 obs. of  3 variables:
 $ 이름: Factor w/ 6 levels "권다나", ... : 4 6 3 2 1 5
 $ 과목: Factor w/ 1 level "과학": 1 1 1 1 1 1
 $ 점수: int  90 70 92 76 97 80
```

(2) CSV 데이터

CSV는 Comma Separated Value의 약자로 쉼표(,)로 구분된 값 파일 형식이다. CSV 데이터는 엑셀 데이터의 특별한 형태인 콤마로 구분된 형태로 R의 기본 기능으로 읽어올 수 있다. CSV 데이터를 R에서 읽어오기 위해서는 `read.csv( )` 함수를 사용하며, 그 사용방법은 다음과 같다.

CSV 데이터 불러오기
read.csv(file = "데이터 경로", header = TRUE)

표 9-2 read.csv 함수 사용법

옵션	설명
file	외부 데이터가 있는 파일의 위치(경로)와 파일명(확장자 포함)을 문자형으로 지정
header	원시 데이터의 1행을 변수명으로 사용하려면 TRUE, 아니면 FALSE로 지정

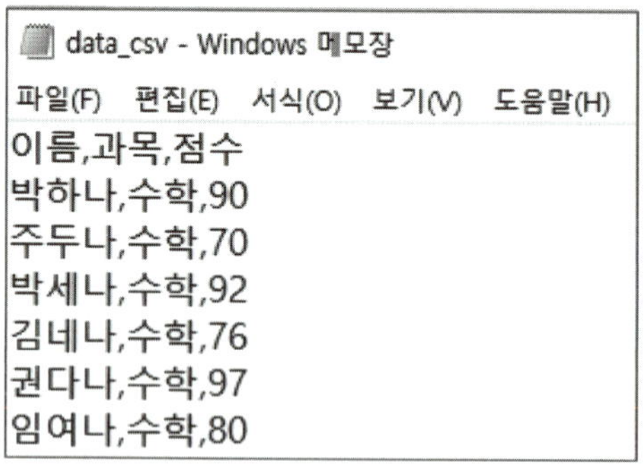
data_csv - Windows 메모장
파일(F) 편집(E) 서식(O) 보기(V) 도움말(H)
이름,과목,점수
박하나,수학,90
주두나,수학,70
박세나,수학,92
김네나,수학,76
권다나,수학,97
임여나,수학,80

그림 9-2 data_csv.csv 파일

"d:₩data_csv.csv" 데이터 불러오기
read.csv(file = "d:/data_csv.csv", header = TRUE)

01 R 실습 9.1.3 : CSV 데이터 불러오기

[Source] 창에 소스코드를 작성한다. ❶ 데이터프레임 'df1'에 "data_csv.csv" 파일을 불러온다. ❷ 데이터프레임 'df1'을 출력한다.

소스코드와 결과

```
> df1 <- read.csv( file = "data_csv.csv",   # ❶ 'df1'에 "data_csv.csv" 파일 불러옴
        header = TRUE )
> df1                                        # ❷ 데이터프레임 'df1' 출력
  이름 과목 점수
1 박하나 수학  90
2 주두나 수학  70
 . . . 중략 . . .
6 임여나 수학  80
```

(3) 엑셀 데이터

R의 기본 기능에는 엑셀 데이터를 읽어오는 함수가 없어서 새로운 기능을 설치해야 한다. 이러한 새로운 기능을 R에서는 패키지(package)라고 하며, 패키지는 함수들의 모음이라고 할 수 있다. 패키지에는 예제 데이터(data), 함수(function), 도움말(help), 예제(example) 등이 있다. 이 중에서 패키지를 설치하는 가장 주된 이유는 새로운 기능을 제공하는 함수를 사용하기 위함이다.

R프로그램을 다운받은 사이트에서 현재까지 개발된 패키지를 확인할 수 있다. R사이트(www.r-project.org)에 접속해서 ❶ [Download]–[CRAN]을 클릭한다. ❷ 여기에서는 [Korea]–[https://cran.yu.ac.kr/] 사이트를 선택한다. ❸ 왼쪽 메뉴 중 [Packages]를 클릭한다. ❹ 오른쪽 상단의 [Currently, the CRAN package repository features 20248 available packages]를 확인할 수 있다. 이는 2024년 1월 현재 사용 가능한 패키지는 20,248개가 있다는 것이고, 패키지를 설치하고 로드하면 설치된 패키지에 포함된 함수를 사용할 수 있다.

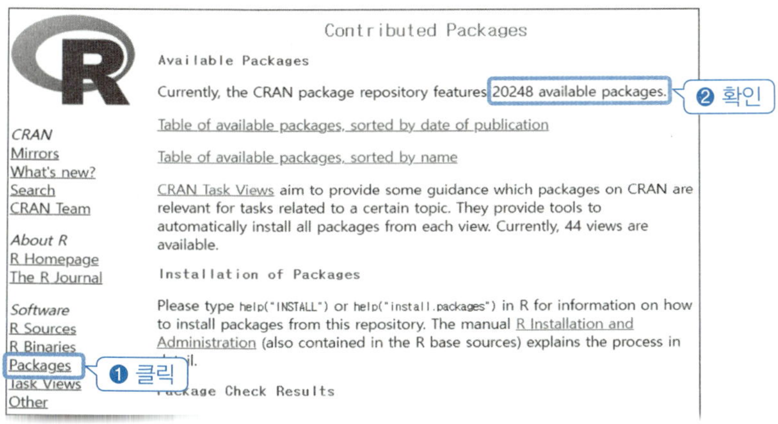

그림 9-3 R 패키지

새로운 패키지를 설치하기 위해서는 인터넷을 사용할 수 있는 환경이 되어야 한다. 패키지를 설치하는 방법은 install.packages("패키지명") 함수를 실행하면 된다. 패키지가 설치되고 나면 R과 패키지를 연결해 주기 위해서 패키지를 로드한다.

패키지를 로드하는 방법은 library(패키지명) 함수를 실행하면 된다. 패키지 설치는 한번만 하면 되지만, 해당 패키지의 기능을 사용하기 위한 로딩은 R을 실행할 때마다 매번 실행해 주어야 한다.

패키지 설치 및 로드하기

```
install.packages( "패키지명" )          # 패키지 설치
library( 패키지명 )                     # 패키지 로드
```

엑셀 데이터를 읽어오는 기능을 제공하는 많은 패키지가 있지만 해들리 위컴(Hadley Wickham)이 개발한 readxl 패키지를 설치하고 로드하여, 엑셀 데이터를 쉽고 빠르게 불러올 수 있다. readxl 패키지에 있는 `read_excel( )` 함수를 사용하며, 그 사용방법은 다음과 같다.

엑셀 데이터 불러오기

```
install.packages( "readxl" )            # readxl 패키지 설치
library( readxl )                       # readxl 패키지 로드
df1 = read_excel( path = "데이터 경로", sheet = "시트명", col_names = TRUE )
```

표 9-3　read_excel 함수 사용법

옵션	설명
path	외부 데이터가 있는 파일의 위치(경로)와 파일명(확장자 포함)을 문자형으로 지정
sheet	엑셀 파일에 있는 사용하고자 하는 시트(sheet)를 지정하는 것으로 시트명은 문자형으로 지정하며, 시트의 위치(index)는 수치형으로 지정
col_names	엑셀에 있는 변수명을 사용하려면 TRUE를 지정

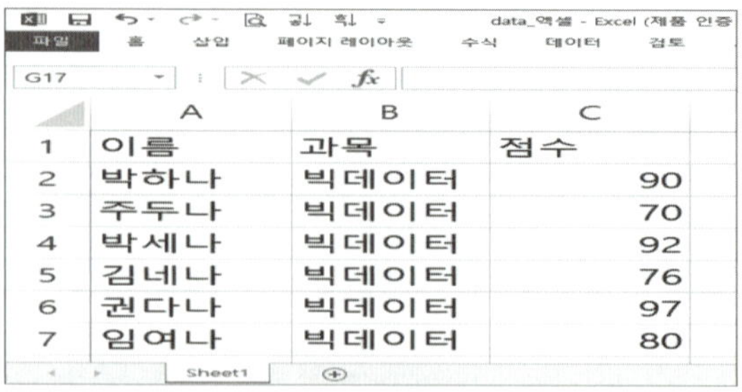

그림 9-4　data_엑셀.xlsx 파일

d:₩data_엑셀.xlsx, Sheet1에 데이터가 있고, 변수명 사용할 때 데이터 불러오기
read_excel(path="d:/data_엑셀.xlsx", sheet="Sheet1", col_names=TRUE)

01 R 실습 9.1.4 : 엑셀 데이터 불러오기

[Source] 창에 소스코드를 작성한다. ❶ readxl 패키지를 설치한다. 패키지 설치는 인터넷 환경에 따라 소요시간이 상이하다. [Console] 창에 다음 소스코드 실행을 위한 준비상태인 " > " 가 나타날 때까지 기다린다. ❷ readxl 패키지를 로드한다.

소스코드와 결과

```
> install.packages("readxl")                # ❶ readxl 패키지 설치
다운로드된 바이너리 패키지들은 ~~
> library(readxl)                           # ❷ readxl 패키지 로드
```

❸ 데이터프레임 'df1'에 "data_엑셀.xlsx" 파일의 'Sheet1'을 불러온다. 옵션으로, 변수명을 사용할 수 있도록 데이터를 불러온다. ❹ 데이터프레임 'df1'을 출력한다.

소스코드와 결과

```
> df1 <- read_excel( path = "data_엑셀.xlsx",    # ❸ 'df1'에 "data_엑셀.xlsx"
         sheet = "Sheet1", col_names = TRUE )      파일, Sheet1, 변수명 사용할 수
                                                   있도록 데이터를 불러옴
> df1                                            # ❹ 데이터프레임 'df1' 출력
# A tibble: 6 x 3
 이름   과목     점수
 <chr> <chr>   <dbl>
1 박하나 빅데이터   90
 ... 중략 ...
6 임여나 빅데이터   80
```

❺ 데이터프레임 'df2'에 "data_엑셀.xlsx" 파일의 'Sheet1'을 불러온다. 옵션으로 변수명을 사용하지 않도록 데이터를 불러온다. ❻ 데이터프레임 'df2'를 출력한다.

소스코드와 결과

```
> df2 <- read_excel( path = "data_엑셀.xlsx",          # ❺ 'df2'에 "data_엑셀.xlsx" 파일,
        sheet = "Sheet1", col_names = FALSE )             Sheet1, 변수명 사용하지 않도록
                                                          데이터를 불러옴
New names:
* '' -> '...1'
... 중략 ...
> df2                                                  # ❻ 데이터프레임 'df2' 출력
# A tibble: 7 x 3
  ...1  ...2   ...3
  <chr> <chr>  <chr>
1 이름  과목   점수
... 중략 ...
7 임여나 빅데이터 80
```

9.2

데이터 추출

데이터 추출은 데이터에서 일부를 추출하는 것으로, 데이터의 앞부분과 뒷부분을 추출할 때는 `head( )`, `tail( )` 함수를 사용하고, 두 개 이상의 열이나 행을 추출할 때는 `c( )`, 콜론(`:`), `seq( )` 등의 함수를 이용한다. 데이터에서 일부를 추출할 때 `grep( )`, `substr( )` 함수를 사용하고, 조건 검색을 통해 행을 추출하거나 특정한 열과 행을 동시에 추출할 수 있다.

이번 절에서는 데이터 추출에 이용할 수 있는 다양한 함수의 사용방법을 알아본다. R에는 내장되어 있는 데이터셋이 있으며, `data( )` 함수로 내장되어 있는 데이터들의 목록을 확인할 수 있다. 내장 데이터셋에 있는 'airquality' 데이터와 'CO2' 데이터를 활용하여 데이터 추출을 진행해보자.

표 9-4 'CO2' 데이터 : 식물의 CO2 흡수 데이터

변수명	설명	데이터 유형
Plant	각 식물에 따른 식별자(Qn1 < Qn2 < Qn3 < ... < Mc1)	순서형
Type	식물의 채집장소(Quebec, Mississippi)	명목형
Treatment	처리방법(nonchilled, chilled)	명목형
conc	주변 CO2 농도(95 ~ 1000)	수치형
uptake	식물의 CO2 흡수율(7.70 ~ 45.50)	수치형

표 9-5 'airquality' 데이터 : 153일 동안의 공기질 측정 데이터

변수명	설명	데이터 유형
Ozone	평균 오존량 (0 ~ 168.00)	수치형
Solar.R	태양 복사 (0 ~ 334.0)	수치형
Wind	평균 풍속 (1.7 ~ 20.7)	수치형
Temp	최대 온도 (56 ~ 97.00)	정수형
Month	월 (5 ~ 9)	정수형
[illegible]	[illegible]	[illegible]

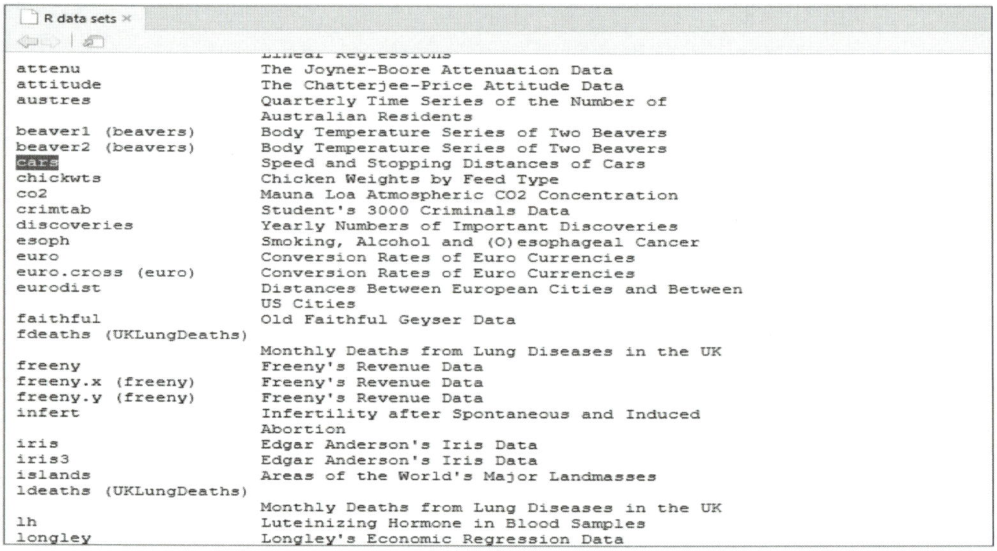

그림 9-5 R data sets

(1) head( ), tail( ) 함수

데이터 중에서 앞부분 혹은 뒷부분 일부를 추출하기 위해서 `head( )` 함수와 `tail( )` 함수를 사용한다. head(데이터명), `tail`(데이터명)을 실행하면 된다.

- **head( ) 함수** : 데이터의 앞부분 6개를 출력한다.
- **tail( ) 함수** : `head( )` 함수와 반대로 데이터의 끝부분 6개를 출력한다.
- 옵션으로 n이 있으며, 데이터의 n행까지 출력할 수 있다. `head( )` 함수와 `tail( )` 함수의 사용 방법은 동일하며, 그 사용방법은 다음과 같다.

head( ), tail( ) 함수	
head("데이터명", n = 행의 수)	tail("데이터명", n = 행의 수)

01 R 실습 9.2.1 : head( ), tail( ) 함수 실습하기

[Source] 창에 소스코드를 작성한다. ❶ R 내장데이터셋을 확인한다. ❷ 자동차의 속력(speed)과 제동거리(dist)에 대한 50개의 관찰사례로 구성된 `'cars'` 데이터의 구조를 확인한다.

`head( )` 함수를 사용해 보자. ❸ `'cars'` 데이터의 앞에서 1~6행까지 출력한다. ❹ `'cars'` 데이터의 앞에서 1~2행까지 출력한다.

소스코드와 결과

```
> data( )                                   # ❶ R 내장데이터셋 확인
> str( cars )                               # ❷ 'cars' 데이터의 구조 확인
'data.frame':   50 obs. of 2 variables:
 $ speed: num 4 4 7 7 8 9 10 10 10 11 ...
 $ dist : num 2 10 4 22 16 10 18 26 34 17 ...
```

```
> head( cars )                              # ❸ 'cars' 데이터 앞에서 1~6행 출력
  speed dist
1   4   2
 ... 중략 ...
6   9   10
> head( cars, 2 )                           # ❹ 'cars' 데이터 앞에서 1~2행 출력
  speed dist
1   4   2
2   4   10
```

tail( ) 함수를 사용해 보자. ❺ 'cars' 데이터의 끝에서 1~6행까지 출력한다. ❻ 'cars' 데이터의 끝에서 1~2행까지 출력한다.

❼ 변수 'a'에 1에서 10까지 숫자를 할당하고, 변수 'a'의 값을 출력한다. ❽ 변수 'a' 데이터의 앞에서 1~3행까지 출력한다. ❾ 변수 'a' 데이터의 끝에서 1~4행까지 출력한다.

소스코드와 결과

```
> tail( cars )                    # ❺ 'cars' 데이터 끝에서 1~6행 출력
  speed dist
45  23  54
 ... 중략 ...
50  25  85
> tail( cars, 2 )                 # ❻ 'cars' 데이터 끝에서 1~2행 출력
  speed dist
49  24  120
50  25  85
```

```
> a <- 1:10 ; a                   # ❼ 변수 'a'에 1~10까지 숫자 할당, 변수 'a' 출력
 [1]  1  2  3  4  5  6  7  8  9 10
> head( a, 3 )                    # ❽ 'a' 데이터의 앞에서 1~3행 출력
[1] 1 2 3
> tail( a, 4 )                    # ❾ 'a' 데이터의 끝에서 1~4행 출력
[1] 7 8 9 10
```

(2) 특정한 열 추출

- **대괄호([ ])** : 데이터에서 특정한 열을 추출할 때 사용하고, 대괄호에 콤마(,)를 넣어서 행과 열을 구분한다. 즉, 데이터[행 번호, 열 번호] 형태로 사용한다. 만약, '데이터[,]'와 같이 콤마만 쓰고 행번호와 열 번호를 생략하면 '데이터[모든 행, 모든 열]'과 같은 의미로 데이터를 모두 불러오게 된다.

- 데이터에서 하나의 열만 추출하거나 하나의 행만 추출하면 결과는 벡터 형태가 되고, 2개 이상의 열이나 2개 이상의 행을 추출하면 데이터프레임이 된다. 하지만, 하나의 열만 추출해도 결과를 데이터프레임으로 하고 싶으면 옵션 'drop = FALSE'를 지정할 수 있다.

특정한 열 추출
데이터[행 번호, 열 번호, drop = 논리값]

01 R 실습 9.2.2 : 특정한 열 추출하기

- [Source] 창에 소스코드를 작성한다. ❶ 'cars' 데이터의 모든 행, 2열을 출력한다. ❷ 출력된 ❶의 자료형을 확인한다.

소스코드와 결과

```
> cars[ , 2 ]                                    # ❶ 'cars' 데이터의 모든행, 2열 출력
[1]  2 10  4 22 16 10 18 26 34 17 28
 ... 중략 ...
> class( cars[ , 2 ] )                           # ❷ 출력된 ❶의 자료형 확인
[1] "numeric"
```

- ❸ 'cars' 데이터의 모든 행, 2열을 데이터프레임으로 출력한다. ❹ 출력된 ❸의 자료형을 확인한다.

- ❺ 'cars' 데이터의 구조를 확인한다. ❻ 'cars[,]' 데이터의 구조를 확인한다. 대괄호 속에 행 번호와 열 번호를 생략하는 것은 '[모든 행, 모든 열]'을 의미함으로 결과는 모든 데이터를 불러온다. 따라서 ❺와 ❻은 같은 결과를 출력한다.

소스코드와 결과

```
> cars[ , 2, drop = FALSE ]                    # ❸ 'cars' 데이터의 모든행, 2열 데이터
                                                  프레임으로 출력
  dist
1   2
... 중략 ...
50  85
> class( cars[ , 2, drop = FALSE ] )           # ❹ 출력된 ❸의 자료형 확인
[1] "data.frame"
```

```
> str( cars )                                  # ❺ 'cars' 데이터의 구조 확인
'data.frame':   50 obs. of 2 variables:
 ... 중략 ...
> str( cars[ , ] )                             # ❻ 'cars[ , ]' 데이터의 구조 확인
'data.frame':   50 obs. of 2 variables:
 ... 중략 ...
```

(3) c( ), 콜론(:), seq( ) 함수

- **c( ) 함수** : combine 또는 concatenate 의미를 갖으며, 데이터 중에서 두 개 이상의 열을 추출하며, 인덱스에 규칙이 없을 때 사용한다. 데이터에서 1, 3, 4번째 열을 추출하려면, '데이터[행 번호, `c(1, 3, 4) ]`'와 같이 사용할 수 있다. 위치를 모르고 변수명을 알고 있는 경우는 변수명을 나열하여 사용한다. 변수명이 x, y, z인 열을 추출하려면, '데이터[`, c("x", "y", "z" ) ]`'와 같이 사용할 수 있다.

- **콜론(:)** : 두 개 이상이 연달아 있는 열의 경우에 사용한다. 데이터에서 2~4번째 열을 추출하려면, '데이터[행 번호, `2 : 4 ]`'와 같이 사용할 수 있다.

- **seq( ) 함수** : 두 개 이상이 일정한 간격으로 떨어져 있는 열들을 추출할 때 사용한다. 순열 형태로 from : 초기값, to : 종료값, by : 증가분, length.out : 생성할 벡터의 개수를 지정할 수 있다. 홀수 번째의 위치한 열들을 추출하려면 '데이터[행 번호, `seq( from = 1, to = ncol (데이터), by = 2 )]`'와 같이 사용할 수 있다.

c( ), 콜론(:), seq( ) 함수

```
데이터[ 행 번호, c(1, 3, 4) ]  # 1, 3, 4번째 열을 추출
데이터[ 행 번호, 2 : 4 ]       # 2에서 4번째 열을 추출
데이터[ 행 번호, seq( from = 1, to = ncol(데이터), by = 2 )] # 홀수 번째의 열들을 추출
```

01 R 실습 9.2.3 : c( ), 콜론(:), seq( ) 함수 실습하기

[Source] 창에 소스코드를 작성한다. 내장 데이터인 'airquality'는 153일 동안의 공기질 측정 데이터로 구성되어 있다. ❶ 'airquality' 데이터의 변수명을 출력한다. ❷ 변수 'a'에 'airquality' 데이터의 앞에서 3행까지를 할당한다. 이제부터 'airquality' 데이터의 앞에서 3행까지로 만든 'a' 데이터를 이용한다.

소스코드와 결과

```
> colnames( airquality )                    # ❶ 'airquality' 데이터의 변수명 출력
[1] "Ozone" "Solar.R" "Wind" "Temp" "Month" "Day"
> a <- head( airquality, 3 )                # ❷ 'a'에 'airquality' 3행까지를 할당
```

c( ) 함수와 콜론(:)을 사용해 보자. ❸ 'a' 데이터의 1, 3, 4번째 열을 출력한다. ❹ 'a' 데이터의 2~5번째 열을 출력한다. ❺ 'a' 데이터의 변수명이 "Ozone", "Month"인 열을 출력한다.

소스코드와 결과

```
> a[ , c( 1, 3, 4 ) ]                  # ❸ 'a' 데이터의 1, 3, 4번째 열 출력
  Ozone Wind Temp
1    41  7.4   67
2    36  8.0   72
3    12 12.6   74
> a[ , c( 2 : 5 ) ]                    # ❹ 'a' 데이터의 2에서 5번째 열 출력
  Solar.R Wind Temp Month
1     190  7.4   67     5
2     118  8.0   72     5
3     149 12.6   74     5
> a[ , c( "Ozone", "Month" ) ]         # ❺ 'a' 데이터의 변수명이 "Ozone", "Month"인
                                         열 출력
  Ozone Month
1    41     5
2    36     5
3    12     5
```

seq( ) 함수를 사용해 보자. ❻ 'a' 데이터의 홀수 번째 열을 출력한다. ❼ 숫자 0부터 1까지 중에서 5개를 출력한다.

소스코드와 결과

```
> a[ , seq( 1, ncol(a), by = 2 )]          # ❻ 'a' 데이터의 홀수 번째 열 출력
 Ozone Wind Month
1   41 7.4    5
2   36 8.0    5
3   12 12.6   5
> seq( 0, 1, length.out = 5 )              # ❼ 0부터 1까지 5개 출력
[1] 0.00 0.25 0.50 0.75 1.00
```

(4) grep( ) 함수

변수명 중에서 특정 문자로 시작하거나, 끝나거나, 포함하고 있는 것을 추출할 때 grep( ) 함수를 이용한다. 그 사용방법은 다음과 같다.

grep( ) 함수
grep(pattern, x, value = TRUE)

표 9-6 grep( ) 함수 사용법

옵션	설명
pattern	특정한 문자로 시작하거나 끝나거나 포함하고 있는지를 문자형으로 표현한다. a로 시작 : "^a", a로 끝남 : "a$", a를 포함 : "a"로 지정
x	문자형 벡터를 지정
value	TRUE로 지정하면 pattern를 만족하는 벡터의 값을 반환하고, FALSE로 지정하면 pattern를 만족하는 벡터의 위치(index)를 반환

01 R 실습 9.2.4 : grep( ) 함수 실습하기

[Source] 창에 소스코드를 작성한다. ❶ "apple", "bap", "cup" 데이터에서 문자 "a"를 포함하고 있는 변수명의 위치를 출력한다. ❷ "apple", "bap", "cup" 데이터에서 문자 "a"를 포함하고 있는 데이터를 출력한다.

소스코드와 결과

```
> grep( "a", c("apple", "bap", "cup") ) # ❶ 문자 "a"를 포함하고 있는 데이터 위치 출력
[1] 1 2
> grep( "a", c("apple", "bap", "cup" ), # ❷ 문자 "a"를 포함하고 있는 데이터 출력
value = TRUE )
[1] "apple" "bap"
```

- 내장데이터 'airquality'를 활용해보자. ❸ 'airquality' 데이터의 변수명을 출력한다. ❹ 'df1'에 'airquality' 데이터의 앞에서 3행을 할당하고, 출력한다.
- ❺ 'df1' 데이터에서 문자 "a"를 포함하고 있는 변수명의 위치를 출력한다. ❻ 'df1' 데이터에서 변수명에 "a"가 포함된 열을 출력한다. '데이터명[행, 열]'을 사용하면 된다.

소스코드와 결과

```
> colnames( airquality )                  # ❸ 'airquality' 데이터의 변수명 출력
[1] "Ozone"  "Solar.R" "Wind"
   "Temp"  "Month"  "Day"
> df1 <- head( airquality, 3 ) ; df1       # ❹ 'df1'에 'airquality' 데이터의 3행을
                                             할당, 출력
  Ozone Solar.R Wind Temp Month Day
1   41     190  7.4   67     5   1
2   36     118  8.0   72     5   2
3   12     149 12.6   74     5   3

> grep( "a", colnames(df1) )               # ❺ 'df1'에서 문자 "a"가 포함된 변수명 위치 출력
[1] 2 6
> df1[ , grep("a", colnames(df1)) ]        # ❻ 'df1'에서 변수명에 "a"가 포함된 열 출력
  Solar.R Day
1    190   1
2    118   2
3    149   3
```

(5) substr( ) 함수

문자 중에서 일부를 추출할 때 substr( ) 함수를 이용한다. 변수명 중에서 일부의 문자를 추출하고, 추출된 문자형이 특정한 문자인지를 비교하여 열을 추출할 수 있다. 그 사용방법은 다음과 같다.

substr( ) 함수
substr(x, start= 숫자 , stop = 숫자)

표 9-7 substr( ) 함수 사용법

옵션	설명
x	문자형 벡터를 지정
start	추출할 문자의 첫 번째 위치를 정수형으로 지정
stop	추출한 문자의 마지막 위치를 정수형으로 지정

01 R 실습 9.2.5 : substr( ) 함수 실습하기

- [Source] 창에 소스코드를 작성한다. ❶ 'airquality' 데이터의 변수명 출력한다.
- 내장데이터 'airquality'를 활용해보자. ❷ 'df1'에 'airquality' 데이터의 3행을 할당하고 출력한다. ❸ 'df1' 데이터의 변수명을 출력한다.

소스코드와 결과

```
> colnames( airquality )                    # ❶ 'airquality' 데이터의 변수명 출력
[1] "Ozone" "Solar.R" "Wind" "Temp" "Month" "Day"

> df1 <- head( airquality, 3 ) ; df1        # ❷ 'df1'에 'airquality' 3행을 할당, 출력
  Ozone Solar.R Wind Temp Month Day
1   41     190   7.4   67     5   1
2   36     118   8.0   72     5   2
3   12     149  12.6   74     5   3
> colnames( df1 )                           # ❸ 'df1' 데이터 변수명 출력
[1] "Ozone" "Solar.R" "Wind" "Temp" "Month" "Day"
```

- substr( ) 함수를 사용해 보자. ❹ 'df1' 데이터에서 변수명 처음 두 개의 문자를 추출한다. ❺ 'df1' 데이터에서 변수명 처음 두 개의 문자를 추출한다. ❻ 'df1' 데이터에서 변수명 처음 두 개의 문자가 "Wi" 인지 확인한다.

소스코드와 결과

```
> substr( colnames( df1 ), start=1, stop=2 )      # ❹ 변수명 처음 두 개의 문자를 추출
[1] "Oz" "So" "Wi" "Te" "Mo" "Da"
> substr( colnames( df1 ), 1, 2 )                  # ❺ 변수명 처음 두 개의 문자를 추출
[1] "Oz" "So" "Wi" "Te" "Mo" "Da"
> substr( colnames( df1 ), 1, 2 ) == "Wi"          # ❻ 변수명 처음 2개가 "Wi" 인지 확인
[1] FALSE FALSE  TRUE FALSE FALSE FALSE
```

자료형을 확인할 수 있는 class( ) 함수와 같이 사용해 보자. ❼ 변수명 처음 두 개의 문자가 "Wi"와 같은 열을 출력한다. ❽ ❼의 자료형을 확인한다. ❾ 변수명 처음 2개가 "Wi"와 같은 열을 데이터프레임 형식으로 추출한다. ❿ ❾의 자료형 확인한다.

소스코드와 결과

```
> df1[ , substr( colnames(df1), 1, 2 ) == "Wi" ]         # ❼ 'df1'에서 변수명 처음 2개
                                                            가 "Wi"와 같은 열을 추출
[1] 7.4 8.0 12.6
> class( df1[ , substr(colnames(df1), 1, 2) == "Wi"] ) # ❽ ❼의 자료형 확인
[1] "numeric"
> df1[ , substr( colnames(df1), 1, 2 ) == "Wi",          # ❾ 변수명 처음 2개가 "Wi"와
        drop = FALSE ]                                      같은 열을 데이터프레임
                                                            형식으로 추출
  Wind
1  7.4
2  8.0
3 12.6
> class( df1[ , substr(colnames(df1), 1, 2)==             # ❿ ❾의 자료형 확인
             "Wi", drop = FALSE] )
[1] "data.frame"
```

(6) 특정한 행 추출

데이터 프레임에서 특정한 행을 추출할 때 열 추출하기에서 학습했던 대부분의 내용들을 적용할 수 있다. 데이터에서 특정한 행을 추출할 때 대괄호([ ])를 사용하고, 대괄호에 콤마(,)를 넣어서 행과 열을 구분한다. 즉, '**데이터[검색할 행의 조건 ,]**' 형태로 사용한다.

내장데이터 'CO2' 데이터에서 Plant 변수는 각 식물에 따른 식별자 데이터로 순서형으로 구성되어 있다(Levels : Qn1 < Qn2 < Qn3 < Qc1 < Qc3 < Qc2 < Mn3 < Mn2 < Mn1 < Mc2 <

Mc3 < Mc1). 이 중에서 식별자가 "Qn1"에 해당하는 행만 추출하기 위해서 '`CO2[ CO2$Plant == "Qn1" , ]`'와 같이 코드를 작성할 수 있다.

`subset( )` 함수를 이용해서 데이터 프레임에서 특정한 행을 추출할 수 있다. 데이터에서 특정한 행을 추출할 때 'subset(데이터, 추출할 행의 조건)' 형태로 사용한다. "Qn1"에 해당하는 행만 추출하기 위해서 '`subset( CO2, Plant == "Qn1" )`'와 같이 코드를 작성할 수 있다.

특정한 행 추출

```
데이터[ 추출할 행의 조건 , ]          # [ 행, 열 ] 적용
subset( 데이터, 추출할 행의 조건 )   # subset( ) 함수 적용
```

01 R 실습 9.2.6 : 특정한 행 추출하기

- [Source] 창에 소스코드를 작성한다. ❷~❺는 두 가지 방법('[행, 열]', 'substr( ) 함수') 모두 적용해서 작성한다. ❶ 내장데이터 'CO2'의 변수명을 출력한다.

- ❷ 내장데이터 'CO2'의 Plant가 "Qn1"에 해당되는 행을 출력한다. substr( ) 함수로 ❷와 동일한 결과를 출력해 보자.

소스코드와 결과

```
> colnames( CO2 )                                  # ❶ 'CO2' 데이터의 변수명 출력
[1] "Plant" "Type" "Treatment" "conc" "uptake"

> CO2[ CO2$Plant == "Qn1" , ]                      # ❷ 'CO2'의 Plant이 "Qn1"인 행 출력
  Plant   Type Treatment conc uptake
1  Qn1 Quebec nonchilled   95   16.0
  ... 중략 ...
7  Qn1 Quebec nonchilled 1000   39.7
> subset( CO2, Plant == "Qn1" )                    # subset 함수로 ❷와 동일한 결과 출력
```

- ❸ 내장데이터 'CO2'의 conc가 ">=800"에 해당되는 행을 출력한다. substr( ) 함수로 ❸과 동일한 결과를 출력해 보자.

- ❹ 내장데이터 'CO2'의 Plant가 "Qn1"에 해당되고, conc가 ">=800"에 해당되는 행을 출력한다. 두 가지 조건을 동시에 만족해야 한다. 두 개의 조건을 동시에 만족할 때만 TRUE를 가지는 개념은 AND이다. R에서의 AND는 &를 사용한다. 참고로 &는 스칼라와 벡터에도 작동

된다. substr( ) 함수로 ❹와 동일한 결과를 출력해 보자.

소스코드와 결과

```
> CO2[ CO2$conc >= 800 , ]                          # ❸ 'CO2'의 conc이 ">=800"인 행 출력
   Plant      Type Treatment conc uptake
7  Qn1    Quebec nonchilled 1000  39.7
 ... 중략 ...
84  Mc3 Mississippi   chilled 1000  19.9
> subset( CO2, conc >= 800 )                        # subset 함수로 ❸와 동일한 결과 출력
```

```
> CO2[ ( CO2$Plant == "Qn1") &                      # ❹ 'CO2'의 Plant이 "Qn1"에 해당되고,
            ( CO2$conc >= 800 ), ]                     conc이 ">=800" 인 행 출력
  Plant  Type Treatment conc uptake
7  Qn1 Quebec nonchilled 1000  39.7
> subset( CO2, ( Plant == "Qn1") &                  # subset 함수로 ❹와 동일한 결과 출력
             ( conc >= 800 ) )
```

❺ 'CO2'의 Plant가 "Qn1"에 해당되거나, conc가 ">=800"에 해당되는 행을 출력한다. 두 가지 조건 중에서 하나만 만족해도 된다. 두 개의 조건 중에서 하나만 만족해도 TRUE가 되는 개념은 OR이다. R에서는 파이프(|)를 사용한다. substr( ) 함수로 ❺와 동일한 결과를 출력해 보자.

소스코드와 결과

```
> CO2[ ( CO2$Plant == "Qn1") |                      # ❺ 'CO2'의 Plant이 "Qn1"에 해당되거나,
             ( CO2$conc >= 800 ), ]                    conc이 ">=800" 인 행 출력
   Plant      Type Treatment conc uptake
1  Qn1    Quebec nonchilled  95  16.0
 ... 중략 ...
84  Mc3 Mississippi   chilled 1000  19.9
> subset( CO2, ( Plant == "Qn1") |                  # subset 함수로 ❺와 동일한 결과 출력
              ( conc >= 800 ) )
```

(7) 행과 열 추출

데이터 프레임에서 행과 열을 동시에 추출하는 방법은 행과 열에 대해서 각각의 위치(index)를 지정하면 된다. 대괄호([ ])를 사용하고, 대괄호에 콤마(,)를 넣어서 행(조건)과 열(변수명)을 구분한다. 즉, '데이터[추출할 행의 조건, c("변수명")]' 형태로 사용한다. 'CO2'의 Plant가 "Qn1"인 평균

오존량의 "Plant", "Type", "conc"에 해당되는 결과를 출력하기 위해서는, 'CO2[CO2$Plant == "Qn1", c("Plant", "Type", "conc")]'와 같이 소스코드를 작성할 수 있다.

substr( ) 함수를 이용해서 데이터 프레임에서 특정한 행, 열을 추출할 수 있다. 데이터에서 특정한 행, 열을 추출할 때 'subset(데이터, 추출할 행의 조건, select = c(변수명))' 형태로 사용한다. 'CO2'의 Plant가 "Qn1"인 평균 오존량의 "Plant", "Type", "conc"에 해당되는 결과를 출력하기 위해서는, 'subset(CO2, Plant == "Qn1", select = c(Plant, Type, conc))'와 같이 코드를 작성할 수 있다.

행과 열 추출	
데이터[추출할 행의 조건 , c("변수명1", "변수명2", ...)]	# [행, 열] 적용
subset(데이터, 추출할 행의 조건, select = c(변수명1, 변수명2, ...))	# subset( ) 함수 적용

01 R 실습 9.2.7 : 행과 열 추출하기

- [Source] 창에 소스코드를 작성한다. ❷~❸은 두 가지 방법('[행, 열]', 'subset( ) 함수') 모두 적용해서 소스코드를 작성한다. ❶ 'CO2' 데이터의 변수명을 출력한다. 'CO2' 데이터는 식물의 CO2 흡수 데이터셋으로, Plant(각 식물에 따른 식별자), Type(식물의 채집장소), Treatment(처리방법), conc(주변 CO2 농도), uptake(식물의 CO2 흡수율) 변수로 구성되어 있다.

- ❷ 'CO2'의 Plant가 "Qn1"인 식물의 "Plant", "Type", "conc"에 해당되는 열을 출력한다. substr( ) 함수로 ❷와 동일한 결과를 출력해 보자.

소스코드와 결과

```
> colnames( CO2 )                               # ❶ 'CO2' 데이터의 변수명 출력
[1] "Plant" "Type" "Treatment" "conc" "uptake"

> CO2[ CO2$Plant == "Qn1" ,                     # ❷ 'CO2'의 Plant가 "Qn1"인 식물
           c( "Plant", "Type", "conc" ) ]          의 "Plant", "Type", "conc"
                                                   에 해당되는 결과 출력
 Plant  Type conc
1  Qn1 Quebec   95
 ... 중략 ...
7  Qn1 Quebec 1000
> subset( CO2, Plant == "Qn1" ,                 # subset 함수로 ❷와 동일한 결과 출력
          select = c( Plant, Type, conc) )
```

❸ 'CO2'의 Type이 "Quebec"인 식물의 "Type", "conc"에 해당되는 열을 출력한다. substr( ) 함수로 ❸과 동일한 결과를 출력해 보자.

소스코드와 결과

```
> CO2[ CO2$Type == "Quebec" ,                # ❸ 'CO2'의 Type가 "Quebec"인 식물의
            c( "Type", "conc" ) ]              "Plant", "Type", "conc"에 해당되는 결과
   Type conc
1 Quebec   95
... 중략 ...
42 Quebec 1000
> subset( CO2, Type == "Quebec" ,            # subset 함수로 ❸과 동일한 결과 출력
           select = c( Type, conc ) )
```

9.3

데이터 정렬

데이터 정렬에는 오름차순과 내림차순이 있다. 오름차순은 데이터가 한글이면 'ㄱ'으로 시작하는 것이 가장 먼저 오고, 알파벳인 경우에는 'a'가, 숫자인 경우에는 가장 작은 값이 먼저 오도록 정렬하는 방식이다. 내림차순은 오름차순의 반대이다. R에서는 벡터를 정렬해 주는 sort( ) 함수와 데이터 프레임을 정렬하는 order( ) 함수가 있다.

이번 절에서는 데이터 정렬에 이용할 수 있는 다양한 함수의 사용방법을 알아본다.

(1) sort( ) 함수

sort( ) 함수를 이용하여 값이 점점 커지는 오름차순 정렬과 값이 점점 작아지는 내림차순 정렬을 할 수 있다. 그 사용방법은 다음과 같다.

sort( ) 함수
sort(x, decreasing = TRUE)

표 9-8 sort( ) 함수 사용법

옵션	설명
x	정렬하고 싶은 벡터를 지정
decreasing	기본은 FALSE로 오름차순이며, TRUE를 지정하면 내림차순으로 정렬

01 R 실습 9.3.1 : sort( ) 함수 실습하기

- [Source] 창에 소스코드를 작성한다. ❶ 벡터 'age' 데이터에 12, 32, 27, 45, 15를 할당한다.
- sort( ) 함수를 사용해 보자. ❷ 'age' 데이터를 오름차순 정렬하여 출력한다. ❸ 'age' 데이터를 내림차순 정렬하여 출력한다.

소스코드와 결과

```
> age <- c( 12, 32, 27, 40, 15 )                    # ❶ 벡터 'age' 데이터에 12,32,27,45,15를 할당
> sort( age ) # 오름차순                             # ❷ 'age' 데이터를 오름차순 정렬하여 출력
[1] 12 15 27 32 40
> sort( age, decreasing=TRUE ) # 내림차순            # ❸ 'age' 데이터를 내림차순 정렬하여 출력
[1] 40 32 27 15 12
```

(2) order( ) 함수

데이터 프레임 형태의 데이터를 정렬할 때 sort( ) 함수를 사용할 수 없고, order( ) 함수를 넣어야 한다. 그 사용방법은 다음과 같다.

order( ) 함수
order(x, decreasing = TRUE)

표 9-9 order( ) 함수 사용법

옵션	설명
x	정렬하고 싶은 벡터를 지정
decreasing	기본은 FALSE로 오름차순이며, TRUE를 지정하면 내림차순으로 정렬

[Source] 창에 order(c(12, 32, 27, 40, 15)) 소스코드를 실행하면, 결과는 [1] 1 5 3 2 4로 출력된다. 여기서 1은 정렬하지 않은 age의 1번째 원소의 값인 12가, 정렬했을 때 제일 먼저 온다는 뜻이다. 즉 12는 정렬하면 1번째 위치하게 된다. 5는 정렬하지 않은 age의 2번째 원소인 32가, 정렬했을 때 다섯 번째로 온다는 의미이다. 이 위치(index)를 age라는 벡터에 넣어 주면 sort( ) 함수의 결과와 같아진다.

01 R 실습 9.3.2 : order( ) 함수 실습하기

[Source] 창에 소스코드를 작성한다. ❶ 벡터 'age'에 숫자 12, 32, 27, 45, 15를 할당한다. ❷ 'age' 오름차순 정렬시 위치값 출력한다.

벡터[위치(index)]를 사용해 보자. ❸ 'age' 벡터를 오름차순 정렬하여 출력한다. ❹ 'age' 벡터를 내림차순 정렬하여 출력한다.

소스코드와 결과

```
> age <- c( 12, 32, 27, 40, 15 )                # ❶ 벡터 'age' 에 12,32,27,45,15를 할당
> order(age)                                    # ❷ 'age' 오름차순 정렬시 위치값 출력
[1] 1 5 3 2 4

> age[ order(age) ]                             # ❸ 'age'를 오름차순 정렬하여 출력
[1] 12 15 27 32 40
> age[ order(age, decreasing = TRUE) ]          # ❹ 'age'를 내림차순 정렬하여 출력
[1] 40 32 27 15 12
```

02 R 실습 9.3.3 : 데이터프레임 정렬하기

[Source] 창에 소스코드를 작성한다. ❶ 'airquality'의 'Ozone' 값을 출력한다. ❷ 'airquality'의 'Ozone' 기준으로 오름차순 정렬시 위치값을 출력한다.

소스코드와 결과

```
> airquality$Ozone                     # ❶ 'airquality'의 'Ozone' 출력
 [1] 41 36 12 18  0 28 23 19
 ... 중략 ...
> order( airquality$Ozone )            # ❷ 'Ozone' 기준으로 오름차순 정렬시 위치값 출력
 [1]  5 10 25 26 27 32 33 34
 ... 중략 ...
```

벡터[위치(index)]를 사용해 보자. ❸ 'airquality'의 'Ozone' 기준으로 오름차순 정렬하여 출력한다. ❹ 'airquality'의 'Ozone' 기준으로 내림차순 정렬하여 출력한다.

소스코드와 결과

```
> airquality[ order( airquality$Ozone ) , ]                # ❸ 'airquality'의 'Ozone' 기준
                                                             오름차순 정렬하여 출력
   Ozone Solar.R Wind Temp Month Day
5      0       0 14.3   56     5   5
10     0     194  8.6   69     5  10
 ... 중략 ...
> airquality[ order( airquality$Ozone ,                    # ❹ 'airquality'의 'Ozone' 기준
                 decreasing = TRUE ) , ]                     내림차순 정렬하여 출력
    Ozone Solar.R Wind Temp Month Day
117   168     238  3.4   81     8  25
62    135     269  4.1   84     7   1
 ... 중략 ...
```

03 R 실습 9.3.4 : 두 개 이상의 변수 기준 정렬하기

- 두 개 이상의 변수를 기준으로 정렬하고 싶으면 order( ) 함수에 해당 변수들을 콤마(,)로 구분해서 넣어주면 된다. 우선순위는 order( ) 함수에 먼저 들어간 변수명이 갖는다. 기본은 오름차순이고, 내림차순으로 하려면 decreasing=TRUE를 지정하면 된다.

- [Source] 창에 소스코드를 작성한다. ❶ 'airquality'의 'Month' 변수는 오름차순 정렬하고, 그 다음 'Day' 변수도 오름차순 정렬한다. ❷ 'airquality'의 'Month' 변수는 내림차순 정렬, 그 다음 'Day' 변수도 내림차순 정렬한다.

소스코드와 결과

```
> airquality[ order( airquality$Month,                # ❶ 'airquality'의 'Month'는 오름
                     airquality$Day ) , ]               차순 정렬, 그 다음 'Day'도 오름차순 정렬
  Ozone Solar.R Wind Temp Month Day
1    41     190  7.4   67     5   1
2    36     118  8.0   72     5   2
 ... 중략 ...
> airquality[ order( airquality$Month,                # ❷ 'airquality'의 'Month'는 내림차순
        airquality$Day, decreasing = TRUE) , ]          정렬, 그 다음 'Day'도 내림차순 정렬
    Ozone Solar.R Wind Temp Month Day
153    20     223 11.5   68     9  30
152    18     131  8.0   76     9  29
 ... 중략 ...
```

변수마다 정렬기준을 다르게 지정할 수 있다. 기본은 오름차순이며, 해당 변수 앞에 '–'를 붙이면 내림차순이 된다. 해당 변수가 수치형으로 되어 있어야 가능하다. ❸ 'airquality'의 'Month' 변수는 내림차순 정렬, 그 다음 'Day' 변수는 오름차순 정렬한다. Month 변수의 내림차순 정렬은 '-airquality$Month'으로 처리하고, 'Day' 변수의 오름차순 정렬은 'airquality$Day'로 지정한다. ❹ 'airquality'의 'Month' 변수는 오름차순 정렬, 그 다음 'Day' 변수는 내림차순 정렬한다.

소스코드와 결과

```
> airquality[ order(-airquality$Month,          # ❸ 'airquality'의 'Month'는 내림차순
                     airquality$Day), ]            정렬, 그 다음 'Day'는 오름차순 정렬
    Ozone Solar.R Wind Temp Month Day
124    96     167  6.9   91     9   1
125    78     197  5.1   92     9   2
... 중략 ...
> airquality[ order(airquality$Month,           # ❹ 'airquality'의 'Month'는 오름차순
                     -airquality$Day), ]           정렬, 그 다음 'Day'는 내림차순 정렬
    Ozone Solar.R Wind Temp Month Day
31     37     279  7.4   76     5  31
30    115     223  5.7   79     5  30
... 중략 ...
```

연습문제

01 cars 데이터를 사용하여 소스코드를 완성하고 결과를 확인하시오.

❶ cars의 자료형을 출력하시오. (class 함수)

❷ cars의 구조를 출력하시오. (str 함수)

❸ cars의 요약 정보를 출력하시오. (summary 함수)

❹ cars 데이터를 스프레드시트 형식으로 나타내시오. (edit 함수)

❺ 행, 열 이름을 출력하시오. (rownames 함수, colnames 함수)

❻ 행, 열의 크기를 출력하시오. (nrow 함수, ncol 함수)

02 iris 데이터를 사용하여 소스코드를 완성하고 결과를 확인하시오.

❶ iris 데이터에서 1~6행의 데이터를 출력하시오.

❷ iris 데이터에서 끝에서 3행의 데이터를 출력하시오.

❸ iris 데이터에서 1, 3, 4번째 열을 앞에서 3행만 출력하시오. (데이터[행, 열])

❹ iris 데이터에서 2~5번째 열을 앞에서 3행만 출력하시오. (데이터[행, 열])

❺ iris 데이터에서 홀수번째 열을 앞에서 3행만 출력하시오. (ncol 함수)

❻ iris 데이터에서 홀수번째 행을 출력하시오. (nrow 함수)

❼ iris 데이터에서 a를 포함하는 변수명들을 모두 추출하시오. (grep 함수)

❽ iris 데이터에서 P로 시작하는 변수명들을 모두 추출하시오. (grep 함수)

❾ iris 데이터에서 h로 끝나는 변수명들을 모두 추출하시오. (grep 함수)

❿ iris 데이터의 변수명 중에서 처음 두 개의 문자를 추출하시오. (substr 함수)

03 diamonds 데이터를 사용하여 소스코드를 완성하고 결과를 확인하시오.

❶ ggplot2 패키지를 설치하고, 로드하시오.

❷ diamonds 데이터에서 cut 변수가 "Good"에 해당하는 행을 출력하시오. (데이터[행, 열])

❸ diamonds 데이터에서 price 변수가 10000달러 이상인 행을 출력하시오. (데이터[행, 열])

❹ 다이아몬드의 cut 변수가 "Good"이고, price 변수가 10000달러 이상인 다이아몬드를 출력하시오. (데이터[행, 열], AND 연산자)

❺ 다이아몬드의 cut 변수가 "Good"이거나, price 변수가 10000달러 이상인 다이아몬드를 출력하시오. (데이터[행, 열], OR 연산자)

❻ 다이아몬드의 cut 변수가 "Good"인 다이아몬드의 x, y, z의 변수만 출력하시오. (데이터[행, 열])

❼ 다이아몬드의 cut 변수를 기준으로 내림차순 정렬, 그 다음으로 price 변수를 기준으로 내림차순으로 정렬하시오.

❽ 다이아몬드의 x 변수를 기준으로 오름차순 정렬, 그 다음으로 y 변수를 기준으로 내림차순 정렬하시오.

10

R 시각화 및 ggplot2

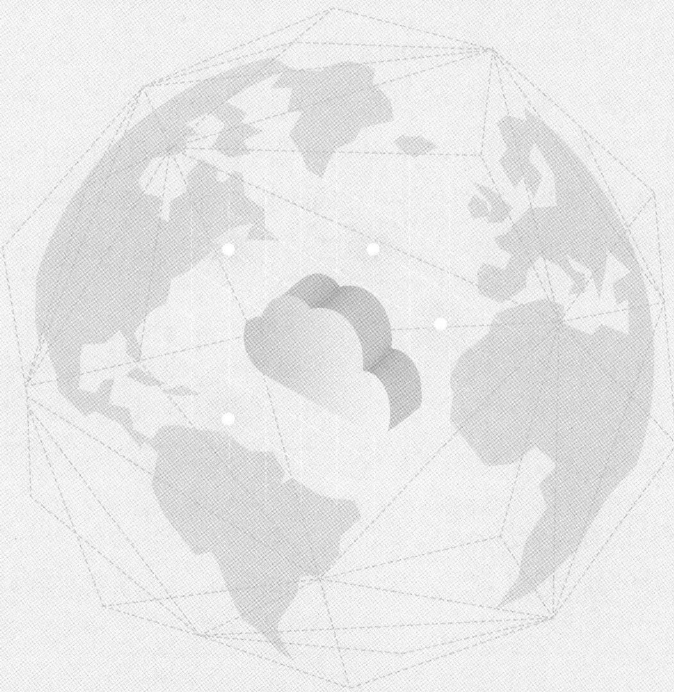

10.1

산점도와 막대그래프

데이터 시각화는 단순히 예쁘게 만드는 것이 아니라, 데이터를 시각적 요소인 그래프 등으로 요약하여 보여주는 것이다. 문자 데이터보다 보는 순간 쉽게 이해가 되는 그래프로 표현하는 것이 정보 전달을 효과적으로 할 수 있다. 그래프 출력결과는 오른쪽 하단 [Plots] 창에 나타나며, par(mfrow = c(행 개수, 열 개수))를 이용하면 [Plots] 창을 여러 개로 나누어서 사용할 수 있다. 예를 들어, 하나의 [Plots] 창에 2개의 그래프를 가로로 출력하려면, par(mfrow = c(1, 2))를 사용할 수 있다.

이번 절에서는 R언어에서 기본으로 제공하는 산점도와 막대그래프의 사용방법을 알아본다.

(1) 산점도(Scatter Plot)

산점도는 주어진 데이터 x값과 y값을 점으로 표현한 그래프이다. x값을 생략해도 그래프는 나타나며, x값을 생략하면 y값의 개수만큼 x값을 부여하여 출력된다. 그 사용방법은 다음과 같다.

산점도
plot(x값, y값, main = " ", xlab = , ylab = , xlim = , ylim = , type = , pch = , col = , lwd = m ...)

표 10-1 산점도 옵션

옵션	설명
main	그래프의 메인 제목, 기본값 : 공백
xlab, ylab	x축 이름, y축 이름
xlim, ylim	x축의 범위, y축의 범위, c(최솟값, 최댓값)으로 범위지정
type	그래프의 유형(p, l, b, c, o, h, s, S, n)
pch	산점도 점의 모양(0 ~ 25), ?pch로 확인 가능 
col	색상
lwd	선 넓이

01 R 실습 10.1.1 : 기본 산점도 실습하기

- [Source] 창에 소스코드를 작성한다. [Plots] 창을 1행 2열로 나누고, 변수 'x'와 'y'를 생성한다. ❶ 변수 'x'에 1~5까지 할당하고 출력한다. ❷ 변수 'y'에 1~10까지 중 홀수만 할당하고 출력한다.

- y값만 있는 산점도, x값과 y값을 설정한 산점도를 그려보자. ❸ 변수 y값만으로 산점도를 그린다. ❹ 변수 x값과 y값으로 산점도를 그린다.

소스코드와 결과

```
> par( mfrow = c(1, 2) )                # [Plots]창을 1행 2열로 구분
> x <- c( 1:5 ) ; x                     # ❶ 변수 'x'에 1~5까지 할당하고 출력
[1] 1 2 3 4 5
> y <- c( seq(1, 10, 2) ) ; y           # ❷ 변수 'y'에 1~10까지 중 홀수만 할당하고 출력
[1] 1 3 5 7 9

> plot( y )                             # ❸ 변수 y값만으로 산점도
> plot( x, y )                          # ❹ 변수 x값과 y값으로 산점도
```

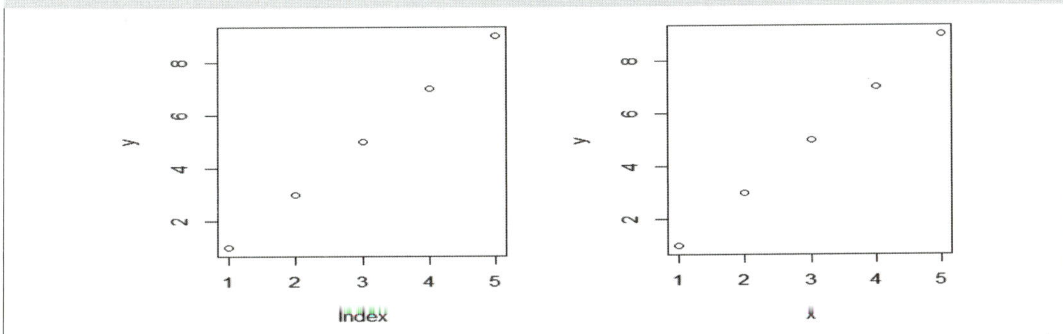

산점도에 main, xlab, ylab 옵션을 사용해 보자. ❺ 그래프 제목, 축 이름을 설정한 산점도를 그린다. ❻ y축 범위를 1~15로 설정한 산점도를 그린다.

소스코드와 결과

```
> plot( x, y, main = "산점도",                    # ❺ 그래프 제목, 축 이름을 설정한 산점도
        xlab = "x축", ylab = "y축" )
> plot( x, y, ylim = c(1, 15) )                 # ❻ y축 범위를 1~15로 설정한 산점도
```

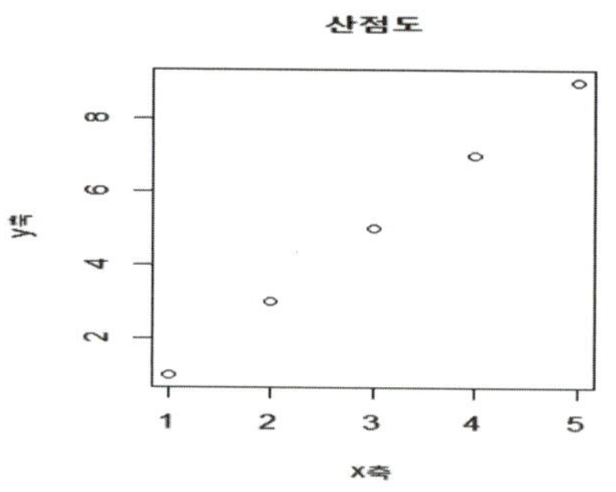

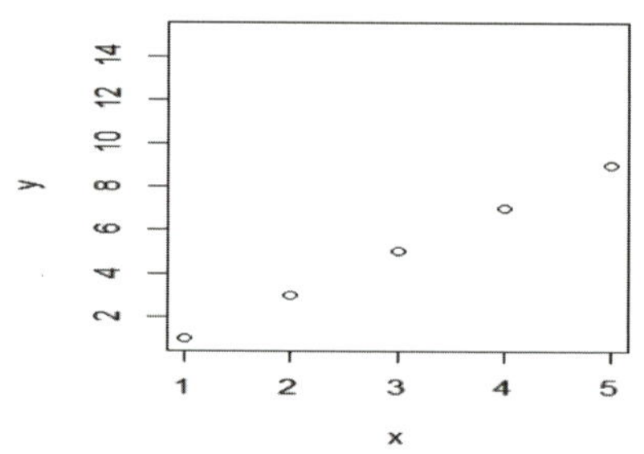

02 R 실습 10.1.2 : 산점도 그래프 타입 실습하기

산점도의 그래프 타입은 8가지이며, "p"는 점, "l"는 실선, "b"는 점과 실선, "c"는 "b"에서 점 제거, "o"는 점을 통과하는 점과 실선, "h"는 직선, "s"와 "S"는 계단, "n"은 빈화면이다. col 옵션도 같이 사용해 보자. ❶ 그래프 타입을 파란색 실선으로 설정한 산점도를 그린다. ❷ 그래프 타입을 빨간색 직선으로 설정한 산점도를 그린다.

소스코드와 결과

```
> plot( x, y, type = "l", col = "blue" )        # ❶ 타입을 파란색 실선으로 설정
> plot( x, y, type = "h", col = "red" )         # ❷ 타입을 빨간색 직선으로 설정
```

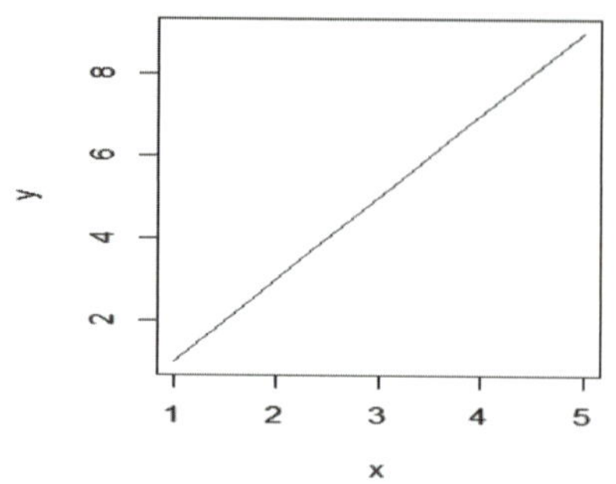

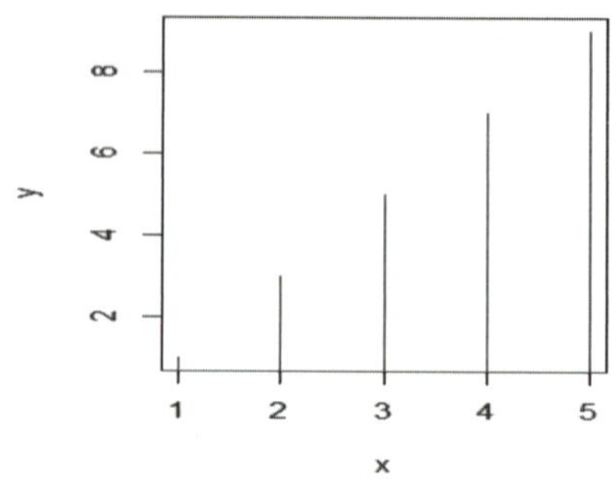

산점도 점의 모양은 0~25까지이며, ?pch를 이용하면, [Help] 창에서 26가지 모양을 확인할 수 있다. pch, col, lwd 옵션을 사용해 보자. ❸ 점 모양 5를 설정한 산점도를 그린다. ❹ 점 모양 크기를 3으로 설정한 산점도를 그린다.

소스코드와 결과

```
> plot( x, y, pch = 5 )          # ❸ 점 모양 5를 설정한 산점도
> plot( x, y, lwd = 3 )          # ❹ 점 모양 크기를 3으로 설정
```

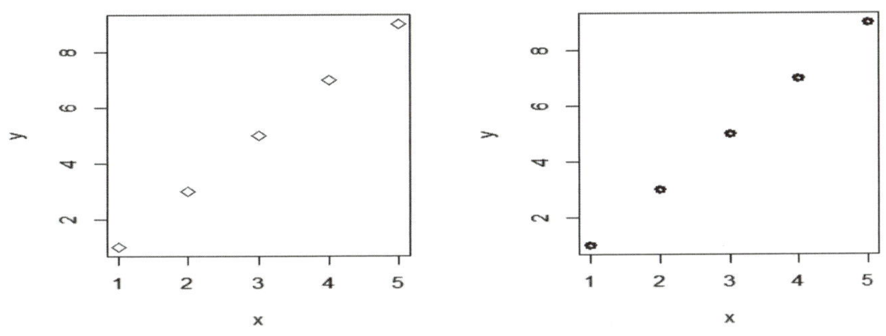

(2) 막대그래프(barplot)

막대그래프에는 세로 막대그래프와 가로 막대그래프가 있고, 막대그래프를 작성할 때 빈도 또는 백분율을 이용하며 일반적으로 빈도를 더 많이 사용한다. 세로 막대그래프는 y축 제목이 꼭 있도록 하고, 가로 막대그래프는 x축 제목이 꼭 있도록 하여 막대의 높이(또는 길이)가 무엇을 의미하는지 알 수 있도록 해 준다.

막대그래프의 최솟값은 0부터 시작하고, 최댓값이 포함되도록 y축 눈금을 설정하도록 한다. 특히 막대그래프에서 절단효과를 넣지 않도록 주의를 해야 한다. 절단효과를 넣으면 의도하지 않게 정보를 왜곡시킬 수 있기 때문이다. 세로 막대그래프는 내림차순으로, 가로 막대그래프는 오름차순으로 하여 빈도(또는 백분율)가 가장 많은 것부터 시작해서 빈도가 가장 낮은 순서로 표현하는 것이 바람직하다.

막대그래프는 R에서 기본으로 제공하는 barplot( ) 함수를 이용하며, 사용방법은 다음과 같다.

막대그래프
barplot(x값, y값, main = " ", xlab = , ylab = , xlim = , ylim = , ...)

표 10-2 막대그래프 옵션

옵션	설명
horiz	가로 막대형, horiz = TRUE
main	차트의 제목, 기본은 공백
xlab, ylab	x축 이름, y축 이름
xlim, ylim	x축의 범위, y축의 범위, c(최솟값, 최댓값)으로 범위지정
col	막대의 색상, 기본은 gray로 설정
names	막대 선분의 이름

03 R 실습 10.1.3 : 기본 막대그래프 실습하기

- [Source] 창에 소스코드를 작성한다. ggplot2 패키지에서 제공하는 'diamonds' 데이터를 사용하기 위해 ggplot2 패키지를 설치하고 로드한다. ❶ ggplot2 패키지를 설치한다. ❷ ggplot2 패키지를 로드한다.

- 가로 막대그래프, 세로 막대그래프를 그려보자. ❸ 'diamonds' 데이터의 'cut' 변수를 이용하여 가로 막대그래프를 그린다. ❹ 세로 막대그래프를 그린다.

소스코드와 결과

```
> nstall.packages( "ggplot2" )                        # ❶ ggplot2 패키지 설치
> library( ggplot2 )                                  # ❷ ggplot2 패키지 로드

> barplot( table(diamonds$cut) )                      # ❸ diamonds의 'cut' 데이터 막대그래프
> barplot( table(diamonds$cut ), horiz = TRUE )       # ❹ 세로 막대그래프
```

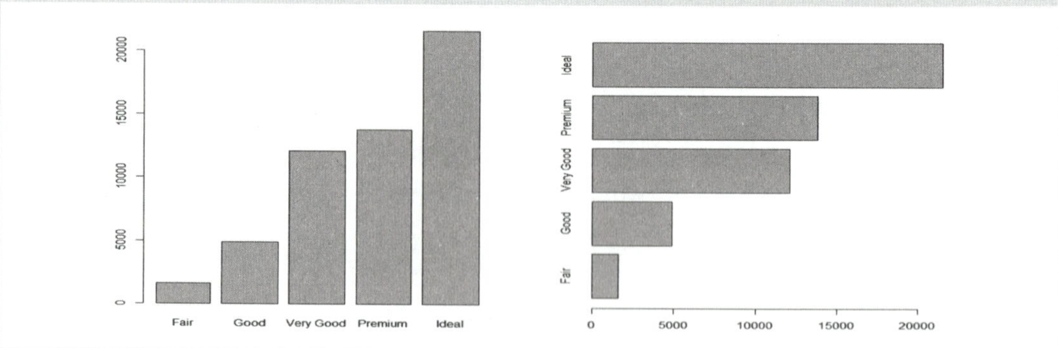

- 막대그래프에 main, ylab, ylim 옵션을 사용해 보자. ❺ 그래프 제목을 설정한 막대그래프를 그린다. ❻ 축이름, y축 범위를 0~25000로 설정한 막대그래프를 그린다.

소스코드와 결과

```
> barplot( table(diamonds$cut), main =          # ⑤ 그래프 제목 설정한 막대그래프
                    "다이아몬드의 품질현황" )
> barplot( table(diamonds$cut), ylab =          # ⑥ 축이름, y축 범위(0~25000) 설정
                    "빈도", ylim = c(0, 25000) )
```

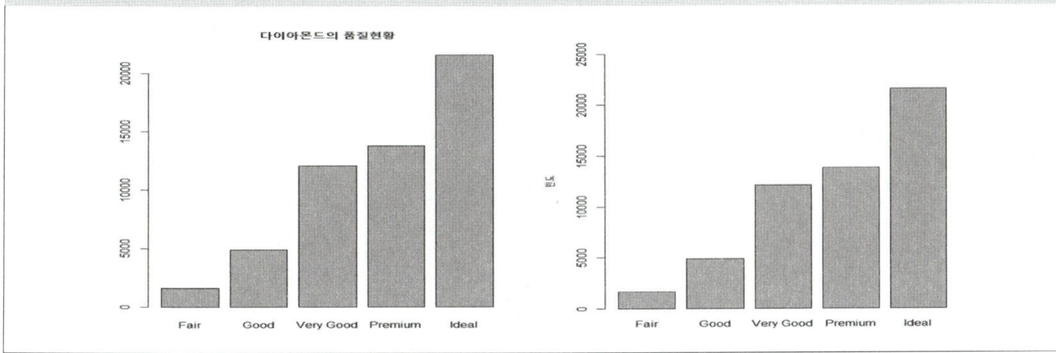

04 R 실습 10.1.4 : 막대그래프 색상 지정하기

[Source] 창에 소스코드를 작성한다. 그래프 막대별로 색상을 적용한 막대그래프를 그려보자. ❶ rainbow(5)를 적용해 무지개 색상 5가지를 설정한 가로 막대그래프를 그린다. ❷ 설정하고 싶은 5가지 색상을 설정한 세로 막대그래프를 그린다.

소스코드와 결과

```
> barplot( table(diamonds$cut), col = rainbow(5) ) # ❶ rainbow(5)를 설정
> barplot( table(diamonds$cut), col = c("red",       # ❷ 설정하고 싶은 색상 5가지
 "blue", "green", "purple", "yellow") )
```

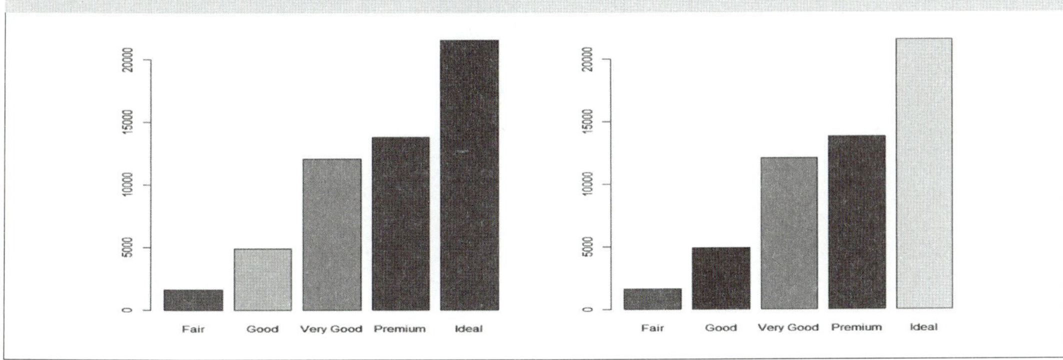

전체 막대의 색상과 막대 선분 이름을 재설정해 보자. ❸ 막대 색상을 보라색으로 설정하여 막대그래프를 그린다. ❹ 막대 선분 이름을 ("F", "D", "C", "B", "A")로 설정하여 막대그래프를 그린다.

소스코드와 결과

```
> barplot( table(diamonds$cut), col = "purple" )        # ❸ 막대 색상을 보라색으로 변경
> barplot( table(diamonds$cut), names = c("F",          # ❹ 막대 선분 이름을 ("F","D",
          "D","C","B","A") )                               "C","B","A")로 설정
```

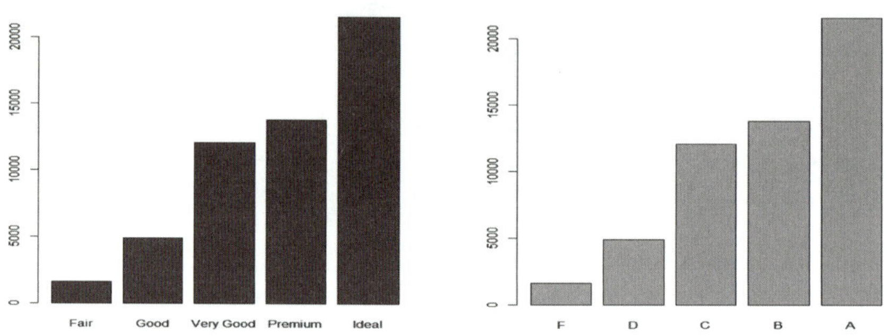

10.2

원그래프와 히스토그램

원그래프와 히스토그램은 데이터의 분포 특성을 파악하는데 효과적인 시각화 그래프이다.

원그래프는 데이터가 가지는 항목(값)이 5개 이하인 경우에 적당하며, 각 항목이 전체 중에서 얼마나 차지하고 있는지를 표현하는 데에 유용하다. 히스토그램은 연속된 데이터를 구간별로 나누고, 그 구간에 해당하는 데이터의 빈도수를 막대 모양으로 표현한다.

그래프의 색상은 다양하거나 화려하지 않도록 하는 것이 좋다. 데이터가 가지는 자료의 특징을 파악하는 것이 가장 중요한 일이기 때문에 색상을 너무 다양하게 하면 자료의 특징보다는 화려함에 신경을 빼앗길 수 있다.

이번 절에서는 원그래프와 히스토그램의 사용방법을 알아본다.

(1) 원그래프(pie)

원그래프는 각 항목이 전체 중에서 얼마나 차지하고 있는지를 표현한다. R에서 기본으로 제공하는 `pie( )` 함수를 이용하며, 사용방법은 다음과 같다.

원그래프
pie(x값, main = " ", radius = , col = , init.angle = , ...)

표 10-3 원그래프 옵션

옵션	설명
x	빈도의 정보를 의미하며, table( )의 결과를 지정
main	차트의 제목, 기본은 공백
radius	반지름 크기(최대크기 1)
col	색상, bg : 배경색 설정
init.angle	원조각이 처음 시작하는 각도 지정(양수 : 왼쪽으로 회전)
label	레벨 값 표시
legend	범례, legend(x 위치, y 위치, 범례 내용, fill = 색상)

01 R 실습 10.2.1 : 기본 원그래프 실습하기

[Source] 창에 소스코드를 작성한다. ggplot2 패키지에서 제공하는 'diamonds' 데이터를 사용하여 원그래프를 나타내고, 반지름을 최대로 그려보자. ❶ 변수 'df1'에 'diamonds' 데이터프레임의 'cut' 데이터를 할당한다. ❷ 'df1' 데이터로 원그래프를 그린다. ❸ 반지름을 0.7로 설정한 원그래프를 그린다.

소스코드와 결과

```
> par( mfrow = c(1, 2) )              # [Plots]창을 1행 2열로 구분
> df1 <- table( diamonds$cut )        # ❶ 'df1'에 diamonds의 cut 데이터 할당
> pie( df1 )                          # ❷ 'df1' 데이터로 원그래프
> pie( df1, radius=0.7 )              # ❸ 반지름을 0.7로 설정한 원그래프
```

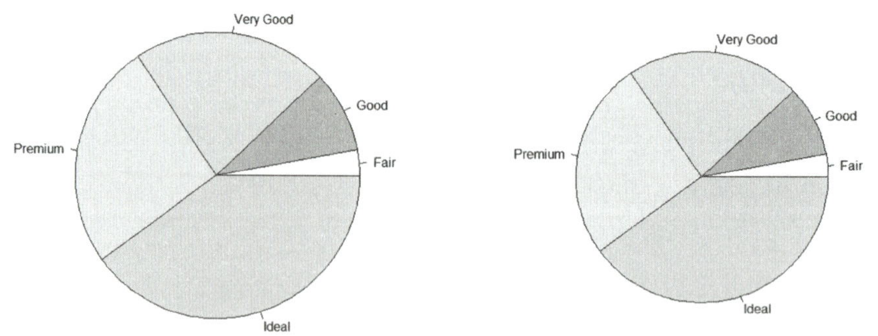

원그래프에 init.angle, col 옵션을 사용해 보자. ❹ 원조각이 처음 시작하는 각도를 90으로 설정한 원그래프를 그린다. ❺ 조각마다 다른색상이 설정되도록 rainbow 색상을 적용한 원그래프를 그린다.

소스코드와 결과

```
> pie( df1, init.angle = 90 )                    # ❹ 원조각 처음 시작 각도 90
> pie( df1, init.angle = 90,                     # ❺ rainbow 색상 적용한 원그래프
       col= rainbow(length(df1)) )
```

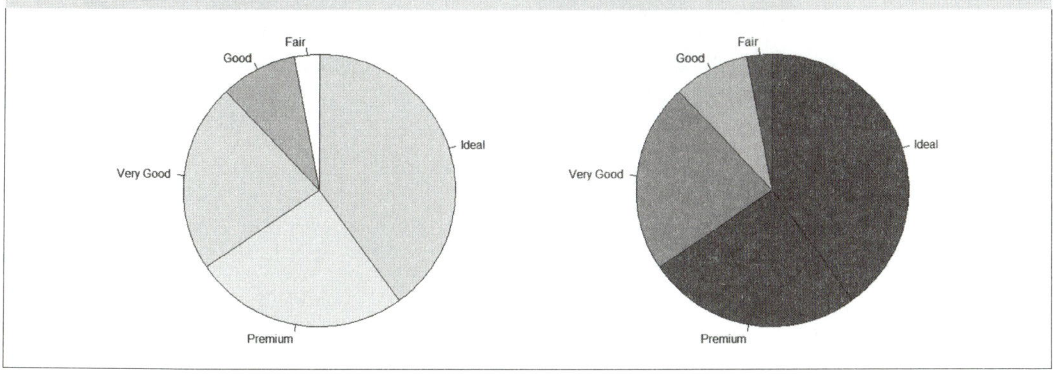

02 R 실습 10.2.2 : 원그래프에 legend 옵션 적용하기

[Source] 창에 소스코드를 작성한다. 원그래프에 legend 옵션을 사용해 보자. ❶ 변수 'p_name'에 ("Fair", "Good", "Very Good", "Premium", "Ideal")를 할당한다.

범례 옵션은 현재 출력된 그래프 위에 추가되므로, 그래프를 출력하고 범례를 사용해 보자. ❷ rainbow 색상으로 조각마다 다른 색상을 적용한 원그래프를 그린다. ❸ 범례도 rainbow 색상을 설정한다.

원그래프를 출력하고, 범례에 bg 옵션을 사용해보자. ❹ ❷를 다시 실행해서 원그래프를 그린다. ❺ 범례 배경색을 흰색으로 설정한다.

소스코드와 결과

```
> p_name <- c( "Fair", "Good", "Very Good",                 # ❶ 변수 p_name에 할당
           "Premium", "Ideal" )
> pie( df1, init.angle = 90, col=                           # ❷ rainbow 색상 원그래프
                rainbow(length(df1)) )
> legend( 0, 0, p_name, fill=rainbow(length(df1)) )         # ❸ 범례도 rainbow 색상 설정
> pie( df1, init.angle = 90, col=                           # ❹ ❷를 다시 실행해서 원그래프
                rainbow(length(df1)) )
> legend( 0, 0, p_name, fill=rainbow                        # ❺ 범례 배경색을 흰색 설정
                (length(df1)), bg="white")
```

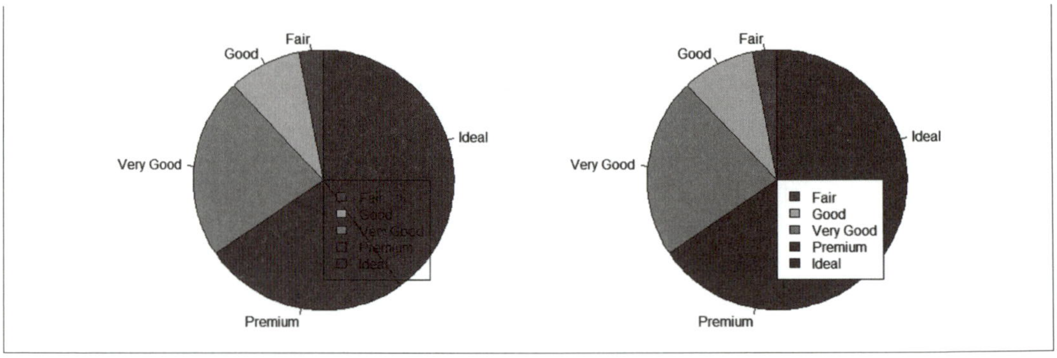

03 R 실습 10.2.3 : 원그래프에 label 옵션 적용하기

[Source] 창에 소스코드를 작성한다. 원그래프에 label 옵션으로 백분율을 사용해 보자. 원그래프는 백분율을 기준으로 출력되므로, 빈도를 소수점이하 1자리수로 반올림하여 백분율을 계산한다. ❶ 변수 'pct'에 round(데이터/sum(데이터)*100, 1)을 할당한다. ❷ 변수 'lab'에 paste( ) 함수를 이용하여 pct와 %를 연결한다. ❸ label값을 lab으로 설정한 원그래프를 그린다. ❹ 변수 'lab'에 paste( ) 함수를 이용하여 p_name, "Enter", pct, "%"를 모두 연결한다. ❺ label값을 lab으로 설정한 원그래프를 그린다.

소스코드와 결과

```
> pct <- round( df1/sum(df1) * 100, 1 )             # ❶ 변수 'pct'에 백분율 할당
> lab <- paste( pct, "%" )                          # ❷ 변수 'lab'에 pct와 %를 연결
> pie( df1, init.angle = 90, label=lab )            # ❸ label값을 lab으로 설정한 원그래프
> lab <- paste( p_name, "\n", pct, "%" )            # ❹ 'lab'에 p_name, "Enter", pct,
                                                    #    "%"를 모두 연결
> pie( df1, init.angle = 90, label=lab )            # ❺ label값을 lab으로 설정한 원그래프
```

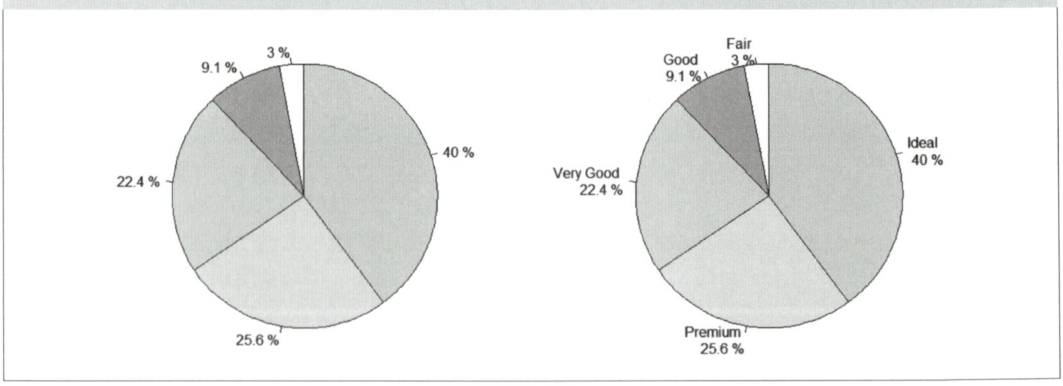

(2) 히스토그램(hist)

히스토그램은 연속된 데이터를 구간별로 나누고, 그 구간에 해당하는 데이터의 빈도수를 막대 모양으로 표현한다. R에서 기본으로 제공하는 `hist( )` 함수를 이용하며, 사용방법은 다음과 같다.

히스토그램
hist(x값, main = " ", breaks = , xlab = , ylab = , ...)

표 10-4 히스토그램 옵션

옵션	설명
x	분석할 일변량 양적 자료, 벡터의 형태
freq	빈도, freq = FALSE : 전체 빈도 수의 비중(상대도수)
main	차트의 제목, 기본은 공백
xlab, ylab	x축 이름, y축 이름
breaks	구간의 개수, c( ), 콜론(:), seq( ) 등

01 R 실습 10.2.4 : 히스토그램 실습하기

[Source] 창에 소스코드를 작성한다. ggplot2 패키지에서 제공하는 'diamonds' 데이터를 사용하여 히스토그램을 나타내고, freq 옵션을 사용하여 상대도수로 그려보자. ❶ 'diamonds' 데이터프레임의 'price' 변수로 히스토그램을 그린다. ❷ 상대도수로 히스토그램을 그린다.

소스코드와 결과

```
> hist( diamonds$price )                    # ❶ 'price' 변수로 히스토그램
> hist( diamonds$price, freq = FALSE )      # ❷ 상대도수로 히스토그램
```

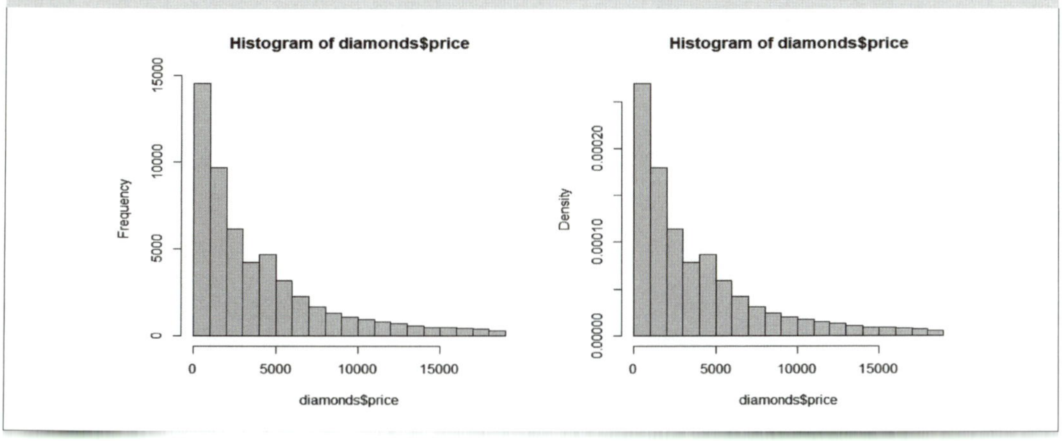

main, xlab, ylab 옵션을 사용해 보자. ❸ 차트 제목을 "다이아몬드 가격"으로 설정한 히스토그램을 그린다. ❹ x축을 "가격", y축을 "빈도"로 설정한 히스토그램을 그린다.

소스코드와 결과

```
> hist( diamonds$price, main="다이아몬드 가격" )          # ❸ 차트 제목을 "다이아몬드 가격"
> hist( diamonds$price, xlab = "가격", ylab = "빈도" )  # ❹ x축을 "가격", y축을 "빈도"
                                                          로 설정
```

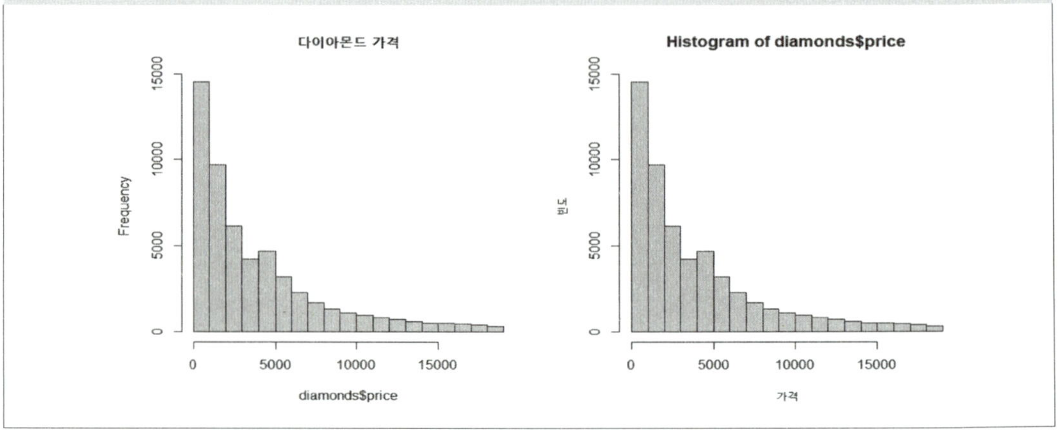

구간의 개수를 정하는 breaks 옵션을 사용해보자. ❺ 구간을 (0, 5000, 10000, 15000, 20000)으로 설정해서 히스토그램을 그린다. ❻ 구간의 개수를 10개로 설정해서 히스토그램을 그린다.

소스코드와 결과

```
> hist( diamonds$price, breaks=c(0, 5000,        # ❺ 구간을 (0, 5000, 10000,
10000, 15000, 20000 ))                              15000, 20000)로 설정
> hist( diamonds$price, breaks=10 )              # ❻ 구간의 개수를 10개로 설정
```

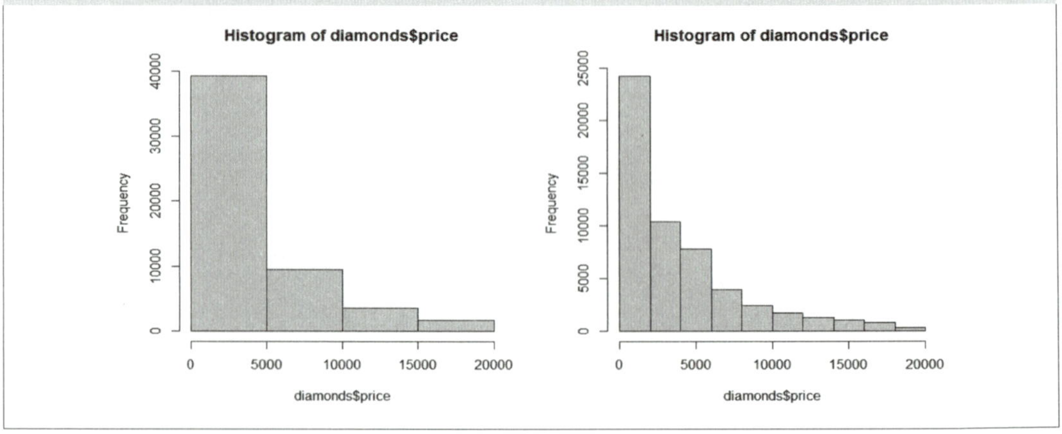

10.3

ggplot2 패키지

ggplot2는 통계 프로그래밍 언어 R의 오픈 소스 데이터 시각화 패키지이다(위키백과). 2005년 해들리 위켐이 개발한 ggplot2는 그래픽스의 문법(Grammar of Graphics) 구현체이다. 데이터 기반으로 점, 선, 막대 등의 객체들에 색상, 모양, 크기 등의 미적 특성을 적용하였다. 최근에 안정화 버전 3.4.4(2023.10.12)을 출시했다[1].

앞에서 배운 plot 등의 기본 시각화 방법을 사용해도 되나 일반적으로 데이터를 시각화 할 때 그래프에 특화된 패키지인 ggplot2를 사용한다. ggplot2의 기본 옵션으로 아주 실용적인 색상 조합과 더불어 미려한 그래픽으로 정보를 시각화해 준다. ggplot2는 다른 그래프라 하더라도 문법 내에서 간단한 코드 추가/삭제로 플로팅을 할 수 있다. 하나의 데이터를 기반으로 다양한 그래프를 많이 그려야 하는 빅데이터 시각화에 필수적으로 사용된다.

이번 절에서는 R의 베이스 그래픽스를 대체하는 좀 더 우수한 사용성과 다양한 효과를 설정하여 시각화를 표현할 수 있는 ggplot2 패키지의 사용방법을 알아본다.

(1) qplot( ) 함수 : Quick plot

ggplot2 패키지의 `qplot( )` 함수는 R에서 기본적으로 제공하는 `plot( )`과 유사한 인터페이스를 제공하는데 목적을 둔 함수다. 사용방법은 다음과 같다.

Quick plot
qplot(x축, y축, data= 데이터, color = " ", ...)

---

1) https://cran.r-project.org/web/packages/ggplot2/index.html

표 10-5 qplot 옵션

옵션	설명
x축	x축 데이터
y축	y축 데이터
data	데이터로 사용할 데이터프레임
color	색상, colour 사용가능

01 R 실습 10.3.1 : qplot 실습하기

- [Source] 창에 소스코드를 작성한다. ggplot2 패키지를 사용하기 위해 ggplot2 패키지를 설치하고 로드한다. 사용할 qplot( ) 함수 파악하기. ❶ ggplot2 패키지를 설치한다. ❷ ggplot2 패키지를 로드한다. ❸ qplot( ) 함수에 대한 도움말을 살펴보자.

- x축만으로 qplot( ) 함수를 사용해 보자. ❹ 'diamonds' 데이터의 'carat'을 x축으로 그래프를 그린다. ❺ 'diamonds' 데이터의 'price'를 x축으로 그래프를 그린다.

소스코드와 결과

```
> install.packages("ggplot2")          # ❶ ggplot2 패키지 설치
> library(ggplot2)                     # ❷ ggplot2 패키지 로드
> help(qplot)                          # ❸ qplot( ) 함수에 대한 도움말

> qplot(carat, data=diamonds)          # ❹ 'carat'을 x축으로 그래프
> qplot(price, data=diamonds)          # ❺ 'price'를 x축으로 그래프
```

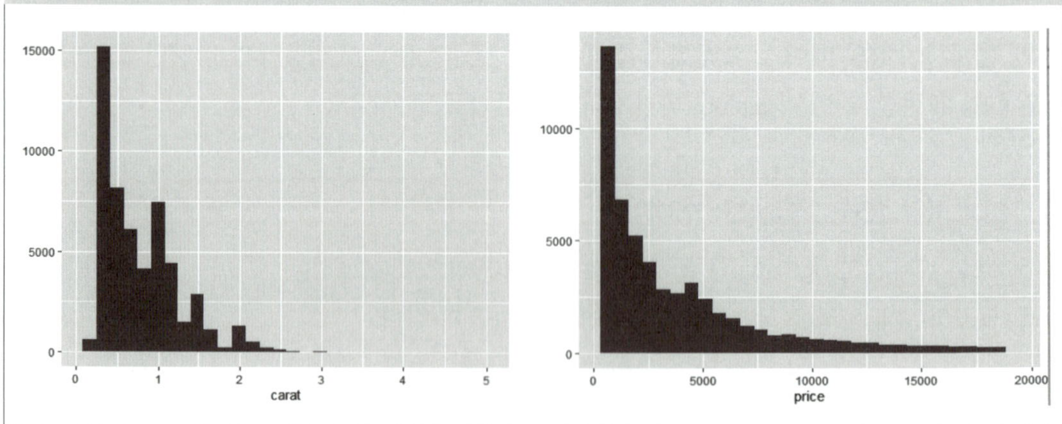

x축, y축을 설정하여 qplot( ) 함수를 사용해 보자. ❻ 'diamonds' 데이터의 'carat'을 x축으로, 'price'를 y축으로 그래프를 그린다. ❼ 색상을 'cut' 기준으로 설정한다.

소스코드와 결과

```
> qplot( carat, price, data = diamonds )                  # ❻ 'carat'을 x축, 'price'
                                                             를 y축으로 그래프
> qplot( carat, price, data = diamonds, color = cut )     # ❼ color를 'cut'으로 설정
```

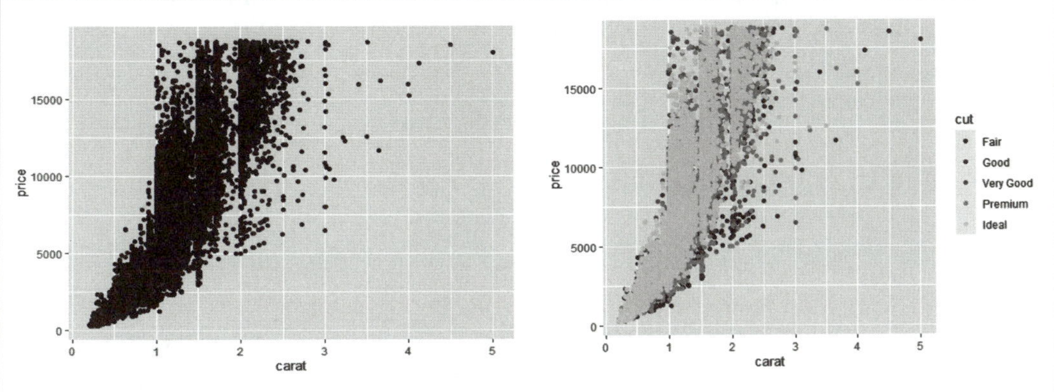

(2) ggplot2 시각화

데이터를 플로팅하기 위해 데이터의 각 레코드를 갖고 그래픽 요소에 매핑할 필요가 있다. 이를 '미적 요소 매핑(aesthetic mapping)'이라고 표현하며, ggplot2의 문법에서는 aes( ) 함수가 이 역할을 한다. 'aes(x=length, y=width)' 코드는 x축에 length 컬럼을 매칭시키고, y축에 width 컬럼을 매칭시키라는 것이다. 미적 매핑을 한 후에 진행되는 작업은 매핑된 데이터를 갖고 컴퓨터가 알아볼 수 있는 데이터로 변환시키는 것이다.

- **바탕을 그린다** : 하나의 ggplot( ) 함수와 여러 개의 geom( ) 함수들이 +로 연결되어 하나의 그래프를 완성한다. ggplot( ) 함수의 매개변수로 그래프를 작성할 때 사용할 데이터(data= " ")와 데이터 안에서 x축, y축으로 사용할 열 이름(aes(x="x값", y="y값"))을 지정한다.

- **그래프를 그린다** : geom을 통해 어떤 형태의 그래프를 그릴지를 설정할 수 있다. 막대그래프 geom_bar( ), 히스토그램 geom_histogram( ), 산점도 geom_point( ), 박스플롯 geom_boxplot( ).

- **옵션을 설정한다** : 옵션을 설정하여 그래프를 좀 더 정교하게 그린다. 제목 ggtitle( ), x축 y축 이름 xlabs( ) ylabs( ), x축 y축 범위 xlim( ) ylim( ).

- 사용방법은 다음과 같다.

ggplot 시각화
ggplot(데이터, aes(x = "x축", y = "y축", color = " ", ...) + 　　geom_bar( ) ... (geom_line, geom_point, geom_histogram ...) + 　　ggtitle("제목 수정") + 　　xlabs("x축 이름")

01 R 실습 10.3.2 : geom_bar( ) 실습하기

- [Source] 창에 소스코드를 작성한다. geom_bar( ) 함수를 이용하여 막대그래프를 그린다. width 막대폭과 fill 막대색상을 설정할 수 있다. ❶ 'diamonds'의 'cut' 변수로 ggplot 바탕을 그린다. ❷ geom_bar( ) 함수로 막대그래프를 그린다. ❸ 막대그래프를 파란색 막대로, 가로폭 0.5로 설정한다.

소스코드와 결과

```
> ggplot( diamonds, aes(x=cut) )                    # ❶ 'cut' 변수로 ggplot 바탕을 그린다.
> ggplot( diamonds, aes(x=cut) ) +                  # ❷ 막대그래프 그린다.
     geom_bar( )
> ggplot( diamonds, aes(x=cut) ) +                  # ❸ 파란색 막대로, 가로폭 0.5로 설정
     geom_bar( fill="blue", width=0.5 )
```

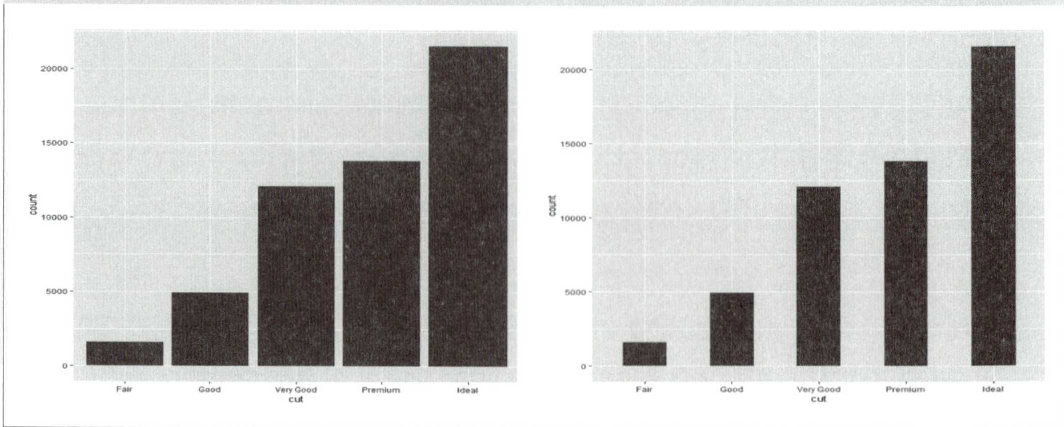

02 R 실습 10.3.3 : geom_histogram( ) 실습하기

[Source] 창에 소스코드를 작성한다. geom_histogram( ) 함수를 이용하여 히스토그램을 그린다. ggtitle로 제목을 설정할 수 있다. ❶ 'diamonds'의 'carat' 변수로 ggplot 바탕을 그린다. geom_histogram( ) 함수로 히스토그램을 그린다. ❷ 'price' 변수로 제목, y축 이름, x축 범위를 설정한다.

소스코드와 결과

```
> ggplot( diamonds, aes(x=carat) ) +                     # ❶ 'carat' 변수로 ggplot 바탕 그린다.
    geom_histogram(binwidth = 0.25)                        #   'binwidth' : 데이터 구간 0.25간격
> ggplot( diamonds, aes(x=price) ) +                     # ❷ 'price' 변수로 ggplot 바탕 그린다.
    geom_histogram( aes(fill=cut), binwidth=3000 ) +     #   'cut'으로 색상, 데이터 구간 3000
    ggtitle( "다이아몬드 가격별 빈도" ) +                   #   제목 설정
    ylab( "숫자" ) +                                        #   y축 이름 설정
    xlim( 0,20000 )                                         #   x축 범위 설정
```

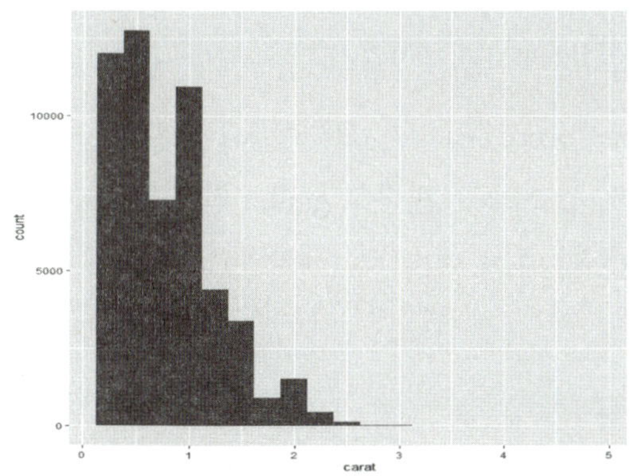

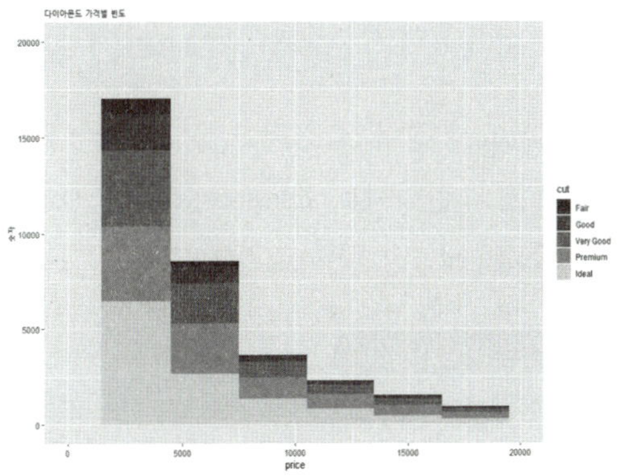

03 R 실습 10.3.4 : geom_point( ) 실습하기

[Source] 창에 소스코드를 작성한다. geom_point( ) 함수를 이용하여 산점도를 그린다. ❶ 'diamonds'의 'carat'과 'price' 변수로 ggplot 바탕을 그린다. geom_point( ) 함수로 산점도를 그린다. ❷ 'diamonds'의 'carat'과 'price' 변수로, color = cut으로 색상을 설정하고, ggplot 바탕을 그린다. geom_point( ) 함수로 산점도를 그린다.

소스코드와 결과

```
> ggplot( diamonds, aes(x=carat, y=price) ) +        # ❶ 'carat', 'price'로 바탕 그린다.
      geom_point( )                                   #    산점도 그린다.
> ggplot( diamonds, aes(x=carat,                      # ❷ color = cut으로 색상 설정
      y=price, color = cut) ) + geom_point( )         #    산점도 그린다.
```

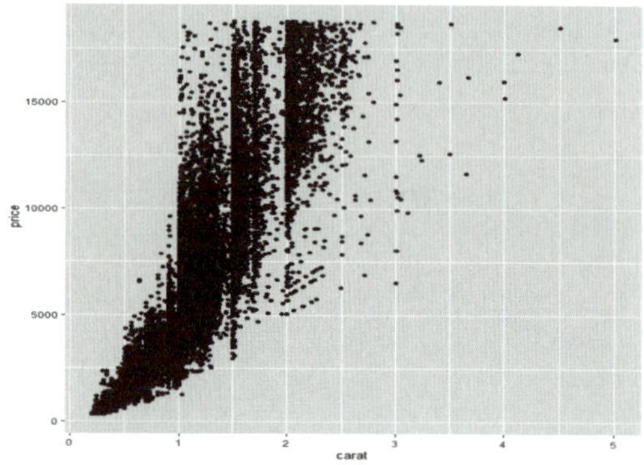

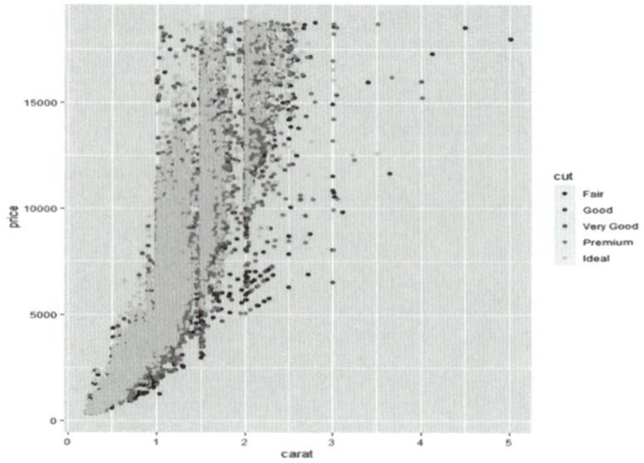

04 R 실습 10.3.5 : geom_boxplot( ) 실습하기

[Source] 창에 소스코드를 작성한다. geom_boxplot( ) 함수를 이용하여 상자그림그래프를 그린다. ❶ 'diamonds'의 'carat', 'price' 변수로 ggplot 바탕을 그린다. geom_boxplot( ) 함수로 상자그림을 그린다. ❷ fill = cut으로 색상을 설정한다.

소스코드와 결과

```
> ggplot( diamonds, aes(x=carat, y=price)) +          # ❶ 'carat', 'price'로 바탕 그린다.
      geom_boxplot( )                                 #    상자그림 그린다.
> ggplot( diamonds, aes(x=carat, y=price)) +          # ❷ fill = cut으로 색상 설정
      geom_boxplot( aes(fill=cut) )                   #    상자그림 그린다.
```

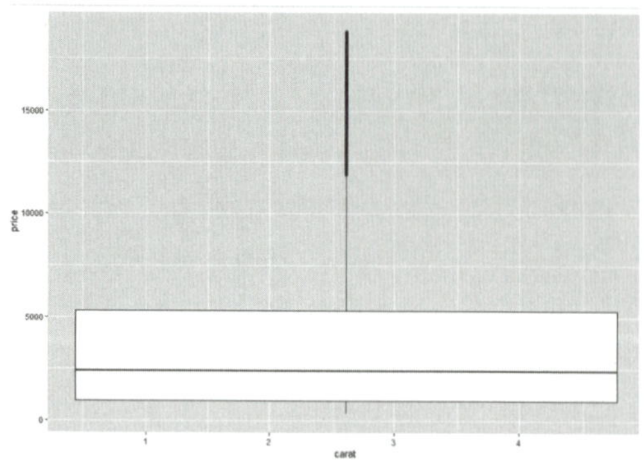

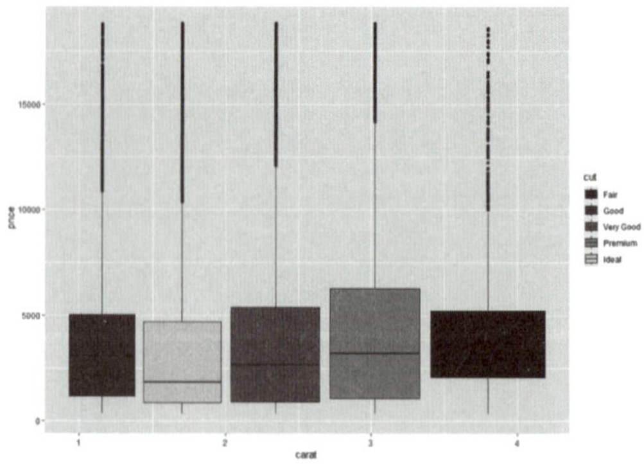

01 cars 데이터를 사용하여 소스코드를 입력하고 결과를 확인하시오.

❶ cars의 구조를 출력하시오. (str 함수)

```
> str(cars)
```

❷ cars의 speed와 dist를 y축으로 하는 산점도를 각각 그리시오.(plot 함수)

```
> plot(cars$speed)
> plot(cars$dist)
```

❸ cars의 speed와 dist로 히스토그램을 각각 그리시오(hist 함수).

```
> hist(cars$speed)
> hist(cars$dist)
```

❹ mtcars의 구조를 출력하시오. (str 함수)

```
> str(mtcars)
```

❺ mpg의 drv와 displ을 y축으로 하는 산점도를 각각 그리시오.(plot 함수)

```
> plot(mpg$drv)
> plot(mpg$displ)
```

❻ mpg의 hwy로 히스토그램을 그리시오(hist 함수).

```
> hist(mpg$hwy)
```

❼ mpg의 hwy로 히스토그램을 상대도수로 그리시오(hist 함수).

```
> hist(mpg$hwy, freq = FALSE)
```

❽ mpg의 hwy로 히스토그램을 breaks = c(0,20,40,60) 적용해서 그리시오(hist 함수).

```
> hist(mpg$hwy, breaks = c(0,20,40,60))
```

❾ mpg의 hwy로 히스토그램을 breaks = 4를 적용해서 그리시오(hist 함수).

```
> hist(mpg$hwy, breaks = 4)
```

02 mtcars 데이터를 사용하여 소스코드를 입력하고 결과를 확인하시오.

❶ mtcars의 구조를 출력하시오. (str 함수)

```
> str(mtcars)
```

❷ mtcars의 cyl 변수로 막대형그래프를 그리시오. (geom_bar 함수)

```
> ggplot(mtcars, aes(x=cyl)) + geom_bar()
```

❸ mtcars의 cyl 변수, 3가지 무지개색으로 막대형그래프를 그리시오. (geom_bar 함수)

```
> ggplot(mtcars, aes(x=cyl)) + geom_bar(fill=rainbow(3))
```

❹ mtcars의 mpg(x축), qsec(y축) 변수로 선그래프를 그리시오. (geom_line 함수)

```
> ggplot(mtcars, aes(x=mpg, y=qsec)) + geom_line()
```

❺ mtcars의 mpg(x축), qsec(y축)으로 산점도를 그리시오. (geom_point 함수)

```
> ggplot(mtcars, aes(x=mpg, y=qsec)) + geom_point()
```

❻ mtcars의 mpg(x축), qsec(y축), 색상은 gear변수로 산점도를 그리시오. (geom_point 함수)

```
> ggplot(mtcars, aes(x=mpg, y=qsec, color = gear))
          + geom_point(aes(fill=gear))
```

❼ mtcars의 mpg로 히스토그램을 그리시오. (geom_histogram 함수)

```
> ggplot(mtcars, aes(x=mpg)) + geom_histogram()
```

❽ mtcars의 mpg로, 데이터구간은 5로, 히스토그램을 그리시오. (geom_histogram 함수)

```
> ggplot(mtcars, aes(x=mpg)) + geom_histogram(binwidth = 5)
```

❾ mtcars의 hp(x축), qsec(y축)로 상자그림을 그리시오. (geom_boxplot 함수)

```
> ggplot(mtcars, aes(x=hp, y=qsec)) + geom_boxplot()
```

11

R 데이터 통계분석

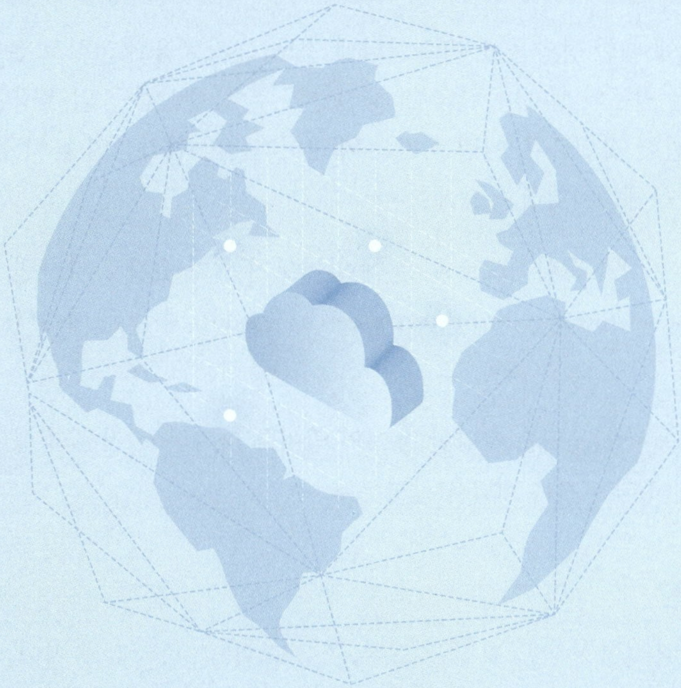

11.1

통계 기초

통계는 다양한 집단에 대한 상황을 숫자로 나타낸 것으로, 자료를 정리하고 분석하는 강력한 수단이다. 예를 들어 서울 인구의 생계비, 한국 쌀 생산량의 추이, 생산품 중의 불량품 개수 등이 그것이다. 통계는 집단에 관한 것으로서, 어떤 사람의 재산이라든가 한라산의 높이 등 어떤 개체에 관한 수적 기술은 아무리 구체적이더라도 통계는 아니다.

따라서 통계는 어떤 현상을 종합적으로 한 눈에 알아보기 쉽게 숫자로 나타낸 것을 의미하며(표준국어대사전(https://stdict.korean.go.kr/m/search/searchView.do)), 수집된 데이터에 대한 수치적 정보를 의미한다.

이번 절에서는 통계에서 사용되는 다양한 용어의 의미를 파악하고, 자료의 형태와 수에 따른 분류의 이해를 통해 통계에 대한 기본 개념을 알아본다.

(1) 모집단과 표본

통계에 사용하는 기본적인 용어는 모집단, 표본, 자유도, 평균, 중앙값 등이며, 용어의 의미를 정확히 파악해야 한다.

모집단은 관측 대상이 되는 전체 집단으로 조사의 대상이 되는 자료 전체이다(위키백과). 표본은 모집단에서 일부만 조사한 것으로, 모집단에서 추출된 자료의 집합이다. 모집단 중에서 일부 대표성을 가진 데이터를 표본 혹은 표본집단이라고 한다. 표본을 대상으로 다양한 통계분석을 진행하고, 분석결과로 모집단을 추정하는 것이 통계이기에 표본을 선정하는 것이 매우 중요한 과정이다. 예를 들어 햄버거에서 빵부분만 먹고 햄버거의 맛을 안다고 할 수는 없다. 따라서 표본을 선정할 때 모집단을 대표할 수 있어야 한다.

표본이 아닌 모집단을 대상으로 통계분석을 진행하는 것이 가장 정확하다. 하지만, 현실적으로 쉽지 않는 일이다. 예를 들어 대한민국 대학생 몸무게의 평균을 알고자 한다면, 대한민국에 거주하는 모든 대학생이 모집단이 된다. 하지만 모든 데이터를 수집하기는 쉽지 않기에 데이터 분석을 진행할 때 모집단이 아닌 표본을 대상으로 분석을 진행하게 된다. 분석이 정확하더라도, 모집단을 대표하지 못하는 표본이라면 결국 잘못된 데이터로 분석한 것이 된다.

자유도는 표본을 구성하고 있는 개별요소 중 주어진 조건하에서 통계적 제한을 받지 않고 자유롭게 변화될 수 있는 요소의 수(네이버 지식백과)로, 주어진 데이터에서 표본을 자유롭게 뽑을 수 있는 경우의 수이다. 예를 들어 표본이 3명일 때, 첫 번째 사람이 뽑을 수 있는 경우의 수는 본인을 제외하고 2(3 − 1 = 2)이며, 두 번째 사람이 뽑을 수 있는 경우의 수는 첫 번째와 본인을 제외하고 1(2 − 1 = 1)이다. 마지막 세 번째 사람은 뽑을 수 있는 경우가 수가 0(1 − 1 = 0)이다. 따라서 자유도는 '표본−1'로 구할 수 있다.

평균은 전체 데이터를 더한 후 전체 개수로 나눈 값(총합/총개수)을 의미하며, 중앙값은 크기순으로 정렬시킨 후 가운데 있는 값을 의미한다. 예를 들어, 학생 5명의 성적 평균이 48점이고, 이 중 "행복이" 학생의 점수가 20점이라고 한다. 행복이의 등수를 예측해보라. 행복이가 5명 중에 3등일 가능성은 있을까? 대답은 YES이다. 행복이가 속한 B반에 5명의 성적점수가 14, 16, 20, 90, 100점이기 때문이다. 만약, 행복이가 A반이였다면 꼴지를 했을 것이다. A반에 5명의 성적점수는 20, 30, 40, 50, 100점이기 때문이다. 따라서 전체 데이터 파악을 위해서는 평균만 아니라 다른 값들도 같이 분석하여 결과를 도출하는 것이 필요하다.

01 R 실습 11.1.1 : 평균과 중앙값 실습하기

- [Source] 창에 소스코드를 작성한다. a반, b반 성적점수로 구성된 벡터를 생성한다. ❶ 변수 'a'에 성적점수 100, 14, 16, 20, 90을 할당한다. ❷ 변수 'b'에 성적점수 50, 20, 30, 40, 100을 할당한다.

소스코드와 결과

```
>a<-c(100, 14, 16, 20, 90)          # ❶ 변수 'a'에 성적점수 할당
>b<-c(50, 20, 30, 40, 100)          # ❷ 변수 'b'에 성적점수 할당
```

- mean( ) 함수를 사용해 보자. ❸ 변수 'a'의 평균을 출력한다. ❹ 변수 'b'의 평균을 출력한다.

소스코드와 결과

```
> mean( a )                              # ❸ 변수 'a'의 평균을 출력
[1] 48
> mean( b )                              # ❹ 변수 'b'의 평균을 출력
[1] 48
```

sort( ) 함수, median( ) 함수를 사용해 보자. ❺ 변수 'a'를 정렬하고, 중앙값을 출력한다. ❻ 변수 'b'를 정렬하고, 중앙값을 출력한다.

소스코드와 결과

```
> sort( a ) ; median( a )                # ❺ 변수 'a'를 정렬, 중앙값 출력
[1]  14  16  20  90 100
[1] 20
> sort( b ) ; median( b )                # ❻ 변수 'b'를 정렬, 중앙값 출력
[1]  20  30  40  50 100
[1] 40
```

(2) 질적 자료와 양적 자료

자료의 형태에 따라 분석방법이 상이함으로 사전에 자료의 형태에 대한 이해가 필요하다. 질적 자료는 성별, 부서, 학년 등의 수치적 의미가 없는 범주형 데이터를 의미하며, R에서는 요인(factor)으로 할당하여 그룹별로 분석이 가능하다. 양적자료는 값이 수치적 의미를 가지는 자료로, 국어점수, 출석점수, 몸무게, 키 등과 같이 숫자로 나타낼 수 있는 수치형 데이터를 의미한다.

표 11-1 양적 자료 질적 자료

자료 형태	종류	설명	자료 예
양적 자료	이산형 자료	나이, 등	19, 25, ... 110, ...
	연속형 자료	키, 몸무게, 등	50.5, 65, ..., 78.541, ...
질적 자료	순위형 자료	연령층 (크기 비교 가능)	10대, 20대, ...
	명목형 자료	성별, 등	남자는 1, 여자는 2, ...

(3) 일변량, 이변량, 다변량 자료

분석대상이 되는 자료의 수에 따른 분류이며, 분석대상 변수가 1개이면 일변량 자료라고 하고, R에서는 벡터(Vertor)로 저장하여 분석할 수 있다.예를 들면, 일변량 자료는 '빅데이터 분석 수업을 듣

는 학생들의 몸무게를 분석한다.' '인공지능 수업을 듣는 학생들의 전공을 분석한다.' 등이다.

분석대상 변수가 2개 이상인 경우 다변량 자료라고 하고, 분석대상 변수가 2개이면 이변량 자료라고 한다. 예를 들면, 이변량 자료는 빅데이터 분석 수업을 듣는 학생들의 지역과 성적이 관련이 있는지 분석한다. 다변량 자료는 인공지능 수업을 듣는 학생들의 성별, 지역, 성적이 관련이 있는지 분석한다.

11.2

빈도와 백분율

일변량 질적 자료(univariate qualitative data)란 분석대상이 되는 자료의 수인 변수가 1개이고, 수치적 의미가 없는 범주형 데이터로 구성된 자료를 의미한다. 일변량 질적 자료를 분석할 때 분석결과는 표(table) 형식과 그래프 형식으로 표현할 수 있다. 표 형식은 빈도(frequency), 백분율(percent)이 있고, 그래프형식은 막대그래프, 원그래프가 있다.

변수가 하나인 일변량 자료는 R에서는 벡터로 저장하여 분석을 진행할 수 있다. 일변량 질적 자료 분석결과를 통하여 자료가 가지는 중요한 특징을 찾아내며, R 프로그램을 이용하여 표 형식으로 표현할 수 있다.

이번 절에서는 일변량 질적 자료를 분석하는 방법 중 표 형식인 빈도와 백분율의 개념을 살펴보고, 빈도분석과 백분율 분석을 위한 R 프로그램 사용방법을 알아본다.

(1) 빈도와 백분율의 개념

빈도는 자료가 가지는 각각의 값이 몇 개가 있는지를 나타내는 수치이며, 백분율은 자료가 가지는 각각의 값이 전체를 100으로 보았을 때 얼마나 차지하고 있는지를 나타내는 수치이다. `'diamonds'` 데이터의 품질을 나타내는 `'cut'` 변수로 분석을 진행한다.

표 11-2 diamonds$cut 빈도와 백분율

'품질'로 오름차순 정렬			'백분율'로 내림차순 정렬		
품질	빈도	백분율(%)	품질	빈도	백분율(%)
Fair	1,610	3.0	Ideal	21,551	40.0
Good	4,906	9.1	Premium	13,791	25.6
Ideal	21,551	40.0	Very Good	12,082	22.4
Premium	13,791	25.6	Good	4,906	9.1
Very Good	12,082	22.4	Fair	1,610	3.0
합계	53,940	100.0	합계	53,940	100.0

품질(cut) 변수는 5가지('Fair', 'Good', 'Very Good', 'Premium', 'Ideal')로 구성되어 있으며, 분석결과 다이아몬드의 품질 중 'Fair'는 1,610(3.0%)로 가장 적은 비중을 차지하고, 'Ideal'는 21,551(40.0%)로 가장 많은 비중을 차지하고 있음을 알 수 있다.

분석결과를 표로 제시하면 [표 11-2]와 같다. 왼쪽 표는 변수명인 품질을 기준으로 오름차순 결과를 제시했고, 오른쪽 표는 백분율을 기준으로 내림차순 정렬하여 가장 많은 비중을 차지한 다이아몬드 품질을 위쪽에 제시하였다.

데이터를 분석할 때 다양한 관점으로 분석된 결과를 해석하고 표현할 수 있기 때문에 정답은 없다. 하지만 표를 작성할 때 데이터의 특징을 잘 알 수 있도록 표현하는 것이 바람직할 것이다.

대부분 표에 대한 해석을 기술할 때 빈도(백분율) 또는 백분율(빈도) 형태로 나타낸다. 'Ideal'인 경우는 21,551(40.0%) 또는 40.0%(21,551)로 표현할 수 있다.

백분율(%) 정보를 제시할 때 주의할 점

분석결과를 표현할 때 정보왜곡이 발생하지 않도록 정확한 분석결과를 제시해야 한다.

- 빈도도 함께 제시되었는가?
- 백분율을 구할 때 분모와 분자는 무엇인가?
- '백분율'과 '백분율의 차이'를 언급하고 있는가?

01 백분율은 빈도와 같이 제시한다.

- "국민의 80%가 A정책을 반대하는 것으로 나타났다": 80%를 의미하는 사람들이 몇 명인지 알 수가 없다. 5명 중에 4명이 반대해도, 5000명 중에 4000명이 반대해도 동일하게 80%가 나온다. "국민의 80%가 A정책을 반대하는 것으로 나타났다"라는 표현은 거짓말을 한 것은 아니지만 그렇다고 정확하게 정보를 전달한 것은 아니다. 따라서, 백분율을 제시할 때는 빈도도 같이 제시하는 것이 바람직하다.

02 백분율의 실제 분모와 분자를 정확히 제시한다.

- "전국 성인 남녀 1000명을 조사한 결과, 응답자의 80%가 A후보를 지지하는 것으로 나타났다." A후보를 지지한 사람은 몇 명인가? 라는 질문에, 많은 사람들은 800명이라고 쉽게 생각한다. 조사자가 모두 응답자는 아니다. 조사자가 분모로 가는 것과 응답자가 분모로 가는 것은 백분율의 값을 크게 다르게 할 수 있다.

03 '백분율'과 '백분율의 차이'는 다르다.

- "보건복지부 · 질병관리본부의「국민건강영양조사」에 따르면 우울감경험률은 2019년 10.2%에서 2021년 11.3%로 증가한 것으로 나타났다." 우울감경험률이 2019년도에 비해서 2021년도 얼마나 증가했는가 질문하면 1.1% 증가했다고 일반적으로 대답한다. 하지만 두 백분율과의 산술적 차이를 나타낼 때 쓰는 단위인 '백분율의 차이(percent point)'로 표현해야 하며, 정확하게는 1.1%p 증가했다고 해야 한다.

(2) 일변량 질적 자료의 분석

ggplot2 패키지에서 제공하는 'diamonds' 데이터에는 'cut', 'color', 'clarity'라는 질적 자료가 3개 있다. 데이터에서 변수로 처리된 질적 자료를 분석할 때, 데이터명$변수명, 데이터명[, 변수명], 데이터명[, 변수명 위치]로 표현할 수 있다.

- **table( ) 함수** : 질적 자료의 개수를 확인하는 빈도분석을 구할 수 있다.

빈도분석

```
table( diamonds$cut )                                   # 'cut' 변수의 빈도 확인
sort( table(diamonds$cut), decreasing = TRUE )          # 내림차순 정렬
```

- **prob.table( ) 함수** : 백분율을 구할 수 있다. 결과값으로 0~1 사이의 값을 반환하기 때문에 백분율로 표현하기 위해서는 prop.table( )의 결과에 100을 곱해주어야 한다.

- **round( ) 함수** : 반올림을 구할 수 있으며, 표현하고 싶은 자리수를 지정할 수 있다. 백분율은 특별한 말이 없으면 일반적으로 소수점 첫째자리까지 표현한다. 즉 소수점 둘째자리에서 반올림된 결과로 소수점 둘째자리가 5이상이면 소수점 첫째 자리는 1 증가되고, 소수점 둘째자리가 5보다 작으면 소수점 첫째자리는 그대로 된다.

백분율 분석

```
prop.table( table(diamonds$cut) )                 # 'cut' 변수의 백분율 확인(0~1 사이의 값)
prop.table( table(diamonds$cut) ) * 100           # 100 곱해서 처리 (0~100 사이의 값)
round( (prop.table(table(diamonds$cut))           # 반올림 처리(소수점 이하 첫째자리까지)
        * 100), 1 )
```

01 R 실습 11.2.1 : 빈도분석 실습하기

- [Source] 창에 소스코드를 작성한다. ggplot2 패키지에서 제공하는 'diamonds' 데이터를 사용하고, str( ) 함수로 데이터 구조를 파악한다. ❶ ggplot2 패키지를 로드한다. ❷ 'diamonds' 데이터의 구조를 확인한다.

소스코드와 결과

```
> library( ggplot2 )                                  # ❶ ggplot2 패키지를 로드
> str( diamonds )                                     # ❷ 'diamonds' 데이터 구조 확인
tibble [53,940 x 11] (S3: tbl_df/tbl/data.frame)
 $ carat  : num [1:53940] 1.05 1 0.99 0.9 0.91
 $ cut    : Ord.factor w/ 5 levels "Fair"<"Good"<.. ...
 $ color  : Ord.factor w/ 7 levels "D"<"E"<"F"<"G"<..:
 $ clarity: Ord.factor w/ 8 levels "I1"<"SI2"<"SI1"<..:
 ... 중략 ...
```

- 빈도분석을 위해 table( ) 함수를, 정렬을 위해 sort( ) 함수를 사용해 보자. ❸ 'diamonds' 데이터의 'cut' 변수를 빈도분석하고, 내림차순 정렬한다. ❹ 'color' 변수를 빈도분석하고, 내림차순 정렬한다. ❺ 'clarity' 변수를 빈도분석하고, 내림차순 정렬한다.

소스코드와 결과

```
> table( diamonds$cut )                                          # ❸ 'cut' 변수 빈도분석
  Fair      Good Very Good  Premium     Ideal
  1610      4906     12082    13791     21551
> sort( table(diamonds$cut), decreasing = TRUE )                 # 빈도분석에 내림차순 정렬 추가
  Ideal  Premium Very Good     Good      Fair
  21551    13791     12082     4906      1610
> sort( table(diamonds$color), decreasing = TRUE )               # ❹ 'color' 변수 빈도분석,
                                                                   내림차순 정렬
  G     E     F     H     D     I     J
11292 9797 9542 8304 6775 5422 2808
> sort( table(diamonds$clarity), decreasing = TRUE )             # ❺ 'clarity' 변수 빈도분석,
                                                                   내림차순 정렬
  SI1   VS2   SI2   VS1  VVS2  VVS1    IF    I1
13065 12258  9194  8171  5066  3655  1790   741
```

02 R 실습 11.2.2 : 백분율 분석 실습하기

[Source] 창에 소스코드를 작성한다. 백분율 분석을 위해 prob.table( ) 함수를, 반올림을 위해 round( ) 함수를 사용해 보자. ❶ 'diamonds' 데이터의 'cut' 변수의 백분율을 구한다. ❷ 'color' 변수의 백분율을 구한다. ❸ 'clarity' 변수의 백분율을 구한다.

소스코드와 결과

```
> prop.table( table(diamonds$cut) )                              # ❶ 'cut' 변수 백분율 확인
      Fair       Good  Very Good    Premium      Ideal
0.02984798 0.09095291 0.22398962 0.25567297 0.39953652
> prop.table( table(diamonds$cut) ) * 100                        # 백분율 * 100
     Fair      Good Very Good   Premium     Ideal
 2.984798  9.095291 22.398962 25.567297 39.953652
> round( (prop.table(table(diamonds$cut)) * 100), 1 )            # 반올림 적용(소수첫째자리)
     Fair      Good Very Good   Premium     Ideal
      3.0       9.1      22.4      25.6      40.0
> round( (prop.table(table(diamonds$color)) * 100), 1 )          # ❷ 'color' 변수 백분율 확인
   D    E    F    G    H    I    J
12.6 18.2 17.7 20.9 15.4 10.1  5.2
> round( (prop.table(table(diamonds$clarity)) * 100), 1 )        # ❸ 'clarity' 변수 백분율 확인
  I1  SI2  SI1  VS2  VS1 VVS2 VVS1   IF
 1.4 17.0 24.2 22.7 15.1  9.4  6.8  3.3
```

11.3

기술통계량

데이터의 통계분석은 실생활에 많은 영향을 끼치고 있으며, 미래를 예측하기 위해 매우 중요한 역할을 한다. 수집된 자료를 요약하여 신뢰할 수 있는 객관적인 결과를 얻기 위한 통계분석 방법은 다양하다.

이번 절에서는 수집한 자료를 단순히 요약 정리하여 기술하는 기술통계 분석을 통해 데이터 분포 특성을 분석하기 위한 R 프로그램 사용방법을 알아본다.

(1) 기술 통계량

기술통계(Descriptive Statistics)는 측정이나 실험에서 수집한 자료의 정리, 표현, 요약, 해석 등을 통해 자료의 특성을 규명하는 통계적 방법이다(위키백과). 여기서의 '기술'이라는 단어의 의미는 우리가 보통 이해하는 'Technology'가 아닌 어떤 대상을 상세히 기록하고 묘사하는 'Description'에 해당한다. 즉 기술통계란 데이터를 의미 있는 수치로 요약하여 데이터의 특성을 파악할 수 있도록 한다.

표 11-3 기술통계량

용어	설명	함수
평균	전체 데이터를 더한 후 전체 개수로 나눈 값	mean( )
중앙값	크기순으로 정렬시킨 후 가운데 있는 값	median( )
최대값	전체 데이터에서 가장 큰 값	max( )
최소값	전체 데이터에서 가장 작은 값	min( )
분산	편차(평균과 해당 값의 차이)를 제곱해서 나온 값. 데이터의 분산된 정도 확인	var( )
표준편차	분산값에 제곱을 제거하여, 평균과 각 변수간의 차이인 편차들의 평균	sd( )

기술통계량 실습을 위한 데이터를 앞에서 배운 데이터프레임 생성부터 진행해 보자. 변수에 값들을 할당하고 출력한다. 변수를 모아서 데이터프레임을 생성한다.

01 R 실습 11.3.1 : 데이터프레임 생성하기

[Source] 창에 소스코드를 작성한다. 데이터프레임을 구성할 변수를 생성한다. ❶ 벡터 'no'에 숫자 1~5를 할당하고 출력한다. ❷ 벡터 'name'에 문자 "BAE", "LEE", "CHO", "PARK", "CHOI" 할당하고 출력한다. ❸ 벡터 'age'에 숫자 19, 23, 21, 24, 26 할당하고 출력한다. ❹ 요인 'gender'에 문자 "F", "M", "M", "M", "F" 할당하고 출력한다. ❺ 벡터 'height'에 숫자 168, 174, 177, 179, 170 할당하고 출력한다.

소스코드와 결과

```
> no <- c(1,2,3,4,5) ; no                          # ❶ 벡터 'no'에 숫자 1~5를 할당하고 출력
[1] 1 2 3 4 5
> name <- c("BAE","LEE","CHO","PARK",              # ❷ 벡터 'name'에 "BAE", "LEE",
           "CHOI") ; name                          #    "CHO", "PARK", "CHOI" 할당
[1] "BAE" "LEE" "CHO" "PARK" "CHOI"
> age <- c(19,23,21,24,26) ; age                   # ❸ 요인 'age'에 숫자 19, 23, 21, 24,
                                                   #    26 할당하고 출력
[1] 19 23 21 24 26
> gender <- factor( c("F", "M", "M", "M", "F") )   # ❹ 요인 'gender'에 문자 "F", "M",
           ; gender                                #    "M", "M", "F" 할당하고 출력
[1] F M M M F
Levels: F M
> height <- c( 168, 174, 177, 179, 170 )           # ❺ 벡터 'height'에 168, 174, 177,
            ; height                               #    179, 170 할당하고 출력
[1] 168 174 177 179 170
```

변수를 모아서 데이터프레임을 생성해 보자. ❻ 데이터프레임 'df1'에 no, name, age, gender, height 할당한다. ❼ 데이터프레임 'df1' 출력한다. 변수명 no, name, age, gender, height로 구성된 데이터프레임이 완성된다.

소스코드와 결과

```
> df1<-data.frame( no,name,age,gender,height ) # ❻ 데이터프레임 'df1'에 no, name,
                                               #    age, gender, height 할당
> df1                                          # ❼ 데이터프레임 'df1' 출력
  no name age gender height
1  1  BAE  19      F    168
2  2  LEE  23      M    174
3  3  CHO  21      M    177
```

```
4  4 PARK 24   M  179
5  5 CHOI 26   F  170
```

02 R 실습 11.3.2 : 기술통계량(평균, 중앙값, 최댓값, 최솟값) 실습하기

[Source] 창에 소스코드를 작성한다. sort( ) 함수, mean( ) 함수, median( ) 함수를 사용해 보자. ❶ 'age' 변수와 'height' 변수를 정렬한다. ❷ 'age' 변수와 'height' 변수의 평균을 출력한다. ❸ 'age' 변수와 'height' 변수의 중앙값을 출력한다.

소스코드와 결과

```
> sort( df1$age ) ; sort( df1$height )            # ❶ 'age', 'height' 변수 정렬
[1] 19 21 23 24 26
[1] 168 170 174 177 179
> mean( df1$age ) ;mean( df1$height )             # ❷ 'age', 'height' 변수 평균 출력
[1] 22.6
[1] 173.6
> median( df1$age ) ; median( df1$height )        # ❸ 'age', 'height' 변수 중앙값 출력
[1] 23
[1] 174
```

max( ) 함수, min( ) 함수를 사용해 보자. ❹ age 변수와 height 변수의 최댓값을 출력한다. ❺ 'age' 변수와 'height' 변수의 최솟값을 출력한다.

소스코드와 결과

```
> max( df1$age ) ; max( df1$height )              # ❹ 'age', 'height' 변수 최댓값 출력
[1] 26
[1] 179
> min( df1$age ) ; min( df1$height )              # ❺ 'age', 'height' 변수 최소값 출력
[1] 19
[1] 168
```

03 R 실습 11.3.3 : 기술통계량(범위, 차이값, 분산, 표준편차) 실습하기

[Source] 창에 소스코드를 작성한다. range( ) 함수, diff( ) 함수를 사용해 보자. ❶ 'age' 변수와 'height' 변수의 범위를 출력한다. ❷ 'age' 변수와 'height' 변수의 범위 차이

값을 출력한다.

소스코드와 결과

```
> range( df1$age ) ; range( df1$height )                  # ❶ 'age', 'height' 변수 범위 출력
[1] 19 26
[1] 168 179
> diff( range(df1$age) ) ; diff( range(df1$height) )      # ❷ 'age', 'height' 범위 차이 값 출력
[1] 7
[1] 11
```

var( ) 함수, sd( ) 함수를 사용해 보자. ❸ 'age' 변수와 'height' 변수의 분산을 출력한다. ❹ 'age' 변수와 'height' 변수의 표준편차를 출력한다.

소스코드와 결과

```
> var( df1$age ) ; var( df1$height )          # ❸ 'age', 'height' 변수 분산 출력
[1] 7.3
[1] 21.3
> sd( df1$age ) ; sd( df1$height )            # ❹ 'age', 'height' 표준편차 출력
[1] 2.701851
[1] 4.615192
```

04 R 실습 11.3.4 : 요약통계량 실습하기

[Source] 창에 소스코드를 작성한다. summary( ) 함수를 사용해 보자. ❶ 'age' 변수의 요약통계량을 출력한다. ❷ 'height' 변수의 요약통계량을 출력한다.

소스코드와 결과

```
> summary( df1$age )                          # ❶ 'age' 요약통계량 출력
  Min. 1st Qu. Median  Mean 3rd Qu.  Max.
  19.0  21.0  23.0  22.6  24.0  26.0
> summary( df1$height )                       # ❷ 'height' 요약통계량 출력
  Min. 1st Qu. Median  Mean 3rd Qu.  Max.
 168.0 170.0 174.0 173.6 177.0 179.0
```

연습문제

01 cars 데이터를 사용하여 소스코드를 완성하고 결과를 확인하시오.

❶ cars의 구조를 출력하시오. (str 함수)

```
> str(cars)
```

❷ cars의 speed 변수와 dist 변수의 최댓값을 각각 출력하시오. (max 함수)

```
> max(cars$speed) ; max(cars$dist)
```

❸ cars의 speed 변수와 dist 변수의 최솟값을 각각 출력하시오. (min 함수)

❹ cars의 speed 변수와 dist 변수의 범위를 각각 출력하시오. (range 함수)

❺ cars의 speed 변수와 dist 변수의 차이값을 각각 출력하시오. (diff 함수)

❻ cars의 speed 변수와 dist 변수의 분산을 각각 출력하시오. (var 함수)

❼ cars의 speed 변수와 dist 변수의 표준편차를 각각 출력하시오. (sd 함수)

❽ cars의 speed 변수와 dist 변수의 요약통계량을 각각 출력하시오. (summary 함수)

02 다음 순서대로 소스코드를 입력하고 결과를 확인하시오.

❶ 키 평균이 1.7m이고, 표준편차가 0.1인 랜덤 데이터 100개를 생성하여, heights에 할당하시오. (rnorm 함수)

```
> heights <- rnorm(100, mean=1.7, sd=0.1)
```

❷ hist 함수를 사용하여 다음과 같은 히스토그램을 생성하여, h에 할당하시오.

```
> h <- hist(heights, breaks=10, col="gray",
         xlab="키(m)", ylab="명", main="키 히스토그램")
```

❸ dnorm 함수를 사용하여 정규분포 라인을 차트에 추가하시오.

```
> plot.x <- seq(min(heights), max(heights), length=40)
> plot.y <- dnorm(plot.x, mean=1.7, sd=0.1)
> plot.y <- plot.y * diff(h$mids[1:2]) * length(heights)
> lines( plot.x, plot.y, col="red", lwd = 2 )
```

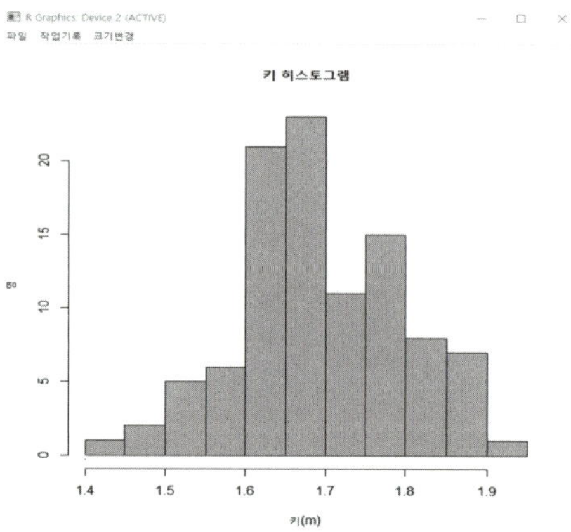

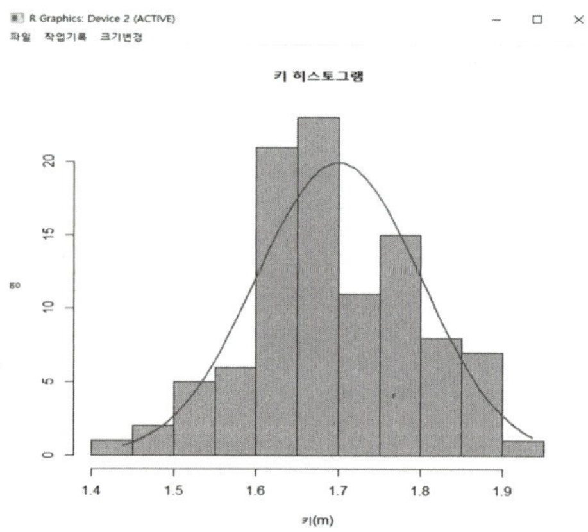

03 다음 순서대로 소스코드를 입력하고 결과를 확인하시오.

❶ 엑셀을 실행하여 데이터를 입력하고, "d:\weight_height.xlsx" 저장하시오.

❷ 엑셀파일을 읽어오기 위한 패키지 "readxl" 설치하고, 로드하시오.

```
> install.packages("readxl")
> library(readxl)
```

❸ 파일을 연결하기 위해 경로를 설정하시오.(setwd 함수, getwd 함수)

```
> setwd( "d:/" )
> getwd( )
```

❹ 키와 몸무게를 "weight_height.xlsx" 파일에서 데이터를 읽어 wh에 할당하시오.

```
> wh <- read_excel( path = "weight_height.xlsx", sheet = "Sheet1",
col_names = TRUE)
```

❺ plot 함수를 사용하여 키와 몸무게를 나타내시오.

```
> plot( weight~height, data = wh)
```

❻ lm 함수를 사용하여 키, 몸무게의 관계를 단순회귀 분석을 수행하시오.

```
> fit <- lm( weight~height, data = wh )
```

❼ abline 함수를 사용하여 회귀 분석 모형을 차트에 표시하시오.

```
> abline( fit, col = "blue" )
```

weight_height.xlsx

	A	B
1	height	weight
2	147.3	52.2
3	149.9	53.1
4	152.4	54.4
5	154.9	55.8
6	157.5	57.2
7	160.0	58.5
8	162.6	59.9
9	165.1	61.2
10	167.6	63
11	170.2	64.4
12	172.7	66.2
13	175.3	68
14	177.8	69.9
15	180.3	72.1
16	182.9	74.4

분석 결과

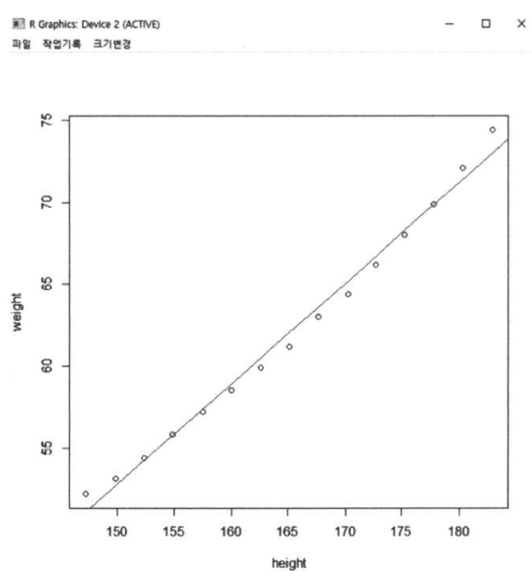

12

R 실전 프로젝트

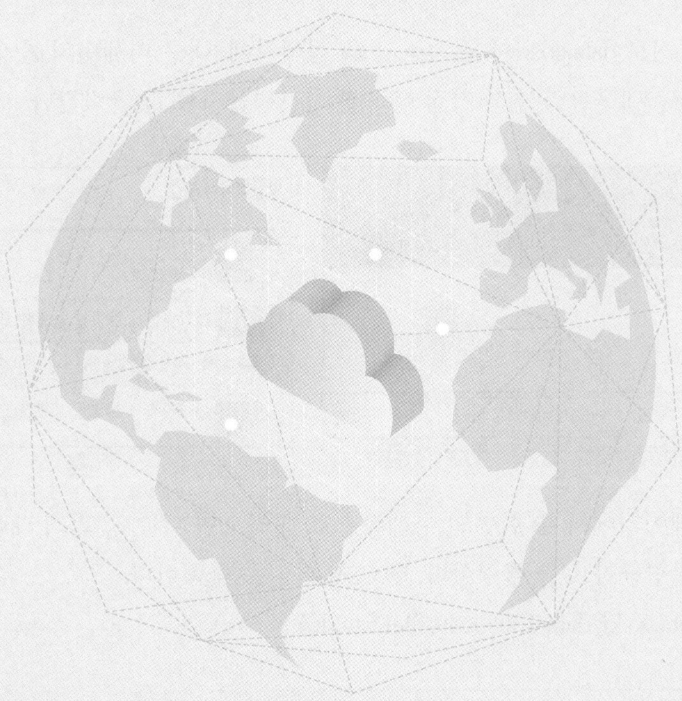

(1) 공공데이터 수집

(2) 데이터 처리

(3) 데이터 분석

(4) 시각화 및 분석결과

공공데이터포털(data.go.kr)의 데이터를 이용하여 실전 데이터 분석을 해보자. 대구지역 미세먼지 데이터를 다운로드 받아 대구시 전체 월별 미세먼지 평균, 대구시 측정소명별로 미세먼지 평균을 분석한다. 분석한 데이터를 시각화(막대그래프, 다중 꺾은 선 그래프)로 표현하여 대구시의 각 동별 대기오염도를 파악해보자.

실전 프로젝트는 공공데이터 수집, 데이터 처리, 데이터 분석, 시각화 및 분석결과 단계로 진행한다.

(1) 공공데이터 수집

01 R 실습 12.1.1 : 공공데이터 다운로드 받기

- 인터넷 브라우저로 data.go.kr에 접속하고 ❶ 검색창에 '대구 미세먼지'를 입력한다. ❷ 상단의 파일데이터에서 '대구광역시_대기질 항목별 시간평균자료'를 클릭한다.

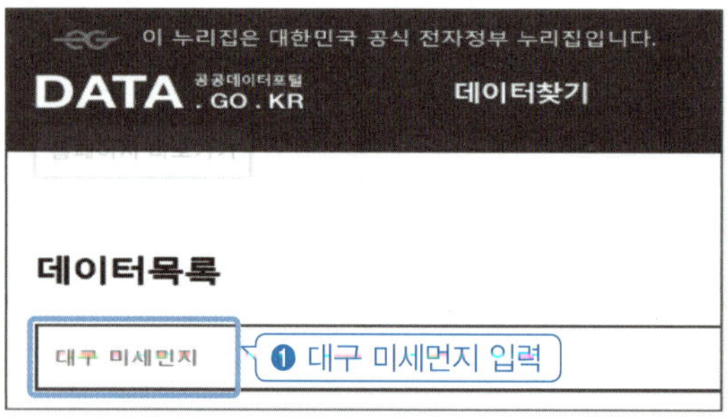

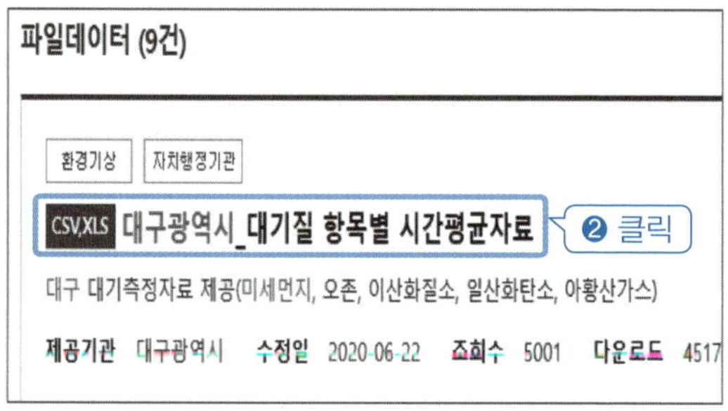

- 데이터 상세 페이지에서 ❸ 화면의 아래쪽으로 내려오면 '주기성 과거 데이터'에서 '대구대기질 항목별 시간평균자료'를 클릭한다. ❹ CSV 파일을 클릭한다.
https://www.data.go.kr/data/15083249/fileData.do)

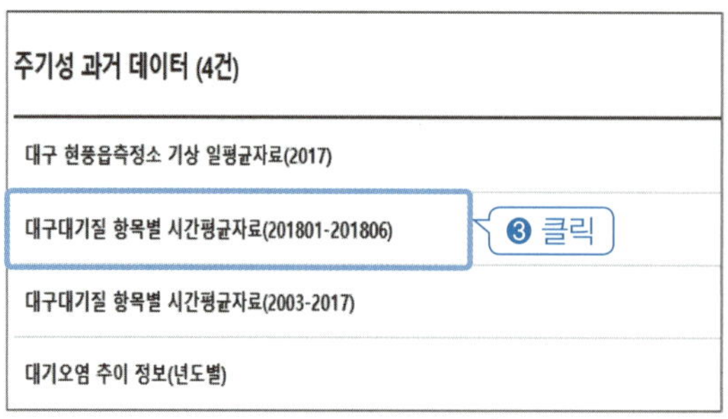

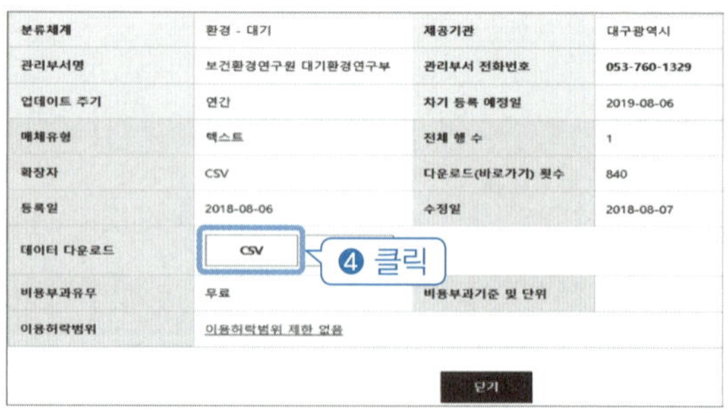

- 다운받기는 작업경로("d:\")에 받고, 파일명은 새이름("d1004.csv")으로 저장한다.

(2) 데이터 처리

01 R 실습 12.2.1 : 필요패키지 설치 및 경로 설정하기

- RStudio를 실행하고, [Source] 창에 소스코드를 작성한다. 필요한 패키지를 설치한다. stringr 패키지는 문자를 처리하기 위한 것이고, ggplot2 패키지는 시각화를 위한 것이다.
- `setwd( )` 함수를 사용하여 작업경로를 지정하고, `getwd( )` 함수를 사용하여 경로를 확인한다.

```
library( stringr )
library( ggplot2 )

setwd( "D:/" ) ## working Directory 설정
getwd( )
```

02 R 실습 12.2.2 : 파일 불러오고, 데이터 확인하기

- `read.csv( )` 함수에서 읽어드릴 파일 이름을 지정하고, 한글을 정상적으로 읽기 위해 인코딩을 'EUC-KR' 로 사용한다. `str( )` 함수는 데이터프레임의 전체적인 구조를 확인하기 위한 것이며, `head( )` 함수를 사용하여 data의 2행을 출력한다.

```
data <- read.csv( "d1004.csv", fileEncoding = "EUC-KR" )
str( data )
head( data, 2 )
```

```
> head(data, 3)
  측정소명  년 월 일 시  SO2 PM10 PM2.5   O3   NO2  CO
1  수창동 2018  1  1  1 0.004   49    15 0.016 0.017 0.5
2  지산동 2018  1  1  1 0.004   57    19 0.027 0.018 0.4
```

03 R 실습 12.2.3 : 새로운 변수 생성하기

- 분리되어 있는 3개 열(년, 월, 일)을 하나의 열로 합친다. `paste( )` 함수를 사용하여 3열을 합친 후, `as.Date( )` 함수를 사용하여 날짜 형식으로 변환하고, 새로운 열 '년월일'에 할당한다. `head( )` 함수를 사용하여 data의 2행을 출력한다.

```
data$년월일 <- as.Date( paste( data$년, '-', data$월, '-', data$일, sep="" ) )
head( data, 2 )
```

```
> head( data, 2 )
  측정소명   년 월 일 시   SO2 PM10 PM2.5    O3   NO2  CO      년월일
1   수창동 2018  1  1  1 0.004   49    15 0.016 0.017 0.5 2018-01-01
2   지산동 2018  1  1  1 0.004   57    19 0.027 0.018 0.4 2018-01-01
```

(3) 데이터 분석

01 R 실습 12.3.1 : 데이터 추출하기

특정 조건을 주어 레코드를 추출해보자. 측정소명이 '신암동'인 레코드에서 년월일, PM10, PM2.5 열을 변수 'a_dong'에 할당한다. head( ) 함수를 이용하여 a_dong의 2행을 출력한다.

```
a_dong <- data[ data$측정소명=='신암동', c('년월일', 'PM10', 'PM2.5') ]
head( a_dong, 2 )
```

```
> head( a_dong, 2 )
       년월일 PM10 PM2.5
7  2018-01-01   45    15
18 2018-01-01   45    17
```

02 R 실습 12.3.2 : 그룹별 추출하기

그룹으로 묶어서 평균이나 합계를 계산하기 위해 aggregate( ) 함수를 사용한다. PM10에 대한 측정소명별 평균을 구한다. PM10은 미세먼지로, 입자의 지름이 10마이크로미터 이하인 먼지이다.

```
aggregate( PM10~측정소명, data, mean )
```

```
> aggregate( PM10 ~ 측정소명, data, mean )
  측정소명     PM10
1   노원동 50.20430
2   대명동 48.59266
... 중략 ...
```

aggregate( ) 함수를 사용하여 PM10에 대한 월별 평균을 구한다.

```
aggregate( PM10 ~ 월, data, mean )
```

```
> aggregate( PM10 ~ 월, data, mean )
  월     PM10
1  1 46.60904
2  2 48.26241
... 중략 ...
```

(4) 시각화 및 분석결과

01 R 실습 12.4.1 : plot 함수 – 꺾은 선 그래프 그리기

월별 미세먼지 평균을 꺾은 선 그래프로 그려보자. aggregate( ) 함수를 사용하여 월별 평균을 구하고, plot( ) 함수를 사용하여 꺾은 선 그래프를 그린다.

```
monthly_avg <- aggregate( PM10~월, data, mean )
plot( x = monthly_avg$월,  y = monthly_avg$PM10, type='o', main = '월별 미세먼지 평균',
  xlab = '월(2018년)',   ylab = '10마이크로이하', family = 'NanumGothic' )
```

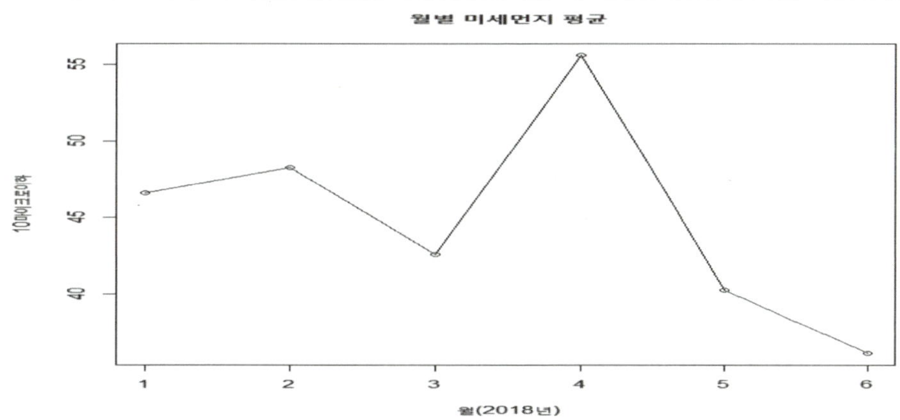

02 R 실습 12.4.2 : ggplot 함수 – 막대그래프 그리기

측정소명별 미세먼지 평균을 막대그래프로 그려보자. aggregate( ) 함수를 사용하여 측정소명별 평균을 구하고, ggplot( ) 함수를 사용하여 막대그래프를 그린다.

geom_bar( ) 함수에서 stat을 identity로 설정하면 데이터 프레임의 값을 그대로 사용하라는 의미이다. 기본값은 count이며 빈도수를 그래프로 표시한다.

```
dong_avg <- aggregate( PM10~측정소명, data, mean )
ggplot( dong_avg, aes(측정소명, PM10) )+geom_bar( stat="identity" )
```

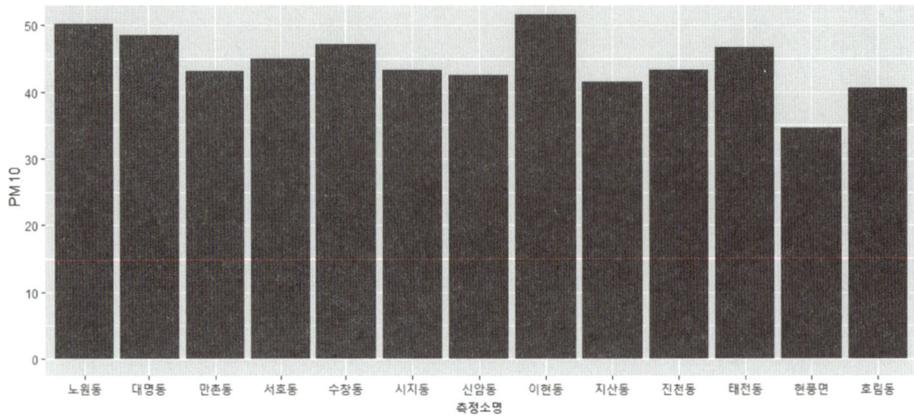

03 R 실습 12.4.3 : ggplot 함수 - 누적 막대그래프 그리기

월 누적 막대 그래프를 만들기 위해서는 ggplot 요소에 fill을 추가하고, 구분하고 싶은 요소를 지정해 준다. PM10의 측정소명과 월별 평균값을 'dong_monthly_avg'에 할당하여, 누적 막대그래프를 그린다.

```
dong_monthly_avg <- aggregate( PM10~월+측정소명, data, mean )
ggplot( dong_monthly_avg, aes( x=측정소명, y=PM10, fill=월 ) ) +
    geom_bar( stat="identity" )
```

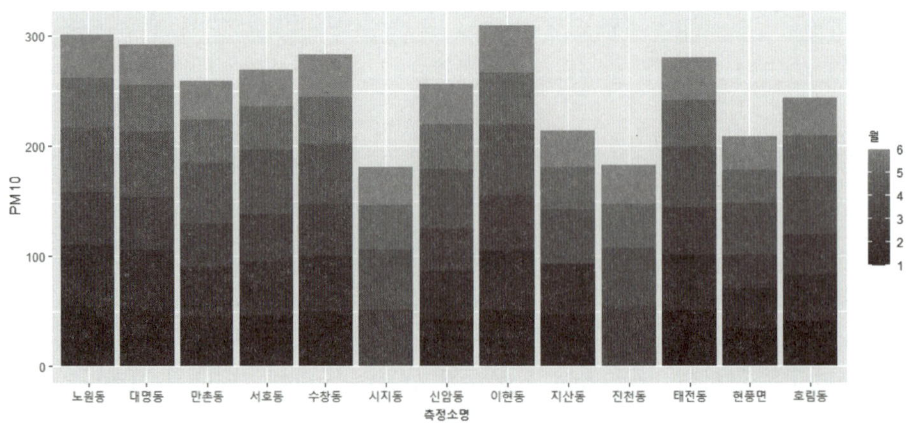

04 R 실습 12.4.4 : ggplot 함수 – 다중 꺾은 선 그래프 그리기

- 다중 꺾은 선 그래프를 그리기 위해서 group 속성을 지정해준다. 월별 PM10 측정값을 측정소명별로 그룹화하여, 다중 꺾은 선 그래프를 그린다.

```
ggplot( dong_monthly_avg, aes(x=월, y=PM10, group=factor(측정소명),
    color=측정소명, linetype=측정소명 ) ) +
  geom_line( aes(linetype=측정소명) ) +
  geom_point( shape='o', size=3 )
```

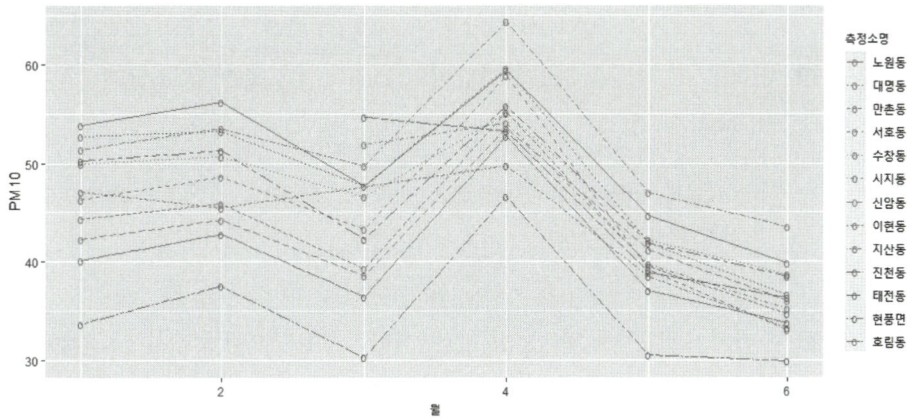

05 분석결과

- 사용데이터 : 대구대기질 항목별 시간평균자료
- 분석 목적 : 월별, 측정소명별로 미세먼지 현황
- 분석 결과 : 미세먼지는 4월이 가장 많고, 6월이 상대적으로 가장 적다.
  미세먼지는 노원동과 이현동이 가장 많고, 현풍면이 가장 적다.

연습문제

01 공공데이터에서 다운받은 데이터를 사용하여 소스코드를 입력하고 결과를 확인하시오. (초미세먼지 PM2.5 분석)

❶ 패키지를 설치한 후 로드하고(stringr, ggplot2 패키지), 작업경로와 현재경로를 확인하시오. (작업경로 : d:\)

```
> library( stringr )
> library( ggplot2 )
> setwd( "D:/" ) ## working Directory 설정
> getwd( )
```

❷ "d1004.csv" 파일을 data에 할당하고, data의 구조를 확인, data의 앞부분을 출력하시오. (str, head 함수)

```
> data <- read.csv( "d1004.csv", fileEncoding = "EUC-KR" )
> str( data )
> head( data )
```

❸ 분리되어 있는 3개 열(년, 월, 일)을 하나의 열(년월일)로 합치시오. (paste 함수)

```
> data$년월일 <- as.Date( paste( data$년, '-', data$월, '-', data$일,
sep="" ) )
```

❹ 측정소명이 '대명동'의 년월일, PM10, PM2.5 열을 변수 a_dong에 할당하시오.

```
> a_dong <- data[ data$측정소명=='대명동', c('년월일', 'PM10', 'PM2.5') ]
```

❺ PM2.5의 측정소명별로 평균을 구하시오. (aggregate 함수)

```
> aggregate( PM2.5~측정소명, data, mean )
```

❻ PM2.5의 월별로 평균을 구하시오. (aggregate 함수)

```
> aggregate( PM2.5~월, data, mean )
```

❼ 월별 평균을 구하고, 꺾은 선 그래프를 그리시오. (aggregate 함수, plot 함수)

```
> monthly_avg <- aggregate( PM2.5~월, data, mean )
> plot( x = monthly_avg$월, y = monthly_avg$PM2.5, type='o', main =
'월별 초미세먼지', xlab = '월(2018년)', ylab = '2.5마이크로이하', family
= 'NanumGothic' )
```

❽ 측정소명별 평균을 구하고, 측정소명별 PM2.5를 막대그래프로 그리시오. (ggplot 함수)

```
> dong_avg <- aggregate( PM2.5~측정소명, data, mean )
> ggplot( dong_avg, aes(측정소명, PM2.5) )+geom_bar( stat="identity" )
```

❾ 측정소명과 월별로 그룹하여 PM2.5의 평균값을 누적 막대그래프로 그리시오.

```
> dong_monthly_avg <- aggregate( PM2.5~월+측정소명, data, mean )
> ggplot( dong_monthly_avg, aes( x=측정소명, y=PM2.5, fill=월 ) ) +
   geom_bar( stat="identity" )
```

❿ 월별 PM2.5 측정값을 측정소명별로 다중 꺾은 선 그래프를 그리시오.

```
> ggplot( dong_monthly_avg, aes( x=월, y=PM2.5, group=factor
 (측정소명), color=측정소명, linetype=측정소명 ) ) +
 geom_line( aes(linetype=측정소명 ) ) + geom_point( shape='o',
 size=3 )
```

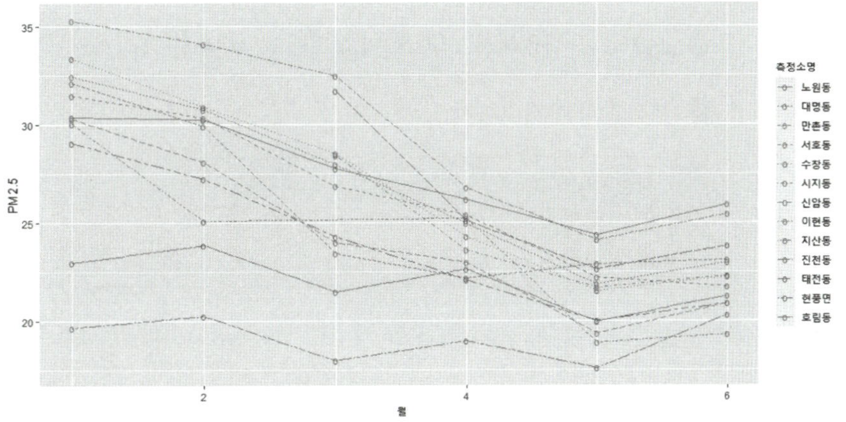

사용데이터 : 대구대기질 항목별 시간평균자료
분석 목적 : 월별, 측정소명별 초미세먼지 현황
분석 결과 : 초미세먼지는 1월이 가장 많고, 이현동이 가장 많고, 현풍면이 가장 적다.

02 공공데이터에서 관심있는 데이터를 다운받아서 분석을 진행하시오.

사용데이터 : 분석 목적 :

❶ 필요한 패키지를 설치하고 로드한다. 작업경로와 현재경로를 확인하시오.

❷ 파일을 불러오고, 구조와 데이터의 앞부분을 출력하시오.

❸ 필요한 새로운 변수 생성하시오.

❹ 데이터 검색을 진행하시오.

❺ 데이터에 집단이 있다면, 집단별 평균을 구하시오.

❻ 데이터에 기간이 있다면, 기간별 평균을 구하시오.

❼ plot을 사용하여 꺾은 선 그래프를 표현하시오.

❽ ggplot2를 사용해서, 그래프(막대그래프, 꺾은 선 그래프, 산점도 등)로 표현하시오.

❾ 분석결과를 제시하시오.

사용데이터 : 분석 목적 : 분석 결과 :